LE PARADOXE CEMAC

Entre extractivisme et informalité, repenser l'économie politique d'une région en mutation

Collection Etudes Eurafricaines
Dirigée par André Julien Mbem

Le Sahara et la Méditerranée, frontières entre l'Afrique et l'Europe, sont aussi des passerelles par lesquelles, depuis des siècles, au-delà des tragédies et des drames, se rapprochent et se remodèlent ces deux ensembles géographiques et leurs civilisations. La collection « Etudes Eurafricaines » encourage la diffusion d'études historiques et prospectives sur les symbioses dont cette partie du monde est l'antique théâtre.

Déjà parus

YOUSSOUF Youssouf Mahamat, *L'administration électronique et la modernisation de l'État en Afrique subsaharienne francophone*, 2025.
YAOUBA Abdoul-Aziz- et TASSE Rodrigue (dir.), *La francophonie 50 ans après. Bilans et perspectives*, 2025.
BOAFO Rodrigue Komikuma, *Pour un humanisme intégral. Voyage dans les temps avec les papes Jean-Paul II, Benoît XVI et François*, 2025.
MAWUSI WAYIKPO Kuamivi, *La place des savoirs locaux et du patrimoine culturel immatériel dans les systèmes éducatifs togolais et marocains. Approche Comparative, 2025.*
AMOR NNANGOMO Diane Monique, *La contribution des partenaires internationaux au développement du volontariat national au Cameroun*, 2025.
EFFOSSOU Yannick, *Mercenariat et conflits armés en Afrique. Le cas de la guerre civile angolaise (1975-2002)*, 2024.
MVOU KOUNTA Sidina Noël, *Les Etats et la construction des gendarmeries africaines au XXe siècle. Le cas du Gabon (1945-1969)*, 2024.
BOUBE Salifou, *La dialectique de l'appartenance et de la distanciation. Un exemple paradigmatique : le cousinage à plaisanterie*, 2024.
YOUGBARE Wendyam Franck Elvis, *Le juge administratif et le contentieux des élections politiques en Afrique noire francophone. Etudes comparative entre le Burkina Faso et la Côte d'Ivoire*, 2024.
KELMA Manatouma Nicodème, *Identifier les individus au Tchad. Politiques et pratiques des papiers d'identité*, 2024.
AGBEMEDI Yawavi Makafui, *Les usages sociaux de la plage dans le Grand Lomé (Togo) et le Greater Accra (Ghana). Pratiques, logiques, enjeux*, 2024.
DIARRA Abdramane, *Le curriculum bilingue dans l'enseignement fondamental au Mali. Etat des lieux de sa mise en œuvre*, 2024.

Amine IDRISS A. KARAMA

LE PARADOXE CEMAC

Entre extractivisme et informalité, repenser l'économie politique d'une région en mutation

Préface de MBOGO Ngabo Seli

L'Harmattan

5-7, rue de l'École-Polytechnique – 75005 Paris

www.editions-harmattan.fr

ISBN : 978-2-336-54279-9
EAN : 9782336542799

PREFACE

Le connaissant particulièrement bien, la démarche d'Amine Idriss Adoum me sollicitant pour rédiger la préface de son livre, est certainement loin d'être anodine, notamment en raison de mes fonctions actuelles de Commissaire en charge du Marché Commun de la CEMAC. En acceptant tout de même de me prêter avec plaisir à cet exercice, je n'ai pas manqué tout au long de ma réflexion de m'interroger sur les raisons qui ont pu amener ce cher ami de plus de trente ans, à me confier à moi, aujourd'hui, un livre au titre autant interpellant que provocateur.

Comme Amine toutefois, y compris pour le décideur de l'organe exécutif de la CEMAC que je suis aujourd'hui et pour de nombreux autres très hauts responsables des Etats qui composent cette communauté, le constat demeure implacable : l'*Afrique centrale, une région aux richesses infinies, mais avec un développement toujours en suspens.* C'est ce postulat, qui est la trame essentielle de ce riche et puissant ouvrage, ***Le Paradoxe CEMAC***, qui explore avec lucidité et espoir les défis et les promesses de la Communauté économique et monétaire de l'Afrique centrale. On y embarque pour un voyage intellectuel à travers les six pays de la CEMAC – Cameroun, République Centrafricaine, Congo, Gabon Guinée Equatoriale et Tchad – afin de comprendre pourquoi cette région, pourtant bénie par la nature, tarde à enclencher le progrès économique et social auquel TOUT semble la prédestiner. Et surtout, comment elle peut enfin changer la donne.

Plus qu'opportun et contemporain dans cette Afrique centrale de 2025, ce livre paraît à un moment clé où jamais la nécessité d'un *nouveau départ* n'a été aussi pressante pour les pays de notre sous-région, confrontés à l'essoufflement du modèle pétrolier, à l'explosion démographique et à un monde en mutation rapide. Le lecteur, qu'il soit citoyen curieux, décideur politique ou chercheur, ressentira dès les premières pages l'urgence d'agir et l'ampleur des enjeux. Mais loin de céder au fatalisme, Amine Idriss nous propose une lecture optimiste et éclairée de l'avenir possible de la région.

On est frappé par l'originalité de sa démarche, qui allie opportunément la rigueur de l'analyse et la proximité du témoignage. A cet effet, malgré la compléxité des sujets, il parvient à rendre accessibles des notions paraissant souvent complexes en les émaillant d'exemples concrets et d'histoires vécues. On y découvre ainsi, au détour d'une page, le récit d'un jeune entrepreneur camerounais confronté aux lenteurs administratives, ou celui d'une agricultrice tchadienne innovant pour valoriser ses récoltes. Plus que des dires d'experts, ces témoignages de terrain donnent plus vie aux statistiques et rappellent, à taille humaine, que le développement, avant d'être des chiffres, se rapporte à l'Homme.

Le Paradoxe CEMAC se distingue également par sa perspective à long terme : il ne s'arrête pas aux soubresauts de l'actualité, souvent décévante, mais projette la CEMAC en 2050. C'est un pari osé auquel s'est livré Amine Idriss, car dans la littérature contemporaine, peu de travaux ont pris le risque de jeter un pont vers le futur. Cette approche prospective incite le lecteur à prendre de la hauteur, à imaginer les trajectoires possibles sur plusieurs décennies et à mesurer l'impact des décisions prises dès maintenant. C'est un appel implicite à la responsabilité : l'avenir de l'Afrique Centrale se construit aujourd'hui.

Inédit dans son approche, l'ouvrage réussit un autre challenge : celui d'être accessible au grand public tout en offrant une analyse solide pour les spécialistes. Les non-initiés apprécieront la clarté des explications – chaque concept économique ou institutionnel est introduit de manière didactique, sans jargon excessif – et la structure limpide qui guide pas à pas à travers les chapitres. Les cartes, tableaux et illustrations viennent appuyer le propos et aider à visualiser la situation de la région. En parallèle, les experts trouveront dans ce livre une mine d'informations actualisées et de réflexions innovantes. L'auteur compare par exemple la CEMAC à d'autres régions du monde, tirant des leçons des succès asiatiques ou des expériences d'intégration ailleurs en Afrique. Ces comparaisons apportent un éclairage nouveau et évitent le piège d'une analyse autocentrée. En refermant le livre, le lecteur aura acquis non seulement des connaissances factuelles, mais aussi une grille de lecture plus aiguisée sur les dynamiques du développement en contexte africain.

Cette préface ne serait pas complète sans souligner combien *Le Paradoxe CEMAC* est un livre qui interpelle et engage activement son lecteur. L'auteur ne donne pas de leçons toutes faites, il pose des questions et invite à la réflexion. À chaque défi présenté correspondent des choix de société : Comment ces pays peuvent-ils mieux gérer leur rente pétrolière ? Faut-il privilégier l'agriculture ou l'industrialisation, ou les deux ? Quelle place pour la jeunesse et le secteur privé dans la construction de l'avenir ? Le lecteur est incité à se forger sa propre opinion, à débattre intérieurement des options proposées. En ce sens, cet ouvrage suscite une *lecture participative*. On s'étonne, on s'indigne parfois devant certains chiffres, on s'enthousiasme pour telle initiative d'un entrepreneur local, on s'interroge sur la faisabilité de telle réforme… Bref, on reste actif tout au long de la lecture... N'est ce pas exactement cela dont l'Afrique Centrale a besoin ? Des esprits éveillés, critiques et constructifs, capables de penser le changement et de l'implémenter quotidiennement.

Le livre porte en filigrane un message résolument optimiste, qui met en exergue que les difficultés actuelles de la CEMAC ne sont pas une fatalité ou encore… une malédiction. Avec une vision claire, de la volonté politique et la participation de tous les acteurs (des Chefs d'État aux citoyens ordinaires, en passant par le secteur privé, moteur de l'intégration et du changement), la sous-région peut écrire un nouveau chapitre de son histoire. *Le Paradoxe CEMAC* est de ce fait une invitation à croire en ce potentiel. Il montre qu'ailleurs, des pays autrefois pauvres ont réussi leur transformation, et que l'Afrique centrale dispose de formidables atouts pour faire mieux, sinon plus : une population jeune et entreprenante, des ressources naturelles abondantes, une position géographique stratégique au cœur de l'Afrique…L'originalité de l'ouvrage est de marier cet espoir avec une lucidité sans complaisance. Les problèmes de gouvernance, de corruption, de conflits y sont abordés frontalement. L'auteur ne promet pas des lendemains qui chantent à coup sûr, mais il dessine un horizon souhaitable et les chemins pour y parvenir. C'est en cela que ce livre est précieux : il nourrit l'optimisme tout en armant les lecteurs d'idées concrètes pour le traduire en actions.

En refermant cette préface et en s'apprêtant à plonger dans *Le Paradoxe CEMAC*, je ne peux que vous encourager ardemment à sa lecture. Que vous soyez un **décideur politique** cherchant des pistes pour impulser des réformes, un **chef d'entreprise** ou un investisseur intéressé par le potentiel de l'Afrique centrale, un **étudiant ou chercheur** souhaitant comprendre les mécanismes du développement, ou simplement un ressortissant de cet espace communautaire "paradoxal", passionné par l'avenir du continent, vous y trouverez matière à réflexion et à inspiration. En entamant la lecture de *Le Paradoxe CEMAC*, préparez-vous à un voyage intellectuel stimulant, et peut-être à voir naître en vous l'envie de contribuer, à votre échelle, à l'écriture du prochain chapitre du développement de la CEMAC.

Convaincu pour ma part, qu'au-delà de l'intérêt évident que j'aurais eu à lire, j'interprète l'honneur qui m'a été fait de préfacer cet ouvrage, comme une incitation active de son auteur vis-à-vis du Gouvernement de la Commission de la CEMAC, dont je fais partie, d'oser changer de paradigme et de nous appeler à une action réfléchie et concertée pour transformer durablement cette Afrique centrale que nous chérissons et offrir à nos populations actuelles et à nos générations futures, le cadre de vie et d'épanouissement qu'elles méritent.

MBOGO Ngabo Seli
Commissaire en charge du Département du Marché Commun
Commission de la CEMAC

INTRODUCTION

POURQUOI CE LIVRE EST-IL SI NECESSAIRE AUJOURD'HUI ?

La Communauté économique et monétaire de l'Afrique centrale (CEMAC) illustre un paradoxe du développement : cette région regorge de ressources naturelles (pétrole, minerais, forêts), mais elle peine à convertir cette richesse en progrès économique durable et inclusif pour sa population. En effet, de nombreux pays de la CEMAC subissent la « malédiction des ressources » : les économies riches en pétrole et en minerais affichent souvent une croissance plus faible et des inégalités plus marquées que les économies moins dotées. Les précédents booms des matières premières n'ont pas entraîné la prospérité escomptée. Par exemple, durant le super-cycle de 2004 à 2014, la hausse des cours du pétrole a dopé la croissance de la CEMAC, mais la chute brutale des prix qui a suivi a provoqué un effondrement de la croissance du PIB par habitant, particulièrement prononcé dans cette région. Au début des années 2010, la CEMAC présentait une dépendance extrême vis-à-vis du pétrole. En 2013, juste avant le choc pétrolier, le pétrole représentait 32 % du PIB régional, 84 % des exportations de marchandises et 60 % des recettes budgétaires. Cette dépendance aux exportations de matières premières rend la CEMAC vulnérable aux chocs externes.

La décennie passée l'a démontré : le double choc de 2015-2016 (effondrement des cours pétroliers) suivi de la crise de 2020 (pandémie de COVID-19 et nouvelle chute des cours) a durement frappé la région. Ces crises successives ont mis en lumière la fragilité d'un modèle de croissance peu diversifié et trop dépendant d'une seule ressource.

Plusieurs défis structurels freinent son émergence économique. D'abord, le tissu productif demeure étroit et dominé par l'informel : le secteur privé formel est peu développé et la plupart des travailleurs opèrent dans l'économie informelle (par exemple, environ 90 % de la population active camerounaise travaille dans le secteur informel). Ensuite, le climat des affaires et la gouvernance économique restent perfectibles : les pays de la région figurent aux rangs inférieurs des indicateurs mondiaux de compétitivité, reflétant des contraintes administratives, une réglementation peu incitative et des problèmes de transparence. Cette situation se traduit par une faible mobilisation de l'investissement privé, alors même que l'État ne peut à lui seul soutenir une croissance durable. Par ailleurs, les infrastructures insuffisantes constituent un goulot d'étranglement majeur : routes, énergie, transports et télécommunications sont peu développés ou coûteux. En moyenne, le coût de l'électricité et du transport routier est environ trois fois plus élevé en Afrique centrale que dans d'autres régions en développement, signe d'un déficit d'infrastructures qui pénalise la compétitivité. De même, moins de la moitié de la population de la CEMAC a accès à l'électricité, et la connectivité régionale est limitée par la faiblesse des réseaux de transport.

À cela s'ajoute un déficit en infrastructures humaines : le capital humain (éducation, santé, compétences) est insuffisant, ce qui limite l'innovation et la productivité. Les indicateurs sociaux traduisent ce retard de développement : malgré la manne pétrolière, le taux de pauvreté extrême demeure plus élevé dans la CEMAC que dans le reste de l'Afrique, et les inégalités de revenus y restent criantes. En outre, certains États de la région font face à des conflits ou à l'insécurité (RCA, zones du nord Cameroun et Tchad), ce qui fragilise le tissu économique et dissuade les investissements.

Enfin, le morcellement des marchés freine le commerce et l'industrialisation. Le potentiel d'intégration régionale de la CEMAC – qui dispose d'une union monétaire et d'un tarif extérieur commun – est sous-exploité. Le commerce intra-régional n'atteint que 3 à 5 % du commerce total des pays de la CEMAC. C'est l'un des taux les plus bas d'Afrique. Ce faible niveau d'échanges s'explique par la similarité des structures productives (chacun exporte surtout des ressources brutes) et par des barrières persistantes (infrastructures transfrontalières insuffisantes, lourdeurs douanières, barrières non tarifaires extrêmement lourdes, normes non harmonisées). En clair, malgré une communauté de destin évidente, les économies de la CEMAC restent fragmentées – ce qui les empêche de tirer parti d'économies d'échelle et de synergies régionales.

Ce livre est donc nécessaire aujourd'hui pour éclairer ce constat alarmant et y répondre. Face à une conjoncture mondiale incertaine – volatilité des matières premières, concurrence accrue, transition énergétique et numérique en cours, émergence de l'Intelligence artificielle – la CEMAC ne peut plus se permettre de prolonger le statu quo. La récente résilience d'autres régions africaines montre qu'une autre trajectoire est possible : en 2023, la croissance économique de l'Afrique de l'Est et de l'Ouest a nettement surpassé celle de l'Afrique centrale ; sans un sursaut stratégique, la CEMAC risque de rester en marge de la dynamique continentale.

Dans ce livre, je pose donc un diagnostic franc des obstacles structurels qui entravent le développement de l'Afrique centrale, tout en soulignant les atouts inexploités de la région (jeunesse de la population, ressources naturelles abondantes, position géographique au cœur du continent, etc.). Je rappelle que l'essoufflement actuel n'est pas une fatalité, et qu'une transformation profonde est possible – et même impérative – pour que la CEMAC réalise pleinement son potentiel de développement.

Quels sont les objectifs du livre ?

J'ai pour ambition de dépasser le simple constat économique pour offrir un cadre de réflexion prospectif sur la transformation structurelle des économies de la CEMAC. Mon objectif central est d'identifier comment ces pays peuvent changer de paradigme de développement, en passant d'une économie de rente fondée sur l'exportation des matières premières à une économie diversifiée, axée sur l'innovation, le savoir et une intégration régionale accrue. En ce sens, je veux que ce livre soit à la fois analytique et tourné vers l'action : il s'agit non seulement de comprendre les écueils du passé, mais surtout de dégager des pistes concrètes pour l'avenir.

Plusieurs sous-objectifs découlent de cette ambition. Je clarifie les causes systémiques du sous-développement en Afrique centrale (dépendance aux ressources, faiblesse industrielle, gouvernance, etc.) sans complaisance, mais en évitant les généralisations hâtives. Chaque pays de la CEMAC a ses spécificités historiques et économiques, que j'examine afin de proposer un diagnostic sur mesure par pays et pour la région dans son ensemble. Je souhaite identifier les secteurs porteurs et les réformes « gagnantes » qui pourraient permettre une diversification réussie. Je valorise les atouts de la région – par exemple, le potentiel agricole et agro-industriel du Cameroun et du Tchad, les ressources minières diversifiées du Congo et de la RCA, ou les réserves financières accumulées par le Gabon et la Guinée équatoriale – et je montre comment ceux-ci pourraient être mieux exploités dans un agenda de transformation. Mon objectif est de passer d'une vision de pénurie à une vision de potentiel.

Un apport original de mon livre est la comparaison de la CEMAC avec d'autres régions qui ont connu des trajectoires de transformation économique. L'Afrique de l'Est, par exemple, affiche depuis une décennie la croissance la plus rapide du continent, portée par une diversification accrue dans les services, les technologies ou l'industrialisation (on parle du « Silicon Savannah » au Kenya, tandis que l'Éthiopie s'industrialise). De même, l'Asie du Sud-Est offre des cas emblématiques de transition réussie, où des pays autrefois aussi dépendants que la CEMAC des produits de base (Malaisie, Indonésie) ont bâti en quelques décennies des bases industrielles et technologiques solides. En Amérique latine, des pays comme le Chili ont su échapper à la malédiction des ressources grâce à des institutions robustes et une gestion prudente des revenus miniers. En comparant la CEMAC à ces expériences internationales, je cherche à dégager des enseignements pertinents : quelles réformes structurelles ont permis à ces régions de changer de cap ? Quelles erreurs la CEMAC devrait-elle éviter de répéter ? Quelles politiques ont stimulé l'essor du secteur privé ou l'industrialisation locale ? Cette perspective comparative apporte un éclairage optimiste – en montrant que la transformation est possible – tout en restant réaliste sur l'ampleur des changements requis.

In fine, je souhaite que ce livre serve de guide aux décideurs (gouvernements, autorités régionales) et aux acteurs socio-économiques (secteur privé, société civile) de la CEMAC. Je propose une véritable feuille de route pour la transformation économique de la région, articulée autour de quelques priorités stratégiques (développer les infrastructures régionales, réformer le cadre des affaires, investir dans le capital humain, promouvoir les filières à valeur ajoutée, etc.). Ces recommandations s'appuient sur des scénarios prospectifs, envisageant par exemple ce que pourrait être l'économie de la CEMAC à l'horizon 2030 ou 2050 si certaines réformes étaient mises en œuvre dès maintenant. Mon objectif est d'offrir non pas une liste abstraite de souhaits, mais un plan d'action concret, échelonné dans le temps, pour guider la transition structurelle.

Mes objectifs dépassent le simple exercice académique : je désire en faire un outil de plaidoyer pour un nouveau modèle de développement en Afrique centrale. Le message sous-jacent est que, si les bonnes décisions sont prises aujourd'hui, la CEMAC peut suivre la voie d'autres régions émergentes et offrir à ses citoyens une prospérité durable. À l'inverse, l'inaction prolongerait un modèle à bout de souffle. Je cherche donc à impulser une prise de conscience et à orienter l'action, en démontrant de manière convaincante que la transformation économique de la CEMAC est non seulement nécessaire, mais surtout possible.

Pour atteindre ces objectifs, j'adopte une démarche analytique rigoureuse et pluridisciplinaire. Ma méthodologie combine plusieurs approches complémentaires. Mon argumentaire s'appuie sur une large base de données issue de sources fiables (Banque mondiale, FMI, BAD, instituts nationaux de statistique, etc.). Des indicateurs macroéconomiques (croissance, exportations, investissement, dette, inflation) aux indicateurs sociaux (taux de pauvreté, indice de développement humain, emploi, éducation), en passant par les indices de gouvernance et de climat des affaires, je procède à un croisement minutieux de ces données pour dresser un état des lieux précis. Par exemple, j'évalue les performances de diversification à l'aide d'indicateurs tels que la part des exportations hors pétrole, ou l'évolution de la valeur ajoutée manufacturière. Cette analyse quantitative met en évidence les tendances de fond et les points de rupture, servant de base factuelle au reste de ma réflexion.

En complément des données, j'intègre les apports de nombreux chercheurs et économistes, africains et internationaux. Je mobilise les théories du développement et de la transformation structurelle – depuis les travaux classiques (Lewis, Rostow, Hirschman) jusqu'aux analyses contemporaines sur les politiques industrielles et la gouvernance. Par exemple, j'évoque les idées de Dani Rodrik sur l'importance de l'industrialisation manufacturière, ou celles de Joseph Stiglitz sur le rôle du savoir et de la bonne gouvernance, pour éclairer la trajectoire de la CEMAC. De même, des économistes africains tels que Célestin Monga ou Ndioro Ndiaye apportent une perspective endogène sur les défis spécifiques du continent. Chaque chapitre s'ouvre sur une synthèse des connaissances existantes, citant notamment des rapports de la BAD, des études du PNUD ou des travaux d'universitaires, afin d'ancrer mes propositions dans une base intellectuelle solide.

Mon approche accorde une place importante aux études de cas et aux comparaisons. Au fil des chapitres, j'insère des idées illustrant des expériences concrètes : par exemple, j'analyse la réussite du Gabon dans la transformation locale du bois (avec l'interdiction d'exporter les grumes brutes) pour montrer comment la valeur ajoutée locale peut être augmentée. De même, j'évoque l'expérience du Rwanda en matière de promotion des TIC ou celle du Botswana dans la gestion prudente des revenus miniers, afin de dégager des bonnes pratiques transférables. Ces études de cas donnent une dimension pratique et vivante à mon propos, en montrant comment certaines réformes se traduisent sur le terrain, avec leurs succès et leurs écueils.

Conscient que la transformation économique n'est pas qu'une affaire de statistiques, j'ai également recueilli des voix citoyennes. Des entretiens, souvent informels, ont été réalisés avec des acteurs de la société civile (jeunes entrepreneurs, agricultrices, étudiantes, artisans) pour recueillir leur vécu et leurs aspirations. Le lecteur découvrira ainsi, au détour d'un chapitre, le témoignage d'un jeune startuppeur camerounais confronté aux difficultés d'accès au crédit, ou celui d'une commerçante du marché de N'Djamena décrivant l'impact des coûts de transport sur ses activités. Ces témoignages illustrent les défis abstraits en expériences humaines concrètes. Ils rappellent que derrière les termes technocratiques se trouvent des réalités quotidiennes et qu'au final, la réussite de toute réforme se mesure à l'aune de l'amélioration de la vie des citoyens, notamment des plus jeunes et des plus marginalisés.

Enfin, j'adopte une perspective résolument tournée vers l'avenir. Plutôt que de me limiter au présent, j'élabore des scénarios prospectifs pour la CEMAC à l'horizon 2030, 2040 et 2050. À l'aide d'outils de modélisation simples (projections de croissance, de structure sectorielle de l'emploi, etc.), j'esquisse différents futurs possibles. Par exemple, un scénario tendanciel projette les économies de la CEMAC en 2030 si elles restent sur la même trajectoire de faible diversification – avec à la clé une stagnation du revenu par habitant – tandis qu'un scénario de transformation accélérée montre ce qui pourrait changer si des réformes ambitieuses étaient adoptées rapidement (hausse de la part industrielle, amélioration de la productivité agricole, etc.). Ces exercices aident à visualiser concrètement l'impact à long terme des décisions prises aujourd'hui. Ils soulignent l'importance du temps long en matière de développement : chaque année gagnée ou perdue dans la mise en œuvre des réformes peut faire une différence significative en 2050. En combinant ces approches – analyse statistique, éclairage académique, études de cas, voix du terrain et projection future – je m'efforce d'offrir une vision riche et multidimensionnelle de la transformation économique de l'Afrique centrale. Cette approche garantit que mes recommandations soient à la fois fondées sur des faits, éclairées par la théorie, enrichies par la pratique et centrées sur l'humain.

Quel est le message central du livre ?

Le message central que je souhaite faire passer est un message d'espoir lucide : la transformation des économies de la CEMAC n'est ni une utopie hors de portée, ni un processus automatique qui se fera tout seul. C'est un choix stratégique qui requiert une vision, de la volonté et des actions concertées. En d'autres termes, l'Afrique centrale peut briser le cercle vicieux de la dépendance et du sous-développement, à condition de s'en donner les moyens dès maintenant.

Trois éléments clés sous-tendent ce message

Le rôle décisif des politiques publiques éclairées – La transformation économique ne se produira pas sans un engagement fort des pouvoirs publics. Les gouvernements de la CEMAC doivent adopter des politiques de long terme, même si leurs gains ne sont pas immédiats. Cela signifie investir dans l'éducation de la jeunesse, construire des infrastructures de base, orienter les dépenses publiques vers les secteurs porteurs et améliorer significativement la gouvernance. Des décisions politiques éclairées aujourd'hui (par exemple, diversifier les dépenses au lieu de tout allouer aux secteurs extractifs, ou faciliter l'enregistrement des entreprises locales) peuvent créer les conditions de la prospérité de demain. À l'inverse, l'inaction ou la myopie politique condamneraient la région à prolonger le statu quo. Je souligne donc la responsabilité des dirigeants : ils ont le pouvoir d'engager les réformes structurelles qui détermineront l'avenir de leurs pays.

Une mobilisation du secteur privé comme moteur de croissance – Le deuxième pilier est la reconnaissance que le secteur privé doit être l'acteur principal de la création de richesses et d'emplois. L'État peut faciliter et encourager, mais ce sont les entrepreneurs, les PME, les agriculteurs, qui au quotidien innovent, investissent et embauchent. Or, en CEMAC, le secteur privé formel reste embryonnaire et souvent entravé. Mon message est qu'il faut libérer les énergies entrepreneuriales : alléger les procédures administratives, garantir un accès au crédit plus large, protéger les droits de propriété, combattre l'économie de rente et la corruption qui découragent l'initiative. Si ces conditions sont réunies, le secteur privé pourra jouer pleinement son rôle d'accélérateur du développement. Des millions d'emplois décents pourront être créés dans l'agriculture modernisée, l'agro-industrie, les services, le tourisme, la transition écologique, etc. La diversification économique passera en grande partie par l'essor d'un tissu d'entreprises locales dynamiques. En définitive il n'y aura pas de transformation sans un secteur privé fort et confiant dans l'avenir.

Un engagement citoyen et une vision partagée

Enfin, la transformation doit être l'affaire de tous. Je souligne l'importance de l'engagement citoyen : populations, société civile, diaspora, tous ont un rôle à jouer pour soutenir et contrôler le processus de transformation. Les citoyens peuvent pousser à plus de redevabilité de la part des dirigeants, ils peuvent aussi adopter eux-mêmes un esprit de transformation (par exemple, en valorisant l'éducation, en soutenant l'entrepreneuriat local, en faisant évoluer les mentalités sur le rôle des femmes dans l'économie, etc.). Le message est que la transformation ne doit pas profiter qu'à une élite : elle doit être inclusive et améliorer la vie du plus grand nombre. Cela implique une répartition plus équitable des fruits de la croissance, des politiques sociales pour accompagner les plus vulnérables, et un effort de cohésion nationale pour que chaque composante de la société se sente partie prenante du destin commun. Je rappelle que l'histoire économique est faite de sociétés qui ont su, à un moment donné, unir leurs forces autour d'un projet collectif de développement. L'Afrique centrale peut et doit forger ce pacte social autour de la transformation économique.

Je souhaite faire comprendre que l'avenir de la CEMAC est entre les mains de ses propres acteurs. Les ressources externes (aide internationale, investissements étrangers) peuvent apporter un soutien, mais la dynamique du changement doit venir de l'intérieur. La transformation économique de la CEMAC sera le résultat d'une volonté politique affirmée, d'une libération du potentiel du secteur privé et d'un engagement collectif des citoyens. Ce n'est pas une fatalité qui s'impose de l'extérieur, mais bien un choix. Je veux ainsi insuffler une confiance raisonnée : confiance dans le fait que la région peut changer son destin, mais en même temps conscience que cela exige des efforts soutenus et des décisions courageuses.

Pourquoi ce livre s'inscrit-il dans une réflexion de long terme ?

L'originalité de ma démarche est d'inscrire la réflexion dans le temps long. Plutôt que de me limiter aux urgences du moment, je projette la CEMAC à l'horizon 2050 pour imaginer ce que pourrait être l'Afrique centrale de demain. Cette approche de long terme est essentielle car la transformation structurelle est un processus graduel, qui nécessite du temps, de la persévérance et une planification continue.

Plusieurs raisons motivent cette perspective prospective : d'ici 2050, la population de la CEMAC aura presque doublé, franchissant le cap des 100 millions d'habitants, en majorité des jeunes. Cette explosion démographique est un défi majeur : sans transformation économique, le risque est de voir le chômage de masse et la pauvreté s'aggraver à mesure que des millions de jeunes arriveront sur le marché du travail. À l'inverse, si les investissements nécessaires sont réalisés dès maintenant (dans l'éducation, la formation, la création d'entreprises), cette jeunesse peut devenir le moteur d'une croissance soutenue sur plusieurs décennies. Dans ce livre, j'intègre ce paramètre démographique dans mon analyse, en chiffrant par exemple le nombre d'emplois qu'il faudra créer chaque année pour absorber la main-d'œuvre additionnelle, ou en évaluant l'impact d'une urbanisation rapide sur la demande de logement, d'énergie, de transports. Travailler sur le long terme, c'est prendre dès aujourd'hui les mesures qui éviteront une crise sociale en 2030 ou 2040, et au contraire faire de cette transition démographique une opportunité de développement.

Le monde de 2050 sera très différent de celui de 2025. La transition énergétique mondiale pourrait diminuer drastiquement la demande de pétrole et de gaz, ce qui affecterait directement les économies pétro-dépendantes de la CEMAC. De même, la révolution numérique, l'intelligence artificielle et l'automatisation transformeront la nature du travail et de la production ; l'Afrique centrale devra s'adapter pour ne pas rester à l'écart des nouvelles chaînes de valeur mondiales. J'analyse donc ces tendances lourdes (changement climatique, évolutions géopolitiques, progrès technologiques) pour dégager les enjeux stratégiques à long terme. Par exemple, j'envisage comment la CEMAC pourrait tirer parti d'une plus forte demande mondiale de certains métaux (coltan, cobalt) indispensables aux technologies vertes, ou comment les changements climatiques pourraient impacter la sécurité alimentaire dans la région. En me projetant ainsi dans l'avenir, j'outille les décideurs pour qu'ils intègrent ces variables dans leurs politiques dès maintenant, car les décisions prises aujourd'hui déterminent la capacité de la région à s'insérer dans l'économie mondiale future.

La réflexion de long terme permet aussi de situer la CEMAC dans le cadre plus large des visions panafricaines et mondiales. L'Union africaine, avec son Agenda 2063, s'est fixée pour ambition de faire de l'Afrique « le prochain pôle de croissance mondial ». Les pays de la CEMAC, en tant que partie prenante de l'Union africaine, sont appelés à contribuer à cette vision d'une Afrique prospère et intégrée à l'horizon 2063. De même, les Objectifs de développement durable (ODD) de l'ONU fixent à 2030 des cibles précises (éradication de la pauvreté, industrialisation durable, énergie pour tous, etc.) qui nécessitent une planification sur 10-15 ans. J'inscris mon livre dans ces échéances de long terme : j'examine, pour chaque domaine, quelles réformes permettraient à la CEMAC d'atteindre ou de dépasser ces objectifs. Par exemple, j'évoque les politiques nécessaires pour parvenir à l'accès universel à l'électricité vers 2030-2035, ou pour doubler la part de l'industrie dans le PIB d'ici 2040, en cohérence avec les aspirations de l'Agenda 2063. Ainsi, je fais le lien entre les actions locales immédiates et les engagements globaux de long terme, renforçant la cohérence de la démarche de transformation.

Proposer des réformes structurelles durables – Enfin, penser le long terme est indispensable pour concevoir des réformes structurelles ambitieuses. Diversifier une économie, améliorer significativement le niveau d'éducation d'une population ou construire une infrastructure régionale (comme une ligne de chemin de fer inter-États) sont des tâches qui s'échelonnent sur 10, 20 ou 30 ans. En adoptant l'horizon 2050, je me donne la latitude d'explorer en profondeur ces grands chantiers, sans me limiter au court terme électoral ou aux aléas conjoncturels. Je plaide pour des investissements et des efforts soutenus, en montrant qu'ils porteront leurs fruits sur la durée. Par exemple, je montre qu'une augmentation progressive mais continue de la part du budget allouée à l'éducation et à la santé pourrait, d'ici 2040, rapprocher les pays de la CEMAC des niveaux de capital humain aujourd'hui observés en Malaisie ou en Turquie. De même, je chiffre le gain économique qu'apporterait une intégration régionale aboutie à l'horizon 2035 (en points de PIB additionnels grâce à la baisse des coûts commerciaux). Ces projections de long terme aident à convaincre de l'utilité des réformes en dépassant le myope "coût immédiat" pour mettre en lumière les bénéfices futurs considérables.

En réalité, je considère que seule une approche patiente, cohérente et visionnaire permettra à la CEMAC de réaliser son ambition de développement. Mon livre ne se veut pas une simple évaluation conjoncturelle de plus, mais un véritable plan de transformation s'étalant sur un quart de siècle. Cette vision se veut à la fois pragmatique (basée sur des données, des analyses et des exemples concrets) et inspirante (portée par l'idée qu'un avenir meilleur est possible pour la région). J'y projette une Afrique centrale qui, en 2050, aurait su tourner la page de la dépendance aux hydrocarbures, diversifier ses économies, industrialiser une partie de sa production, et offrir à sa jeunesse des opportunités à la hauteur de ses aspirations.

Cette image d'une CEMAC transformée n'est pas, à mes yeux, une utopie, mais une destination atteignable, à condition que les réformes proposées soient mises en œuvre avec détermination. En refermant ce livre, je souhaite que le lecteur comprenne que la question n'est plus de savoir si la CEMAC peut opérer sa transformation, mais comment et dans quel délai elle le fera. Autrement dit, le temps de la réflexion stratégique doit conduire à l'action, car c'est dès aujourd'hui que se construit l'Afrique centrale de 2050.

CHAPITRE I

L'ECONOMIE POLITIQUE DE L'INSTABILITE

J'ouvre ce chapitre en rappelant quelques grands repères de l'économie politique appliqués aux pays dits « en voie de développement ». Plusieurs auteurs, africains et internationaux, ont souligné la complexité des trajectoires économiques, politiques et sociales dans ces contextes. Dès la deuxième moitié du XXe siècle, des économistes comme W. Arthur Lewis et Albert Hirschman ont analysé l'importance de l'industrialisation et des liens entre secteurs pour amorcer une croissance soutenue, mettant en avant l'idée de « pôles de croissance » et d'industrialisation ciblée. Walt Whitman Rostow, pour sa part, a proposé une théorie des « étapes de la croissance » qui a longtemps influencé les stratégies de développement, même si elle a été critiquée pour son caractère trop linéaire. Plus tard, des économistes comme Dani Rodrik ont insisté sur l'importance de la bonne gouvernance et de politiques publiques adaptées au contexte local pour réussir la transition structurelle. Joseph Stiglitz, de son côté, a souvent rappelé que le savoir, la technologie et la maîtrise des institutions étaient des leviers clés pour passer d'une économie de rente à une économie productive et inclusive.

Au sein du continent africain, Célestin Monga ou Ndioro Ndiaye ont mis l'accent sur la nécessité d'une perspective endogène, qui ne se contente pas de reproduire des « recettes » importées, mais tienne compte de la diversité des systèmes politiques, des héritages historiques et des cultures locales. On retrouve dans leurs travaux l'idée que l'économie politique du développement est intimement liée aux structures institutionnelles, aux réseaux de pouvoir et à la capacité qu'ont ou non les États à mobiliser leurs ressources de manière inclusive. La question de la gouvernance revient de façon récurrente : sans un État capable, doté d'institutions solides et d'une administration compétente, les formules de diversification économique ou d'industrialisation peinent à prendre racine.

S'y ajoute la problématique de la rente, très présente en Afrique centrale. Inspirée de la théorie de la « malédiction des ressources », cette idée souligne qu'un pays riche en pétrole ou en minerais n'est pas automatiquement promis à la prospérité, faute de structures politiques et de mécanismes économiques adéquats pour transformer cette richesse en développement. On retrouve là les préoccupations de nombreux économistes qui insistent sur la nécessité de renforcer l'État de droit, de combattre la corruption, et de promouvoir un secteur privé indépendant pour éviter le piège d'une économie focalisée sur l'extraction, souvent peu créatrice d'emplois et vulnérable aux fluctuations des cours mondiaux.

Dans les pages qui suivent, je propose d'appliquer cette grille de lecture à cinq pays CEMAC : le Tchad, le Cameroun, la République du Congo, la République centrafricaine et le Gabon. Tous partagent un héritage caractérisé par l'abondance de ressources, des gouvernances fragiles, des conflits politiques internes ou régionaux, et un niveau de développement humain qui reste très en deçà de leur potentiel. Je compare aussi leurs trajectoires à celles de quelques pays africains jugés « émergents » (Rwanda, Ghana, Sénégal), afin de dégager des enseignements utiles.

Cet examen se concentre sur les contextes historiques et institutionnels, la vie politique, la situation économique et sociale, ainsi que les forces et faiblesses de chacun. Les pistes de solutions ou les stratégies possibles n'entrent pas en ligne de compte à ce stade : je souhaite, pour l'instant, dresser un diagnostic sans m'aventurer dans les recommandations précises.

TCHAD

UNE ECONOMIE POLITIQUE DES CONFLITS FRATRICIDES SOUS INFLUENCES EXTERIEURES

L'histoire du Tchad postcolonial est jalonnée de conflits politiques et de crises armées. Depuis son indépendance en 1960, il a traversé de longues périodes de guerre civile, de rébellions et de coups d'État militaires. En effet, après plus de quarante années de guerres civiles récurrentes, le Tchad figure parmi les pays africains les plus ravagés par les conflits violents. Cette instabilité chronique a lourdement pesé sur le développement socio-économique du pays, qui se classe encore aujourd'hui parmi les derniers au monde selon l'indice de développement humain. Le contexte géopolitique du Tchad est complexe : enclavé et voisin de régions en crise (Darfour soudanais, sud-libyen, Bassin du Lac Tchad), il est au carrefour de multiples dynamiques conflictuelles.

La problématique centrale de ce chapitre est la suivante : *comment les conflits et l'instabilité politique ont-ils structuré l'économie et la société tchadienne, et quels effets durables cela a-t-il sur le développement du pays et son intégration au sein de la Communauté économique et monétaire des États de l'Afrique centrale (CEMAC)* **?** Autrement dit, on s'interroge sur les mécanismes par lesquels l'économie politique des conflits – à travers la militarisation de l'État, le détournement des ressources, l'ingérence d'acteurs étrangers, ou la « malédiction » du pétrole – a façonné les institutions et freiné le progrès économique.

Ce chapitre vise à analyser de manière approfondie l'impact structurel des conflits sur l'économie tchadienne et à examiner comment cette instabilité a entravé l'émergence d'un développement durable et l'intégration régionale. Il s'agit d'identifier les facteurs politiques et économiques qui lient conflits internes, gestion de la rente pétrolière, et faiblesse des échanges régionaux. L'étude cherche également à dégager des perspectives pour surmonter ces blocages.

Nous adoptons une démarche d'économie politique historique et institutionnelle. L'analyse s'appuie sur une revue critique de la littérature académique et des rapports d'organisations internationales (Nations unies, Banque mondiale, Crisis Group, etc.), ainsi que sur des données secondaires. Dans un premier temps, nous retraçons l'historique des conflits tchadiens et leurs effets économiques. Ensuite, nous examinons les dimensions externes de l'instabilité (relations avec les voisins et rôle des puissances étrangères). Nous analysons également le rôle de la ressource pétrolière dans l'économie politique du pays. Enfin, nous évaluons la place du Tchad dans la CEMAC et les défis de l'intégration régionale. L'objectif est d'offrir une synthèse structurée et documentée, mobilisant des références pertinentes, afin de mieux comprendre les liens entre conflits, sous-développement et intégration régionale dans le cas tchadien.

Les conflits et les guerres civiles : une économie politique marquée par l'instabilité

L'histoire politique du Tchad depuis les indépendances est dominée par une instabilité quasi permanente. Dès les années 1960 et 1970, le régime autoritaire de François Tombalbaye suscite une première rébellion armée au Centre-Est et au Nord, menée par le FROLINAT, qui dégénère en une longue guerre civile (1965–1979). Cette période, marquée par des antagonismes entre acteurs politiques gouvernementaux et rebelles divise profondément le pays en Nord et Sud et voit également l'ingérence de puissances étrangères (Libye et France) venir compliquer le conflit. En 1979, un gouvernement d'union nationale (GUNT) tente de réunifier le pays, mais de nouvelles luttes de pouvoir éclatent presque immédiatement. Les années 1980 sont caractérisées par la rivalité entre Hissène Habré et Goukouni Oueddei, chacun soutenu par des parrains externes, ce qui aboutit à la prise de pouvoir de Habré en 1982 avec l'appui des services français et américains. La décennie suivante voit Idriss Déby renverser Habré en 1990, encore une fois par les armes et avec des soutiens externes, inaugurant un régime militaire qui durera trente ans. Ainsi, de 1965 à nos jours, le Tchad n'a que très rarement connu de transition politique pacifique – le pouvoir change généralement de mains à la suite de rébellions armées ou de coups d'État militaires.

Cette instabilité chronique a profondément influencé l'économie politique du pays. D'une part, la préservation du pouvoir par la force a conduit à une **militarisation de l'État** : les dirigeants successifs, confrontés à des menaces constantes, ont alloué une part disproportionnée des ressources nationales aux dépenses sécuritaires et à l'entretien de l'appareil militaire. L'armée tchadienne, forte de son rôle politique, est devenue à la fois le pilier du régime et un facteur d'instabilité intérieure potentielle. Le régime d'Idriss Déby (1990-2021) illustre cette dynamique : il s'est appuyé sur une élite militaire largement issue de son groupe ethnique et sur la redistribution de ressources aux commandants pour s'assurer de sa loyauté, consolidant ainsi un **système néo-patrimonial** où la rente est captée par le sommet de l'État. D'autre part, les conflits successifs ont entraîné un **détournement des ressources publiques** au détriment du développement. Par exemple, même lorsque de nouvelles ressources financières ont été disponibles (notamment la manne pétrolière des années 2000), elles ont été en partie détournées pour l'achat d'armes ou la consolidation du pouvoir en place. Cette orientation des dépenses publiques vers la sécurité au détriment des services sociaux et des infrastructures civiles a freiné la construction d'un État capable de fournir des biens publics et de favoriser la croissance inclusive.

Les conséquences macroéconomiques des décennies de guerre civile et d'insécurité sont lourdement négatives. Les conflits armés ont détruit des infrastructures (routes, ponts, réseaux électriques embryonnaires), perturbé les circuits commerciaux intérieurs et découragé l'investissement. Le climat des affaires est resté exécrable, car l'incertitude politique, la prédation par des groupes armés ou des chefs de guerre, et la faiblesse de l'Etat de droit n'incitent ni les entrepreneurs locaux ni les investisseurs étrangers à s'engager. De plus, la population a payé un lourd tribut humain et social aux affrontements répétés, avec des dizaines de milliers de morts, un déplacement massif de civils, et l'émergence d'une **économie de survie** dans de larges portions du territoire. Les guerres civiles prolongées ont appauvri la majorité de la population et miné les structures productives rurales (agriculture et élevage), accentuant la dépendance à l'aide humanitaire dans certaines régions. Selon des estimations portant sur l'Afrique, un conflit armé fait chuter en moyenne de 15 % la taille de l'économie nationale. Le cas tchadien confirme que l'instabilité politique récurrente se traduit par un **manque à gagner énorme en termes de croissance** sur le long terme. Au Tchad, chaque cycle de violences replonge l'économie dans la récession ou la stagnation, anéantissant les progrès réalisés en période d'accalmie. Ainsi, les conflits ont façonné une économie politique de l'urgence et de la prédation, où la logique de court terme pour accaparer ou sécuriser le pouvoir prime sur toute planification de développement à long terme.

L'instabilité endémique du Tchad depuis l'indépendance a produit un État aux institutions fragiles, dominé par l'appareil militaro-politique et dépourvu de capacités suffisantes pour impulser le développement. Cette première section met en lumière la **genèse des conflits tchadiens et leur incidence sur les structures étatiques et économiques**. La militarisation du pouvoir, l'utilisation prédatrice des ressources et l'insécurité chronique ont créé un cercle vicieux où conflits et sous-développement s'alimentent mutuellement. Pour approfondir la compréhension de cette dynamique, il convient maintenant d'examiner les dimensions régionales de l'instabilité tchadienne, en particulier les relations tumultueuses avec les voisins soudanais et libyens, puis le rôle d'acteurs externes comme la France.

L'instabilité avec les voisins soudanais et libyens : impacts économiques et politiques

La position géographique du Tchad, entouré de voisins eux-mêmes instables (Libye au nord, Soudan à l'est, République centrafricaine au sud, Nigéria et Niger à l'ouest), a fait du pays un carrefour de conflits régionaux. Deux voisins en particulier – le Soudan et la Libye – ont joué un rôle majeur dans l'histoire des guerres tchadiennes, en exportant leur instabilité au Tchad ou en s'ingérant directement dans ses affaires, avec des conséquences économiques et politiques notables.

Avec la Libye, le Tchad a connu des confrontations directes et prolongées. Le régime du colonel Kadhafi, dès les années 1970, affichait des visées expansionnistes vers le sud. Profitant du chaos de la guerre civile tchadienne, la Libye a annexé en 1973 la bande d'Aozou, une zone désertique du nord du Tchad potentiellement riche en uranium. S'ensuit un long contentieux territorial qui dégénère en conflit armé ouvert dans les années 1980, connu sous le nom de guerre tchado-libyenne. Quatre interventions militaires libyennes successives ont lieu entre 1978 et 1987, venant soutenir différentes factions tchadiennes alliées à Tripoli. Face à cette ingérence, la France intervient également (opérations Manta en 1983 puis Épervier à partir de 1986) aux côtés du gouvernement tchadien pour contrer l'offensive libyenne. Sur le plan intérieur, **l'**ennemi libyen a souvent servi de catalyseur pour militariser davantage le pouvoir tchadien : Hissène Habré notamment a justifié la concentration du pouvoir et la répression interne par la lutte contre l'agression libyenne. Finalement, en 1987, les troupes tchadiennes remportent la "guerre des Toyota" et repoussent les forces libyennes, grâce à l'aide française. Le différend frontalier sera tranché en 1994 par la Cour Internationale de Justice en faveur du Tchad. Mais pendant plus d'une décennie, le conflit avec la Libye a détourné d'importantes ressources vers l'effort de guerre et a maintenu un climat de tension permanente dans le nord du pays, freinant toute activité économique normale dans ces régions sahariennes. De plus, la présence militaire française prolongée dans le cadre de l'opération Épervier (jusqu'en 2014) a consacré une forme de tutelle sécuritaire étrangère coûteuse politiquement, même si elle a contribué à la défense du territoire.

Avec le Soudan, l'instabilité a pris la forme d'un effet de contagion et de guerres par procuration. Le Darfour, région soudanaise frontalière de l'est du Tchad, s'embrase en 2003 avec une insurrection contre Khartoum, provoquant une crise humanitaire majeure. Ce conflit du Darfour a rapidement débordé sur le Tchad voisin : dès 2003-2004, des vagues de réfugiés soudanais déferlent à l'est du Tchad pour fuir les massacres. À la fin des années 2000, plus de 230 000 réfugiés soudanais étaient installés dans une douzaine de camps à l'est du Tchad, augmentant de 25 % la population des régions d'accueil. Cet afflux massif a eu des conséquences socio-économiques lourdes : mise en tension des ressources locales (eau, terre, pâturages), perturbation des équilibres communautaires, et nécessité pour le gouvernement tchadien et les agences humanitaires de mobiliser d'importants moyens pour gérer ces camps. Parallèlement, les relations entre N'Djamena et Khartoum se sont fortement détériorées. Le président Déby, d'ethnie zaghawa (présente des deux côtés de la frontière), a apporté un soutien tacite à la rébellion darfourienne menée par le Mouvement pour la justice et l'égalité (MJE). En représailles, le régime soudanais d'Omar el-Béchir a armé et financé plusieurs mouvements rebelles tchadiens à partir de bases arrière au Soudan. De 2005 à 2010 environ, le Tchad et le Soudan se sont livrés une **guerre par procuration** : chaque pays soutenait des rébellions visant à déstabiliser le régime de l'autre. Ainsi, en 2006 puis à nouveau en 2008, des colonnes de rebelles tchadiens appuyés par Khartoum ont traversé toute la moitié est du Tchad et menacé la capitale N'Djamena, avant d'être repoussées in extremis. Ces épisodes ont non seulement ravagé les zones traversées (pillages, réquisitions de bétail, destructions), mais ont aussi contraint le gouvernement tchadien à des dépenses militaires exceptionnelles pour sa survie, détournant encore une fois les ressources des besoins civils. La méfiance mutuelle a également entraîné la fermeture intermittente de la frontière tchado-soudanaise, perturbant les échanges commerciaux traditionnels (par exemple, le commerce de bétail, de denrées et de produits manufacturés entre le Tchad et le Soudan). Il a fallu attendre 2010 pour que le Tchad et le Soudan normalisent leurs relations diplomatiques et cessent officiellement de soutenir les rébellions respectives, ce qui a apporté une accalmie relative à l'est du Tchad. Néanmoins, l'instabilité régionale perdure : plus récemment, la nouvelle guerre civile soudanaise déclenchée en 2023 a provoqué une nouvelle vague de **déplacés vers le Tchad (environ 800 000 personnes)**, posant un défi humanitaire majeur et faisant craindre la résurgence de groupes armés transfrontaliers.

Les **trafics illicites et les activités criminelles transfrontalières** prospèrent également sur fond d'instabilité. Dans le nord du Tchad, la porosité de la frontière libyenne – aggravée par le chaos en Libye depuis 2011 – a ouvert un corridor pour divers trafics : armes en provenance des stocks libyens pillés, drogues et contrebande, traite de migrants vers l'Europe, etc. Des groupes rebelles tchadiens ont parfois tiré profit de ces économies illégales pour financer leurs opérations. De même, dans l'est, la circulation d'armes légères entre le Darfour et le Tchad a alimenté l'insécurité locale (banditisme, conflits intercommunautaires plus meurtriers). Ces trafics minent l'économie formelle en détournant des ressources et en renforçant les acteurs armés non-étatiques. Par ailleurs, les zones frontalières échappent en partie au contrôle du pouvoir central, ce qui entrave la capacité de l'État tchadien à taxer le commerce et à réguler l'activité économique. Enfin, l'instabilité régionale a affecté l'**intégration économique du Tchad dans son environnement immédiat**. Au sud, la Centrafrique voisine a sombré dans la guerre civile à partir de 2013, perturbant les échanges avec le Tchad et nécessitant l'intervention de troupes tchadiennes dans une force régionale (MISCA), puis des Nations unies (MINUSCA) – avant leur retrait controversé. À l'ouest, la région du Lac Tchad est confrontée depuis 2009 à l'insurrection de Boko Haram, ce qui mobilise l'armée tchadienne sur le front du bassin du Lac et ralentit les projets de coopération économique avec le Nigéria et le Niger. Globalement, on observe que les urgences sécuritaires ont primé sur les initiatives de développement ou de commerce avec les voisins. Lorsqu'un pays consacre l'essentiel de son attention et de son budget à gérer des conflits tant intérieurs que frontaliers, les projets de routes, de corridors commerciaux, ou de marchés régionaux passent au second plan. Par exemple, malgré des discussions au sein de la CEMAC ou de l'Union africaine sur l'amélioration des liaisons routières transnationales, la sécurisation des zones frontalières instables (Tibesti, Ennedi, Lac Tchad) reste le prérequis non résolu pour réellement dynamiser les échanges.

Les relations conflictuelles avec la Libye et le Soudan ont exacerbé l'insécurité au Tchad et ont eu des répercussions économiques néfastes. L'ingérence libyenne a entraîné une militarisation accrue et des dépenses de guerre pendant les années 1980. Le conflit Darfour-Tchad dans les années 2000 a déstabilisé l'est, entraîné des déplacements massifs de populations et a favorisé une économie de guerre transfrontalière. Ces tensions ont aussi freiné la coopération économique régionale, dans la mesure où la méfiance et la fermeture des frontières ont éclipsé les opportunités commerciales. La prochaine section s'intéresse à un autre acteur déterminant de l'économie politique tchadienne : la France, ancien colonisateur et allié militaire du régime, dont le rôle oscille entre soutien à la stabilité et ingérence dans les affaires du pays.

Les relations avec la France : entre soutien et ingérence économique

La France occupe une place singulière dans la trajectoire politique et économique du Tchad. Héritage de la colonisation et de la Françafrique, la relation franco-tchadienne est caractérisée par une forte imbrication, à la fois militaire, politique, monétaire et économique. Paris a souvent joué un rôle de **soutien décisif au régime tchadien en place**, tout en maintenant des leviers d'influence qui s'apparentent parfois à de l'ingérence, notamment sur le plan monétaire et financier.

Sur le plan **politico-militaire**, la France s'est posée en garante de la stabilité du Tchad, du moins telle qu'elle la concevait. Depuis l'indépendance, elle est intervenue militairement à de multiples reprises pour défendre le gouvernement central contre des rébellions ou des invasions. On peut citer : l'Opération Manta (1983) pour stopper l'offensive libyenne et sauver le régime de Habré, l'Opération Épervier (1986-2014) qui a maintenu en permanence des troupes françaises au Tchad après la guerre contre la Libye, ou plus récemment l'appui aérien en 2008 et en 2019 pour repousser des colonnes rebelles menaçant N'Djamena. Cette présence militaire continue s'est perpétuée sous le couvert de la lutte antiterroriste au Sahel avec l'Opération Barkhane, dont le poste de commandement était basé à N'Djamena. Du point de vue tchadien, l'appui français a pu être vu comme un **soutien vital** face aux agressions extérieures (Libye, groupes jihadistes) et aux soulèvements armés internes, permettant d'éviter l'effondrement de l'État. En échange, le Tchad a offert à la France un **ancrage stratégique** au cœur de l'Afrique centrale et sahélienne (bases aériennes, renseignement, troupes tchadiennes engagées aux côtés de la France au Mali, etc). La coopération militaire est donc présentée par les deux parties comme mutuellement bénéfique : la France y trouve un allié régional fiable, tandis que le régime tchadien bénéficie d'un parapluie sécuritaire précieux.

Cependant, cette relation militaire privilégiée a aussi ses zones d'ombre et ses critiques. D'une part, elle a entretenu au Tchad une **dépendance structurelle à l'égard de la puissance française** pour la sécurité nationale. Pendant des décennies, l'armée tchadienne s'est reposée sur l'appui logistique, le renseignement et parfois l'intervention directe de la France pour contenir les rébellions, ce qui a pu freiner le développement d'une défense autonome robuste. D'autre part, le soutien français s'est souvent aligné sur la perpétuation de régimes autoritaires favorables aux intérêts de Paris, quelles que soient leurs pratiques en matière de gouvernance ou de droits humains.

Hissène Habré, malgré son régime de terreur (il sera plus tard condamné pour crimes contre l'humanité), a bénéficié de l'aide militaire française tant qu'il était un rempart contre Kadhafi. Idriss Déby, lui aussi, a pu se maintenir trente ans au pouvoir en grande partie grâce aux interventions françaises qui ont neutralisé les offensives rebelles à des moments critiques. En février 2008, par exemple, la France a fourni un soutien logistique et du renseignement permettant à Déby de repousser une attaque rebelle sur N'Djamena, durant laquelle un opposant politique majeur (Ibni Oumar Mahamat Saleh) a « disparu ». Cette **ingérence politique** de fait – au nom de la stabilité – a été dénoncée par l'opposition tchadienne et des observateurs internationaux, qui y voient une perpetuation d'un ordre néo-colonial où la France choisit les vainqueurs et les perdants de la scène politique tchadienne.

Sur le plan **économique et monétaire**, l'empreinte française est également très marquée. Le Tchad fait partie de la zone CFA, utilisant le franc CFA (XAF) émis par la BEAC, une monnaie dont la parité fixe avec l'euro est garantie par le Trésor français. Ce système monétaire, hérité de la colonisation, offre certes une stabilité relative (faible inflation, convertibilité internationale), mais il est souvent critiqué comme un instrument de **tutelle économique** limitant la souveraineté des États africains. Dans le cas tchadien, l'usage du franc CFA signifie que la politique monétaire et une partie de la politique de change sont essentiellement déterminées à Paris (ou du moins en concertation avec la France). De plus, la présence de la France dans les instances de gouvernance de la BEAC confère à celle-ci un droit de regard sur les orientations macroéconomiques. Si le cadre CFA a pu éviter des désordres monétaires au Tchad, il a aussi été associé à des conditionnalités macroéconomiques strictes (discipline budgétaire, orthodoxie monétaire) qui, dans un contexte de choc sécuritaire ou de besoin d'investissements massifs, peuvent apparaître contraignantes. Le débat sur le franc CFA ressurgit périodiquement au Tchad, certains responsables y voyant un frein au développement et une survivance coloniale.

Par ailleurs, les **entreprises françaises** ont longtemps dominé certains secteurs clés de l'économie tchadienne. Durant les premières décennies post-indépendance, la France est restée le principal partenaire commercial du Tchad. Des sociétés françaises étaient impliquées dans l'exploitation du coton (la Cotontchad coopérait avec la CFDT française), dans la fourniture de biens manufacturés, et plus récemment dans le secteur pétrolier en aval (distribution de carburant, etc.). Total, par exemple, a été présente dans la distribution pétrolière locale. Toutefois, l'empreinte économique française a évolué : ces dernières années, d'autres partenaires comme la Chine ou des pays du Golfe ont pris une place croissante dans l'économie tchadienne, réduisant la part de marché de la France. En 2018, la Chine fournissait 23 % des importations du Tchad, contre seulement 11 % pour la France. Néanmoins, Paris conserve un rôle important via l'aide au développement (Agence française de développement finançant des projets d'eau, de santé, etc.) et le réseau culturel (lycées français, Alliances françaises, etc.). L'**influence française** reste donc multiforme : militaires sur le terrain, conseillers techniques dans les ministères, aide budgétaire, etc. Cela alimente la perception par certains d'une ingérence permanente de la France dans les affaires tchadiennes, où chaque décision stratégique (qu'il s'agisse de dévaluer le franc CFA en 1994, de réformer telle entreprise publique, ou de choisir un fournisseur d'armes) serait prise sous le regard approbateur de Paris.

Ainsi, la relation franco-tchadienne est faite de **paradoxes**. D'un côté, le soutien de la France a contribué à la survie de l'État tchadien face à des menaces existentielles et à stabiliser en partie l'économie (stabilité monétaire, aide financière). De l'autre, ce soutien s'est accompagné d'une mainmise sur les orientations politiques et économiques, au risque de priver le Tchad de la maîtrise de son propre développement. Cette dualité soutien/ingérence se retrouve dans la question de la rente pétrolière, que nous abordons dans la section suivante : la France a encouragé l'exploitation du pétrole tchadien, tout en participant (avec la Banque mondiale) à en encadrer l'usage ; mais au final, la gestion de cette richesse a surtout servi à conforter un pouvoir autoritaire, dans un schéma classique de malédiction des ressources.

Le pétrole : moteur de croissance ou facteur de blocage ?

La découverte et l'exploitation du pétrole ont fait entrer le Tchad, au début du XXIe siècle, dans le club des pays exportateurs d'or noir. Longtemps perçu comme un possible **moteur de croissance** susceptible de transformer l'économie tchadienne, le pétrole s'est aussi révélé un puissant **facteur de blocage institutionnel et social**, s'inscrivant dans le phénomène bien connu de la « malédiction des ressources naturelles ». Cette section examine comment la rente pétrolière a été gérée au Tchad, et dans quelle mesure elle a renforcé (ou atténué) les dynamiques de conflit et de sous-développement précédemment décrites.

À la fin des années 1990, le Tchad était l'un des pays les plus pauvres du monde, mais recélait d'importantes réserves pétrolières dans le bassin de Doba (sud du pays). Avec le soutien de la Banque mondiale et d'un consortium de compagnies pétrolières (ExxonMobil, Chevron, Petronas), un projet majeur d'oléoduc Tchad-Cameroun a été lancé. L'idée était de faire du Tchad un **modèle de gestion transparente de la rente** afin d'éviter le syndrome hollandais et la corruption. La Banque mondiale accorda en 2000 un prêt de 200 millions $ pour la construction du pipeline, assorti de conditions strictes quant à l'utilisation future des revenus pétroliers. Une loi (loi *001/PR/1999*) fut adoptée, prévoyant d'allouer 72 % des revenus du pétrole à des secteurs prioritaires de développement (santé, éducation, infrastructures), 10 % à un Fonds pour les générations futures, 4.5 % aux régions productrices, ne laissant qu'environ 13 % pour les dépenses courantes de l'État. Ce cadre ambitieux fit naître de grands **espoirs de développement** : on imaginait que la manne pétrolière, bien gérée, permettrait enfin de financer les écoles, les routes et les hôpitaux manquants, tout en préparant l'après-pétrole.

La production commerciale débuta en 2003 et, rapidement, les recettes pétrolières gonflèrent le budget de l'État. En 2007, le Tchad exportait 53 millions de barils, rapportant au gouvernement 1,2 milliard de dollars. Cependant, ces **afflux massifs de revenus** ont eu pour effet pervers d'exacerber les tendances à la corruption et d'alimenter de nouvelles tensions politiques. Très vite, des irrégularités apparurent : malgré les engagements, une partie des revenus pétroliers fut utilisée de manière non prévue, notamment pour des achats d'armes dès 2004-2005. Le président Déby, confronté à la rébellion de l'est soutenue par le Soudan, considérait prioritaire de renforcer son arsenal. En 2005, le Parlement, dominé par le parti au pouvoir, modifia unilatéralement la loi de gestion des revenus pétroliers : les dépenses de sécurité et d'administration furent ajoutées aux dépenses « prioritaires » éligibles à la rente, et le Fonds pour les générations futures fut purement et simplement aboli. Ce **revirement** signifiait que la quasi-totalité des revenus du pétrole pouvait désormais être dépensée librement par le gouvernement, y compris pour financer l'effort de guerre ou consolider le régime. La Banque mondiale, se sentant trahie, suspendit alors ses programmes d'aide et entra en bras de fer avec N'Djamena. Mais en avril 2006, face à l'urgence créée par une attaque rebelle menaçant la capitale, un compromis fut trouvé : 70 % des revenus pétroliers seraient consacrés aux secteurs de lutte contre la pauvreté, tandis que le gouvernement gardait la main sur le reste (y compris pour la sécurité). Finalement, en 2008, la Banque mondiale jeta l'éponge et se retira du projet, constatant l'échec de sa tentative de contrôle. Cet épisode illustre comment, au Tchad, la **logique de survie du régime a prévalu sur les engagements de développement** : dès que le pouvoir s'est senti en danger, la promesse d'une gestion vertueuse de la rente a été sacrifiée.

Dans les faits, la **rente pétrolière tchadienne est devenue un instrument de consolidation du pouvoir** d'Idriss Déby et de son parti. Les sommes considérables tirées du pétrole dans les années 2000 (plusieurs milliards de dollars sur la décennie) ont servi à renforcer un régime présidentiel fortement personnalisé. Déby en a usé pour coopter des soutiens, acheter l'allégeance de certaines élites, et surtout pour équiper son armée de manière pléthorique. Les effectifs militaires ont augmenté et du matériel lourd a été acquis, non seulement pour contrer les rébellions, mais aussi pour faire du Tchad une puissance militaire régionale (le pays est intervenu militairement chez ses voisins et dans les opérations de paix). Le pétrole a financé une **militarisation accrue de l'État** – ce qui dans un contexte autoritaire signifie aussi un potentiel de répression interne plus grand. Déby a ainsi pu résister aux offensives rebelles grâce à ses « pétrodollars », mais au prix d'une fermeture politique : fort de ses ressources, il a souvent rejeté le dialogue avec l'opposition, n'ayant plus autant besoin de compromis politiques. Cette concentration de la rente aux mains du pouvoir central a également eu un effet d'**exclusion sociale** : très peu de retombées positives ont été ressenties par la population. Les régions productrices du sud se sont senties flouées (4.5 % seulement des revenus leur étaient initialement dédiés, et même cela n'a pas toujours été versé). Les investissements publics dans les services sociaux sont restés insuffisants malgré l'enrichissement de l'État : par exemple, les budgets de l'éducation et de la santé n'ont pas connu l'essor attendu. En 2011, au faîte du boom pétrolier, l'élite politico-militaire proche du régime s'est enrichie visiblement (biens de luxe importés, constructions effrénées à N'Djamena), alimentant un ressentiment parmi la population, et pouvant devenir un terreau de contestation.

Les dérives de la gestion pétrolière tchadienne illustrent le phénomène de « **malédiction des ressources** ». Au lieu de devenir une bénédiction, l'or noir a exacerbé les dysfonctionnements institutionnels. La disponibilité de revenus faciles a réduit l'incitation du gouvernement à développer d'autres secteurs productifs (agriculture, élevage, industrie légère) – d'où une forme de syndrome hollandais : le reste de l'économie a stagné tandis que le pays se concentrait sur le pétrole. De plus, les revenus pétroliers accrus ont alimenté des dépenses publiques peu productives, souvent orientées par le clientélisme ou les impératifs de sécurité, creusant au passage le déficit budgétaire en période faste par excès d'optimisme. Lorsque le prix du baril s'est effondré en 2014-2015, le Tchad s'est retrouvé en grave crise financière, n'ayant ni épargné suffisamment ni diversifié son économie. L'État surendetté a dû réduire brutalement les dépenses, ce qui a entraîné des tensions sociales (grèves, manifestations contre les mesures d'austérité). En clair, **la manne pétrolière, mal gérée, a rendu l'économie tchadienne plus vulnérable** aux chocs externes. La corruption s'est également aggravée avec l'arrivée du pétrole : des rapports ont documenté le siphonage de fonds publics vers des comptes privés, notamment au profit de certains dignitaires et intermédiaires. Il est avéré qu'une part notable des recettes pétrolières a été détournée par des réseaux liés au régime, privant le trésor public de ressources pour le bien commun. Le fameux *Collège de contrôle* mis en place initialement pour surveiller l'utilisation des revenus n'a pas pu empêcher ces pratiques et a été dissous. Ainsi, le **modèle tchadien** initialement vanté s'est transformé en cas d'école des pièges de la rente : en 2008, la Banque mondiale reconnaissait l'échec de son initiative au Tchad, admettant qu'il est illusoire de tenter d'imposer de l'extérieur une bonne gouvernance des ressources dans un contexte de gouvernance interne défaillante et de conflits.

Conséquences économiques et sociales de la rente pétrolière

Sur le plan macroéconomique, le pétrole a certes dopé temporairement la croissance du PIB (des taux à deux chiffres au milieu des années 2000) et augmenté les recettes de l'État, mais ces gains n'ont pas été **transformés en développement durable**. Le Tchad reste l'un des pays les plus pauvres et les moins avancés d'Afrique, comme en témoigne son rang quasiment inchangé au bas de l'indice de développement humain malgré une décennie d'exportations pétrolières

L'économie demeure peu diversifiée et très dépendante des fluctuations du pétrole qui représentait encore près de 90 % des exportations et plus des deux tiers des revenus budgétaires dans les années 2010. Lorsque les cours chutent, le pays se retrouve en grande difficulté pour importer les biens essentiels et payer les fonctionnaires. Par ailleurs, **les inégalités se sont accrues**. Une petite minorité liée au pouvoir a accaparé la majorité des bénéfices de la rente, tandis que la majorité de la population rurale n'a vu aucune amélioration de ses conditions de vie. Au contraire, certaines communautés locales ont subi des effets négatifs directs de l'exploitation pétrolière (expropriations de terres, pollutions environnementales, etc.) sans juste compensation, alimentant un sentiment d'injustice. Cette fragmentation socio-économique recoupe parfois des clivages ethniques ou régionaux, ce qui peut attiser des tensions : par exemple, l'exclusion perçue des populations du Sud (région productrice) par le régime principalement nordiste a été une source de griefs politiques.

Enfin, du point de vue **politique et institutionnel**, la disponibilité du pétrole a peut-être prolongé la longévité du régime de Déby, retardant d'éventuelles transitions démocratiques. En finançant un appareil sécuritaire pléthorique et en permettant d'acheter la paix sociale à court terme (par des recrutements clientélistes ou des subventions occasionnelles), la rente a réduit la pression pour des réformes politiques inclusives.

Cependant, cette stabilité de façade s'est effondrée après la mort d'Idriss Déby en 2021, prouvant qu'elle n'était pas durable. Le Tchad se retrouve aujourd'hui à la croisée des chemins : la **rente pétrolière diminue** (les champs de Doba sont en déclin, même si de nouvelles explorations visent d'autres bassins), et la population, majoritairement jeune, aspire à un meilleur partage des ressources et à la paix. L'exploitation pétrolière peut-elle encore devenir un moteur de développement inclusif ? Cela nécessiterait de profondes réformes de gouvernance, une transparence accrue, et une volonté politique de rompre avec la logique de prédation. Sans ces changements, le pétrole restera un facteur de blocage – alimentant potentiellement de nouvelles frustrations et conflits – plutôt qu'un véritable levier de croissance partagée.

Le Tchad et l'intégration régionale : défis et perspectives dans la CEMAC

Le Tchad est un membre fondateur de la Communauté Économique et Monétaire de l'Afrique Centrale, cette organisation qui a vu le jour en 1994 et réunit six pays, dont le Cameroun, la Centrafrique, le Congo, le Gabon, la Guinée équatoriale et le Tchad lui-même. Les concepteurs de cette communauté sous-régionale ont envisagé une union douanière, une libre circulation des personnes et des biens, ainsi qu'une meilleure coordination des politiques économiques, mais la réalité observée dans la région ne correspond pas aux ambitions initiales. L'intégration demeure considérablement en retrait, et le cas tchadien illustre le faisceau d'obstacles qui freinent sa concrétisation. Les faibles volumes d'échanges, la multiplication des barrières administratives et l'hétérogénéité des infrastructures constituent autant de freins majeurs, alors même que la zone CEMAC pourrait constituer un atout pour des économies souvent trop tournées vers l'extérieur.

Le Tchad, en particulier, peine à intégrer ses marchés à ceux de ses voisins, et les statistiques démontrent que plus de 80 % du commerce extérieur des pays de la région se dirige plutôt vers l'Europe, la Chine ou d'autres partenaires éloignés, tandis que le commerce intra-CEMAC ne dépasse pas quelques pour cent. Dans le cas tchadien, le constat est similaire, et ce manque d'échanges régionaux souligne la difficulté de l'économie tchadienne à s'articuler à ses partenaires immédiats. Les raisons de cette insuffisance se déclinent en divers facteurs qui se cumulent de manière néfaste. Les structures économiques des pays de la région reposent essentiellement sur les matières premières destinées à l'exportation vers des marchés mondiaux, ce qui limite la complémentarité locale. Les faibles capacités de raffinage et l'absence d'activités de transformation sophistiquées dans les pays voisins n'incitent pas à la vente de brut tchadien au sein de la CEMAC. Les routes, lorsqu'elles existent, demeurent insuffisamment entretenues et ralentissent considérablement les flux commerciaux, au point de rendre les coûts logistiques prohibitifs, surtout entre N'Djamena et le port de Douala, où les délais de transit restent très élevés. Les voies ferrées sont inexistantes pour relier le Tchad à la côte, et le transport fluvial demeure marginal en raison du manque d'infrastructures adéquates sur le Chari-Logone. Les coûts en énergie, illustrés par la proportion minime de la population ayant accès à l'électricité, accentuent encore la difficulté de développer des pôles industriels qui pourraient entretenir des échanges sous-régionaux dynamiques. Les barrières non tarifaires, la corruption aux postes de contrôle et la lourdeur des procédures administratives freinent encore davantage l'essor du commerce intra-CEMAC, et la frilosité des dirigeants politiques, qui craignent de perdre un certain contrôle sur leurs rentes nationales, renforce la fragilité de l'intégration. Des exemples concrets, comme la suppression partielle et tardive des visas entre certains pays en 2017, montrent qu'il a fallu de longues années pour appliquer des principes pourtant énoncés de longue date, et plusieurs grands projets – qu'il s'agisse d'une compagnie aérienne régionale ou d'interconnexions électriques plus ambitieuses – restent inaboutis, faute de détermination véritable et de volonté d'associer les pays dans un agenda commun.

Le Tchad, malgré ces insuffisances de la CEMAC, se trouve placé au cœur de l'Afrique, et sa situation géographique lui confère un rôle potentiel de trait d'union entre l'Afrique centrale et le Sahel, voire au-delà, vers le Maghreb ou l'Afrique de l'Ouest. Cette position fait émerger des perspectives qui pourraient avoir un impact significatif sur l'essor économique de toute la sous-région, à condition de juguler l'instabilité qui touche notamment la zone du Lac Tchad. Les projets de routes transsahariennes, qui ambitionnent de connecter le Nigéria, le Niger, le Tchad et l'Algérie, pourraient transformer N'Djamena en carrefour de transit, à la seule condition que les menaces sécuritaires ne viennent plus perturber la circulation des biens et des personnes. Dans le cadre de la CEMAC, le Tchad peut s'appuyer sur certains mécanismes communs pour renforcer sa stabilité financière, car la Banque des États de l'Afrique Centrale et la Commission de la CEMAC ont pu apporter une assistance non négligeable durant la crise financière de 2016-2017, ce qui atteste que l'union monétaire peut avoir un rôle d'amortisseur dans les situations les plus délicates. Il demeure possible d'aller plus loin, en veillant à appliquer de manière résolue les réformes préconisées dans le Programme des réformes économiques et financières de la CEMAC. Le pays aurait ainsi l'opportunité de consolider sa discipline budgétaire et de miser davantage sur la transparence dans la gestion de ses recettes. Il pourrait parallèlement rechercher des partenaires régionaux pour certains produits manufacturés, par exemple en s'approvisionnant en ciment ou en sucre auprès de voisins producteurs si ces biens sont proposés à des prix compétitifs. Le développement d'industries de transformation, dans le domaine agro-alimentaire ou dans celui des services financiers et des télécommunications, offrirait la possibilité de s'intégrer à des chaînes de valeur régionales et de ne plus reposer exclusivement sur les hydrocarbures et la production agricole vivrière. La Zone de libre-échange continentale africaine, en simplifiant l'accès à un vaste marché, encouragerait ce mouvement et stimulerait chaque pays à gagner en compétitivité. Une spécialisation dans le secteur de l'élevage, par exemple, permettrait d'exporter du bétail et des produits dérivés vers le Cameroun ou le Nigéria, à condition d'investir dans des abattoirs modernes et la chaîne du froid pour faciliter la conservation et le transport.

La stabilité politique demeure cependant déterminante. Les événements récents, comme la transition militaire survenue en 2021 ou les répressions des mouvements populaires ces dernieres années, ont soulevé l'inquiétude de plusieurs observateurs qui craignaient que ces épisodes conflictuels détournent l'attention du gouvernement tchadien de tout effort d'intégration économique. Les crises sécuritaires ou les rébellions armées requièrent une mobilisation qui se fait au détriment des grands chantiers de développement, et il arrive que les responsables politiques, absorbés par la préservation de leur pouvoir, ne déploient pas l'énergie nécessaire pour nouer des coopérations actives avec les pays voisins. Certains observateurs, en particulier en Afrique centrale, insistent sur le fait que la multiplication des conflits, que ce soit dans la lutte contre Boko Haram ou dans les transitions militaires qui secouent parfois le Gabon ou le Tchad, a contribué à reléguer au second plan les grands projets économiques et les initiatives concertées. Une normalisation de la gouvernance tchadienne, combinée à une volonté sincère de renforcer les partenariats régionaux, offrirait au pays l'opportunité de jouer ce rôle d'acteur moteur à l'échelle de la CEMAC, tout en tirant parti des échanges plus fluides avec ses alliés directs.

Les autorités, à différents niveaux, ont déjà identifié des domaines où la coopération pourrait progresser de manière tangible, mais la mise en œuvre concrète suppose de dépasser les approches purement nationales et de se doter d'institutions régionales plus fortes, capables de faire respecter les engagements communs. Des initiatives ont été évoquées pour un accroissement de la libre circulation des personnes et des biens, et pour un véritable alignement des politiques fiscales et douanières, mais ces ambitions se heurtent encore aux lenteurs et aux particularismes de chaque État. De nombreux acteurs économiques et financiers estiment qu'il devient urgent de dégager des financements suffisants pour les infrastructures régionales, afin que les routes, les futurs tronçons ferroviaires ou les interconnexions énergétiques cessent de relever du simple vœu pieux.

Certains spécialistes rappellent que la Banque mondiale et la Banque africaine de développement participent à des projets concrets, comme la modernisation du corridor Douala-N'Djamena, mais insistent sur la nécessité de coordonner ces efforts à l'échelle de la CEMAC et instaurer une cohérence qui permette vraiment une circulation plus efficace. Les pays de la zone s'interrogent également sur la nécessité d'harmoniser leurs stratégies de diversification, car ils redoutent de se retrouver en compétition frontale au lieu de bâtir une complémentarité. Les décideurs considèrent par exemple que le Tchad pourrait miser sur l'élevage, la gomme arabique ou certains créneaux de l'agro-industrie, tandis que le Cameroun continuerait de développer son potentiel manufacturier. Ces ajustements supposent des négociations et une planification communes, qui se heurtent parfois au manque de volonté politique et aux réticences de dirigeants jaloux de leurs souverainetés respectives. Les institutions régionales, comme la Commission de la CEMAC, manquent encore d'autorité pour imposer des décisions collectives, et le renforcement de leur champ de compétences dépend du consensus que les États voudront bien asseoir.

Les enjeux liés au conflit et à la faiblesse institutionnelle rejaillissent sur la participation du Tchad à ces dynamiques, et montrent à quel point l'histoire récente pèse sur la trajectoire de l'intégration régionale. Les ressources pétrolières, exploitées selon des modalités souvent critiquées, n'ont pas suffisamment été mises au service de l'essor d'une économie plus diversifiée. Les conflits à répétition, qu'ils s'inscrivent dans des tensions internes ou à la frontière avec des pays déstabilisés comme le Soudan, ont aussi freiné la possibilité de consacrer de l'énergie et des moyens à la mise en place d'infrastructures transnationales et de politiques communes favorables à la croissance. Les années de forte croissance du PIB liées au pétrole n'ont pas fondamentalement modifié la structure productrice, et la volatilité des prix internationaux a rendu le pays vulnérable à la conjoncture mondiale sans renforcer sa résilience. Le Tchad se retrouve donc dans une posture où la nécessité de bâtir un avenir plus serein se fait pressante, d'autant que la démographie croissante et la jeunesse majoritaire réclament des solutions concrètes pour rompre le cercle vicieux de la pauvreté et de la dépendance extérieure. Cette analyse met en évidence le fait qu'une plus grande intégration dans la CEMAC pourrait devenir un catalyseur pour une croissance mieux partagée, à condition que la stabilité interne s'améliore et que les projets de réformes déjà identifiés soient conduits avec détermination. Les marges de manœuvre existent, et plusieurs bailleurs de fonds internationaux se disent disposés à accompagner le pays s'il montre une volonté réelle de sortir de l'économie de rente et de s'engager dans des transformations structurelles. Beaucoup de responsables tchadiens soulignent que l'investissement dans l'éducation, dans la modernisation de l'agriculture et dans l'accès aux infrastructures de base reste le premier pas vers l'émergence d'un secteur privé plus dynamique, qui pourrait prendre part aux échanges sous-régionaux sur une base plus solide que la simple exportation de matières premières.

Cette réflexion globale sur l'état du Tchad et de son intégration régionale fait apparaître la manière dont la persistance des conflits alimente un climat de méfiance, réduit les marges budgétaires de l'État et détourne son attention. L'engagement du Tchad dans des opérations militaires régionales, la lourde charge sécuritaire qui pèse sur les finances publiques et l'absence de réels mécanismes de redevabilité forment un terreau où il est difficile de mener des politiques de long terme visant l'édification d'un marché commun en Afrique centrale. Les événements politiques récents laissent néanmoins entrevoir une occasion de remettre de l'ordre dans les priorités nationales et d'accroître le rôle économique du pays au sein de la CEMAC. Un apaisement durable des tensions internes, et l'acceptation de la nécessité de coopérer davantage avec les voisins, pourraient réellement transformer la perception du Tchad, trop souvent perçu comme un foyer d'instabilité. Les observateurs les plus optimistes estiment que l'histoire tourmentée du pays ne doit pas conduire à un fatalisme ou à la résignation, car des réformes pragmatiques, associées à la détermination des nouvelles générations, contribueraient à lever les blocages institutionnels et économiques.

La situation demeure fragile, mais les potentialités de croissance, la diversité des ressources naturelles et la position stratégique du Tchad encouragent certains acteurs régionaux et internationaux à croire en la possibilité d'un renouveau. Le pays, après tant d'années de crises, paraît en quête d'un modèle de développement équilibré, soutenu par une gouvernance plus ouverte et plus transparente, ce qui serait propice aux échanges transfrontaliers et à la mise en valeur d'opportunités partagées. Les défis auxquels fait face le Tchad n'ont pas disparu, mais les expériences passées, marquées par les programmes avortés et les réformes inachevées, mettent en évidence l'urgence de consolider la paix et de clarifier les engagements en matière de bonne gestion des ressources. Dans la trajectoire à venir, la CEMAC pourrait représenter un levier collectif, à la fois pour attirer des financements de grande ampleur et pour amorcer une meilleure coordination sectorielle, qu'il s'agisse d'électricité, de transport, de production agricole ou de politique industrielle. Les débats sur la diversification économique et l'ouverture commerciale se poursuivent, et le Tchad se trouve dans la nécessité de trouver sa place au milieu des stratégies de ses voisins. Les considérations géopolitiques continuent de peser, mais un redéploiement des priorités du gouvernement, associé à la volonté des partenaires extérieurs de soutenir les réformes structurelles, peut devenir un socle pour faire émerger une nouvelle phase, où la participation tchadienne à la CEMAC cesserait d'être timide et contribuerait à une dynamique plus large de progrès. Ce pays, au passé émaillé de conflits, abrite ainsi un potentiel à explorer, en lien étroit avec la stabilisation régionale et le renforcement mutuel d'économies souvent confrontées aux mêmes écueils. Une articulation réussie entre les ambitions internes de réformes et les mécanismes régionaux d'intégration dessinerait un horizon plus prometteur, à la fois pour le Tchad et pour l'Afrique centrale.

CAMEROUN

LA STABILITE PAR L'AUTORITARISME

Le Cameroun occupe une place singulière en Afrique centrale, souvent qualifié de « géant » régional du fait de sa population, de la relative diversité de son économie et de son rôle pivot au sein de la Communauté économique et monétaire de l'Afrique centrale (CEMAC). Il représente près de la moitié de la population de la CEMAC et environ 45 % du PIB de cette zone en 2021, ce qui en fait de loin l'économie la plus importante de la sous-région. Doté d'une ouverture sur l'océan Atlantique et partageant des frontières terrestres avec tous les autres États de la CEMAC, le Cameroun a longtemps été perçu comme la locomotive naturelle de l'intégration régionale. Sa stabilité institutionnelle relative lui a valu d'abriter des institutions communautaires majeures, notamment la Banque des États d'Afrique Centrale (BEAC) dont le siège est à Yaoundé.

Cependant, ce statut de **géant régional** contraste avec de **profondes faiblesses structurelles** qui entravent le plein développement du pays et son leadership effectif. Sur le plan politique, le Cameroun est marqué par une forte centralisation du pouvoir et par la longévité exceptionnelle du régime du président Paul Biya, au pouvoir depuis 1982. Cette concentration du pouvoir s'accompagne de problèmes de gouvernance chroniques, notamment une corruption endémique et un déficit démocratique qui fragilisent les institutions. Sur le plan socio-politique, le pays est en proie à des tensions internes persistantes, la plus notable étant la *crise anglophone* dans les régions du Nord-Ouest et du Sud-Ouest, héritage contemporain d'une histoire coloniale atypique où le Cameroun fut partagé entre administrations française et britannique. Cette histoire postcoloniale unique – incluant une phase de fédéralisme bilingue rapidement supprimée en 1972 – a laissé des lignes de fracture identitaires encore visibles aujourd'hui.

Sur le plan économique, bien que diversifiée comparativement à ses voisins, l'économie camerounaise reste dominée par l'exportation de produits bruts et souffre d'une industrialisation inachevée. Des défis structurels tels que la corruption, la centralisation excessive de la prise de décision économique, et le poids du secteur informel (qui employait environ 87 % de la population active en 2014) freinent la transformation du potentiel du pays en une croissance véritablement inclusive. En dépit d'un taux de croissance positif – autour de 4 % par an en moyenne sur plusieurs décennies – la pauvreté recule peu et reste largement répandue, illustrant la difficulté qu'a le Cameroun à traduire sa performance économique en progrès social partagé. Comme le notait la Banque mondiale, *« malgré la croissance économique, les taux de pauvreté au Cameroun n'ont pas diminué »*, et dans les régions les plus pauvres la misère a même augmenté.

Enfin, ces dynamiques internes ont des répercussions sur le rôle régional du Cameroun. Si son économie et sa géographie lui confèrent un poids déterminant dans l'intégration de la CEMAC, les faiblesses internes du pays ont souvent limité son influence réelle et son engagement dans les initiatives régionales. Le Cameroun demeure le moteur indispensable de l'économie sous-régionale, par exemple en servant de pays de transit pour les marchandises et les ressources de ses voisins enclavés, Tchad et République centrafricaine, via le port de Douala qui constitue pour eux la principale voie d'accès à la mer. Néanmoins, son hégémonie au sein des instances régionales a été remise en question ces dernières années par la montée en puissance de certains voisins mieux dotés en ressources pétrolières ou plus actifs diplomatiquement. De plus, l'intégration régionale en Afrique centrale demeure la plus faible du continent, le commerce intra-régional représentant moins de 4 % des échanges extérieurs des pays de la CEMAC, ce qui limite d'autant l'impact économique de ce « géant » sur ses partenaires.

Ainsi, le paradoxe camerounais – un géant régional miné par des fragilités structurelles – mérite une analyse approfondie. Il convient d'examiner d'abord l'itinéraire historique unique du Cameroun, de la colonisation partagée à la centralisation postcoloniale, pour comprendre l'arrière-plan de ses tensions actuelles. Ensuite, nous analyserons le système politique camerounais, caractérisé par un pouvoir central fort et une stabilité autoritaire, mais traversé de défis internes. Puis nous dresserons le tableau de l'économie camerounaise, relativement diversifiée mais en deçà de son potentiel, avant d'évaluer l'action du Cameroun dans la région CEMAC et ses relations avec ses voisins. Cette étude, menée dans un style académique, s'attachera à mettre en lumière les logiques structurelles à l'œuvre, sans recourir à des énumérations simplistes, et servira de base de diagnostic avant d'éventuelles propositions de solutions qui seront traitées ultérieurement.

Une histoire coloniale et postcoloniale unique en Afrique centrale

Pour comprendre la trajectoire particulière du Cameroun, il faut revenir sur son histoire coloniale atypique et les choix politiques de l'immédiat après-indépendance. Aucun autre pays d'Afrique centrale n'a connu, comme le Cameroun, une partition coloniale entre deux puissances européennes suivie d'une réunification postcoloniale. Cette spécificité historique a façonné une nation à deux héritages, francophone et anglophone, et a posé les jalons de tensions politiques qui perdurent au XXIe siècle.

Le Cameroun moderne naît à la fin du XIXe siècle de la colonisation européenne. D'abord protectorat allemand à partir de 1884 sous le nom de *Kamerun*, le territoire passe sous contrôle français et britannique après la Première Guerre mondiale. En effet, les troupes franco-britanniques s'emparent de la colonie allemande en 1916, et le T raité de Versailles officialise en 1919 le démantèlement du Kamerun au profit des Alliés. La Société des Nations confie alors des mandats distincts à la France et au Royaume-Uni : la majeure partie du territoire, à l'est, devient le **Cameroun français**, administré par Paris, tandis que deux bandes de territoire à l'ouest, le long de la frontière avec le Nigéria britannique, forment le **Cameroun britannique**, administré par Londres via le Nigéria voisin. Cette partition géopolitique unique en Afrique centrale introduit deux systèmes administratifs, linguistiques et juridiques différents au sein de l'espace camerounais : un *léguer* français (droit civil, langue française, modèle jacobin) d'un côté, et un *léguer* britannique (common law, langue anglaise, mode indirect rule) de l'autre.

Sous mandat français, le Cameroun est géré comme les autres colonies d'Afrique Équatoriale française, avec une exploitation économique centrée sur l'exportation de matières premières (cacao, café, bois, etc.) et un encadrement politique strict. Le Cameroun britannique, lui, est divisé en deux entités administratives – le *Northern Cameroons* et le *Southern Cameroons* – rattachées respectivement aux colonies britanniques du Nigéria du Nord et du Nigéria de l'Est. Cette période de mandats, prolongée après 1945 sous forme de tutelle de l'ONU, voit émerger des mouvements nationalistes distincts dans chaque zone. Au Cameroun français, l'**Union des populations du Cameroun (UPC)** mène dès la fin des années 1940 une lutte anticoloniale vigoureuse. Celle-ci dégénère en conflit armé après l'interdiction de l'UPC en 1955, aboutissant à une guerre d'indépendance larvée que l'administration coloniale, puis le jeune État camerounais indépendant, répriment durement jusqu'au début des années 1970. Cette **« guerre cachée »** fera des dizaines de milliers de victimes, marquant durablement le paysage politique par l'élimination ou l'exil des leaders nationalistes radicaux. Du côté britannique, les nationalistes du Southern Cameroons, moins nombreux, revendiquent surtout l'autonomie vis-à-vis du Nigéria et la défense de leurs particularités face à la majorité anglophone nigériane.

Indépendances et réunification fédérale (1960-1961)

Le 1er janvier 1960, la **République du Cameroun** (Cameroun oriental, ex-territoire français) accède à l'indépendance avec Ahmadou Ahidjo à sa tête. Moins d'un an plus tard, le 1er octobre 1961, a lieu la **réunification partielle** du pays : à la suite d'un référendum organisé sous l'égide des Nations Unies, le Southern Cameroons (Cameroun méridional britannique) choisit majoritairement de se rattacher à la jeune République du Cameroun, tandis que le Northern Cameroons opte pour son intégration au Nigéria. Cette décision entérine la naissance d'un Cameroun bilingue et biculturel. Pour concilier les deux héritages et apaiser les craintes des dirigeants anglophones quant à leur statut dans le nouvel ensemble, l'État adopte alors une structure fédérale. Le **1er octobre 1961**, la République fédérale du Cameroun est proclamée, composée de deux États fédérés : le Cameroun oriental (ex-français) et le Cameroun occidental (ex-britannique). Ahmadou Ahidjo devient le président de la fédération, secondé par John Ngu Foncha, leader du Cameroun occidental, au poste de vice-président. Chaque État fédéré conserve une certaine autonomie interne, avec son gouvernement local (à Buea pour l'Ouest anglophone, à Yaoundé pour l'Est francophone) et des spécificités administratives héritées des colonisateurs respectifs.

Cette fédération à deux États, inédite en Afrique centrale, constitue un compromis destiné à préserver l'unité nationale naissante tout en reconnaissant la dualité historique du Cameroun. Sur le papier, elle consacre le bilinguisme officiel (français et anglais) et garantit aux régions anglophones le respect de leurs systèmes juridique et éducatif propres. Toutefois, dès sa mise en place, le fédéralisme camerounais reste **très encadré par le pouvoir central** d'Ahidjo. Ce dernier, homme fort du régime, veille à concentrer l'essentiel des leviers politiques et économiques à l'échelon fédéral, n'hésitant pas à user de méthodes autoritaires pour neutraliser toute dissidence. En 1966, il instaure le parti unique de fait en fusionnant les partis existants au sein de l'Union Nationale Camerounaise (UNC), marginalisant ainsi toute opposition, qu'elle soit francophone (anciens partisans de l'UPC) ou anglophone. La structure fédérale, déjà limitée, apparaît alors surtout comme une concession symbolique aux anglophones modérés représentés par Foncha, tandis que le pouvoir réel se centralise progressivement à Yaoundé.

Après une décennie d'existence, la République fédérale est abruptement dissoute par Ahidjo. Le 20 mai 1972, un référendum national entérine la **fin du fédéralisme** et la transformation du pays en un État unitaire. Officiellement justifiée par la volonté de renforcer l'unité nationale et l'efficacité administrative, cette décision traduit en réalité la méfiance du régime envers le pluralisme interne et son penchant pour un État hautement centralisé. Le résultat est sans appel : la République fédérale du Cameroun cède la place à la **République unie du Cameroun**, structure unitaire où les deux anciens États fédérés sont relégués au statut de simples provinces (renommées par la suite régions). Le référendum de 1972, organisé à une époque de parti unique, ne laissa guère de place à un débat ouvert, et le « oui » l'emporta officiellement à plus de 99 %.

Cette suppression du fédéralisme eut des conséquences profondes sur la politique camerounaise. En abolissant d'un trait de plume l'autonomie relative du Cameroun occidental, le pouvoir central envoya un signal clair : la diversité héritée de l'histoire coloniale serait gérée par l'assimilation et la centralisation, non par le fédéralisme. Dès lors, les institutions et les lois furent unifiées, alignant progressivement le système juridique anglophone sur le modèle francophone dans de nombreux domaines, et transférant toutes les compétences clés (éducation, justice, administration locale) à Yaoundé. Les dirigeants anglophones qui avaient négocié la réunification – tels que John Ngu Foncha ou Solomon Tandeng Muna – se virent assigner des fonctions honorifiques ou furent progressivement évincés du premier cercle du pouvoir. Dans l'imaginaire de nombreux anglophones, ce moment de 1972 marque le début d'une marginalisation politique et économique au sein du pays unifié, certains parlant même de *« trahison »* des garanties de 1961.

En effet, la promesse d'une nation unie et stable grâce à l'État unitaire ne s'est pas réalisée pleinement. **Soixante ans après la fin de la fédération**, on constate que cette décision n'a pas apporté l'unité nationale harmonieuse espérée, bien au contraire. Les frustrations spécifiques de la population anglophone quant à sa place dans le Cameroun unitaire n'ont fait que croître avec le temps. Privées d'autonomie, les régions du Nord-Ouest et du Sud-Ouest ont souvent eu le sentiment d'être négligées dans la distribution des ressources publiques, de voir leur système éducatif et judiciaire local érodé par la francophonisation, et d'être sous-représentées dans les cercles du pouvoir. Régulièrement, des mouvements de protestation ou des revendications fédéralistes ont émergé dans ces régions, témoignant d'un attachement persistant à l'identité anglophone et d'une critique de la centralisation. Mais à chaque fois, la réponse de l'État centralisé a été la même : une fin de non-recevoir ferme au nom de l'unité nationale, assortie souvent de mesures répressives pour décourager toute velléité d'autonomie.

Ainsi, de la période coloniale à la période postcoloniale précoce, le Cameroun a suivi une trajectoire unique en Afrique : colonisation germano-franco-britannique, réunification d'entités autrefois distinctes, puis recentralisation radicale. Ce parcours a légué au pays un héritage complexe. D'une part, il y a la richesse d'une double culture et d'une position charnière entre mondes francophone et anglophone. D'autre part, il y a les tensions internes nées de l'intégration parfois inaboutie de ces deux entités, tensions qui forment le terreau des problèmes politiques actuels comme la crise anglophone. Le choix de la centralisation en 1972, en particulier, apparaît rétrospectivement comme un tournant décisif qui a durablement façonné le **système politique** camerounais et la nature du **contrat social** entre l'État et les différentes composantes de sa population. C'est ce système politique hyper-centralisé, sous le règne prolongé de Paul Biya, que nous analyserons à présent, en montrant comment il a géré – ou exacerbé – les contradictions héritées de l'histoire.

Un système politique centralisé sous le règne du régime Biya : stabilité autoritaire et tensions internes

Le Cameroun contemporain est souvent cité comme un exemple de stabilité politique en Afrique centrale, n'ayant pas connu de changement violent de régime depuis les indépendances. Toutefois, cette stabilité apparente est le produit d'un **système politique hyper-centralisé** et dominé par un pouvoir personnel exercé depuis plus de quatre décennies par le président Paul Biya. Cette longévité et cette concentration du pouvoir ont assuré une continuité institutionnelle certaine, mais au prix d'un assoupissement démocratique, d'une gouvernance défaillante et de tensions politiques latentes qui minent la cohésion nationale. Entre la **pérennité du régime Biya**, la problématique de la succession, la **crise anglophone** qui s'est muée en conflit armé depuis 2017, et la persistance d'une gouvernance marquée par la corruption et la prédation, le paysage politique camerounais présente un contraste frappant entre l'apparence d'un État fort et les fragilités qu'il recèle.

Arrivé au pouvoir en novembre 1982 à la faveur de la démission surprise d'Ahmadou Ahidjo, Paul Biya est devenu, au fil du temps, l'un des chefs d'État au pouvoir depuis le plus longtemps dans le monde. À plus de 90 ans, celui qui est parfois qualifié d'« éternel président » cumule plus de 40 ans de règne. Cette **longévité exceptionnelle du régime Biya** s'est construite sur une centralisation extrême de l'autorité autour de la présidence de la République. Le Cameroun, bien qu'officiellement régi par une constitution et des institutions républicaines (gouvernement, parlement, etc.), fonctionne de facto comme un État néo-patrimonial où le chef de l'État concentre entre ses mains l'essentiel des pouvoirs exécutif, législatif (via une majorité écrasante au Parlement) et même judiciaire. La Constitution de 1996, si elle prévoyait une décentralisation et l'institution d'un Sénat, a en pratique renforcé le pouvoir présidentiel en lui octroyant notamment la possibilité de légiférer par ordonnances et de nommer aux postes clés. En 2008, la suppression de la limitation du nombre de mandats présidentiels par une révision constitutionnelle a permis à Paul Biya de briguer et remporter d'autres mandats, ancrant davantage son régime dans la durée.

Le mode de gouvernance du régime Biya repose sur un savant équilibre de **patronage politique**, d'usage des ressources de l'État à des fins de fidélisation des élites, et de contrôle sécuritaire. Ayant hérité d'un État unitaire centralisé, Paul Biya a prolongé et accentué cette centralisation. Le pays est divisé en 10 régions dirigées par des **gouverneurs nommés par le Président**, représentant directement l'autorité de Yaoundé dans chaque territoire. Jusqu'à récemment, les collectivités locales (communes, départements) disposaient de très peu de marge de manœuvre, la plupart des décisions budgétaires et administratives étant prises par l'administration centrale. Face aux revendications récurrentes en faveur d'une réelle décentralisation (tant de la part des acteurs de la société civile que des partenaires internationaux), le pouvoir a bien fini par organiser des élections régionales en 2020 et concéder un *statut spécial* aux deux régions anglophones en crise. Cependant, dans les faits, ces évolutions institutionnelles restent largement formelles : les conseils régionaux élus n'ont que peu de ressources et de compétences effectives, et demeurent encadrés par les gouverneurs nommés, y compris dans le Nord-Ouest et le Sud-Ouest où le *statut spécial* n'a jusqu'ici que timidement augmenté l'autonomie locale. En d'autres termes, la promesse d'une décentralisation, pourtant inscrite dans la Constitution, n'a été que partiellement mise en œuvre et ne s'est pas traduite par un véritable transfert de pouvoir ou de ressources vers la base. L'architecture du pouvoir camerounais reste pyramidale, avec au sommet une présidence régnant par décrets et un parti-État, le

Rassemblement démocratique du peuple camerounais (RDPC, ex-UNC), hégémonique à tous les niveaux.

La **stabilité** du régime Biya a été régulièrement mise à l'épreuve, mais celui-ci a montré une grande résilience. Très tôt, en avril 1984, une tentative de coup d'État menée par des militaires restés fidèles à l'ancien président Ahidjo a failli renverser le nouveau pouvoir. Le putsch a été maté, s'accompagnant d'une purge dans l'armée et la haute administration. Cet épisode a sans doute convaincu Paul Biya de renforcer encore son emprise et de s'appuyer sur des réseaux de fidélité personnels (notamment au sein des élites du Sud camerounais, sa région d'origine). Durant les années 1990, sous la pression de la « vague de démocratisation » post-Guerre froide, le Cameroun a officiellement adopté le multipartisme (loi de 1990 sur la liberté d'association) et organisé des élections pluralistes à partir de 1992. Cependant, ces ouvertures n'ont pas réellement mis en péril la mainmise du régime : les scrutins ont été systématiquement entachés d'irrégularités dénoncées par l'opposition, le RDPC conservant une majorité absolue au Parlement et Paul Biya remportant chaque élection présidentielle avec des scores élevés, malgré des contestations. En 1992, face à une opposition fragilisée et divisée, Biya fut proclamé vainqueur avec 40% des voix dans un contexte de fraudes alléguées, et depuis lors, son pouvoir n'a fait que se consolider. Les institutions de gestion des élections, comme Elections Cameroon (ELECAM), bien qu'en théorie indépendantes, sont administrés par des membres nommés pour l'essentiel par le pouvoir, ce qui jette un doute permanent sur l'impartialité des processus électoraux. En 2008, la modification constitutionnelle supprimant la limitation des mandats s'est accompagnée de violentes émeutes urbaines réprimées dans le sang (février 2008), signe que la perpétuation du régime ne faisait pas l'unanimité et suscitait des frustrations sociales grandissantes.

Au fil du temps, le régime Biya a développé des **réseaux clientélistes tentaculaires** tenant lieu de colonne vertébrale du système politique. L'accès aux hautes fonctions de l'État, aux marchés publics ou aux promotions dans l'armée a souvent été conditionné par la loyauté au Président et à son parti. Cette logique a permis de coopter bon nombre d'élites régionales ou ethniques au sein d'un grand parti unifié, contribuant à une certaine paix civile entre les principaux groupes du pays. Toutefois, elle a également nourri un système de **gouvernance néo-patrimoniale** où la frontière entre les ressources de l'État et les intérêts privés des dignitaires s'est estompée. Le Cameroun est ainsi classé parmi les pays où la corruption est la plus élevée au monde, et ceci à tous les niveaux de l'administration. Comme le souligne un rapport, *« tous les échelons de l'administration sont gangrenés par la corruption »*, qu'il s'agisse de la petite corruption quotidienne (policiers, douaniers, juges) ou de la grande corruption impliquant les élites au sommet de l'État. Depuis 2006, une opération dite Épervier (Operation *Sparrowhawk*) a été lancée officiellement pour poursuivre les hautes personnalités corrompues ; si quelques anciens ministres et directeurs ont été inculpés ou emprisonnés, il est largement admis que cette campagne sert aussi de **levier politique** pour écarter des barons devenus gênants ou de simples boucs émissaires, plutôt que de s'attaquer aux racines systémiques de la corruption. En effet, aucune réforme profonde n'est venue améliorer la transparence de la gestion publique (par exemple, l'obligation constitutionnelle pour les hauts fonctionnaires de déclarer leurs biens n'est pas appliquée). L'opacité budgétaire autour des revenus pétroliers, maintenue depuis les années Ahidjo, illustre cette persistance de pratiques non-transparente dans les cercles du pouvoir.

Le poids de ces réseaux informels et l'absence d'institutions fortes et indépendantes posent la question de la **succession politique** dans un pays où le Président est vieillissant et n'a pas préparé de relève visible. La longévité de Biya a conféré une illusion de pérennité institutionnelle, mais elle recèle en réalité un risque de vide du pouvoir ou de luttes intestines le jour où il viendra à quitter la scène, tant le système semble personnalisé. Jusqu'à présent, le régime a navigué en écartant adroitement les ambitieux potentiels et en redistribuant suffisamment de ressources pour contenter l'élite politico-administrative. Mais le doute plane quant à la résilience d'un tel système à la disparition de son pivot central.

La crise anglophone : expressions d'une tension historique interne

Parmi les défis intérieurs majeurs auxquels le régime Biya a dû faire face, la **crise anglophone** occupe une place centrale depuis la moitié des années 2010. Il s'agit d'un conflit multidimensionnel – politique, identitaire et sécuritaire – qui plonge ses racines dans l'histoire coloniale et les choix postcoloniaux évoqués précédemment, et qui a éclaté de façon aiguë sous la présidence de Paul Biya, mettant en lumière les limites de la centralisation autoritaire.

Les régions du Nord-Ouest et du Sud-Ouest, à majorité anglophones, avaient manifesté à de multiples reprises leur malaise au sein du Cameroun unitaire, dénonçant une « francophonisation » progressive de la vie publique et un sentiment de marginalisation. En 2016, ce malaise latent s'exprime par des revendications corporatistes : des avocats et des enseignants anglophones se mettent en grève pour protester contre l'envoi de magistrats ne maîtrisant pas la *common law* dans les tribunaux anglophones, et contre l'imposition de professeurs francophones dans les écoles de ces régions. Ce mouvement pacifique, porté par le Consortium de la société civile anglophone, prend rapidement de l'ampleur et cristallise des doléances plus larges sur la place des anglophones dans la République. La réaction du gouvernement central, fidèle à son habitude, est d'abord répressive : refus de la plupart des concessions demandées, déploiement de forces de l'ordre, arrestation de leaders du mouvement, coupure d'Internet dans les régions concernées début 2017. Cette réponse musclée radicalise une partie de la contestation. Alors que pendant des décennies les revendications anglophones majoritaires réclamaient surtout un retour au fédéralisme, on voit émerger fin 2016-début 2017 des voix prônant carrément la sécession et l'indépendance du « Southern Cameroons » rebaptisé *Ambazonie* par les sécessionnistes.

Le 1er octobre 2017, des militants séparatistes tentent symboliquement de proclamer l'indépendance de l'Ambazonie. La crise bascule alors dans l'insurrection armée. Des groupes de combattants anglophones, mal structurés au départ, prennent le maquis et engagent des actions de guérilla contre les symboles de l'État (postes de police, bâtiments administratifs, écoles refusant de fermer). L'armée camerounaise, en retour, lance des opérations de contre-insurrection dans le Nord-Ouest et le Sud-Ouest. Le conflit qui s'ensuit est d'une grande violence : les forces de sécurité sont accusées par des ONG de commettre de graves exactions contre les civils (exécutions sommaires, villages incendiés), tandis que certains groupes séparatistes se livrent à des enlèvements, des attaques d'écoles et des assassinats de fonctionnaires ou de chefs traditionnels loyalistes. En quelques années, on estime que le conflit a fait plusieurs milliers de morts et provoqué le déplacement de plus de 700 000 personnes (déplacés internes et réfugiés vers le Nigéria). La vie économique des deux régions anglophones – jadis prospères dans l'agriculture commerciale (cacao, banane, palmier à huile) et le commerce transfrontalier – s'est effondrée, aggravant le ressentiment des populations locales envers Yaoundé.

Politiquement, la crise anglophone a mis en lumière l'échec de l'approche jusqu'au-boutiste de l'État unitaire centralisé instaurée en 1972. Le régime Biya, pendant longtemps, a minimisé l'ampleur du « problème anglophone », qualifiant les insurgés de simples « terroristes » manipulés et refusant tout dialogue avec les mouvements séparatistes qu'il a déclarés illégaux. En 2019, sous la pression internationale et l'intensification du conflit, le gouvernement a tout de même organisé un « Grand Dialogue National » à Yaoundé, rassemblant des représentants de divers secteurs de la société (mais boudé par les principaux leaders séparatistes en exil ou en prison). De ce dialogue est sortie la recommandation d'accorder un **statut spécial** aux régions du Nord-Ouest et du Sud-Ouest, avec la création de deux Assemblées régionales dotées théoriquement de compétences accrues dans les domaines culturels et éducatifs locaux. Cette réforme a été inscrite dans la loi fin 2019, mais son application concrète reste ténue, d'autant qu'elle n'a pas été négociée avec les belligérants armés. Par conséquent, sur le terrain, la situation reste tendue. Le conflit se poursuit à basse intensité, et les élections tenues dans ces régions (législatives et municipales de 2020, sénatoriales de 2023) ont connu des taux de participation dérisoires du fait du boycott et de la peur des violences. La crise anglophone demeure, à ce jour, le défi le plus pressant à la souveraineté de l'État camerounais et à son unité nationale. Elle illustre les limites du modèle de gouvernance camerounais : une stabilité de façade qui, lorsqu'elle est contestée par un grief ancien et profond, répond surtout par la coercition plutôt que par l'inclusion politique.

Il convient de noter que la crise anglophone n'est pas le seul trouble sécuritaire qui a affecté le Cameroun sous le régime Biya. À l'Extrême-Nord, depuis 2014, le pays doit combattre les incursions du groupe jihadiste Boko Haram en provenance du Nigéria voisin, qui a mené des attaques meurtrières dans la région du Lac Tchad et recruté de force des jeunes Camerounais. Si cette menace a en partie resserré l'unité nationale (puisqu'elle est perçue comme extérieure), elle a aussi révélé les carences de l'État dans certaines zones périphériques négligées sur le plan socio-économique. Par ailleurs, des tensions politico-ethniques internes ont parfois surgi, par exemple lors de la contestation post-électorale de 2018 menée par le Mouvement pour la Renaissance du Cameroun (MRC) de Maurice Kamto, dont de nombreux partisans originaires de différentes régions ont été arrêtés après avoir dénoncé un « hold-up » électoral par le régime.

Le système politique camerounais apparaît comme un régime autoritaire **à visage semi-démocratique**, combinant des élections régulières mais contrôlées, une stabilité institutionnelle mais au prix d'une ouverture politique limitée, et un ordre public maintenu mais fragilisé par des crises mal résolues. La forte centralisation du pouvoir autour du Président et de son cercle a permis d'éviter l'éclatement de l'État ou des changements brusques de régime, mais elle a aussi engendré un déficit d'inclusivité et de légitimité aux yeux d'une partie de la population. Les tensions comme la crise anglophone sont les révélateurs de ces faiblesses. **Les problèmes de gouvernance**, en particulier la corruption systémique, accentuent par ailleurs l'inefficacité de l'action publique et la méfiance des citoyens envers les institutions. Ce contexte politique a bien évidemment des répercussions sur la performance économique et sociale du Cameroun. Dans la section suivante, nous analyserons comment l'économie camerounaise, pourtant pourvue d'atouts et relativement diversifiée, pâtit elle aussi de ces faiblesses structurelles et peine à réaliser une transformation structurelle propice à un développement inclusif.

Une économie diversifiée mais à industrialisation inachevée : potentiels et blocages structurels

Le Cameroun est souvent présenté comme l'économie la plus diversifiée d'Afrique centrale, ce qui lui a valu le surnom d'« Afrique en miniature » pour la variété de ses ressources. En effet, à la différence de nombre de ses voisins de la CEMAC très dépendants d'une seule rente (pétrole au Tchad, au Gabon et en Guinée équatoriale par exemple), le Cameroun dispose d'une base économique plurielle : agriculture vivrière et d'exportation, pétrole et gaz, exploitation forestière, quelques industries de transformation, services en développement. Cette diversification relative lui a permis d'afficher une croissance positive soutenue sur le long terme (autour de 4 % par an en moyenne depuis les années 1980) et de mieux résister aux chocs comme la crise des matières premières de 2014, qui a plongé d'autres économies de la région en récession. Néanmoins, cette **diversité économique** ne doit pas masquer les **faiblesses structurelles profondes** qui freinent l'émergence du Cameroun. L'industrialisation du pays reste incomplète, avec une part prépondérante des exportations de produits bruts non transformés et une dépendance aux aléas des cours mondiaux. Le secteur privé demeure entravé par un climat des affaires difficile, un poids excessif de l'informel et la prégnance de la corruption. Par ailleurs, la croissance enregistrée, relativement modeste, n'a pas été inclusive : elle n'a pas permis de réduire significativement la pauvreté ni les inégalités, ce qui interroge sur la capacité du Cameroun à transformer son potentiel en **développement socio-économique partagé**.

Avec un PIB de l'ordre de 45 milliards de dollars en 2021 (dépendant des fluctuations des prix), le Cameroun représente environ 45 % de l'économie totale de la CEMAC. Cette prédominance s'explique par la combinaison de ressources variées dont dispose le pays. L'agriculture contribue à environ 17 % du PIB et occupe une grande part de la population active. Le Cameroun est un important producteur de cultures de rente tropicales : cacao (5e producteur mondial), café, coton, hévéa (caoutchouc), banane, huile de palme, canne à sucre, thé, etc. À cela s'ajoute une agriculture vivrière abondante (maïs, manioc, plantain, etc.) qui bénéficie de la diversité climatique du pays (zones forestières humides au sud, savanes au nord). Les richesses forestières sont également notables : le bois (grumes, sciages) est un produit d'exportation significatif, alimenté par la forte demande asiatique notamment chinoise. Si certaines filières agricoles ont montré un dynamisme (cacao, palmier à huile, banane sur la côte atlantique), d'autres stagnent ou régressent, comme le café en déclin depuis des décennies, ou sont affectées par des troubles sécuritaires (la production de bananes et de palmier à huile a souffert de la crise anglophone dans le Sud-Ouest).

Le Cameroun est producteur de pétrole depuis les années 1970. Bien que modeste à l'échelle mondiale, cette production pétrolière a eu une importance macroéconomique majeure, représentant historiquement une source clé de revenus budgétaires. La production a toutefois décru sur le long terme (d'un pic de ~180 000 barils/jour en 1985 à environ 68 000 barils/jour en 2022) en raison de la maturation des champs pétroliers. Le secteur pétrolier contribue encore autour de 4 % du PIB en 2019 (contre près de 7 % en 2015) et environ 38 % des recettes d'exportation de biens. Ces chiffres, en baisse relative, traduisent à la fois le déclin progressif de la production de brut et une diversification relative de l'économie. Parallèlement, le Cameroun s'est lancé tardivement dans l'exploitation de ses réserves de gaz naturel, avec l'ouverture en 2018 d'une première unité flottante de liquéfaction de gaz (FLNG) au large de Kribi, opérée par Perenco, permettant d'exporter du gaz naturel liquéfié. La production de gaz (en équivalent pétrole) avoisine désormais 35 000 barils pétrole/jour, offrant une nouvelle source de revenus énergétiques. Outre les hydrocarbures, le Cameroun dispose de divers gisements miniers peu ou pas exploités : bauxite, fer, or, étain, cobalt, nickel, etc. Des projets miniers (fer de Mbalam, bauxite de Minim-Martap) peinent à se concrétiser en raison des déficits d'infrastructures et de financements.

L'industrie manufacturière camerounaise est relativement plus développée que celle de ses voisins d'Afrique centrale, bien qu'encore limitée. Elle représente environ 20 % du PIB (incluant agro-industrie, textile, chimie de base, matériaux). Le Cameroun a hérité de certaines unités industrielles créées à l'époque des plans quinquennaux post-indépendance (cimenteries, raffineries d'huile, minoteries, brasseries, manufacture de cigarettes, sidérurgie légère, etc.). On trouve ainsi une cimenterie (Lafarge-Holcim à Figuil, CIMENCAM), une raffinerie de pétrole (SONARA à Limbé, actuellement en difficulté depuis un incendie en 2019), des brasseries (Brasseries du Cameroun filiale de Castel), des usines de transformation agroalimentaire (sucrerie du Cameroun SOSUCAM, huileries, chocolateries de cacao naissantes), une fonderie d'aluminium (ALUCAM à Edéa, alimentée par l'électricité du barrage de Songloulou). Néanmoins, la plupart de ces industries opèrent dans le **premier niveau de transformation** et visent soit le marché local, soit une exportation régionale limitée. La valeur ajoutée manufacturière camerounaise reste modeste et l'industrie peine à monter en gamme. La récente augmentation de l'exportation de quelques produits transformés, comme le beurre de cacao ou des produits agricoles semi-finis, est un signe encourageant mais encore marginal. En réalité, près de 85 % des exportations du Cameroun demeurent constituées de **produits peu ou pas transformés** : pétrole brut, grumes de bois, cacao en fèves, coton fibre, aluminium brut, gaz liquéfié, etc.. Ce profil d'exportation indique le chemin restant à parcourir en matière d'industrialisation.

Le secteur tertiaire représente plus de la moitié du PIB (environ 51 % en 2021). Les services marchands les plus dynamiques incluent le commerce, les télécommunications, les transports et la logistique (portuaire notamment), la finance et l'hôtellerie-tourisme. Douala, capitale économique, est un hub pour le commerce régional grâce à son port, l'un des plus grands d'Afrique centrale. Le système bancaire camerounais, qui s'était fragilisé dans les années 1990, est désormais le plus important de la CEMAC, avec plusieurs banques locales et des filiales de banques nigérianes ou marocaines en expansion. Si le taux de bancarisation de la population reste faible, le crédit bancaire a repris et les banques camerounaises ont financé une bonne partie des émissions de titres publics de la CEMAC ces dernières années. Néanmoins, ce secteur financier pâtit de créances douteuses relativement élevées (15 % des prêts en 2022 étaient non performants) et de la frilosité à financer les PME. Le tourisme reste peu développé malgré des atouts (diversité culturelle, parcs naturels), en raison des problèmes d'image et de sécurité. Les services informels (transport artisanal, commerce de rue) occupent une grande partie de la population urbaine.

Grâce à cette palette de secteurs, le Cameroun a pu encaisser des chocs mieux que ses voisins. Par exemple, lors de la chute des cours du pétrole en 2014-2015, la récession qui a frappé le Gabon ou la Guinée équatoriale a été évitée au Cameroun, dont l'économie a continué de croître modestement en s'appuyant sur l'agriculture et les services. Cette solidité relative conforte l'idée que le Cameroun possède un **potentiel de développement diversifié** qui pourrait en faire un véritable pays émergent et un moteur économique pour l'Afrique centrale.

Les faiblesses structurelles : informalité, gouvernance économique et inachèvement industriel

Malgré ses atouts, l'économie camerounaise demeure freinée par une série de **blocages structurels** qui l'empêchent de déployer pleinement son potentiel et d'améliorer durablement le niveau de vie de la population.

En premier lieu, **l'industrialisation inachevée** se traduit par une création de valeur insuffisante localement. Le Cameroun exporte majoritairement des produits bruts ou très peu transformés, ce qui le maintient dans une position dépendante vis-à-vis des fluctuations des prix internationaux et des marchés extérieurs. Par exemple, le cacao camerounais est essentiellement exporté en fèves vers les Pays-Bas ou l'Asie, au lieu d'être transformé sur place en chocolat ou en produits dérivés à plus forte valeur ajoutée. Idem pour le coton (exporté en balles, puis réimporté sous forme de vêtements), le bois (exporté en grumes ou débités non finis, avec peu d'industries de meubles ou de papiers localement). Cette situation s'explique par des handicaps dans le climat d'investissement manufacturier : coûts de l'énergie et des transports élevés, environnement des affaires peu incitatif, taille limitée du marché local solvable, concurrence des importations parfois subventionnées de l'étranger. L'indice de compétitivité du Cameroun est pénalisé par la lourdeur administrative et la faiblesse des infrastructures. Ainsi, **le port de Douala**, poumon du commerce extérieur, souffre depuis longtemps de congestion et de dysfonctionnements (longs délais, corruption douanière, infrastructures obsolètes), ce qui renchérit les coûts pour les importateurs comme les exportateurs. Les entreprises font face à des coupures d'électricité fréquentes, un approvisionnement irrégulier en eau, et un réseau routier insuffisant hors des axes principaux. Ces carences limitent l'essor d'un tissu industriel compétitif.

Deuxièmement, le **poids du secteur informel** constitue un trait marquant de l'économie camerounaise. On estime que plus de 80 % de la main-d'œuvre active travaille dans l'économie informelle, parfois chiffrée à près de 90 % si l'on inclut l'agriculture de subsistance. En 2014, selon la Banque mondiale, 87,1 % de la population occupée était employée dans le secteur informel non agricole. Ce chiffre, l'un des plus élevés d'Afrique, témoigne de la difficulté du pays à créer des emplois formels en nombre suffisant et à intégrer l'ensemble de son économie dans le circuit structuré. Le secteur informel, qui recouvre les petits commerces, les ateliers artisanaux, le transport par moto-taxi, etc., assure certes la survie de millions de Camerounais et une flexibilité d'adaptation. Mais son omniprésence a des effets pervers : faible productivité, précarité de l'emploi, base fiscale étroite (car ces acteurs paient peu d'impôts), protection sociale quasi inexistante pour la plupart des travailleurs. Cela se traduit par une dualité de l'économie où une minorité d'entreprises formelles (souvent liées à l'État ou à des groupes étrangers) coexistent avec une majorité d'unités informelles peu efficientes. La transition de l'informel vers le formel est freinée par la complexité administrative et fiscale : créer et faire prospérer une PME formelle au Cameroun implique de naviguer dans un environnement bureaucratique chronophage, avec des risques élevés de devoir verser des « facilitations » (dessous-de-table) à divers échelons. Beaucoup d'entrepreneurs préfèrent donc rester dans l'ombre ou en semi-formel.

Troisièmement, la **gouvernance économique** et le climat des affaires manquent de transparence et d'efficacité. La corruption, évoquée dans le volet politique, affecte directement l'économie : passation des marchés publics biaisée, surcoûts dans les projets d'infrastructures, insécurité juridique pour les investisseurs, qui doivent souvent s'assurer d'alliances politiques pour réussir. Les décisions économiques sont très centralisées au niveau de la présidence et du gouvernement central, ce qui ralentit leur exécution à l'échelle locale. Par exemple, l'investissement public reste concentré sur quelques grands projets décidés à Yaoundé, parfois sans coordination optimale (stades de football, grands axes routiers, etc.), tandis que des besoins de base (routes rurales, aménagements agricoles, infrastructures de marchés locaux) sont insuffisamment couverts. La lourdeur réglementaire – même dans un cadre régional censé harmonisé comme la CEMAC – est souvent citée par les entreprises comme un frein : il faut plus de 80 jours pour créer une entreprise selon certaines études, et l'exigence de licences ou d'autorisations multiples pour opérer favorise la rente administrative. En conséquence, les investisseurs directs étrangers (IDE) hors secteur pétrolier restent timides, le Cameroun attirant moins d'IDE que des pays comparables en taille.

Quatrièmement, le **déficit d'infrastructures** et d'innovation bride la productivité. Le Cameroun a lancé des chantiers importants dans la dernière décennie (port en eau profonde de Kribi, barrages hydroélectriques de Lom Pangar, Memvé'élé et Mekin, autoroute en construction entre Yaoundé et Douala, etc.), parfois avec l'aide de financements chinois ou des banques multilatérales. Toutefois, beaucoup de ces projets ont subi des retards et des dépassements de coûts, et leur impact n'est pas encore pleinement ressenti. Le réseau routier demeure insuffisant : de grandes villes régionales comme Bafoussam, Garoua, Bertoua ne sont pas encore reliées par des autoroutes modernes. Le chemin de fer date de l'époque coloniale (ligne centrale Douala-Yaoundé-Ngaoundéré) et son extension stagne. L'accès à l'électricité, bien qu'en augmentation, reste limité à environ 65 % de la population et seulement 20 % en zones rurales, ce qui handicape l'agro-transformation et d'autres industries en milieu rural. Par ailleurs, l'économie camerounaise investit peu dans l'innovation et la technologie : la recherche et développement est embryonnaire, les entreprises locales n'ayant guère les moyens de moderniser leurs procédés. Le pays importe la majeure partie des biens d'équipement et des technologies, d'où une dépendance externe importante pour améliorer la productivité.

Enfin, et c'est peut-être la conséquence la plus préoccupante, la **croissance économique du Cameroun n'a pas été inclusive**. Malgré une progression modérée mais régulière du PIB, la pauvreté de masse reste importante. Le taux de pauvreté national (proportion de la population sous le seuil de pauvreté national) était estimé à environ 37 % en 2014, en baisse très lente par rapport aux 40 % de 2001. Si l'on prend le seuil international de 2,15 dollars par jour, la Banque mondiale indique qu'en 2021-2022, 23 % des Camerounais vivaient en dessous de ce seuil (ce qui représente une amélioration, mais qui masque les disparités régionales). En milieu rural, notamment dans les régions septentrionales (Extrême-Nord, Nord, Adamaoua) et à l'Est, la pauvreté touche plus de 50 % des habitants. L'extrême-Nord, en particulier, cumule insécurité (Boko Haram), enclavement et insuffisance des services de base, avec des indicateurs de développement humain parmi les plus bas du pays. Pendant ce temps, la frange littorale et centrale (Douala-Yaoundé) concentre l'essentiel de l'activité formelle et une classe moyenne urbaine, ce qui creuse les écarts. Les fruits de la croissance ont donc été inégalement répartis entre régions et entre classes sociales. L'**inégalité** est significative, avec un coefficient de Gini de consommation autour de 42, traduisant des écarts notables. Les dépenses sociales de l'État, bien que formulées dans les stratégies de réduction de la pauvreté (DSCE 2010-2020 puis SND30 actuelle), n'ont pas suffi à compenser le manque de création d'emplois décents et la faible productivité de l'agriculture paysanne. Comme le résumait un rapport de la Banque mondiale dès 2013, *« malgré la croissance, le taux de pauvreté n'a pas diminué et, dans les régions les plus pauvres du pays, la pauvreté et la faim ont continué d'augmenter »*. Ce constat reste en bonne partie valable une décennie plus tard, exacerbant le sentiment que le Cameroun peine à convertir son potentiel économique en progrès social tangible pour la majorité.

En conclusion de ce panorama économique, on voit se dessiner un Cameroun à deux visages : *celui d'un leader économique régional objectif par la taille et la diversité de son économie, et celui d'un pays dont le développement stagne en deçà de ses capacités optimales.* Les facteurs explicatifs résident dans des écueils structurels endogènes (gouvernance, climat des affaires, institutions défaillantes, capital humain insuffisant) autant que dans des contraintes exogènes (conjoncture des matières premières, chocs sécuritaires). La résultante est un modèle de croissance peu inclusif et insuffisamment transformateur. Pour autant, ces défis ne sont pas insurmontables : de récents efforts pour améliorer le cadre réglementaire, développer les infrastructures ou promouvoir le *Made in Cameroon* pourraient, s'ils sont amplifiés et accompagnés de réformes de gouvernance, amorcer l'industrialisation et l'inclusion recherchées. Mais ces solutions restent à l'état de chantiers, ce qui sera l'objet de chapitres ultérieurs. Avant cela, il convient d'examiner comment le Cameroun, avec ce profil économique contrasté, interagit avec son environnement régional et quelles sont ses relations économiques avec ses voisins, domaine où se joue également son statut de « géant » d'Afrique centrale.

Le Cameroun dans son environnement régional : entre leadership naturel et intégration contrariée

En tant que plus grand pays de la CEMAC par sa population et son économie, le Cameroun est un acteur incontournable de l'intégration régionale en Afrique centrale. Sa position géographique stratégique – partageant des frontières avec **tous les autres membres de la CEMAC** (Gabon, Congo, Guinée équatoriale, Tchad, République centrafricaine) – et son accès à la mer font de lui un pivot pour les échanges et les communications au sein de la sous-région. Par ailleurs, le Cameroun appartient également à la Communauté Économique des États de l'Afrique Centrale (CEEAC), forum plus large englobant en sus des pays comme la RDC, l'Angola ou le Burundi. Historiquement, le Cameroun a souvent été considéré comme la *locomotive* de l'Afrique centrale, tant sur le plan économique que politique. Cependant, à l'instar de sa situation interne, son rôle régional est marqué par un paradoxe : celui d'un **leader présomptif dont l'influence réelle est mitigée**. D'un côté, le Cameroun fournit des biens et des services cruciaux à ses voisins (couloir logistique, marché de consommation, expertise) et sert de garant de stabilité monétaire via le franc CFA BEAC. De l'autre, les faiblesses de son économie et de sa diplomatie ont parfois freiné son engagement intégrationniste, tandis que la montée en puissance de certains voisins (grâce à la manne pétrolière notamment) a érodé sa prépondérance. Nous examinerons successivement le rôle du Cameroun au sein de la CEMAC et ses initiatives d'intégration, puis ses relations économiques bilatérales avec ses principaux voisins, notamment le Nigéria, le Tchad et la RCA, qui illustrent les opportunités et les limites de son influence régionale.
Le Cameroun occupe une place dominante dans la CEMAC par sa démographie (27 millions d'habitants sur environ 50 millions pour la CEMAC) et son économie diversifiée (en 2012, il contribuait à environ 29 % du PIB régional ; cette part a augmenté autour de 40-45 % ces dernières années suite aux difficultés des autres économies). Cette **taille critique** confère au Cameroun une responsabilité

particulière dans la stabilité macroéconomique de la zone monétaire et dans l'avancement des projets communautaires.

Sur le plan monétaire, le Cameroun est l'un des piliers de la BEAC (Banque centrale commune). Non seulement le siège de la BEAC est à Yaoundé, mais traditionnellement, le gouverneur adjoint de la BEAC est camerounais, et le Cameroun a longtemps exercé une influence notable sur les décisions de politique monétaire et de régulation bancaire de la sous-région. Durant les crises, par exemple celle de la chute du pétrole en 2014-2016, le Cameroun a coordonné avec les autres pays et le FMI des mesures d'ajustement (dévaluation interne, négociations d'accords FMI) visant à préserver la zone CFA. Sa propre relative diversification économique a aidé à soutenir la zone quand les États pétroliers encaissaient de plein fouet le choc.

Sur le plan commercial et infrastructurel, le Cameroun est au cœur des principaux **corridors de transport régionaux** : le corridor Douala-N'Djamena vers le Tchad, et le corridor Douala-Bangui vers la RCA. Par ces axes routiers et ferroviaires, le Cameroun assure l'approvisionnement de deux pays enclavés en denrées de base, produits manufacturés, équipements, carburants, etc. Le port de Douala demeure **la porte de sortie et d'entrée vitale** pour l'économie tchadienne et centrafricaine. En effet, environ 80 % des importations de la RCA transitent par Douala, et une large partie des besoins du Tchad (qui n'a d'autre accès maritime que via le Soudan ou le Nigéria dans une moindre mesure) y passent également. La construction de la route bitumée jusqu'à la frontière centrafricaine et tchadienne a été un enjeu majeur, soutenue par la Banque Africaine de Développement, afin de faciliter ce transit. De même, l'**oléoduc Tchad-Cameroun**, long de 1070 km, inauguré en 2003, relie les champs pétroliers tchadiens de Doba à la côte camerounaise (terminal de Kribi), permettant au Tchad d'exporter son pétrole via le Cameroun. Le fonctionnement de cette infrastructure stratégique souligne l'interdépendance : le Cameroun touche des redevances de transit et bénéficie d'une partie du pétrole pour sa raffinerie, tandis que le Tchad dépend de la stabilité et de la coopération camerounaise pour écouler sa principale richesse. Ces exemples montrent que le Cameroun agit comme une **plaque tournante logistique** en Afrique centrale, renforçant objectivement son rôle de géant régional.

Toutefois, en dépit de ces facteurs qui militent pour un leadership camerounais naturel, la dynamique de l'intégration régionale en CEMAC est restée poussive, et le **rôle du Cameroun a parfois été en retrait ou contesté**. D'une part, la CEMAC demeure l'une des régions les moins intégrées du continent sur le plan commercial : les échanges intra-CEMAC représentent moins de 5 % du commerce total des pays membres, un niveau extrêmement bas. Le Cameroun lui-même commerce relativement peu avec ses partenaires de la CEMAC (hors produits pétroliers et électricité éventuellement), étant davantage tourné vers des partenaires globaux (Chine, Europe) ou vers le grand voisin nigérian. La similitude des structures productives (tous exportateurs de matières premières, importateurs de produits manufacturés) limite les complémentarités. De plus, les obstacles non tarifaires et les barrières physiques (routes insuffisantes, tracasseries douanières) découragent le commerce intrarégional. Par exemple, exporter légalement des denrées camerounaises vers le Gabon ou la Guinée équatoriale reste coûteux et bureaucratique, certains pays n'appliquant pas pleinement les accords de libre-échange de la CEMAC.

D'autre part, sur le plan institutionnel, le **leadership du Cameroun au sein de la CEMAC a été mis au défi** dans les années 2000-2010 par l'affirmation de ses voisins. Durant les premières décennies de l'UDEAC/CEMAC, il était admis tacitement que Yaoundé occuperait une place prépondérante (ce que reflétait la présence de cadres camerounais à la tête de l'Organisation commune africaine et malgache (OCAM) dans les années 60, puis de l'UDEAC, et enfin de la Commission CEMAC). Cependant, à mesure que certains États comme la Guinée équatoriale ont connu un boom pétrolier les rendant beaucoup plus riches en PIB par habitant que le Cameroun, ceux-ci ont revendiqué davantage de parts de pouvoir.

Un épisode marquant fut l'« affaire **Antoine Ntsimi** » en 2012 : Antoine Ntsimi, un Camerounais, présidait la Commission de la CEMAC, mais fut évincé sous la pression conjointe de plusieurs chefs d'État voisins qui l'accusaient de mauvaise gestion, illustrant de fait la fin du monopole camerounais sur ce poste. Par la suite, un principe de rotation au poste de président de la Commission CEMAC a été adopté, brisant la tradition non écrite de la primauté camerounaise. De même, la Guinée équatoriale a obtenu en 2016 pour la première fois la direction de la BEAC (poste de Gouverneur) qui revenait jusqu'alors à un Gabonais, montrant une redistribution des influences. Ces développements ont pu être interprétés comme la conséquence d'un certain *désengagement diplomatique* du Cameroun des affaires régionales, Paul Biya se montrant peu présent aux sommets et laissant d'autres (notamment le Tchad d'Idriss Déby avant 2021) occuper le devant de la scène diplomatique en Afrique centrale.

En réalité, si le Cameroun a fait preuve d'« humilité » ou de profil bas sur la scène CEMAC selon certains analystes, c'est sans doute que ses priorités se situaient davantage sur la politique intérieure et les relations bilatérales (avec le Nigéria notamment) que sur le moteur communautaire. La perpétuation de certaines inerties (par exemple, la non-mise en place durant des années du Parlement de la CEMAC ou du Fonds de développement prévu) s'explique en partie par une absence de champion clair de l'intégration, rôle que le Cameroun aurait pu jouer mais qu'il n'a pas pleinement assumé. Il convient de noter que l'intégration régionale a aussi ses écueils propres en Afrique centrale : absence de volonté politique collective, méfiances entre régimes, chevauchement avec la CEEAC, etc. Dans ce contexte, le Cameroun, confronté à ses propres défis domestiques, n'a pas toujours consacré l'énergie diplomatique nécessaire pour surmonter ces obstacles.

Néanmoins, récemment, on observe des efforts renouvelés : le Cameroun soutient des **projets intégrateurs** tels que le marché unique de l'aviation civile en Afrique centrale (siège de l'ASECNA à Douala), la bourse unifiée de la CEMAC (fusion de la bourse de Douala et de Libreville en une Bourse des Valeurs Mobilières d'Afrique Centrale basée à Douala, effective depuis 2019), ou encore la mise en place progressive de la libre circulation des personnes (suppression de visa pour les ressortissants de la CEMAC, bien qu'avec des réserves de certains pays). Ces initiatives, si elles aboutissent pleinement, pourraient renforcer le rôle du Cameroun en tant que plaque tournante financière et de services dans la région. Douala, dotée désormais d'une bourse régionale, aspire à devenir le hub financier de l'Afrique centrale, même si le marché boursier reste embryonnaire et dominé par des entreprises camerounaises.

Au-delà des cadres institutionnels régionaux, le Cameroun développe des **relations économiques bilatérales** intenses avec ses voisins, qu'ils soient membres ou non de la CEMAC. Parmi ces voisins, le **Nigéria** occupe une place à part du fait de sa taille et de son dynamisme, tandis que le Tchad et la RCA sont très dépendants du Cameroun pour leur commerce. Les relations avec le Gabon, le Congo et la Guinée équatoriale sont plus équilibrées mais limitées par la similarité économique. Chacun de ces rapports présente à la fois des opportunités et des difficultés.

Avec le Nigéria, première économie d'Afrique et géant démographique de 220 millions d'habitants, le Cameroun partage plus de 2000 km de frontière, ainsi qu'une histoire commune marquée par des contentieux (notamment la péninsule de Bakassi, objet d'un différend frontalier tranché en faveur du Cameroun par la Cour Internationale de Justice en 2002, suivie d'un retrait nigérian effectif en 2008). Sur le plan économique, le Nigéria est un partenaire commercial majeur, quoique paradoxalement sous-estimé dans les statistiques officielles en raison de la part prépondérante du commerce **informel** transfrontalier. Des centaines de millions de dollars d'échanges informels ont lieu chaque année : exportation de produits agricoles camerounais (oignons, plantains, macabo, maïs, bétail sur pied du Nord) vers le Nigéria, importation en retour de biens manufacturés bon marché, de pièces détachées, ou de produits pétroliers raffinés nigérians (vendus dans les zones frontalières). Le marché nigérian est crucial pour les éleveurs du Nord Cameroun : traditionnellement, la plupart du bétail élevé dans la partie septentrionale est vendu sur pied à des commerçants nigérians, ce qui constitue un apport de revenus considérable pour cette région. Le port de Douala sert aussi – dans une moindre mesure que Cotonou ou Lomé – de voie d'entrée de marchandises vers l'est du Nigéria, mais à cause de la distance et de la moins bonne infrastructure côté camerounais, cette route reste marginale. Les relations économiques formelles se sont intensifiées après la résolution pacifique de l'affaire Bakassi, avec par exemple la construction d'une route bitumée entre Enugu (Nigéria) et Bamenda (Cameroun) inaugurée en 2017 pour faciliter le commerce entre les deux pays. Le Nigéria exporte officiellement vers le Cameroun des produits comme le ciment, le sel, et importe du Cameroun du bois scié et des produits agricoles. En 2021, le Nigéria figurait parmi les principaux clients à l'exportation du Cameroun (environ 5 % des exportations camerounaises, principalement des produits pétroliers et du bois) et comme fournisseur (~5 % des importations, notamment des produits manufacturés) même si la Chine, la France et l'Inde dominent les échanges officiels. Un défi majeur dans la relation économique reste la sécurité : la lutte contre Boko Haram requiert la coordination entre Yaoundé et Abuja, et les fermetures ponctuelles de frontières pour raisons sécuritaires perturbent le commerce local. Globalement, le couple Cameroun-Nigéria présente un potentiel énorme – le Nigéria pouvant être un débouché naturel pour les produits camerounais s'ils sont compétitifs, et le Cameroun offrant une porte vers l'Afrique centrale francophone pour les entreprises nigérianes – mais ce potentiel est encore peu exploité à cause des insuffisances d'intégration et de confiance mutuelle.

Avec le Tchad et la RCA, le Cameroun entretient des rapports de dépendance asymétrique. Ces deux pays enclavés n'ont d'accès maritime que via le territoire camerounais, ce qui confère au Cameroun une sorte de *droit de regard* sur leur commerce extérieur. Comme mentionné, le port de Douala est vital pour eux : tout ralentissement ou blocage à Douala a des conséquences immédiates sur l'approvisionnement de N'Djamena ou Bangui, pouvant créer des pénuries de carburant ou de biens essentiels. Conscient de cela, le Cameroun a un accord tripartite avec le Tchad et la RCA pour faciliter le transit douanier (les marchandises à destination de ces pays peuvent être acheminées sous douane à travers le Cameroun). N'Djamena et Bangui dépendent également de l'électricité camerounaise : le Cameroun exporte un peu d'énergie vers le Tchad (depuis la région du Nord Cameroun vers la zone de Kousséri/N'Djamena) et il a été envisagé d'interconnecter les réseaux électriques pour alimenter le nord de la RCA. D'autre part, **le Tchad** est militairement et politiquement un allié du Cameroun – les deux pays coopèrent au sein de la Force multinationale mixte contre Boko Haram, et le défunt président tchadien Idriss Déby Itno était un partenaire stratégique de Paul Biya. La stabilité du Tchad importe au Cameroun, car un chaos tchadien pourrait entraîner un afflux de réfugiés et de l'insécurité dans la partie septentrionale. Réciproquement, le Tchad a déjà aidé militairement le Cameroun (en 2015, des troupes tchadiennes sont intervenues au Cameroun contre Boko Haram). Cet interdépendance sécurité-commerce renforce leurs liens.

La RCA, quant à elle, sort difficilement de conflits internes chroniques ; le Cameroun a souvent servi de médiateur dans la crise centrafricaine et contribue aux missions de paix (MINUSCA). Économiquement, le Cameroun subit des effets collatéraux de l'instabilité en RCA : afflux de réfugiés à l'Est (plus de 300 000 réfugiés centrafricains au Cameroun), attaques de bandits de grand chemin perturbant le corridor routier Douala-Bangui. Malgré cela, les échanges frontaliers continuent (élevage, orpaillage informel, bois). Le Cameroun vend de la bière, des matériaux, des produits manufacturés à la RCA, et importe quelques produits agricoles et du bétail.

Avec les voisins du sud (Gabon, Congo, Guinée équatoriale), membres eux aussi de la CEMAC, les relations sont empreintes de solidarité monétaire mais d'une certaine rivalité économique. Ces pays ont longtemps eu des PIB par habitant bien supérieurs à celui du Cameroun grâce au pétrole, et attirent de la main-d'œuvre camerounaise qualifiée (enseignants, médecins) ou non qualifiée (ouvriers, employés) en quête d'opportunités mieux rémunérées. Des dizaines de milliers de Camerounais travaillent ou résident en Guinée équatoriale et au Gabon, formant une diaspora parfois mal perçue par les locaux. Cela a causé périodiquement des tensions, avec des **expulsions de migrants camerounais** de Guinée équatoriale par exemple, ou des politiques de préférence nationale limitant l'emploi des étrangers. Sur le plan commercial, le Cameroun exporte du ciment vers le Gabon et la Guinée équatoriale, de l'électricité vers le Gabon (interconnexion sur la rivière Ntem), et importe du pétrole raffiné de Guinée équatoriale (qui a une raffinerie à Malabo). Le commerce est toutefois restreint car ces pays achètent plutôt sur le marché mondial. Les projets d'intégration physique, comme la route transnationale Yaoundé-Brazzaville via le Gabon ou l'autoroute Kribi-Lagos (couloir d'Afrique centrale vers l'ouest) sont en discussion depuis longtemps, mais avancent lentement. Politiquement, les relations sont bonnes, bien que teintées d'une discrète compétition : le Gabon et le Congo, anciens piliers de l'UDEAC, ont vu le Cameroun s'affirmer comme leader, ce qui suscite parfois des frictions au niveau des élites (comme lors de la fronde contre Ntsimi à la CEMAC évoquée plus haut).

Sur l'échiquier régional, le Cameroun exerce un **soft power économique** certain du fait de sa géographie et de son marché, tout en étant concurrencé par la puissance financière que le pétrole a conférée à certains voisins et par le géant nigérian. Son implication dans les affaires régionales a oscillé, mais il reste un **pilier incontournable** : aucune initiative majeure en Afrique centrale (qu'elle soit économique, monétaire ou sécuritaire) ne peut aboutir sans la participation active du Cameroun. En même temps, les limites de son influence apparaissent lorsqu'il s'agit de pousser à davantage d'intégration : la faiblesse du commerce intrarégional de la CEMAC illustre combien la simple position de géant ne suffit pas à entraîner les autres dans une dynamique collective forte. Les succès comme la libre circulation ou la fusion boursière, bien que tardifs, montrent que le Cameroun peut jouer un rôle de facilitateur. Ses relations bilatérales, notamment avec le Nigéria, sont à double tranchant – riches de promesses mais complexes à gérer.

Il est clair que la capacité du Cameroun à peser plus dans la région dépend en grande partie de sa **santé interne**. Un Cameroun stable, réformé et en croissance inclusive serait mieux à même de servir de **locomotive régionale**, en stimulant la demande pour les produits de ses voisins, en investissant chez eux (comme certaines entreprises camerounaises le font timidement en RCA ou au Congo), et en fournissant un exemple de réussite. Inversement, un Cameroun affaibli par ses problèmes politiques ou économiques ne peut qu'adopter une posture défensive et voir d'autres puissances (comme des acteurs extérieurs, par ex. la Chine, ou le Nigéria) combler le vide. Le destin régional du Cameroun est donc lié à sa trajectoire nationale.

L'examen de l'histoire, de la politique et de l'économie du Cameroun met en lumière un pays aux **contrastes saisissants**, véritable géant au cœur de l'Afrique centrale par ses atouts, mais dont la marche vers la pleine réalisation de son potentiel est entravée par des faiblesses structurelles profondément enracinées. D'un côté, le Cameroun apparaît comme un pilier incontournable de sa région : héritier d'une histoire singulière qui en a fait un creuset bilingue et biculturel, il a su préserver son intégrité territoriale et sa stabilité institutionnelle à travers les décennies. Sur le plan économique, il surpasse nettement ses voisins par la taille et la diversité de son appareil productif, assurant à la fois son rôle de « **mamelle nourricière** » de la sous-région et de carrefour logistique indispensable. Son sol et son sous-sol abondent en ressources variées, son peuple fait preuve de dynamisme entrepreneurial au quotidien, et sa position géographique stratégique le destine à un leadership naturel en Afrique centrale.

D'un autre côté, ce tableau optimiste se voile dès lors que l'on considère la profondeur des défis que le Cameroun n'est pas encore parvenu à relever. Sur le plan politique, la concentration du pouvoir entre les mains d'un seul homme pendant plus de quarante ans, si elle a évité les soubresauts visibles, a engendré une sclérose démocratique et une gouvernance défaillante qui fragilisent l'État de droit et la confiance des citoyens. La **crise anglophone**, illustrant au grand jour l'inachèvement du pacte national né de la réunification, a montré que la stabilité du Cameroun reste conditionnée à sa capacité à intégrer toutes ses composantes dans un projet commun équitable – capacité mise en doute par des décennies de centralisme. Sur le plan économique, le Cameroun peine à traduire ses potentialités en prospérité partagée : l'industrialisation stagnante, la prépondérance du secteur informel, la corruption et la mauvaise allocation des ressources publiques ont conduit à une croissance modérée mais non transformationnelle, laissant une large frange de la population dans la pauvreté et le pays dans le rang des économies intermédiaires plutôt que de l'amener vers l'émergence. Le contraste entre l'image d'**« Afrique en miniature » riche de tout** et la réalité sociale de nombreux Camerounais demeure frappant.

Ce paradoxe d'un **« géant aux pieds d'argile »** n'a pas été sans conséquences sur le rôle régional du Cameroun. Certes, nul ne conteste son poids dans la CEMAC ni l'importance de sa stabilité pour l'ensemble de l'Afrique centrale. Cependant, les faiblesses internes du Cameroun ont souvent limité son ambition intégrationniste et son rayonnement. Alors qu'il aurait pu être un moteur puissant de l'intégration régionale – à l'instar de ce que l'Afrique du Sud représente en Afrique australe – le Cameroun s'est retrouvé à naviguer prudemment, parfois en retrait, laissant filer des opportunités de leadership au profit de voisins plus petits mais plus audacieux diplomatiquement. L'érosion de son **hégémonie symbolique** au sein des instances régionales dans les années 2010 en est une illustration. De même, la persistance d'un commerce intra-régional très faible au sein de la CEMAC, inférieur à 5 %, témoigne de l'absence de traction forte pour briser les barrières intracommunautaires. Néanmoins, dans le même temps, le Cameroun reste le garant logistique et monétaire de fait pour ses voisins enclavés et plus fragiles, et son marché, quoique modeste à l'échelle mondiale, constitue un débouché crucial en Afrique centrale.

En définitive, l'histoire récente du Cameroun suggère qu'il se trouve à la **croisée des chemins**. Continuera-t-il sur la pente d'une stabilité immobile, portant indéfiniment ses contradictions, au risque de voir s'accentuer les tensions (comme la crise anglophone) et de manquer le rendez-vous de l'émergence économique ? Ou bien parviendra-t-il à se réformer en profondeur – en rouvrant l'espace politique, en raffermissant l'État de droit, en s'attaquant sans concession aux maux de la corruption et en investissant dans son capital humain – afin de transformer ses atouts en réel décollage économique inclusif ? Le second scénario lui permettrait non seulement d'améliorer le bien-être de ses citoyens, mais aussi de remplir pleinement son rôle de **locomotive régionale**, en entraînant dans son sillage le développement de toute l'Afrique centrale.

L'analyse détaillée de l'histoire, de la politique et de l'économie du Cameroun que nous avons développée met en lumière les facteurs structurels explicatifs de la situation actuelle. Elle fournit ainsi un diagnostic documenté des forces et faiblesses du pays. Sur cette base, les chapitres suivants de cette étude pourront aborder les pistes de solutions et de réformes envisageables pour lever les obstacles identifiés. Le Cameroun dispose des ressources nécessaires pour surmonter ses défis – une population jeune et éduquée, des richesses naturelles, une expérience de la cohabitation culturelle – mais cela requiert des choix politiques courageux et une vision à long terme. Pour conclure, le **géant camerounais** peut solidifier ses pieds d'argile en piliers de béton, s'il sait tirer les leçons de son propre parcours et de ses blocages actuels. Les décennies à venir diront si le « pays de Paul Biya » aura réussi sa mue en un Cameroun nouveau, démocratique et prospère, au bénéfice non seulement de sa population mais de toute la région africaine centrale. Pour l'heure, il importe d'avoir clairement à l'esprit la nature des problèmes à résoudre – tels que mis en exergue dans cette analyse – avant de formuler des recommandations concrètes dans la suite de cette réflexion académique.

LE CONGO

UN « MAL HOLLANDAIS » PERSISTANT

La République du Congo offre un cas emblématique de l'« économie politique » d'un État rentier africain, caractérisé par une forte dépendance aux hydrocarbures et une gouvernance qui a évolué au gré des régimes politiques. Malgré ses immenses richesses pétrolières, le pays affiche des indicateurs socio-économiques contrastés. Au début des années 2000, environ **70 % de la population congolaise vivait en dessous du seuil de pauvreté** alors que le pétrole représentait **67 % du PIB, 95 % des exportations et 78 % des recettes de l'État**. Ce paradoxe – abondance de rente pétrolière et faibles retombées pour la population – soulève des questions centrales sur la gestion de l'économie nationale, les choix de politiques publiques et l'impact du régime politique sur le développement.

Ce chapitre propose une analyse approfondie de l'économie politique du Congo-Brazzaville, dans un **ton analytique et académique**, en abordant successivement cinq axes. **(1)** Nous retracerons d'abord l'**historique de la gouvernance économique** depuis l'indépendance en 1960 jusqu'à nos jours, en soulignant les principales décisions et réformes économiques sous les différents régimes politiques qui se sont succédé. **(2)** Nous analyserons ensuite les **politiques économiques menées sous le règne de Denis Sassou-Nguesso** – figure politique dominante ayant dirigé le pays durant plusieurs décennies – en examinant comment ces politiques ont influencé la croissance économique, l'évolution des inégalités sociales, l'endettement public et les progrès (ou blocages) en matière de diversification de l'économie. **(3)** Dans un troisième temps, nous situerons la place du Congo au sein de la **Communauté Économique et Monétaire de l'Afrique Centrale (CEMAC)** en comparant ses performances économiques et monétaires avec celles de ses voisins de la sous-région, ce qui permettra de mettre en perspective les spécificités congolaises. **(4)** Sur la base des notions de **rente pétrolière**, d'**État rentier** et de **dépendance aux ressources**

naturelles, nous dresserons une **caractérisation détaillée de l'économie politique congolaise** en identifiant les incitations politiques qui ont pu soit favoriser, soit freiner la diversification économique du pays. **(5)** Enfin, nous évaluerons l'**impact de cette économie politique sur les efforts d'intégration régionale**, notamment au sein de la CEMAC, en examinant les défis que pose la convergence économique et les opportunités qu'offre la coopération régionale pour un pays comme le Congo.

Une telle analyse nécessite d'appuyer le propos sur des données factuelles récentes, des exemples concrets et des références à des études économiques et politiques pertinentes. Nous mobiliserons ainsi des **données chiffrées** (croissance du PIB, taux de pauvreté, poids de la dette, etc.) et des **sources académiques et institutionnelles** (rapports du FMI, de la Banque mondiale, travaux de recherche) pour éclairer chaque point. Le chapitre est structuré de manière classique, avec une introduction présentant les enjeux, un développement articulé autour des cinq axes mentionnés, et une conclusion synthétisant les enseignements tirés de l'analyse.

En définissant ainsi le cadre, nous pouvons à présent entrer dans le vif du sujet en explorant l'évolution de la gouvernance économique congolaise au fil de son histoire post-coloniale.

Historique de la gouvernance économique du Congo (1960-2023)

Le Congo-Brazzaville accède à l'indépendance le 15 août 1960, dans le contexte de la vague de décolonisations françaises en Afrique. Le pays hérite d'une économie encore modeste, principalement axée sur l'**exportation de ressources naturelles brutes** (bois, produits agricoles) et très dépendante de l'ancienne puissance coloniale. Durant la période coloniale, l'économie congolaise avait été développée autour de l'**extraction des ressources par des compagnies privées**, avec des infrastructures majeures comme le chemin de fer Congo-Océan (1924-1934) construites pour faciliter cette exploitation. À l'indépendance, le premier président, l'abbé Fulbert **Youlou** (1960-1963), tente de consolider un État encore fragile. Cependant, ses **trois années de pouvoir sont marquées par des tensions ethniques et politiques** et une incapacité à instaurer une gouvernance économique stable. Les inégalités régionales et le mécontentement populaire débouchent en août 1963 sur une insurrection (les *"Trois Glorieuses"*) qui renverse Youlou.

Après le coup d'État de 1963, Alphonse **Massamba-Débat** prend la tête d'un gouvernement provisoire puis est élu président (1963-1968). Cette période voit l'adoption d'orientations économiques plus **étatistes et socialistes**. Massamba-Débat initie une première tentative de planification économique nationale, cherchant à réduire l'influence étrangère sur l'économie et à développer des services publics. Il nomme à ses côtés Pascal **Lissouba** comme Premier ministre, indiquant la volonté d'engager des intellectuels dans les réformes. Toutefois, le régime reste politiquement instable. En août 1968, le président Massamba-Débat est lui-même renversé par un nouveau coup d'État militaire mené par le commandant Marien **Ngouabi**. Ces premières années post-indépendance se caractérisent ainsi par des changements de leadership fréquents, une orientation économique hésitant entre libéralisme et étatisme, et un environnement institutionnel trop précaire pour mener des réformes économiques de fond.

L'ère du parti unique marxiste (1969-1991)

À la fin des années 1960, le Congo s'engage résolument dans le camp socialiste. En 1969, le régime du commandant Marien Ngouabi proclame la République populaire du Congo, adoptant officiellement une idéologie **marxiste-léniniste**. Le **Parti congolais du travail (PCT)**, créé par Ngouabi, devient le parti unique dirigeant. Cette orientation politique a des conséquences majeures sur la gouvernance économique. L'État prend le contrôle des secteurs stratégiques : nationalisations d'entreprises, création de sociétés d'État et planification centralisée de l'économie deviennent la norme. Par exemple, la filière du pétrole – découverte à grande échelle à la même époque – passe progressivement sous contrôle public, même si des compagnies étrangères comme la française Elf restent très impliquées dans l'exploitation technique du brut.

Durant les années 1970, le Congo bénéficie de la **hausse des cours du pétrole** consécutive aux chocs pétroliers (1973 et 1979). La production pétrolière congolaise monte en puissance grâce à d'importantes découvertes offshores (gisement d'**Emeraude** découvert en 1969, gisement de **Loango** en 1971). À partir de 1975, le pétrole devient le premier produit d'exportation du pays, supplantant le bois. Les recettes issues de cette rente pétrolière permettent au régime d'étendre la fonction publique et de financer de grands projets publics. Le nombre de salariés de l'État enfle considérablement : vers la fin des années 1980, la bureaucratie publique comptera jusqu'à **80 000 employés**, un chiffre énorme rapporté à la population du pays, avec une masse salariale représentant **20 % du PIB en 1993**. Cette **hypertrophie de l'État** employeur correspond au modèle de l'État providence socialiste, mais elle est aussi facilitée par la manne pétrolière. On assiste en effet à la naissance d'un **État rentier** : le gouvernement tire l'essentiel de ses revenus non pas de l'impôt intérieur, mais de la rente d'exportation (pétrole principalement). Cela façonne une gouvernance où le pouvoir politique utilise la distribution de la rente (salaires publics, subventions, projets) pour asseoir sa légitimité et sa clientèle politique.

Malgré ces ressources, l'économie reste très vulnérable. L'orientation marxiste et la centralisation ont du mal à diversifier la base productive. Lorsque **Marien Ngouabi est assassiné en 1977**, le pays traverse une période de troubles. Le colonel Joachim Yhombi-Opango prend brièvement le pouvoir, puis en 1979 la direction du PCT revient à Denis **Sassou-Nguesso**, un officier de l'armée qui devient président à son tour. Sassou-Nguesso va diriger le pays sans partage pendant les douze années suivantes (1979-1991), poursuivant le régime du parti unique de tendance marxiste. Durant les années 1980, le Congo reste aligné sur le bloc de l'Est : il reçoit une **assistance économique et militaire importante de l'Union soviétique, de Cuba et des pays de l'Est**. Cette aide se traduit par de la formation, des crédits et des équipements, contribuant à maintenir à flots l'économie planifiée malgré les inefficacités. Néanmoins, le **contre-choc pétrolier de 1986** (chute brutale du prix du baril) plonge le Congo dans une grave crise financière. Les revenus pétroliers s'effondrent, exposant les déséquilibres budgétaires et structurels accumulés. Incapable de financer son train de vie, l'État doit s'endetter lourdement à l'extérieur. À la fin des années 1980, la dette publique congolaise grimpe en flèche, tandis que la croissance économique stagne dans un contexte de baisse de la production agricole et manufacturière.

Confronté à ces difficultés et au **vent de libéralisation qui souffle sur l'Afrique** à la fin de la Guerre froide, Denis Sassou-Nguesso amorce un début de **réformes économiques** et d'ouverture politique. En 1990, des **mouvements de grève et de contestation populaire** (notamment des syndicats) forcent le régime à évoluer. Sassou accepte la tenue d'une **Conférence nationale** en 1991, qui aboutit à la suspension du monopole du PCT et à l'adoption d'une nouvelle constitution démocratique. Sur le plan économique, cette transition est accompagnée de premières mesures de libéralisation : relâchement de certains contrôles étatiques, encouragement du secteur privé local et tentative de rééquilibrer les finances publiques. Toutefois, l'ampleur du redressement nécessaire dépasse les quelques ajustements initiés à la fin du régime marxiste. La décennie du parti unique a ainsi laissé un héritage contrasté **:** *infrastructures et administration développées grâce à la rente pétrolière, mais économie peu diversifiée, dette en hausse et fragilité aux chocs externes.*

Transition démocratique et ajustements économiques (1991-1997)

L'année 1992 marque un tournant historique : le Congo organise ses **premières élections pluralistes** depuis l'indépendance. Pascal **Lissouba**, un universitaire ayant été Premier ministre dans les années 1960, est élu président en août 1992, mettant fin à plus de 12 ans de règne de Sassou-Nguesso (ce dernier accepte sa défaite électorale). Le gouvernement Lissouba hérite d'une situation économique critique – exsangue après le contre-choc pétrolier de 1986 et les errements de la fin de l'ère marxiste – et entreprend, en coopération avec les bailleurs internationaux, un **programme d'ajustement structurel**.

Plusieurs **réformes économiques d'envergure sont menées entre 1994 et 1996**, avec l'appui du Fonds monétaire international (FMI) et de la Banque mondiale. D'abord, en janvier 1994, la **dévaluation de 50 % du franc CFA**(monnaie commune de la CEMAC arrimée au franc français) redonne de la compétitivité à l'économie congolaise en doublant en monnaie locale la valeur des exportations, notamment du pétrole. Cette dévaluation, décidée au niveau régional, est un choc immédiat – réduisant de moitié en dollars le salaire des fonctionnaires – mais elle permet de **corriger des déséquilibres macroéconomiques** accumulés et d'alléger le coût de la masse salariale publique en termes réels.

Parallèlement, le gouvernement engage un **vaste programme de libéralisation et de privatisations**. Des mesures sont prises pour **réformer les codes** régissant l'investissement, le travail, les forêts et les hydrocarbures, afin d'attirer davantage de capitaux privés et de dynamiser les secteurs non pétroliers. Les monopoles d'État dans les secteurs clés sont démantelés ou restructurés : en 1994-1996, le Congo privatise plusieurs **entreprises publiques**majeures, notamment des banques, des sociétés de télécommunications et de transport. Ces réformes, quoique douloureuses socialement (compression de la fonction publique, réduction des subventions), portent des fruits tangibles à moyen terme. Avant la fin de 1996, le Congo parvient à **stabiliser en partie son économie** : amélioration des finances publiques, réduction de l'inflation et amorce du remboursement de la dette extérieure. En juillet 1996, le pays obtient d'ailleurs un **rééchelonnement de sa dette extérieure via un accord du Club de Paris**, signe de la crédibilité retrouvée de sa politique économique.

Sur le plan de la gouvernance, Lissouba tente aussi d'améliorer la **transparence dans le secteur pétrolier**. Historiquement, les contrats pétroliers congolais, en particulier avec la compagnie française Elf, étaient peu favorables au pays – Elf avait imposé des **conditions de partage très inéquitables (seulement 13 % des** *profits pour l'État congolais, contre 50 % ou plus dans d'autres pays africains)***.** Lissouba cherche à renégocier ces termes pour augmenter la part de revenus captée par le Trésor public et réduire la dépendance vis-à-vis d'Elf. En 1994, son gouvernement crée également la **Société Nationale des Pétroles du Congo (SNPC)**, une entreprise publique chargée de commercialiser le pétrole de l'État, dans le but de mieux contrôler la rente. En 1996, face à la réticence d'Elf à accorder de meilleures conditions, Lissouba conclut un accord pétrolier audacieux avec une compagnie américaine (Occidental Petroleum) pour un financement de 150 millions $ en échange de droits d'exploitation. Cet acte, visant à renflouer les caisses de l'État et à diversifier les partenaires, est salué comme un succès économique par son gouvernement.

Cependant, la **transition démocratique demeure fragile**. Les élections législatives de 1993 débouchent sur des contestations et des violences, opposant les partisans de Lissouba et ceux de ses rivaux (notamment Bernard Kolélas et Denis Sassou-Nguesso, qui conservent une influence). Des conflits armés sporadiques éclatent à Brazzaville en 1993-1994. Une médiation internationale permet de pacifier temporairement la situation en 1994, mais les tensions politiques restent vives. En 1997, à l'approche de la prochaine élection présidentielle, ces rivalités s'enveniment dramatiquement. En juin 1997, des affrontements armés généralisés éclatent à Brazzaville entre les milices loyales à Lissouba (président en exercice) et celles fidèles à Sassou-Nguesso (ex-président écarté du pouvoir mais soutenu par une partie de l'armée). C'est le début d'une **courte mais intense guerre civile** (juin-octobre 1997) qui ravage la capitale. En octobre 1997, avec le soutien décisif de troupes angolaises, Sassou-Nguesso prend le dessus militairement et s'empare de Brazzaville. Pascal Lissouba est renversé et contraint à l'exil.

La parenthèse démocratique et réformatrice de 1992-1997 se referme ainsi brutalement. Si elle a permis des avancées économiques notables – stabilisation macroéconomique, ouverture au marché – celles-ci seront en partie compromises par la reprise du pouvoir par la force et le retour d'un régime autoritaire en 1997. La **guerre civile de 1997** a en outre dévasté les infrastructures (le chemin de fer Brazzaville-Pointe-Noire fut coupé pendant plus d'un an, isolant le port) et creusé à nouveau les déficits publics. Le Congo aborde donc la fin des années 1990 en état de choc, devant reconstruire à la fois son économie et son unité politique sous la férule retrouvée de Denis Sassou-Nguesso.

Le retour de Denis Sassou-Nguesso et l'ère pétrolière (1997-2023)

Revenu au pouvoir par les armes en octobre 1997, le président Denis **Sassou-Nguesso** entame un second règne qui, à ce jour, s'étend sur plus de deux décennies ininterrompues (1997-2023). Son régime, d'abord transitionnel et militarisé, se consolide progressivement :

une **« Forum national de réconciliation »** en 1998 puis un **Dialogue national inclusif** en 1999-2001 permettent de négocier des paix locales avec certains groupes rebelles et d'organiser un retour à l'ordre constitutionnel. Une nouvelle constitution est approuvée par référendum en janvier 2002, rétablissant un semblant de vie institutionnelle (élections législatives et présidentielle en 2002, largement contrôlées par le pouvoir). Sassou-Nguesso est élu (sans réelle compétition) président en 2002, puis réélu en 2009, 2016 et 2021 après avoir modifié la constitution en 2015 pour supprimer la limite de mandats. Sur le plan politique, il exerce un pouvoir de type « parti hégémonique » (le PCT demeure dominant, bien que plusieurs partis d'opposition officiels existent), s'appuyant sur un **réseau clanique** au sein de l'État. Comme le souligne un rapport, le pays est « dirigé par le clan du président Denis Sassou-Nguesso », ce dernier ayant **placé ses proches aux postes clés**, à l'instar de son fils Denis-Christel (surnommé *« Kiki »*), nommé directeur général adjoint de la SNPC avec la haute main sur la commercialisation du pétrole. Cette personnalisation du pouvoir aura un impact certain sur la gestion économique.

Économiquement, la période post-1997 est caractérisée par une **forte volatilité liée à la dépendance pétrolière**. Le début des années 2000 est marqué par la reprise de la production de pétrole (après la perturbation de la guerre civile) et par un contexte international de hausse des cours. Le Congo profite pleinement du **boom pétrolier mondial des années 2000**. Le PIB connaît des taux de croissance élevés (par exemple +6 % en 2006), et la rente alimente d'importants investissements publics. Le régime Sassou-Nguesso lance des chantiers d'infrastructures (réhabilitation du chemin de fer, routes nationales, bâtiments publics) et augmente les dépenses sociales sur la période 2005-2014, cherchant à montrer des dividendes tangibles de la paix retrouvée. Cette embellie économique permet également au Congo d'améliorer temporairement ses finances publiques et de **réduire son endettement grâce à l'Initiative PPTE** (Pays Pauvres Très Endettés) menée par le FMI et la Banque mondiale. En mars 2006, le Congo atteint en effet le **point de décision de l'initiative PPTE**, le FMI et la Banque mondiale constatant que le pays a rempli les conditions initiales (stabilité macroéconomique et stratégie intérimaire de réduction de la pauvreté). Les créanciers internationaux accordent dès lors des allègements de dette substantiels, sous réserve que Brazzaville améliore la **transparence de sa gouvernance pétrolière**. En particulier, il est demandé à la SNPC de mettre ses pratiques comptables aux normes internationales, de prévenir les conflits d'intérêts (les dirigeants de la SNPC ne doivent pas avoir de participation privée dans des sociétés traitant avec elle) et de mettre en œuvre un plan anti-corruption. Le Congo est également intégré au processus de l'**Initiative pour la transparence dans les industries extractives (ITIE)** à partir de 2007, s'engageant à publier ses revenus pétroliers. En 2010, le pays atteint le **point d'achèvement PPTE**, ce qui entraîne l'annulation d'une grande partie de sa dette bilatérale et multilatérale accumulée jusque-là. Cette remise de dette, couplée aux recettes élevées du pétrole, fait chuter le ratio dette/PIB à des niveaux soutenables vers 2010.

Cependant, ces succès relatifs masquent des **faiblesses structurelles persistantes**. Le modèle économique reste dominé par le secteur pétrolier, sans diversification significative. Au milieu des années 2010, le pétrole brut constitue toujours **environ 90 % des exportations du Congo et près de 70 % de son PIB**. Les autres secteurs – agriculture, industrie manufacturière, services hors fonction publique – stagnent ou progressent trop lentement pour prendre le relais. Cette dépendance expose le pays aux chocs exogènes. Ainsi, le **krach pétrolier de 2014-2015** (effondrement des prix du baril) plonge à nouveau le Congo dans la crise. En 2015-2016, l'économie congolaise subit une sévère récession dans le secteur pétrolier, et en conséquence le **PIB total se contracte** (en 2016, le PIB recule d'environ -2,8 %). Les secteurs non pétroliers, déjà atones, en pâtissent à leur tour : la croissance hors pétrole devient négative de 2015 à 2018. Les recettes publiques chutent drastiquement, provoquant une crise budgétaire. Incapable de financer ses dépenses courantes, le gouvernement accumule des **arriérés de paiement** envers les entreprises locales et les salariés, ce qui aggrave la récession du secteur privé.

Simultanément, le Congo voit sa situation financière se dégrader à un rythme alarmant. Pour compenser la baisse de revenus, le régime Sassou-Nguesso contracte de nouveaux emprunts, souvent sous forme de préfinancements pétroliers auprès de sociétés de négoce international (par exemple, le trader suisse **Gunvor** obtient en 2011-2012 l'exportation anticipée de cargaisons de pétrole contre des prêts, dans des conditions opaques plus tard dénoncées comme corruptives). Ces dettes cachées, négociées en dehors du circuit multilatéral, alourdissent le fardeau de la dette sans apparaître immédiatement dans les statistiques. En 2017, le **ratio de la dette publique dépasse 110 % du PIB**, culminant autour de **117 % du PIB** cette année-là, signifiant un retour à une situation de surendettement critique. Le Congo se retrouve ainsi **en défaut partiel** sur sa dette extérieure, avec des arriérés importants envers des créanciers commerciaux (banques et traders pétroliers) et une dette publique jugée « en détresse » par le FMI

Face à cette situation intenable, Brazzaville se tourne de nouveau vers le FMI. Après de longues négociations marquées par l'exigence de transparence (le Fonds demande un audit des dettes cachées et des réformes de gouvernance), un **programme d'aide** est finalement conclu en juillet 2019. Le FMI approuve un accord au titre de la Facilité Élargie de Crédit (FEC) de 448,6 millions de dollars, visant à aider le Congo à **restaurer la stabilité macroéconomique et la viabilité de la dette**. En contrepartie, le gouvernement s'engage dans un plan d'ajustement : compression des dépenses, restructuration de la dette commerciale (des pourparlers sont engagés avec les traders et la Chine, principal créancier bilatéral), et poursuite des réformes de transparence (publication des contrats pétroliers, audit de la SNPC, etc.). Dès 2018-2019, on observe quelques signes de stabilisation : grâce à l'augmentation modérée de la production pétrolière et à un meilleur contrôle budgétaire, la croissance redevient légèrement positive (~+2 % en 2018-2019), l'inflation reste maîtrisée autour de 2 % et le compte courant repasse en excédent (aidé par de nouvelles exportations minières, par exemple de potasse). Le niveau d'endettement amorce une décrue (la dette publique retombe autour de 87 % du PIB en 2019) bien que restant élevée.

L'**économie congolaise au début des années 2020** demeure néanmoins fragile. La pandémie de COVID-19 en 2020 a provoqué un nouveau choc, combinant récession économique et chute de la demande pétrolière. La pauvreté a augmenté de façon inquiétante : la proportion de Congolais vivant sous le seuil international d'extrême pauvreté (2,15 $ PPP par jour) est passée de 34,9 % en 2015 à **46,1 % en 2019**, puis à plus de **52 % en 2022** sous l'effet combiné de la récession et de la pandémie. Autrement dit, plus de la moitié de la population survit avec des revenus de subsistance. Le redressement entamé grâce au programme du FMI reste donc très précaire et surtout peu inclusif socialement. Le régime Sassou-Nguesso, toujours en place après plus de 38 ans cumulés au pouvoir, doit relever le défi de transformer ce modèle économique rentier en un modèle de développement plus diversifié et plus équitable, sans quoi les cycles de boom et de krach risquent de se répéter.

En synthèse de cette revue historique, depuis 1960 le Congo a expérimenté divers régimes – du pluralisme postcolonial au régime marxiste, puis au libéralisme avorté de Lissouba et à l'autoritarisme rentier de Sassou – sans parvenir à rompre avec la **dépendance à la rente pétrolière**. Chaque période a laissé son empreinte sur la gouvernance économique : l'État tentaculaire bâti à l'ère marxiste, les réformes libérales incomplètes des années 1990, puis la gestion néo-patrimoniale de la manne pétrolière au 21e siècle. Cette trajectoire explique en grande partie les performances et contre-performances économiques actuelles du Congo. Dans la section suivante, nous allons examiner plus en détail les politiques économiques contemporaines sous Denis Sassou-Nguesso, afin de comprendre comment elles ont modelé la croissance, les inégalités, la dette et la (faible) diversification de l'économie congolaise.

Politiques économiques sous le régime de Denis Sassou-Nguesso

Denis Sassou-Nguesso ayant occupé le pouvoir sur deux longues périodes (1979-1992 puis 1997 à aujourd'hui), ses choix économiques ont largement déterminé l'évolution du Congo sur plus de quatre décennies. Ses **stratégies économiques** peuvent être analysées en distinguant deux phases : la première durant son régime marxiste (1979-1991) où, malgré le dogme socialiste, il a dû amorcer des ajustements sous contrainte extérieure, et la seconde depuis 1997 où il a navigué entre l'autoritarisme rentier et les injonctions à la bonne gouvernance des bailleurs.

Dans les années 1980, confronté aux difficultés financières après 1986, Sassou-Nguesso avait déjà dû **desserrer l'étau de l'économie étatisée**. En 1990-1991, son gouvernement adopte des mesures pro-marché (loi sur l'investissement, ouverture partielle du commerce) sous la pression des partenaires occidentaux et en préparation de l'aide du FMI. Il s'agissait d'une reconnaissance implicite des limites du dirigisme intégral. Toutefois, c'est surtout après son retour au pouvoir en 1997, dans un contexte mondialisé, que Sassou-Nguesso a dû articuler une stratégie économique plus formalisée.

Au sortir des guerres civiles, sa priorité a été la **stabilisation et la reconstruction**. De 1998 à 2002, avec l'appui de la communauté internationale, le gouvernement met l'accent sur la remise en état des infrastructures de base (réouverture du chemin de fer, réhabilitation des installations portuaires et électriques) et le rétablissement des services publics (administration, écoles, hôpitaux) endommagés. Parallèlement, il cherche à restaurer la confiance des investisseurs et des institutions financières : paiement de certains arriérés, lois de libéralisation (continuant l'effort entamé sous Lissouba) et coopération avec les institutions de Bretton Woods. Ces efforts aboutissent à la signature d'un **accord de facilité avec le FMI en 2004**, dont le bon suivi ouvrira la voie à l'initiative PPTE en 2006. Une des **réformes institutionnelles marquantes** de cette période est le renforcement du rôle de la SNPC. Créée sous Lissouba, la SNPC est réorganisée et placée fermement sous le contrôle de la présidence (Sassou y nomme des fidèles). Officiellement, l'objectif est de mieux capter la valeur ajoutée pétrolière et de rendre le secteur plus transparent, mais dans la pratique, la SNPC devient aussi l'instrument central de la redistribution de la rente et du financement occulte de dépenses politiques.

Durant les années 2000, Sassou-Nguesso lance également des **plans de développement nationaux** articulant les priorités de dépense publique, grâce à l'espace budgétaire créé par l'envolée des revenus pétroliers. Le **Document de stratégie de réduction de la pauvreté (DSRP)**, exigé par le FMI, est adopté et sert de cadre à l'orientation des fonds libérés par l'allégement de la dette vers des secteurs sociaux (éducation, santé) et des projets d'infrastructures. Des programmes comme le **Plan National de Développement (PND) 2012-2016** puis

2018-2022 sont élaborés pour planifier l'utilisation de la rente dans une perspective de diversification (agriculture, bois, mines, tourisme, etc.). En théorie, ces plans affichent l'ambition de faire du Congo un pays « émergent » à horizon 2025, en s'appuyant sur l'investissement public pour stimuler le secteur privé hors pétrole.

Cependant, la mise en œuvre concrète de ces stratégies est inégale. D'une part, certaines **réformes structurelles** ont bien été menées sous Sassou II, souvent sous l'impulsion des bailleurs de fonds : réforme du système bancaire (privatisation achevée de banques publiques déficitaires en 2003), adoption d'un nouveau **Code des hydrocarbures** plus attractif pour les investisseurs en 2016, et plus récemment création d'outils de gestion de la dette (un Office de gestion de la dette publique a été mis en place dans le cadre du programme FMI). D'autre part, de nombreux chantiers sont restés en suspens ou n'ont été que partiellement réalisés. Par exemple, la **réforme de la fonction publique** – pléthorique et inefficace – a connu des temps morts après 2008, lorsque les recettes pétrolières ont permis de desserrer la contrainte budgétaire, et n'a repris que sous la contrainte de la crise post-2014. De même, le **programme de privatisations** lancé dans les années 1990 n'a pas été poursuivi au-delà de 2009, laissant encore l'État en position dominante dans des secteurs comme l'électricité ou les transports. En fait, lors de la décennie de forte abondance pétrolière (2004-2014), le gouvernement Sassou-Nguesso a eu tendance à **relâcher les efforts de réforme**, profitant de la manne pour augmenter fortement les dépenses (y compris celles moins productives comme l'achat d'équipements militaires ou l'organisation d'évènements fastueux) plutôt que pour restructurer l'économie en profondeur.

À partir de 2015, sous l'effet de la crise, Sassou-Nguesso est revenu à des politiques plus prudentes et austères. Le programme convenu avec le FMI en 2019 impose une **discipline budgétaire stricte** : réduction des subventions à l'énergie (les prix de l'essence à la pompe ont été légèrement augmentés en 2023 dans ce but), meilleure collecte des impôts non pétroliers, et gestion plus transparente de la SNPC. Le gouvernement a adopté une nouvelle loi anti-corruption et ratifié des conventions internationales visant à rapatrier les fonds illicites. Il a aussi accepté un **audit de la dette publique** qui a révélé les fameux "prêts adossés au pétrole" non déclarés, et s'est engagé à éviter le recours à de tels schémas à l'avenir. On observe donc sous Sassou-Nguesso une alternance de **périodes de réformes encouragées par l'extérieur** (1998-2006, puis 2017-2021) et de **périodes de gestion opportuniste de la rente** (2007-2014) où les incitations au changement s'émoussent. Cette oscillation a inévitablement influencé la trajectoire de la croissance, des inégalités, de la dette et de la diversification, comme nous l'analysons dans les sections suivantes.

L'impact des politiques de Denis Sassou-Nguesso sur la **croissance du PIB** congolais a été profondément marqué par la dépendance pétrolière. De manière générale, on peut distinguer deux phases de croissance sous son régime post-1997 : une phase d'**expansion rapide** dopée par le pétrole dans les années 2000, suivie d'une phase de **forte volatilité et de stagnation** à partir de 2015.

Entre 1997 et 2014, le Congo a connu une croissance économique vigoureuse en moyenne. Grâce à la paix relative retrouvée et, surtout, à l'essor de la production pétrolière, le **taux de croissance annuel du PIB a avoisiné 5 % sur la décennie 2000-2010**, l'un des plus élevés d'Afrique centrale sur cette période. Durant le **boom pétrolier de 2003-2014**, certains pics de croissance à deux chiffres ont même été enregistrés lorsque de nouveaux champs pétroliers sont entrés en production ou que les cours du brut ont atteint des sommets. Cette croissance était toutefois **étroite dans sa base** – largement tirée par le secteur pétrolier et les dépenses publiques financées par la rente. Le FMI note qu'avant 2015, la hausse du PIB reflétait essentiellement les développements de l'industrie extractive, les autres secteurs étant à la traîne. Cette caractéristique est mise en évidence par la part très faible des exportations non pétrolières dans l'économie : tout au long des années 2000, les exportations de produits autres que le pétrole sont restées inférieures à 5 % du PIB. Ainsi, la croissance observée, bien réelle, n'était pas synonyme de transformation structurelle.

À partir de 2015, l'économie congolaise a subi un **fort ralentissement** puis une quasi-stagnation, directement imputables aux politiques précédentes et à la chute du pétrole. Le contre-choc de 2014 a mis en évidence l'absence de relais de croissance internes. Entre 2015 et 2019, le **PIB hors pétrole a reculé chaque année jusqu'en 2018**, marquant la première contraction prolongée du secteur non pétrolier depuis des décennies. Ce n'est qu'en 2019 que la croissance hors hydrocarbures est redevenue légèrement positive, après quatre années de récession dans l'agriculture, les transports, le commerce, etc.. Le FMI souligne que **la croissance non pétrolière n'est redevenue positive qu'en 2019 pour la première fois depuis 2015**, signe de l'ampleur du marasme. Sur la même période, le PIB total a fluctué au gré de la production pétrolière : léger rebond en 2018-2019 grâce à l'entrée en exploitation de nouveaux puits, rechute en 2020 avec la pandémie (-6,2 % de croissance en 2020), puis reprise modeste en 2021-2022 à la faveur de la remontée des cours mondiaux.

Sur le long terme, les performances de croissance du Congo se situent en dessous de son potentiel et même en dessous de la moyenne de l'Afrique subsaharienne. D'après une étude de la Banque mondiale, **la CEMAC dans son ensemble n'a pas réussi à avoir une croissance soutenue aussi forte que la moyenne africaine sur les deux dernières décennies**, et le Congo s'inscrit dans cette tendance. Cela s'explique par le caractère cyclique de la croissance congolaise, faite de booms éphémères suivis de crises sévères. En outre, l'**instabilité politique** (guerres de 1997-1999, conflit dans le Pool en 2002, troubles de 2016 dans le Pool à nouveau) a à chaque fois cassé des dynamiques économiques. Par exemple, la reprise qui semblait s'amorcer en 1994-1996 a été interrompue net par la guerre de 1997, dont les destructions ont fait chuter le PIB et ont nécessité plusieurs années pour simplement retrouver le niveau d'avant-guerre.

Les politiques publiques menées par Sassou-Nguesso ont donc eu un effet ambivalent sur la croissance. D'un côté, les **investissements publics massifs** durant les années fastes ont certainement soutenu l'activité à court terme (construction, services publics) et ont permis un rattrapage après les conflits. De l'autre, le **retard dans les réformes de diversification** et la mauvaise gestion de l'épargne pétrolière ont aggravé la volatilité. On peut notamment pointer la **procyclicité de la dépense publique** : le gouvernement a eu tendance à dépenser sans compter quand les prix du pétrole étaient hauts, puis à couper brutalement dans les dépenses d'investissement en période de vaches maigres (faute de réserves suffisamment constituées). Ce cycle dépensier a amplifié l'ampleur des fluctuations du PIB.

Si l'on dresse le bilan jusqu'à aujourd'hui, la gouvernance économique sous Denis Sassou-Nguesso n'est pas parvenue à générer une croissance durable et autonome. Le Congo reste dépendant de facteurs exogènes (prix des matières premières) pour sa croissance, ce qui reflète l'échec relatif des politiques de diversification – un point sur lequel nous reviendrons. La croissance enregistrée n'a pas non plus résolu les problèmes sociaux, car elle s'est accompagnée d'inégalités marquées, sujet de la section suivante.

Impact sur les inégalités sociales et la pauvreté

Malgré les périodes de forte croissance alimentées par le pétrole, les politiques économiques du régime de Sassou-Nguesso n'ont pas su endiguer la **pauvreté de masse** ni réduire les **inégalités sociales prononcées** qui caractérisent la société congolaise. Au contraire, on a pu observer ces dernières décennies un **creusement des disparités** entre une élite enrichie par la rente et la majorité de la population, dont une large part vit dans la précarité.

Plusieurs indicateurs illustrent cette situation. L'**indice de Gini** – qui mesure l'inégalité de la distribution des revenus – est demeuré très élevé au Congo. D'après la Banque mondiale, le Gini est passé de **47,3 en 2005 à 48,9 en 2011**, traduisant une hausse des inégalités pendant la phase de boom pétrolier. En d'autres termes, la croissance de ces années-là a davantage profité aux plus aisés : la consommation moyenne des **40 % les plus pauvres n'a augmenté que de 4,3 % par an, contre 5,8 % pour l'ensemble de la population**, impliquant un **"partage de la prospérité" négatif** – les pauvres voyant leur situation s'améliorer moins vite que la moyenne. Cette concentration des gains de croissance en haut de l'échelle sociale reflète la nature même de l'économie rentière congolaise : les revenus du pétrole transitent surtout par l'État, qui les redistribue de manière inégale, souvent au bénéfice de cercles restreints (hauts fonctionnaires, politiciens, hommes d'affaires proches du pouvoir). Un rapport notait qu'au Congo « la moitié de la population vit avec moins de deux dollars par jour » alors que l'élite du pouvoir accapare la rente dans un système de **corruption endémique**. En 2017, Transparency International classait la République du Congo parmi les 15 pays les plus corrompus au monde, ce qui suggère que la captation illégale de ressources par certains dirigeants a aggravé les inégalités.

Sur le plan de la **pauvreté monétaire**, les tendances sont tout aussi préoccupantes. Certes, il y a eu une amélioration entre 2005 et 2015 – profitant de la croissance élevée – mais celle-ci a été en partie effacée par les crises récentes. Le **taux national de pauvreté** (part de la population sous le seuil de pauvreté nationale) était estimé à 50,7 % en 2005 et est redescendu à 40,9 % en 2011, signe d'un progrès grâce aux « retombées du boom pétrolier, à la stabilité politique et aux investissements publics ». Cependant, cette tendance positive s'est inversée après 2014 : la **pauvreté extrême** (au seuil international de 2,15 $ PPP/jour) est remontée de 34,9 % en 2015 à **46,1 % en 2019**, effaçant pratiquement les gains de la décennie précédente. La double crise économique et sanitaire de 2020-2021 a accentué le phénomène, portant le taux de pauvreté extrême à **52,5 % en 2022** selon les estimations. Ainsi, aujourd'hui, **plus d'un Congolais sur deux vit dans l'extrême pauvreté**, un niveau dramatique pour un pays à revenus intermédiaires doté de ressources naturelles abondantes.

Plusieurs facteurs liés aux politiques de Sassou-Nguesso expliquent pourquoi la croissance n'a pas été inclusive. D'abord, la **faiblesse des mécanismes de redistribution** efficaces : une grande partie des dépenses publiques est allée vers des projets peu directement reliés à la réduction de la pauvreté (infrastructures parfois surdimensionnées, dépenses de prestige, subventions non ciblées). Les investissements dans les zones rurales, où se concentre la pauvreté la plus extrême, ont été insuffisants ou mal gérés. Par exemple, les régions du Nord et certains départements de l'intérieur (Cuvette-Ouest, Lékoumou) affichent des taux de pauvreté bien plus élevés que Brazzaville ou Pointe-Noire, traduisant un déséquilibre territorial de l'action publique. Ensuite, le **marché du travail** est resté dual et inégalitaire : le secteur pétrolier et l'État offrent des emplois relativement bien rémunérés mais peu nombreux, tandis que la majorité de la population active survit dans l'informalité (petit commerce, agriculture vivrière) avec des revenus très faibles. Les politiques d'emploi mises en place (stages, recrutements publics) n'ont touché qu'une minorité, souvent sur des critères de clientélisme. Par ailleurs, les **choix de politique fiscale** n'ont pas contribué à réduire les inégalités. Le Congo tire l'essentiel de ses recettes de la rente pétrolière et très peu de l'impôt direct sur les personnes ou les entreprises locales. Il en résulte que le système fiscal joue peu son rôle redistributif.

Au contraire, certaines **subventions universelles** financées par la rente (par exemple la subvention sur le carburant) profitent en valeur absolue davantage aux classes aisées consommatrices de voitures qu'aux pauvres, constituant de fait un transfert régressif. Des tentatives de re-ciblage des dépenses vers des programmes sociaux existent (le Congo a lancé un programme de transferts monétaires *"Lisungi"* avec l'aide de la Banque mondiale), mais elles sont encore de portée limitée.

Il faut noter aussi que la **période d'austérité post-2015**, bien qu'indispensable pour restaurer les équilibres, a eu un impact social lourd. La compression des dépenses publiques a touché les secteurs sociaux : difficultés à payer régulièrement les enseignants et personnels de santé, réduction de certaines prestations sociales, etc. En 2020-2021, **83 % des ménages congolais se déclaraient en situation d'insécurité alimentaire** – un chiffre reflétant l'ampleur de la détresse sociale récente, aggravée par la pandémie.

En résumé, le **modèle de développement sous Sassou-Nguesso a été faiblement inclusif**. La croissance tirée par le pétrole a bénéficié principalement à une élite politico-économique et à la classe moyenne urbaine liée à l'État, tandis que les zones rurales et les quartiers urbains pauvres en ont retiré peu d'avantages durables. Les **inégalités de revenus se sont accrues** durant les années fastes (mi-2000), et le retour de la pauvreté depuis 2015 rappelle la précarité extrême de la majorité de la population lorsqu'elle n'est plus soutenue artificiellement par la dépense publique. Ce constat d'une faible redistribution va de pair avec celui d'un État rentier concentrant richesse et pouvoir – une caractéristique que nous approfondirons en caractérisant l'économie politique congolaise plus loin.

Avant cela, un autre aspect important des politiques sous Sassou-Nguesso mérite analyse : la **trajectoire de la dette publique**, qui a connu des hauts et des bas spectaculaires, intimement liés aux choix stratégiques du régime.

Trajectoire de l'endettement public et gestion de la dette

L'histoire économique récente du Congo est jalonnée par des épisodes d'endettement excessif suivis de restructurations ou d'allègements, révélant un cycle problématique de mauvaise gestion de la dette. Les **politiques de Sassou-Nguesso** ont directement influencé cette trajectoire, alternant entre accumulation rapide de dettes pendant les périodes de laxisme budgétaire et efforts de réduction sous contrainte extérieure.

Au début des années 2000, Denis Sassou-Nguesso a hérité d'un pays surendetté par la combinaison des emprunts des années 1980 et des arriérés des années 1990. Conscient que la soutenabilité de la dette était une condition pour obtenir de nouveaux financements et relancer l'économie, son gouvernement s'est engagé dans l'Initiative PPTE, comme décrit précédemment. Cette stratégie a porté ses fruits : entre 2006 et 2010, le Congo a bénéficié d'un **effacement massif de sa dette extérieure**. À l'issue du point d'achèvement PPTE, environ 1,9 milliard $ de dette multilatérale et bilatérale ont été annulés, et le ratio dette/PIB est tombé en dessous de 30 %. Durant quelques années après 2010, le Congo présentait donc une situation financière assainie et même enviable par rapport à d'autres pays de la région, avec un endettement faible et des excédents budgétaires grâce au pétrole.

Néanmoins, cette situation n'a pas perduré. Profitant de sa capacité d'emprunt retrouvée, l'État congolais est reparti dans une **dynamique d'endettement rapide à partir de 2012-2013**, en particulier via des crédits commerciaux souvent adossés à la production pétrolière future. La période précédant la crise de 2014 est symptomatique d'une certaine imprudence : alors même que les revenus pétroliers étaient élevés, le gouvernement a contracté des prêts pour financer des projets ambitieux (construction d'infrastructures comme le barrage hydroélectrique d'Imboulou, nouvelles routes, etc.) plutôt que d'utiliser exclusivement l'épargne pétrolière. Certains de ces projets ont été négociés via des **accords de préfinancement** avec des négociants pétroliers (par exemple, Gunvor et Trafigura ont avancé des fonds en échange de cargaisons de pétrole futures), accords souvent opaques et coûteux en intérêts. Par ailleurs, le Congo s'est tourné vers de nouveaux créanciers, notamment la **Chine**, qui a financé de nombreuses infrastructures à travers des prêts préférentiels sécurisés par des garanties sur le pétrole. Si ces investissements ont contribué au développement d'équipements utiles, ils ont aussi fait croître la dette à un rythme soutenu.

La **chute du prix du baril en 2014** a installé le Congo dans une position de vulnérabilité financière accrue. Du fait de la baisse des recettes, le pays n'a pas pu honorer facilement le service de la dette accumulée, d'où une augmentation des arriérés et du stock de dette par capitalisation des intérêts. Le **point culminant a été atteint en 2017**, où la dette publique a atteint environ **117 % du PIB**, soit un niveau largement insoutenable. Cet indicateur place alors le Congo parmi les pays les plus endettés d'Afrique subsaharienne. Le FMI a officiellement qualifié la situation de « dette en état de détresse » en 2018, la solvabilité du pays ne pouvant être rétablie sans une profonde restructuration.

La réponse politique de Sassou-Nguesso face à cette crise de la dette a été, dans un premier temps, d'essayer de **gagner du temps** et de négocier au cas par cas avec les créanciers. Des discussions bilatérales avec la Chine ont abouti en 2019 à un rééchelonnement de la dette chinoise sur des maturités plus longues (allégeant la charge annuelle). Avec les traders comme Glencore et Trafigura, des accords ont également été trouvés pour réaménager les contrats de préfinancement (en prolongeant les livraisons de pétrole sur plus d'années). Mais ces mesures palliatives restaient insuffisantes. Sous la pression du FMI, le Congo a dû **améliorer sa transparence sur la dette** en 2018-2019, révélant l'ampleur des engagements jusque-là non publiés. Cela a été une condition préalable pour que le programme de la FEC soit approuvé.

Une fois le programme FMI en place (milieu 2019), la politique budgétaire est devenue beaucoup plus restrictive, visant un fort excédent primaire (hors intérêt de la dette) pour réduire la dette. Cet effort, combiné à la reprise modeste de la croissance, a permis de faire baisser le ratio dette/PIB dès 2019 (environ 87 % fin 2019, comme mentionné). La tendance à la décrue a pu se poursuivre jusqu'en 2022, aidée par la remontée des cours pétroliers post-COVID. Fin 2022, le FMI estimait que le ratio dette/PIB du Congo était repassé sous la barre de 70 % – le seuil de convergence fixé dans la CEMAC – ce qui représente une amélioration notable par rapport au pic de 2017.

Néanmoins, cette amélioration reste précaire et largement tributaire de la discipline financière supervisée par le FMI. Le dernier rapport du FMI (Consultation de 2024) souligne que *la viabilité à long terme de la dette congolaise dépendra de la poursuite des efforts de consolidation budgétaire, d'une gestion prudente des nouveaux emprunts et de la mise en œuvre de réformes structurelles pour une croissance plus robuste*. Il est encouragé par exemple de **renforcer l'administration des recettes** non pétrolières et d'améliorer la gestion de la trésorerie pour éviter de recréer des arriérés. Autrement dit, le Congo doit sortir du cycle où chaque choc pétrolier négatif le renvoie à la case départ d'un surendettement.

La **gestion de la dette sous Sassou-Nguesso** apparaît donc avoir été en dents de scie : après l'allègement PPTE, une phase d'accumulation excessive, puis un nouveau sauvetage international. Cela reflète en partie une approche opportuniste : profiter de l'accès aux crédits faciles en période d'euphorie, puis compter sur l'intervention des bailleurs pour résoudre les crises. Ce comportement est souvent qualifié de **problème d'aléa moral** dans les économies pétrolières assistées. L'avenir dira si les engagements actuels seront tenus pour rompre avec ce schéma.

Diversification économique : progrès limités et obstacles persistants

L'un des objectifs déclarés de toutes les politiques économiques congolaises, notamment sous Sassou-Nguesso, a été la **diversification de l'économie** afin de réduire la dépendance aux hydrocarbures. En pratique, force est de constater que les résultats sur ce front sont restés très limités jusqu'à présent. L'économie congolaise d'aujourd'hui ressemble, dans sa structure, à celle d'il y a 20 ou 30 ans : **ultra-**

dominée par le pétrole et avec une contribution marginale des autres secteurs à la croissance, aux exportations et aux recettes publiques.

Quelques chiffres illustrent ce manque de diversification : en 2001, le pétrole représentait déjà **38,9 % de la formation du PIB**, et les services liés à l'État environ 40 %, tandis que l'agriculture et la foresterie plafonnaient à 10,5 % du PIB. Vingt ans plus tard, les proportions n'ont guère changé, si ce n'est que le poids du pétrole peut fluctuer entre 50 et 70 % du PIB selon les cours, tant les autres secteurs n'ont pas cru de manière substantielle. En 2017, on l'a vu, le pétrole comptait pour ~70 % du PIB selon certaines estimations. Les **exportations hors hydrocarbures** sont dérisoires : le bois scié, autrefois produit phare, est tombé à moins de 7 % des recettes d'exportation, et les quelques produits agricoles (sucre, café, cacao) ou miniers (diamants) exportés ne constituent que des niches. L'économie congolaise est donc l'archétype d'une économie de rente peu diversifiée.

Les politiques publiques n'ont certes pas ignoré la nécessité de diversifier. Des initiatives ont visé à développer l'agriculture (programmes d'appui aux filières manioc, riz, maïs), à revitaliser l'industrie du bois (exigences de transformation locale du bois pour augmenter la valeur ajoutée, installation de scieries et d'usines de contreplaqué) ou encore à encourager l'industrialisation (zones économiques spéciales annoncées à Pointe-Noire et Oyo par exemple). Mais ces efforts se sont heurtés à de **nombreux obstacles**, souvent liés à la nature même de l'économie politique congolaise. Paradoxalement, malgré les investissements, les infrastructures de base hors secteur pétrolier restent insuffisantes. L'énergie électrique est coûteuse et d'approvisionnement peu fiable, ce qui décourage l'implantation d'industries. Les routes vers les zones agricoles enclavées sont en mauvais état, renchérissant les coûts de transport. Le climat des affaires souffre de ces coûts d'exploitation élevés.

le Congo est perçu comme un environnement difficile pour le secteur privé étranger en dehors du pétrole. Les tracasseries administratives, l'insécurité juridique (difficulté à faire respecter les contrats, risques d'expropriation ou de favoritisme), et la corruption découragent l'investissement productif diversifié. Par exemple, le **code du travail rigide** et la bureaucratie lourde ont été fréquemment cités comme facteurs dissuasifs pour les PME. Les réformes annoncées (guichet unique, simplification des procédures) avancent lentement. En pratique, le **secteur privé local** est largement dominé par des commerces d'importation et des prestataires liés aux dépenses publiques, plutôt que par des entreprises manufacturières exportatrices.

La domination du secteur pétrolier a pu entraîner une surévaluation du taux de change réel (via le franc CFA arrimé à l'euro), nuisant à la compétitivité des productions locales. Durant les années de boom, l'abondance de devises a stimulé les importations de biens de consommation plutôt que la production locale, ce qui a pu désindustrialiser le pays. L'agriculture, par exemple, a souffert de la concurrence des denrées importées bon marché, subventionnées ailleurs, alors que la production locale stagnait. Les politiques n'ont pas su protéger ou soutenir efficacement les producteurs nationaux pour renverser cette tendance.

En profondeur, le régime n'a pas eu d'**incitation forte à la diversification** tant que la rente pétrolière suffisait à financer son maintien au pouvoir. La diversification demande des réformes potentiellement risquées politiquement (libéraliser l'économie, ouvrir à la concurrence, réduire les rentes de monopole de certains proches, etc.). Or le **pouvoir en place a pu voir une forme de menace** dans une diversification qui créerait de nouvelles élites économiques indépendantes. Il y a donc eu une certaine inertie, voire une résistance, à changer l'équilibre rentier. Par exemple, les milieux d'affaires congolais sont souvent liés aux dignitaires du régime ; tant que l'import-import ou les contrats publics leur assurent des profits, ils n'ont pas milité pour une industrialisation plus large.

Malgré cela, on note quelques lueurs d'espoir : la production de certains **minerais** commence à émerger (projets de potasse près de Pointe-Noire, relance envisagée du gisement de fer de Zanaga). Le pays a d'importantes ressources minières encore non exploitées (fer, potasse, polymétaux) qui pourraient diversifier les exportations dans les années à venir si les projets se concrétisent. De plus, le secteur du **bois** a montré récemment une légère reprise grâce à des investissements étrangers dans des usines de transformation, soutenus par l'interdiction d'exportation de grumes brutes au niveau régional CEMAC. Enfin, le **secteur des télécommunications** et du numérique s'est développé (en partie grâce à des capitaux privés), offrant un embryon de diversification dans les services.

Néanmoins, au vu des tendances actuelles, la structure de l'économie congolaise demeure celle d'un **État rentier dépendant du pétrole**, avec tous les risques que cela comporte. Les incitations politiques à diversifier ne deviennent réellement pressantes qu'en période de crise pétrolière, et ont tendance à retomber dès que les prix du brut remontent. C'est là un trait typique qu'on analysera plus globalement dans la section suivante consacrée à la nature rentière de l'État congolais et aux incitations qui en découlent.

En conclusion de cette section, le **bilan des politiques économiques sous Sassou-Nguesso est contrasté** : elles ont permis une certaine reconstruction et des épisodes de croissance forte, mais au prix d'une volatilité élevée, d'une augmentation des inégalités et d'un endettement mal maîtrisé, sans parvenir à transformer le modèle de développement du pays. Pour mieux comprendre ces résultats, il est utile maintenant de prendre du recul conceptuel et de caractériser l'économie politique congolaise à travers les notions de rente, d'État rentier et de dépendance aux ressources naturelles.

Le Congo dans la CEMAC : comparaison économique et monétaire

La République du Congo fait partie, avec cinq autres pays, de la **Communauté Économique et Monétaire de l'Afrique Centrale (CEMAC)** – une union sous-régionale qui se distingue par un marché commun embryonnaire et une monnaie commune (le franc CFA BEAC). Comparer la trajectoire économique du Congo à celle de ses voisins (Cameroun, Gabon, Tchad, Guinée Équatoriale, République Centrafricaine) permet de situer ses performances et d'évaluer dans quelle mesure ses défis sont communs à la région ou spécifiques.

En termes de **taille économique**, le Congo-Brazzaville se situe au **troisième rang des économies de la CEMAC** (PIB nominal d'environ 15 milliards $ en 2023), derrière le Cameroun (environ 49 milliards $) et le Gabon (~19 milliards $). Il devance légèrement la Guinée Équatoriale (~13 milliards $) et le Tchad (~12 milliards $), et dépasse largement la Centrafrique (~2-3 milliards $). Toutefois, la population congolaise (environ 5,7 millions d'habitants) est bien inférieure à celle du Cameroun (~26 millions) ou du Tchad (~17 millions), ce qui confère au Congo un **PIB par habitant relativement élevé** pour la région – autour de 2400 $ par tête en 2023. Ce niveau le classe comme pays à revenus intermédiaires de la tranche inférieure, à peu près équivalent au PIB/habitant du Nigeria et nettement plus élevé que ceux du Cameroun (~1500 $) ou du Tchad (~700 $). Les seuls membres de la CEMAC ayant un PIB/habitant supérieur sont le Gabon (environ 7800 $) et la Guinée Équatoriale (autrefois >20 000 $ au pic pétrolier, mais redescendu autour de 6500 $ ces dernières années). On voit là l'effet de la manne pétrolière qui, divisée par une petite population, donne un revenu moyen artificiellement élevé au Congo, sans pour autant refléter le niveau de vie réel de la majorité (comme on l'a vu, la moitié de la population congolaise vit dans la pauvreté malgré ce PIB/hab relativement confortable).

La **structure économique** du Congo présente de fortes similitudes avec celle d'autres pays de la CEMAC riches en ressources. Cinq des six pays de la communauté sont des **exportateurs nets de pétrole** (tous sauf la RCA). Ainsi, Congo, Gabon, Guinée Équatoriale et Tchad ont en commun une économie dominée par le secteur pétrolier. Par exemple, la Guinée Équatoriale a bâti la quasi-totalité de sa croissance depuis les années 1990 sur le pétrole offshore, tout comme le Congo – avec cette différence que la Guinée Équatoriale est allée encore plus loin dans la dépendance (le pétrole y a représenté jusqu'à 95 % du PIB durant les années 2000, créant un développement très déséquilibré). Le Gabon, plus ancienne économie pétrolière de la région (exploité depuis les années 1950), partage avec le Congo un profil de pays rentier à revenus intermédiaires, ayant un niveau d'urbanisation élevé et une population restreinte.

Le **Cameroun** fait figure d'exception partielle au sein de la CEMAC : bien qu'étant producteur de pétrole également (depuis la fin des années

1970), son économie est plus diversifiée, avec un secteur agricole important (cacao, café, coton, bananes, etc.), une industrie agro-alimentaire et manufacturière plus développée, et un tissu de PME plus dense. Le Cameroun a su maintenir l'agriculture exportatrice et une base industrielle légère y compris après la découverte du pétrole, ce qui lui confère une résilience un peu meilleure aux chocs pétroliers. Ainsi, lors du krach de 2014-2016, le Cameroun a continué de croître modestement grâce à ses autres secteurs, alors que le Congo ou le Tchad plongeaient en récession.

Le **Tchad** et la **RCA**, quant à eux, sont parmi les pays les plus pauvres d'Afrique, avec de graves fragilités politiques (conflits, instabilité chronique) qui brident leur développement. Le Tchad, entré tardivement dans le club des pétroliers (premières exportations en 2003), a connu un boom éphémère suivi d'une crise budgétaire similaire à celle du Congo post-2014, aggravée par des dépenses militaires lourdes. La RCA, elle, n'a quasiment pas d'exportations de pétrole ou de minerais industrialisés, reposant sur une économie rurale de subsistance et des exportations artisanales de bois ou diamants. Elle est donc dans une catégorie à part, trop éloignée du modèle rentier pétrolier pour être comparée directement au Congo.

Ainsi, si l'on compare le **Congo, le Gabon, la Guinée Équatoriale et le Tchad**, on trouve un certain nombre de caractéristiques communes : une richesse en hydrocarbures à l'origine d'une part prépondérante du PIB et des exportations, une population relativement petite (sauf le Tchad qui a plus d'habitants mais une grande pauvreté rurale), un PIB par habitant moyen élevé, et un régime politique autoritaire s'appuyant sur la rente. Le Gabon et la Guinée Équatoriale, par exemple, ont longtemps été dirigés par des présidents issus du même moule que Sassou (Omar Bongo au Gabon jusqu'en 2009, Teodoro Obiang en Guinée Équatoriale depuis 1979) et ont connu les mêmes problèmes de gouvernance et de corruption liés à l'afflux de pétrodollars. Tous ces pays font face à la nécessité proclamée de diversifier leur économie, avec plus ou moins de sincérité et de succès. Le **Cameroun**, en revanche, a un profil un peu différent – ce qui lui vaut d'être la **locomotive économique de la CEMAC** en termes de contribution au PIB régional (environ 40 % du PIB cumulé de la zone provient du Cameroun).

Sur le plan des **indicateurs de développement humain**, le Congo se situe dans la moyenne de la région : son IDH est semblable à celui du Cameroun et légèrement inférieur à celui du Gabon. L'alphabétisation et l'accès à la santé y sont assez élevés comparativement au Tchad ou à la RCA, mais les indicateurs sociaux stagnent, reflétant les inégalités internes.

En synthèse, le Congo partage avec ses voisins de la CEMAC une forte dépendance aux ressources naturelles (pétrole, bois, mines) et les vulnérabilités associées. Son **poids économique est intermédiaire** dans la zone et son niveau de vie moyen relativement élevé le place plutôt aux côtés du Gabon et de la Guinée Équatoriale, mais avec des problèmes sociaux qui rappellent aussi ceux de pays plus pauvres. Cette toile de fond régionale nous permet de mieux comprendre certaines contraintes communes, notamment dans le domaine monétaire et budgétaire, que nous abordons ci-dessous.

Convergence macroéconomique et discipline monétaire dans la CEMAC

En tant que membre de la CEMAC, le Congo partage une **monnaie commune, le franc CFA**, émis par la Banque des États de l'Afrique Centrale (BEAC) et garanti par le Trésor français (parité fixe avec l'euro). Cela implique que le Congo ne dispose pas de sa propre politique monétaire : les taux d'intérêt et la gestion de la liquidité sont décidés au niveau régional par la BEAC, principalement en fonction de l'objectif de **stabilité du taux de change et des prix**. Cet arrangement monétaire a imposé au Congo, comme à ses voisins, une certaine discipline sur l'inflation – en général, l'inflation est restée modérée (~2-3 % par an) dans la zone. Durant les dernières décennies, l'ancrage du franc CFA a contribué à contenir l'inflation congolaise, même dans les périodes de dépenses excessives, ce qui est un point de différence avec des pays comme l'Angola ou le Nigeria qui ont connu de fortes dévaluations et hyperinflations.

Cependant, le revers de la médaille est que la **politique budgétaire** devient le principal instrument macroéconomique des

États de la CEMAC, qui doivent ajuster en l'absence de dévaluation nominale. La CEMAC a mis en place des critères de **convergence** (limitation du déficit public, plafond de dette publique à 70 % du PIB, inflation <3 %, etc.) destinés à assurer la solidité de l'union monétaire. Dans la pratique, nombreux sont les pays – dont le Congo – qui ont enfreint ces critères lors des chocs pétroliers. Par exemple, le critère de dette a été largement dépassé par le Congo (117 % du PIB de dette en 2017), par le Tchad ou la Guinée Équatoriale dans la même période. Cela a constitué une menace pour l'ensemble de la zone car une dette excessive fait peser un risque sur la stabilité financière régionale.

En 2016, face à la crise, la BEAC et la CEMAC ont dû intervenir conjointement pour éviter un effondrement monétaire. Les réserves de change communes de la BEAC avaient dangereusement chuté, sous l'effet de déficits extérieurs cumulés et de la fuite de capitaux. On évoquait alors la possibilité d'une **dévaluation du franc CFA**, qui aurait été la première depuis 1994. Finalement, au **sommet de Yaoundé de décembre 2016**, les chefs d'État de la CEMAC (dont Denis Sassou-Nguesso) ont pris la décision de **maintenir la parité fixe** mais en contrepartie de s'engager sur un vaste programme d'ajustement au niveau national et régional. Ce sommet a été un moment clé de la coopération régionale : il a donné naissance au **PREF-CEMAC** (Programme des réformes économiques et financières de la CEMAC), sorte de pacte par lequel chaque État membre s'engageait à assainir ses finances et la BEAC à resserrer la politique monétaire (ce qu'elle a fait en augmentant son taux directeur de 175 points de base entre 2021 et 2023). Cette réaction coordonnée visait à **préserver le taux de change** et à éviter une spirale négative. Le Congo, suivant cet engagement, a sollicité le programme du FMI en 2017-2019, comme nous l'avons vu, tout comme la Guinée Équatoriale et le Gabon l'avaient fait dès 2017.

On constate donc que la **discipline monétaire et la solidarité régionale** ont joué un rôle de filet de sécurité. Le Congo a pu puiser dans les réserves de la BEAC pendant la crise (ce qui a contribué à les réduire dangereusement), mais a dû en retour accepter des contraintes de réformes pour rétablir la situation. La BEAC a aussi mis en œuvre des mesures réglementaires pour éviter la fuite des devises – notamment en imposant que 70 % des recettes d'exportation en devises des pays soient rapatriées sur des comptes domiciliation à la BEAC. Cette mesure, appliquée strictement à partir de 2019, a contraint la SNPC et les compagnies pétrolières à garder les devises dans la zone, contribuant ainsi à renflouer les réserves régionales.

Du point de vue de la **convergence macroéconomique**, malgré ces efforts, la CEMAC demeure une union monétaire hétérogène. Le Congo partage des problématiques de soutenabilité budgétaire avec ses homologues pétroliers. En revanche, ses taux de croissance et d'inflation sont moins volatils que ceux de pays hors zone CFA justement grâce au cadre commun. La CEMAC n'a pas encore abouti à une coordination fiscale très poussée – chaque État garde sa souveraineté budgétaire, ce qui fait que les ajustements se font sous la pression plutôt que par prévention. L'épisode 2014-2016 a montré une certaine **solidarité contrainte** : les pays se sont sauvés collectivement pour ne pas faire s'écrouler la monnaie, mais au prix de plans d'austérité simultanés dans toute la région.

Pour le Congo, appartenir à la CEMAC a été un **facteur de stabilité monétaire** (pas de flambée inflationniste, pas de désordre monétaire interne) mais aussi un carcan qui l'a empêché d'utiliser la dévaluation comme soupape lors des crises. Les comparaisons régionales montrent que les pays CEMAC ont eu une inflation plus basse mais une croissance plus faible que la moyenne africaine sur 20 ans, ce qui pose question sur la pertinence de l'ancrage fort du franc CFA pour stimuler la compétitivité. Le **Cameroun**, plus diversifié, s'en est mieux sorti, tandis que des pays comme le Congo ont vu leur monnaie surévaluée en phase de boom (affaiblissant agriculture et industries locales), puis se retrouver piégés par la fixité du taux de change en phase de creux.

En résumé, sur le plan monétaire et macro, la comparaison CEMAC fait ressortir que le **Congo n'est pas un cas isolé** : la plupart de ses voisins pétroliers ont connu la même trajectoire de **boom and bust**, de dérapage budgétaire puis de stabilisation sous programme du FMI. La particularité congolaise réside surtout dans le fait qu'il a combiné ce cycle avec un très long règne présidentiel, là où certains voisins

(Gabon, Guinée Éq.) ont aussi des régimes durables, et d'autres (Tchad, Cameroun) ont eu plus de changements dans les années récentes (transition au Tchad en 2021 après la mort de Déby, alternance électorale possible au Cameroun dans un futur proche). Ces dimensions politiques influent sur la capacité à mener des réformes au-delà du cadre monétaire imposé.

Faible intégration commerciale et coopérations régionales limitées

Un aspect frappant de la CEMAC est la **faiblesse de l'intégration économique intra-régionale**, et en cela le Congo ne fait pas exception. Malgré l'existence d'un **tarif extérieur commun** et la suppression théorique des barrières douanières intracommunautaires (héritage de l'Union douanière UDEAC de 1964), le niveau des échanges commerciaux entre pays de la CEMAC est l'un des plus bas du continent africain. Les statistiques montrent que les échanges intra-CEMAC ne représentent qu'environ **2 à 5 % du commerce total des pays membres**, ce qui est minime. Le rapport de revue de l'OMC sur la CEMAC en 2023 qualifie le commerce intra-communautaire de *« particulièrement modeste, atteignant à peine 3,5 % »* du commerce total. À titre de comparaison, dans l'UEMOA (union monétaire ouest-africaine), ce ratio tourne autour de 15 %, et dans l'UE plus de 60 %.

Les raisons de cette situation tiennent principalement à la **structure des économies** : tous exportent des matières premières identiques (pétrole, minerais, bois) destinées aux marchés mondiaux et importent des produits manufacturés d'Europe ou d'Asie. Il y a donc **peu de complémentarité** entre eux. Par exemple, le Congo n'a pas grand-chose à vendre à ses voisins que ceux-ci ne produisent pas eux-mêmes ou n'obtiennent pas meilleur marché hors zone. Les quelques produits qui s'échangent sont souvent de l'ordre du transit informel (agriculteurs camerounais vendant des denrées à la frontière congolaise, bois congolais allant au Cameroun pour exportation, etc.). L'OMC souligne que cette faible intégration est due à *« la nature des produits échangés, car la plupart des États de la CEMAC exportent essentiellement des matières premières destinées hors du continent et non demandées par les pays voisins »*. De plus, historiquement, chaque État a développé plus de liens avec son ancienne métropole coloniale

(France, Espagne) qu'avec ses voisins immédiats – c'est la logique du "enclave" héritée de la colonisation.

Le Congo illustre bien cela : son port de Pointe-Noire sert plus au transit vers l'Europe ou l'Asie qu'au commerce avec Douala ou Libreville. Le **corridor logistique** majeur est Brazzaville-Pointe-Noire (intérieur – côte), et Brazzaville-Kinshasa (échanges avec la RDC voisine), plutôt que Brazzaville-Yaoundé. Les échanges officiels Congo-Cameroun, par exemple, sont marginaux. Il existe un trafic routier de marchandises entre le nord du Congo et le sud du Cameroun, mais il est entravé par l'état des routes et des tracasseries frontalières.

De plus, des **entraves non-tarifaires** persistent entre pays de la CEMAC malgré la législation communautaire. Il y a eu de longues années où certains États (Gabon, Guinée Équatoriale) **refusaient d'appliquer la libre circulation des personnes** pourtant décidée en 2013, craignant une immigration intra-africaine. Ce n'est qu'en 2017-2019 que le visa a été aboli pour les ressortissants CEMAC se déplaçant dans la zone, y compris enfin au Gabon et en Guinée Équatoriale. Le Congo, de son côté, s'est montré plus ouvert sur cette question, appliquant la libre circulation plus tôt. Quoi qu'il en soit, ce retard dans la mobilité a freiné le développement de courants d'affaires régionaux.

Concernant les **coopérations régionales sectorielles**, la CEMAC a lancé divers projets d'intégration (marché financier commun, politiques agricoles communes, etc.) mais avec des résultats limités. Par exemple, il existe une **Bourse des valeurs mobilières de la CEMAC** basée à Douala, issue de la fusion récente des places de Libreville et Douala, ce qui est un progrès en termes d'intégration financière. Le Congo peut y faire coter des entreprises ou émettre des obligations régionales. De fait, Brazzaville a émis des titres publics sur le marché financier de la CEMAC pour se financer ces dernières années, captant une épargne régionale. C'est un volet souvent méconnu de l'intégration : les trésors publics de la CEMAC se financent mutuellement via ce marché des titres publics, renforçant les interdépendances.

Au niveau des **infrastructures régionales**, on relève quelques chantiers impliquant le Congo : le projet de **corridor routier Brazzaville-Yaoundé** via Ouesso (nord Congo) et Sangmélima (Cameroun) avance et pourrait faciliter le commerce entre les deux pays. De même, un **pont route-rail entre Brazzaville et Kinshasa** (RDC, hors CEMAC mais voisin immédiat) est en discussion pour connecter les capitales séparées par le fleuve – ce qui aurait un impact transfrontalier majeur. Bien que Kinshasa relève de la SADC et non de la CEMAC, une telle infrastructure serait bénéfique à l'intégration régionale élargie (CEEAC). Le Congo, grâce à sa position géographique, pourrait devenir un **carrefour** entre l'Afrique centrale atlantique (Congo/Gabon/Cameroun) et l'Afrique australe (RDC/Angola) si ces infrastructures voient le jour.

Pour l'instant donc, le Congo s'insère peu dans les échanges régionaux formels de la CEMAC. Son commerce reste tourné vers l'extérieur de la zone, à l'instar de ses partenaires : par exemple, les exportations de la CEMAC vont à plus de 80 % vers l'Union Européenne, les États-Unis ou l'Asie, et moins de 5 % restent en Afrique. Le faible degré d'intégration intra-zone souligne l'importance pour le Congo de diversifier sa production s'il veut profiter davantage du marché régional. Des **opportunités existent** : la région importe massivement des denrées alimentaires et des biens manufacturés que le Congo pourrait en partie produire (farine, ciment, matériaux de construction, produits agroalimentaires). Par exemple, le Congo a installé une cimenterie moderne (Dangote Cement) qui exporte du ciment vers le Gabon et la RCA, occupant ainsi une niche régionale. Ce genre d'initiatives pourrait être multiplié pour tirer profit de la proximité des marchés.

La **place du Congo en CEMAC** est donc celle d'un acteur important mais encore trop **auto-centré sur sa rente**. Il contribue à la stabilité monétaire régionale via la BEAC, mais ne tire pas suffisamment parti de la coopération économique faute de production diversifiée. La prochaine section, en se penchant sur les caractéristiques de l'économie politique congolaise, éclairera pourquoi cette intégration reste faible, en particulier en analysant les effets de la rente pétrolière sur les incitations politiques.

Caractérisation de l'économie politique du Congo : État rentier, rente pétrolière et incitations à la diversification

Après avoir parcouru l'histoire économique et le contexte régional du Congo, il est utile d'adopter une grille d'analyse plus conceptuelle pour comprendre la **dynamique profonde de son économie politique**. Quatre notions clés permettent de caractériser le cas congolais : la **rente pétrolière**, l'**État rentier**, la **dépendance aux ressources naturelles** (souvent évoquée sous l'angle du *« mal hollandais »* ou de la *« malédiction des ressources »*) et les **incitations politiques** qui en découlent, pouvant favoriser ou au contraire freiner la diversification économique.

Le Congo-Brazzaville est typiquement ce que la littérature économique appelle un **État rentier pétrolier**. Un État rentier se définit par le fait qu'une part prédominante de ses revenus provient de la rente d'origine externe (ici l'exportation de pétrole brut) plutôt que de la production domestique ou de la taxation de sa population. C'est exactement la situation du Congo, où, comme on l'a souligné, le pétrole fournit la majorité des devises et des recettes publiques depuis des décennies. Un rapport de la FIDH l'indiquait clairement : au début des années 2000, le pétrole constituait **67 % du PIB et 78 % des recettes de l'État congolais**. Même si ces proportions varient selon les années, le fait central est que l'État congolais tire l'essentiel de ses ressources budgétaires de la rente pétrolière versée par les compagnies (à travers les redevances, taxes et part de production de la SNPC), et non de l'impôt sur les citoyens ou les entreprises locales.

Cette situation a des conséquences profondes sur la nature de l'État et ses relations avec la société. Dans un État rentier, le gouvernement, n'ayant pas besoin de lever beaucoup d'impôts intérieurs, est souvent **moins redevable vis-à-vis de sa population** (*no taxation, no representation* selon l'adage classique). La **légitimité fiscale** étant faible (puisque l'impôt direct est faible), le pacte social se reconfigure : l'État utilise la redistribution de la rente (embauches publiques, subventions, clientélisme) pour acheter la paix sociale et la loyauté politique, plutôt que d'être mandaté par des contribuables exigeant des comptes. On retrouve bien ce schéma au Congo. Sous Sassou-Nguesso, en particulier, la **redistribution clientéliste de la rente** a été un pilier du système politique : pléthore de postes de fonctionnaires pour contenter les élites régionales, avantages divers pour les dignitaires (logements, 4x4, marchés publics), subventions sur des produits stratégiques pour le grand public (carburant, farine) afin d'éviter les émeutes, etc. Par exemple, nous avons noté qu'en 1993 la masse salariale publique atteignait 20 % du PIB – signe d'une fonction publique pléthorique typique d'un État rentier distribuant des sinécures.

Un autre trait de l'État rentier est qu'il tend à être **autoritaire ou faiblement démocratique**, car la rente lui permet de financer des appareils sécuritaires puissants et de se passer de l'assentiment populaire. Le Congo illustre cela avec la longévité du régime Sassou et auparavant le régime du parti unique, tous deux largement financés par l'or noir. La rente a permis de doter l'armée et la garde présidentielle de moyens conséquents, consolidant le pouvoir personnel du président. En retour, le contrôle de la rente devient un enjeu central des luttes politiques (la guerre civile de 1997 avait en toile de fond la compétition pour le contrôle du pétrole entre factions soutenues par différentes compagnies étrangères).

Le **caractère rentier de l'économie** se voit aussi à la structure du secteur privé national : souvent, la classe entrepreneuriale locale se développe non par innovation industrielle, mais par la captation secondaire de la rente (fourniture de services aux compagnies pétrolières, import-export alimenté par les devises du pétrole, commerce de biens de luxe pour la nouvelle élite). Au Congo, on a vu émerger dans les années 2000 une bourgeoisie économique composée en bonne partie de proches du pouvoir investissant dans l'immobilier, le commerce et des sociétés qui vivent indirectement de la dépense publique ou pétrolière. Cela renforce l'**alliance entre les élites politiques et économiques** autour du partage de la rente, au détriment d'une diversification autonome.

Par ailleurs, l'État rentier congolais présente un phénomène de **« privatisation » de la rente** par certaines factions. La SNPC, censée gérer la rente pour l'État, a souvent été critiquée comme un instrument opaque où se font des détournements au profit de particuliers. Les conditions de bonne gouvernance imposées en 2006 par le FMI – exiger que les responsables de la SNPC déclarent publiquement leurs intérêts dans des sociétés commerciales liées au pétrole – montrent que la confusion public-privé a été problématique. En effet, des enquêtes (telles que celles autour du scandale Gunvor) ont mis en lumière comment des intermédiaires liés aux dirigeants ont pu toucher des commissions occultes sur la vente du pétrole congolais. Le **classement médiocre du Congo en indice de perception de la corruption** (163e sur 180 en 2024) reflète cette mauvaise gestion de la rente.

En guise de conclusion, l'économie politique congolaise est dominée par la logique de la rente pétrolière : un État qui collecte massivement une richesse non fiscalisée et l'emploie pour se consolider lui-même, entraînant une gouvernance peu transparente, une faible *accountability* et une économie peu incitée à la productivité hors rente. Cette nature rentière explique nombre des difficultés rencontrées dans la diversification et la gouvernance économique, comme nous allons le détailler en examinant les incitations qu'elle crée.

Dépendance aux ressources naturelles et « malédiction » du pétrole

La dépendance extrême du Congo au pétrole illustre le concept de **"malédiction des ressources naturelles"** (ou *resource curse* en anglais) souvent évoqué par les économistes du développement. Cette théorie soutient que les pays très riches en ressources extractives stratégiques ont paradoxalement tendance à connaître une croissance de long terme plus faible, des institutions plus fragiles et une plus grande instabilité que les pays moins dotés. Dans le cas du Congo, plusieurs symptômes de cette "malédiction" sont visibles.

La dépendance pétrolière a rendu l'économie congolaise très volatile, sujette à des cycles boom-bust comme on l'a souligné (croissance élevée quand les cours du pétrole sont hauts, récession dès qu'ils chutent). Cela complique la planification de long terme et décourage l'investissement dans d'autres secteurs, car tout est incertain et dicté par des facteurs externes (le Congo ne contrôle évidemment pas le prix mondial du baril). Les rentrées massives de devises pétrolières peuvent conduire à un taux de change réel plus fort, ce qui **handicape les**

exportations non pétrolières en les rendant moins compétitives – c'est la fameuse *Dutch disease*. Pour le Congo, la période de haute rente (2003-2014) a coïncidé avec un déclin de certaines exportations agricoles (le café et le cacao congolais, autrefois exportés, ont quasiment disparu du fait de problèmes combinés de compétitivité et de négligence). La production alimentaire nationale est insuffisante, et le pays importe la majorité de ses besoins (y compris des produits de base comme le poulet, le poisson congelé, le riz). L'argent du pétrole a servi à payer ces importations plutôt qu'à stimuler la production locale, un schéma classique de la "maladie hollandaise" où le secteur des ressources "étouffe" les autres secteurs tradables.

Un paradoxe observé dans bien des États rentiers est que la manne des ressources, au lieu d'être investie dans l'éducation, la santé et les infrastructures de manière optimale, peut au contraire conduire à un relâchement de l'effort d'accumulation de capital humain. Au Congo, malgré des dépenses publiques considérables, la qualité du système éducatif ou de santé n'est pas proportionnelle aux ressources dépensées, souvent en raison de la corruption ou des mauvaises allocations. Par exemple, l'argent du pétrole a financé de grandes infrastructures à Brazzaville (nouvelles routes à quatre voies, grands bâtiments administratifs) mais les écoles rurales manquent encore de matériel, et l'hôpital général de Brazzaville peine à offrir des soins de qualité sans frais informels. L'IDH du Congo stagne autour de 0,574 (2021) ce qui le place au 153e rang mondial, très bas pour un pays avec son PIB/habitant. Ce décalage s'explique en partie par une gestion de la rente qui n'a pas suffisamment été investie dans le développement humain large.

Le pétrole a pu alimenter des conflits de pouvoir, comme celui de 1997. Pierre Englebert et James Ron ont parlé d'une *"ambivalente malédiction des ressources"* pour le Congo-Brazzaville, où les matières premières (pétrole, mais aussi bois) ont financé la guerre civile tout en attisant les convoitises internationales. La présence de la ressource a ainsi influencé la trajectoire politique vers la violence à un moment critique. Même en temps de paix, la rente peut entretenir une instabilité latente en rendant les oppositions plus acharnées (car l'enjeu du pouvoir est colossal financièrement). Le Pool, région pétrolière traversée par un oléoduc, a connu des rébellions armées récurrentes (dernière en 2016) orchestrées par le pasteur Ntumi – signe que la distribution de la rente territoriale (ou son absence) est un facteur de mécontentement et de conflit local.

Tous ces éléments montrent que le Congo a largement éprouvé les écueils classiques d'un pays pris dans la dépendance aux ressources naturelles. Toutefois, la "malédiction" n'est pas une fatalité ; elle résulte de **choix de gouvernance**. Certains pays ont réussi à transformer la rente en bénédiction (Norvège, Botswana avec le diamant, etc.) grâce à des institutions solides et une gestion prudente. Au Congo, c'est précisément la nature de l'**incitation politique** qu'il faut interroger : qu'est-ce qui, dans le système politique congolais, a empêché une meilleure utilisation de la rente pour diversifier l'économie ?

Incitations politiques et obstacles à la diversification économique

Dans un contexte d'État rentier comme le Congo, les **incitations politiques** des dirigeants ne sont pas toujours alignées avec l'intérêt d'une diversification de l'économie. Au contraire, le maintien du *statu quo* rentier peut sembler avantageux à court terme pour l'élite au pouvoir, ce qui crée un **biais en défaveur des réformes structurelles**.

Plusieurs éléments expliquent pourquoi la diversification – pourtant affichée dans les discours officiels – a été freinée par des facteurs politiques. Diversifier l'économie implique souvent de heurter des monopoles, d'ouvrir des secteurs à la concurrence, de favoriser l'initiative privée indépendante. Cela peut menacer les positions rentières de certains barons du régime. Par exemple, si on voulait développer massivement l'agro-industrie, il faudrait réduire les importations alimentaires (sur lesquelles quelques importateurs ont le monopole de fait) et investir dans des filières locales qui ne sont pas contrôlées par les cercles actuels. Ce genre de changement peut rencontrer une opposition tacite de ceux qui profitent du système actuel d'importation facile financée par la rente. De même, encourager l'entrepreneuriat local indépendant signifierait potentiellement l'émergence de nouvelles fortunes non adoubées par le pouvoir, ce qu'un régime voit d'un œil méfiant par crainte de voir surgir des contre-pouvoirs économiques.

Sassou Nguesso a dû maintenir un équilibre clientéliste. Les projets à court terme et à visibilité immédiate (routes, dons publics, événements) ont souvent été privilégiés car ils consolident rapidement la base de soutien, alors que la diversification productive (former des agriculteurs, installer des usines, etc.) prend du temps et n'offre pas de gains politiques instantanés. En période électorale ou référendaire, la tentation était de puiser dans la rente pour des dépenses populistes (baisse des prix de l'essence, distribution de vivres, etc.) au détriment d'investissements de long terme. Dans un système plus démocratique, les groupes sociaux (syndicats, associations professionnelles) pourraient faire pression pour orienter la rente vers leurs secteurs. Au Congo, la société civile a été affaiblie ou cooptée, et la majorité de la population n'a pas voix au chapitre. Il n'y a donc pas eu de **pression "par le bas" pour la diversification**. Par exemple, les paysans congolais sont peu organisés pour réclamer du soutien, comparé aux pays où l'agriculture a du poids politique. Le débat parlementaire sur la gestion du pétrole est resté limité, compte tenu de la domination du parti au pouvoir.

Sur la durée, un État rentier développe une **culture de dépendance** où les réflexes de recherche de rente (rent-seeking) priment sur l'innovation. Les élites administratives sont habituées à la manne pétrolière et peuvent manquer de compétences ou de volonté pour développer d'autres secteurs qui demandent un effort soutenu, de la régulation fine, etc. Le Congo a pu ainsi se reposer sur les revenus faciles du pétrole, retardant d'autant les réformes difficiles. Cette inertie institutionnelle est un obstacle intangible mais réel : on l'a vu, ce n'est que contraint et forcé par la crise que l'État a commencé à digitaliser certaines procédures fiscales ou à s'intéresser à l'efficacité de ses dépenses. Un climat de corruption érigé en système décourage la diversification car les investissements publics dans des nouveaux secteurs risquent d'être détournés et donc inefficaces, ce qui rétroalimente l'idée que « hors pétrole, rien n'est rentable ». Par exemple, si un programme de développement agricole reçoit des financements mais que la moitié des fonds est siphonnée par corruption, il échouera, confortant l'opinion que seul le pétrole "marche" pour générer des revenus. Au Congo, de nombreux projets publics non pétroliers (usines avicoles, fermes d'État, etc.) ont avorté ou fonctionné en dessous de leur potentiel, souvent du fait de la mauvaise gestion ou de la corruption, renforçant la dépendance au pétrole comme seule source fiable de revenus.

En conséquence, l'**incitation politique dominante** pour le régime a longtemps été de **conserver la rente pétrolière comme principal levier**, tout en affichant une volonté de diversification plus pour la forme (afin de satisfaire les bailleurs ou l'opinion). Ce n'est pas un jugement de valeur moral, mais un constat structurel : dans un contexte où la survie politique est liée au contrôle de la rente, il est rationnel pour le dirigeant de s'y accrocher et de n'engager que les réformes qui ne menacent pas ce contrôle. Denis Sassou Nguesso a manœuvré dans ce sens, en ouvrant juste ce qu'il faut vers l'extérieur (pour l'allègement de la ou les programmes d'aide) mais en veillant à ne pas céder le cœur du pouvoir économique.

Néanmoins, on peut noter que **la diversification commence à devenir un impératif même pour les dirigeants rentiers** lorsque la rente s'amenuise ou que la pression extérieure s'accroît. La crise de la dette récente a peut-être modifié partiellement les incitations : face à un pétrole qui ne suffit plus à tout financer, le gouvernement congolais se voit contraint de chercher la croissance ailleurs pour restaurer ses marges de manœuvre. De plus, l'adhésion du Congo à l'ITIE et la surveillance du FMI créent des incitations externes à la transparence et à de meilleures politiques. Par exemple, la publication régulière des données pétrolières et budgétaires (exigée par le FMI) ouvre la voie à un débat public (même limité) sur l'utilisation des ressources.

Le **frein politique** à la diversification a été puissant au Congo rentier, mais n'est pas immuable. Des réformes institutionnelles – comme la mise en place de règles budgétaires anti-cycliques, de fonds souverains, de mécanismes anti-corruption – pourraient réaligner les incitations sur le long terme. Cela nécessiterait une volonté politique forte, que seul un changement de gouvernance ou une conscientisation de l'élite au pouvoir pourrait apporter. L'évolution à observer sera de voir comment les nouvelles générations de responsables, éventuellement, intégreront ces impératifs une fois la rente pétrolière épuisée (les réserves congolaises étant finies).

Après ce diagnostic de l'économie politique interne, intéressons-nous enfin à l'impact de ces dynamiques sur le plan régional, c'est-à-dire comment l'attitude rentière du Congo affecte ses engagements dans l'intégration en Afrique centrale.

Effets de l'économie politique congolaise sur l'intégration régionale (CEMAC et au-delà)

L'**économie politique rentière du Congo** – caractérisée par la priorité accordée à la préservation de la rente pétrolière et un certain repli sur les intérêts internes – a des répercussions sur sa participation aux processus d'intégration régionale. Dans le cadre de la CEMAC et plus largement de la Communauté Économique des États de l'Afrique Centrale (CEEAC), le Congo a un rôle potentiellement central du fait de sa position géographique et de son poids économique, mais les défis de son modèle interne ont parfois limité son implication proactive dans la région.

La CEMAC a, sur le papier, des politiques communes d'**harmonisation économique** : réglementation bancaire unifiée, surveillance multilatérale des budgets nationaux, politiques communes de transport, etc. Cependant, la réussite de ces harmonisations dépend de la bonne volonté de chaque État à appliquer les règles et à converger. Or, un État rentier comme le Congo, lorsqu'il traverse une phase de rente élevée, a pu avoir tendance à s'affranchir des règles de discipline commune. Par exemple, durant les années 2010, le Congo a largement dépassé la norme de déficit budgétaire de 3 % du PIB fixée par la CEMAC, profitant de ses ressources pour investir massivement sans coordination régionale. Ce genre de comportement a affaibli la crédibilité de l'harmonisation macroéconomique régionale.

Au sein de la BEAC, la voix du Congo compte (il y a une rotation de la présidence, etc.), mais les divergences d'intérêts entre pays pétroliers (Congo, Gabon, Guinée Éq., Tchad) et pays moins dotés (Cameroun, RCA) ont parfois compliqué la prise de décision. Les pays rentiers,

Congo inclus, ont longtemps **milité contre une dévaluation** même lorsque les indicateurs la suggéraient en 2016, car cela aurait réduit leur rente en dollars – ils ont préféré l'option austérité. Le Cameroun, plus diversifié, était davantage ouvert à une légère dévaluation pour booster ses exportations agricoles. Finalement, la position du Congo (anti-dévaluation) l'a emporté, mais cela a signifié imposer une rigueur plus forte aux pays comme la RCA qui subissaient la contraction de la masse monétaire. Cela illustre comment la structure rentière du Congo influence les décisions régionales de façon pas toujours optimale pour tous.

Un autre défi d'harmonisation est lié aux **réformes structurelles**. La CEMAC encourage, par exemple, l'uniformisation des législations d'affaires (OHADA déjà acquis), la facilitation douanière, etc. Le Congo a parfois **traîné les pieds** sur certaines mesures qui pouvaient bousculer des rentes locales. Par exemple, l'élimination totale des postes de contrôle douaniers intérieurs dans la CEMAC n'est pas achevée, et sur le corridor Douala-Brazzaville, des entraves subsistent. Bien que ce ne soit pas uniquement de la faute du Congo (c'est un problème régional), chaque pays rechigne à perdre des revenus de postes de contrôle illégaux. Le Congo n'a pas toujours fait preuve de zèle pour discipliner ses agents en ce domaine.

Par ailleurs, le Congo est membre de deux ensembles régionaux, la CEMAC et la CEEAC (qui inclut la RDC, l'Angola, etc.). Il y a eu des projets de fusion CEMAC-CEEAC, mais cela patine. L'économie politique congolaise – centrée sur Brazzaville et Pointe-Noire – ne s'est pas encore projetée véritablement dans une vision régionale élargie. On voit peu de planification conjointe entre le Congo et, disons, l'Angola ou la RDC pour créer des synergies économiques, alors qu'il y aurait lieu (ex : zone économique spéciale commune près de la frontière Angolo-congolaise pour exploiter des mines frontalières, etc.). La raison est sans doute que tant que le pétrole assurait la prospérité relative, le Congo n'a pas ressenti le besoin impérieux de diversifier via l'intégration régionale.

Malgré ces défis, l'intégration régionale offre des **opportunités que le Congo pourrait davantage exploiter**. Un meilleur ancrage dans la région pourrait atténuer certains effets pervers de l'économie rentière et ouvrir de nouveaux débouchés. Sur le plan de la **stabilité macroéconomique**, la solidarité monétaire de la CEMAC a été bénéfique au Congo en 2016-2017, évitant une crise monétaire potentiellement plus grave. À l'avenir, la mutualisation des réserves de change et la surveillance budgétaire conjointe continueront de jouer un rôle de garde-fou, ce qui peut aider le Congo à ne pas retomber dans un surendettement incontrôlé (car désormais la BEAC et la commission CEMAC surveillent plus étroitement les indicateurs). Cette contrainte extérieure est saine pour inciter à la discipline.

Sur le plan du **marché**, l'intégration régionale, surtout avec l'avènement de la Zone de libre-échange continentale africaine (ZLECAf), offre au Congo la perspective d'accéder plus facilement aux marchés voisins pour ses éventuels produits diversifiés. Si le Congo développe son agriculture, il pourrait exporter dans la sous-région qui importe énormément de nourriture. Par exemple, le voisin Gabon importe la quasi-totalité de ses denrées : le Congo pourrait combler une partie de cette demande s'il investit dans l'agro-industrie (huile de palme, sucre, produits vivriers). Idem pour la RCA qui dépend des importations via Cameroun : le corridor logistique Pointe-Noire – Brazzaville – Bangui, s'il était amélioré, ferait du Congo un fournisseur et un transit vers ce marché enclavé.

Le **développement d'infrastructures régionales** profitera au Congo : par exemple, le projet de chemin de fer interconnectant le Cameroun, le Congo et le Gabon (par la République du Congo) figure dans les schémas directeurs de la CEMAC. S'il se réalise, Brazzaville/Pointe-Noire pourraient devenir un hub de commerce pour la sous-région. Le Congo a donc intérêt à soutenir activement ces projets plutôt que de se replier sur ses infrastructures nationales. D'ailleurs, le Congo est un contributeur au budget de la CEMAC et de la CEEAC, et son rôle diplomatique n'est pas négligeable (Sassou a été président de l'UA en 2006 et joue parfois les médiateurs régionaux). Ces leviers diplomatiques pourraient être orientés vers une **intégration économique plus poussée**, maintenant que la rente facile tarit.

Un domaine de coopération important est l'**énergie** : le Congo dispose d'un potentiel hydroélectrique non négligeable (le grand barrage de Sounda est un vieux projet non réalisé). Dans le cadre régional, développer une production électrique excédentaire au Congo pourrait alimenter en courant les pays voisins via la **Communauté Électrique du Bassin du Congo**. Cela générerait des revenus diversifiés (vente d'électricité) et renforcerait l'interdépendance positive entre économies.

Cependant, tirer parti de ces opportunités suppose que le Congo surmonte sa **culture rentière isolée** et adopte une vision de gain mutuel à long terme. Intégrer ses plans nationaux (PND) aux plans régionaux (prévu dans la vision CEMAC 2025) est un exercice qu'il commence à faire sous la pression des partenaires techniques. Par exemple, le PREF-CEMAC demande une accélération de l'intégration pour soutenir la croissance régionale – le Congo devra y contribuer.

Intégration régionale et réformes internes : un cercle vertueux à construire

En fin de compte, on peut voir que l'**intégration régionale et les réformes internes sont liées**. Un Congo plus diversifié et mieux gouverné sera plus à même de bénéficier de l'intégration régionale. Réciproquement, la participation active à la région peut stimuler des changements internes. Par exemple, l'application des décisions communautaires oblige parfois le Congo à améliorer ses pratiques (comme l'adoption du nouveau tarif extérieur commun en 2017 a poussé à refondre le code douanier congolais).

Le Congo pourrait s'inspirer de ce qui se fait de mieux chez ses voisins : le Cameroun a des agro-industries florissantes (Socapalm, Safacam, etc.), le Gabon a mis en place un fonds souverain alimenté par le pétrole pour investir dans l'avenir, la Guinée Équatoriale investit dans l'éducation gratuite universitaire, etc. L'échange d'expériences au sein de l'UEAC (Union Économique de l'Afrique Centrale, pilier économique de la CEMAC) permet de diffuser des bonnes pratiques – si le Congo s'y prête.

Notons également qu'au niveau de la **ZLECAf (zone de libre-échange continentale africaine)**, le Congo devra affronter à terme la concurrence de pays africains plus industrialisés. S'il ne diversifie pas son économie, il risque d'être inondé de produits en provenance d'autres régions d'Afrique sans avoir grand-chose à exporter en retour. C'est un argument supplémentaire pour que la classe politique congolaise s'engage dans des réformes pro-diversification, sans quoi l'ouverture des frontières continentales pourrait accentuer sa dépendance. Au contraire, en valorisant sa position (par exemple comme hub logistique entre l'Afrique australe et centrale, ou en exportant de l'énergie propre ou des matériaux transformés), le Congo peut trouver sa place dans la future architecture économique africaine.

Enfin, l'intégration régionale peut aussi soutenir l'**amélioration de la gouvernance** via les pairs. La CEMAC commence à mettre l'accent sur la transparence (ex : coordination pour l'adhésion de tous à l'ITIE, etc.). Être dans un ensemble pousse à ne pas être le maillon faible : le Congo a souffert d'une image ternie par sa corruption et son instabilité, ce qui a pu rejaillir sur la zone CFA. Inversement, s'il améliore ses indicateurs, cela bénéficie à toute la communauté en attirant plus d'investissements régionaux. Il y a donc un intérêt collectif à ce que chaque membre monte le niveau. Ceci est fréquemment discuté dans les réunions de la CEMAC, où l'on encourage par exemple le Congo et la Guinée Équatoriale à renforcer leur transparence budgétaire (car la mauvaise réputation d'un membre affecte le risque-pays subi de tous tous).

En conclusion de cette section, on peut dire que l'**économie politique congolaise, centrée sur la rente, a jusqu'ici limité l'ampleur de son intégration régionale**, mais que cette intégration, si elle est activement poursuivie, peut devenir un vecteur de transformation positive pour le Congo. Les défis à surmonter – harmonisation, discipline collective, ouverture de marchés – sont de taille, mais des opportunités concrètes existent pour convertir l'économie congolaise d'un modèle rentier isolé vers un modèle plus diversifié et interconnecté régionalement.

Conclusion

L'analyse de l'économie politique de la République du Congo (Congo-Brazzaville) met en lumière la trajectoire complexe d'un **État pétrolier rentier** confronté aux défis du développement et de l'intégration régionale. Depuis l'indépendance en 1960, le Congo est passé par divers régimes (autoritaires, marxistes, pluralistes ect.) et a adopté des décisions économiques majeures – nationalisations sous le régime marxiste de Ngouabi, ajustements libéraux sous Lissouba, et plus récemment mesures d'austérité et de transparence sous SassouNguesso – qui ont façonné son économie. **L'historique de la gouvernance économique** montre un fil rouge : la dominance progressive du pétrole comme moteur économique et financier, avec ses avantages (périodes de croissance rapide, augmentation des revenus moyens) et ses inconvénients (forte volatilité, dette excessive, déséquilibres structurels).

Sous le long règne de Denis Sassou Nguesso, les **politiques économiques** ont oscillé entre expansion facilitée par la rente et réformes sous contrainte. Elles ont permis de reconstruire après les guerres civiles et de moderniser certaines infrastructures, mais elles ont aussi conduit à une concentration extrême des richesses et à un endettement non soutenable en l'absence de discipline budgétaire. La croissance enregistrée, bien qu'élevée sur certaines périodes, n'a pas été inclusive : les **inégalités sociales se sont creusées** et la pauvreté de masse perdure, plus de la moitié des Congolais vivant aujourd'hui dans l'extrême pauvreté. La **dette publique**, soulagée par l'initiative PPTE en 2010, a de nouveau explosé jusqu'à 117 % du PIB en 2017, témoignant d'une gestion imprudente de la rente et d'un recours facile aux emprunts en période de vache grasse. Quant à la **diversification économique**, elle reste essentiellement un vœu pieux : le Congo continue de dépendre presque exclusivement de son pétrole (environ 90 % des exportations ces dernières années), les secteurs agricole et manufacturier étant faiblement développés.

La comparaison avec les autres pays de la **CEMAC** révèle que le Congo partage avec plusieurs voisins (Gabon, Guinée équatoriale, Tchad) un profil d'exportateur de pétrole peu diversifié, à l'inverse d'un Cameroun plus équilibré. Son PIB par habitant est relativement élevé grâce au pétrole, mais les indicateurs sociaux ne suivent pas. La **stabilité monétaire** offerte par l'union monétaire a aidé le Congo à maintenir une inflation basse et à surmonter la crise de 2016 sans dévaluation, en échange d'un effort de rigueur budgétaire concerté. Toutefois, le Congo, comme ses pairs, contribue à la **faible intégration commerciale régionale** : les échanges intra-CEMAC restent dérisoires (2-5 % du commerce total). Cela s'explique par la similarité des économies axées sur l'exportation de matières premières et par des barrières non tarifaires persistantes. Le Congo n'a pas encore pleinement exploité le potentiel du marché régional, même s'il pourrait en tirer profit à l'avenir pour diversifier ses débouchés.

La **caractérisation de l'économie politique congolaise** à travers la notion d'État rentier pétrolier explique en profondeur ces tendances. La rente pétrolière abondante a façonné un État dont la survie financière ne dépend pas de la base productive domestique, induisant des **incitations politiques biaisées**. Le régime a privilégié la distribution et le contrôle de la rente (embauches publiques, avantages aux clients politiques) sur les investissements productifs de long terme, ce qui a freiné la diversification. Le « **syndrome de la rente** » se manifeste par la corruption, la concentration du pouvoir et la vulnérabilité aux chocs externes – autant de traits que l'on constate au Congo. La **malédiction du pétrole** y a pris la forme d'une économie volatile, d'un secteur privé atrophié en dehors des activités liées à l'État et d'une instabilité politique périodique attisée par l'enjeu du contrôle des ressources. Les **incitations politiques** n'ont pas encouragé la diversification : au contraire, les élites en place avaient intérêt à maintenir le statu quo rentier qui sert leurs intérêts immédiats, même si cela compromet le développement à long terme. Cette logique a retardé des réformes cruciales et explique pourquoi, malgré les proclamations officielles de "diversification", peu de progrès substantiels ont été accomplis jusqu'à présent.

Enfin, l'**impact sur l'intégration régionale** est double. D'une part, l'économie politique congolaise a parfois mis en difficulté l'effort collectif régional (par exemple, en contribuant à l'érosion des réserves de change communes en 2015-16, ou en ne respectant pas les critères de convergence budgétaire). D'autre part, la structure rentière a conduit le Congo à négliger en partie les opportunités offertes par la CEMAC pour diversifier et renforcer sa résilience (faible commerce avec ses voisins, peu de projets industriels communs). Toutefois, la crise économique récente a engendré une **prise de conscience** : le Congo collabore plus étroitement avec ses pairs pour stabiliser la région (via le PREF-CEMAC), et réalise que l'intégration, si elle est bien menée, peut servir ses propres objectifs de diversification (par exemple en devenant fournisseur régional de certains produits ou hub logistique). L'harmonisation économique et la coopération régionale apparaissent donc comme des **leviers potentiels** pour aider le Congo à sortir de son piège rentier, en imposant des disciplines externes et en ouvrant de nouveaux horizons commerciaux.

L'économie politique du Congo-Brazzaville est dominée par la rente pétrolière, qui a modelé un État rentier autoritaire, à la fois puissant financièrement mais fragile dans ses fondations socio-économiques. Les décisions économiques depuis 1960 ont, dans leur grande majorité, été subordonnées à cette donne fondamentale de l'or noir. Si ce modèle a procuré des gains indéniables (infrastructures, revenus, influence diplomatique dans la région), il a aussi engendré stagnation hors du secteur extractif, inégalités et vulnérabilité. *Le défi pour le Congo est maintenant de transformer cette richesse épuisable en un développement soutenable et diversifié.* Cela passe par le renforcement des institutions de gouvernance (transparence, lutte contre la corruption dans la gestion pétrolière), la mise en œuvre effective des réformes pro-diversification (amélioration du climat des affaires, soutien aux secteurs agricole et manufacturier) et l'utilisation judicieuse des **cadres régionaux** (CEMAC, ZLECAf) pour s'insérer dans des chaînes de valeur au-delà du pétrole. Les données récentes montrent une urgence : la pauvreté a recommencé à augmenter et le pétrole, bien qu'encore vital, ne suffira pas à assurer la prospérité future.

L'histoire économique congolaise offre donc une leçon plus générale sur la gouvernance des ressources naturelles en Afrique : sans institutions solides et la volonté politique de préparer l'après-rente, la richesse du sous-sol peut aisément se transformer en malédiction du développement. Le Congo se trouve à la croisée des chemins : **soit perpétuer le cycle rentier** en espérant un énième rebond pétrolier, **soit engager enfin la transformation structurelle** de son économie en s'appuyant sur les réformes et l'intégration régionale. Les choix faits dans les prochaines années seront déterminants pour savoir si le pays parvient à rompre avec le piège de la rente et à offrir à sa population une croissance inclusive et durable, ou s'il reste tributaire de la conjoncture des hydrocarbures avec les incertitudes que cela comporte. Ce qui est certain, c'est que la période récente a mis en lumière les limites du modèle actuel, fournissant ainsi une **fenêtre d'opportunités** pour repenser en profondeur l'économie politique de la République du Congo, dans l'intérêt de la nation et de la région toute entière.

ECONOMIE POLITIQUE DES CONFLITS EN RCA ET IMPACT SUR LE DEVELOPPEMENT ET L'INTEGRATION REGIONALE

L'**économie politique des conflits** désigne l'étude des dynamiques économiques et politiques qui alimentent les guerres et en découlent. Contrairement à une vision purement sécuritaire ou humanitaire des conflits, cette approche met l'accent sur les **intérêts matériels** en jeu et les comportements rationnels des acteurs dans un contexte de violence. Comme l'explique Le Billon, *« la perpétuation d'une guerre peut devenir un aboutissement logique de relations économiques et politiques nécessitant l'usage de la violence pour leur reproduction »*, car **une situation de guerre** offre des opportunités de profits économiques et de conservation du pouvoir politique qu'une situation de paix ne permettrait pas. Autrement dit, certains acteurs – *« les gagnants »* – trouvent avantage à prolonger le conflit pour exploiter ces opportunités, tandis que la majorité de la population – *« les perdants »* – subit les coûts humains et économiques croissants de la guerre.

Plusieurs cadres théoriques éclairent ce phénomène. L'**économie de la guerre** souligne comment les conflits armés engendrent des systèmes économiques parallèles (trafics de ressources, marchés noirs, pillages) qui peuvent soutenir l'effort de guerre de belligérants. Dans ces *« économies de guerre »*, il n'est pas nécessaire de remporter la victoire militaire pour en tirer profit : la continuation même du conflit peut servir des intérêts financiers et stratégiques. Cela rejoint la thèse du **« butin de guerre »** (*greed*) développée par Collier et Hoeffler, selon laquelle l'avidité liée à l'exploitation de ressources précieuses peut motiver des entrepreneurs de violence à prendre les armes. La notion de **rente des ressources** (ou « malédiction des ressources ») est centrale ici : dans des pays riches en ressources naturelles mais aux institutions faibles, le contrôle de gisements de diamants, de pétrole, de bois ou d'or procure des rentes considérables susceptibles de financer des **entreprises de prédation armée**.

Parallèlement, l'approche par les **griefs (*grievance*)** met en avant les frustrations et les injustices (pauvreté, inégalités régionales, discrimination ethnique ou religieuse) qui nourrissent les conflits.

En réalité, *greed* et *grievance* interagissent : par exemple, un groupe rebelle peut instrumentaliser un mécontentement populaire réel tout en cherchant à s'emparer de ressources lucratives. Le concept de **fragilité étatique** fournit un autre angle analytique. Un État est dit **fragile** lorsque ses institutions manquent de légitimité, de capacité administrative et de monopole de la violence légitime sur le territoire. La République centrafricaine (RCA) en est une illustration extrême. Certains observateurs ont pu la qualifier d'**« État failli »** voire d'*« État fantôme »* tant ses structures étatiques n'ont jamais véritablement fonctionné depuis l'indépendance. En 2015, l'OCDE proposait d'évaluer la fragilité selon cinq dimensions (violence, justice, institutions, économie, résilience) ; or, **dans le cas de la RCA, tous les indicateurs sont au plus bas**. Le faible maillage administratif, la corruption endémique, l'absence de services publics dans de larges zones et l'effondrement de l'autorité centrale créent un terreau où les **entrepreneurs de conflits** prospèrent. Le cadre théorique de l'économie politique des conflits intègre l'**économie de la guerre** (logiques de prédation et de profit sous la violence), la notion de **rente des ressources** (financement des belligérants par l'accaparement des richesses naturelles) et la **fragilité étatique** (incapacité de l'État à prévenir et contenir la violence). Ce cadre va nous permettre d'analyser la trajectoire de la RCA, pays pris dans un cycle prolongé de conflits, et d'en comprendre les impacts structurels sur son développement et son intégration régionale.

Historique des conflits en RCA et leurs racines structurelles

La RCA présente une instabilité chronique depuis son indépendance en 1960, résultat de facteurs historiques et structurels profonds. Héritage de la colonisation française, l'Oubangui-Chari (nom colonial de la RCA) avait été intégrée à l'**Afrique-Équatoriale française** (AEF) essentiellement comme réservoir de matières premières et de main-d'œuvre, sans véritable développement des infrastructures locales. Les investissements coloniaux se concentraient sur les colonies côtières (Cameroun, Congo, Gabon) disposant de ports, tandis que les territoires enclavés comme la RCA restaient en marge, exploités mais peu structurés. Ce legs colonial a laissé à l'indépendance un État à la **base économique fragile**, dépendant de quelques produits primaires (coton, café, diamant) et doté de très faibles capacités administratives sur un territoire immense et enclavé.

Politiquement, l'histoire de la RCA est jalonnée de **coups d'État et de régimes prédateurs**. Dès 1965, le colonel Jean-Bedel **Bokassa** s'empare du pouvoir par la force, inaugurant une longue période d'autoritarisme personnalisé (il se proclame empereur en 1976) et de corruption. Son régime fantasque mais brutal est renversé en 1979 par une intervention militaire française (opération *Barracuda*) qui replace David Dacko à la tête de l'État. Cependant, la **dépendance envers la France** reste forte ; Paris dispose d'accords de défense et n'hésite pas à intervenir directement pour installer ou évincer les dirigeants centrafricains selon ses intérêts géopolitiques. Les années 1980 voient le général André Kolingba gouverner d'une main de fer (après un autre coup d'État en 1981), avant une ouverture démocratique au début des années 1990. Ange-Félix **Patassé** est élu président en 1993, mais son mandat est marqué par des mutineries de l'armée en 1996-1997, réprimées grâce à une force africaine et à l'opération française *Almandin*.

En mars 2003, le général François **Bozizé** s'empare du pouvoir en renversant Patassé, avec l'appui décisif du Tchad voisin. Ce fait illustre le rôle majeur des **ingérences étrangères régionales** : Idriss **Déby**, président du Tchad, a soutenu militairement Bozizé pour installer à Bangui un allié, confirmant la perception de la RCA comme une sorte de *« 24ème région »* du Tchad. Durant la décennie 2000, Bozizé demeure au pouvoir mais fait face à des **rébellions récurrentes** dans le nord et l'est du pays (notamment la coalition UFDR en 2006). Plusieurs accords de paix (Accords de Syrte 2007, Accord de Libreville 2008) tentent d'intégrer politiquement les rebelles, tandis qu'une **mission régionale de paix de la CEMAC**– la FOMUC – est déployée à partir de 2002, plus tard relayée par la **MICOPAX** sous l'égide de la CEEAC (Communauté économique des États de l'Afrique centrale). Ces efforts contiennent partiellement la violence sans toutefois régler les causes profondes du conflit. Les **faiblesses**

structurelles de l'État – corruption, népotisme, armée nationale sous-équipée et divisée, économie exsangue – persistent et nourrissent la défiance envers le pouvoir central.

La situation bascule dans les années 2010. En mars 2013, la **Séléka**, une coalition de rébellions du Nord-Est à dominante musulmane, prend Bangui et renverse Bozizé. La prise de pouvoir de Michel Djotodia, chef Séléka, marque le début d'une **crise politico-militaire majeure** et d'une conflagration intercommunautaire inédite. Les exactions de la Séléka dans la capitale et les provinces provoquent en réaction la formation de milices d'autodéfense dites **Anti-balaka**, majoritairement animistes ou chrétiennes.

Le conflit dégénère ainsi en affrontements **intercommunautaires à connotation religieuse** (Musulmans vs. Chrétiens) sur fond de lutte pour les ressources et le pouvoir. À partir de fin 2013, la communauté internationale intervient plus lourdement : la France lance l'opération **Sangaris** (décembre 2013) avec mandat de l'ONU, tandis que l'Union africaine déploie la force **MISCA**. Sous pression, Djotodia démissionne en janvier 2014, ouvrant une transition dirigée par Catherine Samba-Panza. En septembre 2014, la **MINUSCA** (Mission intégrée des Nations unies) prend le relais, déployant des milliers de casques bleus pour tenter de stabiliser le pays. Malgré ces efforts, l'État centrafricain reste largement virtuel en dehors de Bangui : **de vastes zones du territoire sont aux mains de groupes armés** se comportant en autorités de fait.

Les racines structurelles de ces conflits successifs sont multiples. Sur le plan **économique et social**, la **pauvreté extrême** de la population crée un vivier de recrues pour les milices. En RCA, les fonctionnaires figurent parmi les rares pourvoyeurs de revenus pour les familles, si bien que les retards de paiement des salaires et l'effondrement de l'emploi public ont contribué à paupériser la société et à alimenter les troubles. La **marginalisation historique de certaines régions et communautés** – par exemple le Nord-Est à majorité musulmane, négligé par l'administration et victime d'abus des forces gouvernementales – a nourri ressentiments et volontés de se défendre par les armes. Sur le plan géopolitique, la **porosité des frontières** et les liens ethniques transfrontaliers (avec le Tchad, le Soudan, la RD Congo, le Cameroun) ont internationalisé les crises : mercenaires et armes circulent facilement d'un pays à l'autre, et les conflits voisins (Darfour, Tchad, RDC) ont souvent déteint sur la RCA. De plus, la **convoitise de ses ressources** par des acteurs étrangers (États ou compagnies) attise les ingérences. Outre la France et le Tchad déjà mentionnés, le Soudan (notamment sous Omar el-Béchir) a soutenu des factions centrafricaines pour accéder aux diamants et à l'or, et plus récemment, la Russie – via des mercenaires du Groupe Wagner – est intervenue en appui au régime en échange de concessions minières (or, diamants). Ainsi, l'instabilité chronique de la RCA s'enracine dans un **cercle vicieux** : un État faible et prédateur, contesté par des rébellions armées souvent instrumentalisées par des intérêts économiques, le tout dans un environnement régional instable propice aux ingérences. Ce contexte a donné lieu à une véritable **économie politique de la guerre**, que nous examinons à présent en détail.

L'économie politique de la guerre en RCA

La **guerre civile centrafricaine** s'accompagne de l'émergence d'une économie de conflit où divers acteurs – armés ou civils – tirent parti du chaos. On peut identifier plusieurs **catégories d'acteurs** clés : (1) les **groupes armés locaux**, (2) les **élites politico-militaires nationales**, et (3) les **puissances étrangères et les réseaux criminels transnationaux**. Leurs interactions autour de l'exploitation des ressources et du contrôle des réseaux économiques alimentent le conflit.

Groupes armés locaux – La RCA compte une myriade de mouvements rebelles ou de milices communautaires. Parmi les plus notoires : les factions issues de l'ex-Séléka (par ex. le FPRC, l'UPC, le MPC) qui contrôlent le Nord et l'Est, les milices Anti-balaka dominantes dans l'Ouest, ainsi que des groupes d'autodéfense peuls ou des mouvements plus récents comme la Coalition des patriotes pour le changement (CPC) formée en 2020.

Ces groupes se battent officiellement pour des **griefs politiques ou communautaires** (représentation du Nord musulman, défense des éleveurs peuls, retour d'un ancien président, etc.), mais poursuivent également des **intérêts économiques** évidents. En particulier, **la captation des ressources naturelles** est au cœur de leurs stratégies. La RCA regorge de ressources convoitées : **diamants** (12e producteur mondial de diamants bruts avant 2013), **or** (gisements alluviaux dans l'est), **bois tropicaux**, **faune (ivoire)**, et potentiellement **pétrole** au nord. Faute de contrôle effectif de l'État, ces ressources deviennent des butins de guerre.

Les exemples les plus éloquents concernent le **secteur diamantifère**. Durant la guerre, la Séléka et les Anti-balaka ont lutté pour s'emparer des zones minières stratégiques (régions de Bria, Boda, Berbérati, etc.), car les diamants offrent un moyen de financement rapide pour acheter des armes, payer des combattants et nouer des alliances. La Séléka, par exemple, a pu recruter des mercenaires tchadiens et soudanais en les rémunérant sur la promesse des revenus tirés des mines de diamants occupées. Le **trafic de diamants** a explosé avec le conflit : selon la Banque mondiale, **près de 50% des diamants centrafricains sortaient illégalement du pays** même avant 2013, proportion sans doute accrue pendant la guerre. Les statistiques d'exportation trahissent cette contrebande : en 2000, la RCA déclarait 52 millions USD de diamants exportés vers la Belgique, alors que la Belgique rapportait en avoir importé pour 168 millions USD la même année. Ce **décalage massif** révèle l'ampleur d'un commerce parallèle contournant l'État et profitant aux réseaux informels. Les caractéristiques géologiques (gisements alluvionnaires dispersés) et la nature artisanale de l'extraction rendent le secteur difficile à contrôler : environ **95% des 100 000 mineurs artisanaux** opèrent sans licence, hors de tout cadre légal. Dans ces conditions, les groupes armés ont jeu facile pour s'**approprier les sites miniers** ou racketter les orpailleurs. Concrètement, deux modes de prédation coexistent : la **prise de contrôle directe** de certaines mines par des factions armées (notamment les groupes ex-Séléka chassant les exploitants pour exploiter eux-mêmes les gisements dans l'est), et la **taxation illégale** de la filière par d'autres (ainsi, des milices offrent une « protection » contre paiement et prélèvent des droits de passage sur les transactions de diamants). Il s'est même constitué de véritables **chaînes logistiques clandestines** : des réseaux de trafiquants collectent les pierres des zones rebelles pour les acheminer vers le Cameroun voisin (via des points de passage comme Kenzou et Ketta) où elles sont introduites sur les marchés internationaux en contournant l'embargo. Un marchand de diamants centrafricain explique qu'il n'y a *« pas de contrôles »* aux aéroports et que les courtiers véreux voyagent *« comme de simples voyageurs »* pour sortir les pierres du pays. **Malgré les sanctions internationales** – un embargo sur les "diamants de conflit" de RCA imposé par le Processus de Kimberley en 2013 – ce commerce illicite a perduré presque durant une décennie. Ce n'est qu'en 2023 que l'embargo a été totalement levé, la situation sécuritaire s'étant légèrement améliorée, mais il a privé l'économie formelle de revenus pendant plus de 11 ans.

Outre les diamants, d'autres ressources alimentent l'**économie de guerre**. L'or fait l'objet des mêmes convoitises (mines artisanales dans la Vakaga, la Haute-Kotto, l'Ouham). Le **bois** est exploité par des sociétés sous protection de tel ou tel groupe armé, ou bien les rebelles prélèvent des « taxes » sur les grumiers aux barrages routiers. Le **braconnage** d'ivoire et d'espèces sauvages par des milices ou des chasseurs étrangers (notamment soudanais) a également lieu, fournissant armes et argent en échange de défenses d'éléphants. Même des activités moins illicites, comme l'**élevage transhumant**, sont intégrées à l'économie de conflit : des chefs de guerre imposent des péages aux éleveurs mbororo traversant leur zone, ou volent du bétail pour le revendre. Enfin, la **criminalité de grand chemin** – le phénomène des *coupeurs de route* (Zaraguinas) – est à la fois un produit et un moteur de l'économie de guerre. Ces bandes armées, souvent issues des rangs de groupes rebelles démobilisés, écument les routes de l'ouest et du centre de la RCA, rançonnant transporteurs et commerçants. En l'absence de forces de l'ordre efficaces, elles contribuent à **paralyser le commerce intérieur**, aggravant les pénuries et la vie chère pour la population. Le produit de leurs pillages sert ensuite à acheter des armes ou à financer des trafics (drogue, munitions), bouclant le cercle vicieux.

Les **élites politiques et militaires** centrafricaines jouent un rôle ambivalent dans cette économie de conflit. Depuis des décennies, des personnalités au pouvoir ou dans l'opposition armée **instrumentalisent les richesses nationales à des fins**

personnelles. Sous les régimes précédents, nombre de dignitaires se sont enrichis de la redistribution clientéliste de rentes (permis miniers, exploitations forestières, détournement d'aides internationales). Pendant la guerre civile, certains hommes politiques ont entretenu des **connivences avec des chefs de guerre** pour sécuriser leur accès aux ressources. Par exemple, d'anciens hauts responsables auraient financé ou soutenu la CPC en 2020-2021 pour tenter de renverser le pouvoir, en échange de promesses d'accès aux richesses minières. Le **fonctionnement de l'État** lui-même est détourné par l'économie de guerre : de vastes sommes échappent au Trésor public du fait de la contrebande et des rackets, tandis que des unités de l'armée nationale (FACA) insuffisamment payées peuvent être tentées de monnayer leurs services ou de tolérer des trafics pour survivre. Cette **criminalisation de l'État** renforce la fragilité générale et brouille la frontière entre économie formelle et informelle.

Enfin, les **acteurs extérieurs** sont parties prenantes de cette économie politique. Des **entrepreneurs étrangers** (notamment soudanais, tchadiens, camerounais, mais aussi libanais et ouest-africains) tiennent une place importante dans les filières d'exportation illicites – par exemple en tant qu'intermédiaires dans le commerce du diamant, de l'or ou du bois. Certains pays voisins servent de **bases arrière logistiques** : le Cameroun est le principal point de sortie des marchandises (port de Douala, ou contrebande via la frontière), le Soudan a longtemps été une source d'armes et un marché pour les diamants centrafricains, et le Tchad un pourvoyeur de combattants. Les **puissances internationales**impliquées en RCA poursuivent aussi des intérêts économiques : la France, historiquement, veillait à sécuriser les investissements de ses entreprises (Areva convoitait de l'uranium dans l'Est, le groupe Bolloré gère des infrastructures de transport), et plus récemment la Russie a obtenu des concessions minières (or de Ndassima, exploitation de diamants) en échange d'un soutien militaire. Ces acteurs externes, bien qu'ils affichent souvent des objectifs de stabilisation ou de lutte contre le terrorisme, contribuent de fait à la **régionalisation de l'économie de guerre** centrafricaine.

L'économie politique de la guerre en RCA se caractérise par le **pillage des ressources naturelles**, la consolidation d'**économies informelles violentes** (trafics, prédation armée) et la **coproduction du désordre par des acteurs internes et externes**. Le conflit ne peut être compris uniquement comme un effondrement du tissu économique : c'est aussi une **recomposition** où de nouvelles opportunités d'enrichissement émergent pour certains, au détriment de tout cadre légal et du bien-être collectif. Cette situation a des conséquences dramatiques sur le développement économique et social du pays.

Impact des conflits sur le développement économique et social

La longue guerre en Centrafrique a eu un **effet dévastateur sur l'économie et la société**, engendrant un retard de développement de plusieurs décennies. Sur le plan **macroéconomique**, le pays a subi un effondrement sans précédent de son activité. En 2013, l'année de la prise de pouvoir de la Séléka et de l'intensification des violences, le PIB réel a chuté d'environ **36%**, témoignant de l'ampleur du choc. Cette récession brutale a anéanti des pans entiers de l'économie formelle et a fait plonger tous les indicateurs. Depuis, la reprise est restée très modeste et fragile : en 2022, le PIB réel de la RCA était encore **inférieur de 20% à son niveau de 2012** (avant la guerre civile). Autrement dit, une décennie de croissance a été perdue. Certes, une phase de rebond technique a eu lieu après 2015 lorsque la situation sécuritaire à Bangui s'est légèrement stabilisée, mais il s'agissait surtout d'un **phénomène de rattrapage** post-effondrement. À partir de 2017-2018, la croissance s'est de nouveau essoufflée, oscillant autour de 0 à 1% par an seulement– un niveau largement insuffisant pour améliorer le niveau de vie d'une population en forte croissance démographique. La persistance d'**inflammations du conflit** (ex : offensive de la CPC en 2020) et des chocs extérieurs (pandémie de Covid-19, hausse des prix mondiaux) ont maintenu l'économie centrafricaine dans un état de quasi-stagnation. Pour 2023-2024, les projections tablent sur un léger mieux (+2 à +3%), mais sous réserve d'une amélioration sécuritaire permettant notamment de résoudre la pénurie de carburant qui paralyse le pays.

Sur le plan **secteuriel**, les conflits ont bouleversé la structure productive. Les **secteurs traditionnels d'exportation** comme le coton et le café, jadis piliers de l'économie rurale centrafricaine, se sont effondrés. L'insécurité dans les bassins de production (Nord-Ouest pour le coton, Sud-Ouest pour le café) a empêché les récoltes, la collecte et l'acheminement de ces produits. Faute de conditions sûres et d'investissements, ces filières commerciales ne se sont jamais relevées, privant le pays de revenus d'exportation et de travail pour des milliers d'agriculteurs. À l'instar de nombreux pays en guerre, la RCA a vu son économie **se primariser et se précariser** encore davantage : la **subsistance** est redevenue la stratégie principale. L'agriculture vivrière, déjà dominante, a pris encore plus de poids mais souvent dans des conditions de simple survie (petites parcelles pour nourrir la famille, sans surplus commercialisable). Beaucoup de communautés rurales se sont **repliées sur l'autoconsommation**, faute de pouvoir acheminer des produits aux marchés urbains ou d'accéder aux intrants. Cette régression vers une économie de subsistance traduit l'**autarcie forcée** provoquée par la guerre.

Les **infrastructures économiques** ont aussi pâti du conflit. Les rares routes praticables ont été endommagées par les combats ou minées par l'absence d'entretien, isolant davantage les régions enclavées. Les transports routiers sont risqués et coûteux à cause des barrages illégaux tenus par des bandes armées, où les transporteurs doivent payer des rançons. Le **corridor routier international** vital qui relie le port de Douala (Cameroun) à Bangui (par Garoua-Boulaï) a souvent été coupé, soit par des affrontements, soit par l'insécurité chronique, provoquant des pénuries à Bangui. À plusieurs reprises, la capitale s'est retrouvée à court de carburant et de biens de première nécessité lorsque ce corridor était entravé. L'alternative fluviale via le fleuve Oubangui (depuis Kinshasa) a elle-même été perturbée récemment : en 2023-2024, le retard de la **campagne fluviale d'importation de carburant** a contribué à aggraver la pénurie de carburant qui sévit depuis trois ans. Habituellement, le transport fluvial assure 80 à 85% des importations de carburant en RCA, son interruption a donc quasiment **paralysé le commerce et la production** intérieure. Des files d'attente pour l'essence, un marché noir florissant et une flambée des coûts de transport interne ont résulté de cette situation. En clair, la guerre et l'instabilité ont **désarticulé les réseaux logistiques** du pays, augmentant les coûts de transaction et dissuadant toute activité d'envergure en dehors des centres urbains.

L'**impact social** est encore plus alarmant. La RCA figure désormais parmi les pays les plus pauvres du monde selon tous les indicateurs de développement humain. En 2022, elle se classait **191e sur 193 pays** pour l'indice de développement humain (IDH). Plus de **69% de la population vit en situation d'extrême pauvreté** (avec moins de 2,15 dollars par jour) et près de la moitié souffre d'**insécurité alimentaire** aiguë. Les conflits ont aggravé la pauvreté monétaire par la destruction des moyens de subsistance (récoltes brûlées, bétail volé, commerce impossible) et la chute des revenus, mais ont aussi créé une **pauvreté multidimensionnelle** : accès réduit à la santé, à l'éducation, à l'eau potable, etc. Le système de santé a été ravagé : beaucoup de centres de santé hors de Bangui ont été pillés ou abandonnés faute de personnel, exposant la population aux épidémies et à une mortalité élevée (l'espérance de vie n'est que de 53 ans). L'éducation est sinistrée : des générations d'enfants dans les zones de conflit ont vu leurs écoles fermées ou détruites, ou leurs enseignants déplacés. Le taux d'alphabétisation des adultes stagne autour de 37%, et l'école primaire elle-même n'est pas assurée pour des centaines de milliers d'enfants. Cette crise éducative hypothèque lourdement la capacité future du pays à se reconstruire.

Les **services publics de base** sont largement absents en dehors de la capitale et de quelques villes. Un constat frappant est que ce sont les **organisations humanitaires et religieuses** qui assurent une partie des fonctions sociales de l'État dans la moitié du pays. En 2020, on estimait que les ONG humanitaires couvraient environ **50% du territoire** dans leur action, suppléant à l'absence de services étatiques dans les zones sous contrôle rebelle. Distribution de nourriture, cliniques mobiles, écoles improvisées dans les camps de déplacés : l'aide internationale essaie de colmater les brèches, mais ne peut remplacer une administration publique. Cette délégation de fait illustre l'**effondrement de l'autorité de l'État** : jusque récemment, le président lui-même ne pouvait se rendre dans certaines provinces de son pays sans une escorte onusienne, tant elles étaient contrôlées par des seigneurs de la guerre.

Les conflits ont également creusé des **fractures sociales et territoriales**. Le tissu social, déjà fragile, a été déchiré par les violences intercommunautaires de 2013-2014 : la méfiance entre communautés religieuses (notamment entre musulmans et chrétiens) reste forte, et des dizaines de milliers de musulmans se sont réfugiés dans les pays voisins suite aux massacres, privant certaines villes de leurs commerçants et artisans. L'**inégalité spatiale** s'est accentuée : Bangui et quelques enclaves sous protection bénéficient encore d'un minimum d'activités et d'aide, tandis que de vastes régions de l'arrière-pays sont retombées dans l'isolement et l'économie de survie. Cet enclavement interne s'ajoute à l'enclavement géographique international. Les **inégalités de genre** se sont aussi accentuées, avec les femmes particulièrement affectées par la violence (viols utilisés comme arme de guerre, fardeau accru pour subvenir aux besoins familiaux). Enfin, on estime à environ **1,5 million** le nombre de personnes déplacées par les conflits au pic de la crise (soit un quart de la population), dont beaucoup n'ont toujours pas pu regagner leurs foyers. Ces déplacés internes et réfugiés à l'étranger vivent dans une grande précarité.

L'impact des conflits centrafricains sur le développement se mesure en une **décennie perdue** sur le plan économique, un **effondrement des indicateurs sociaux**, et une **fragmentation de la société**. Le pays affiche aujourd'hui tous les symptômes d'un État fragile en sortie de conflit : extrême pauvreté généralisée, infrastructures détruites, capital humain amoindri, cohésion nationale brisée et dépendance à l'aide humanitaire. Ces dynamiques internes ont également des répercussions sur la région et mettent en lumière le rôle (et les limites) des institutions régionales dans la recherche de la paix et du développement.

Le rôle des institutions régionales (CEMAC, UA, BEAC) et leurs limites

Face à la crise centrafricaine, les **institutions régionales d'Afrique centrale** – au premier rang desquelles la CEMAC (Communauté économique et monétaire de l'Afrique centrale) – auraient pu jouer un rôle de stabilisation et de soutien. En pratique, l'efficacité de ces organisations a été limitée, révélant les faibles niveaux d'intégration régionale et les contraintes politiques.

La **CEMAC** regroupe six pays (Cameroun, RCA, Tchad, Congo-Brazzaville, Gabon, Guinée équatoriale) partageant une monnaie commune (le franc CFA, géré par la **BEAC**, Banque des États de l'Afrique centrale). Sur le papier, l'agenda de la CEMAC inclut la paix et la sécurité régionales, condition sine qua non du développement économique. Dès le début des années 2000, la CEMAC a été directement impliquée en RCA via le déploiement de la **Force multinationale en Centrafrique (FOMUC)**. Cette force, composée de troupes fournies principalement par le Tchad, le Gabon, le Congo et le Cameroun, a opéré de 2002 à 2008 pour aider à stabiliser le pays après le coup d'État de Bozizé. Toutefois, ses effectifs et son mandat restaient limités, ne couvrant qu'une partie du territoire. Un rapport de l'époque soulignait la nécessité d'une *« montée en puissance »* de la FOMUC pour couvrir l'étendue du pays et protéger effectivement les civils. Faute de moyens suffisants, la FOMUC n'a pu empêcher la recrudescence des rébellions. En 2008, la mission a été transférée à la **MICOPAX** sous l'égide de la CEEAC (Communauté économique des États d'Afrique centrale, qui englobe la CEMAC et d'autres pays comme l'Angola, la RDC, le Burundi…). Là encore, les résultats ont été modestes. Finalement, c'est l'Union africaine (UA) puis l'ONU qui ont pris le relais via MISCA et MINUSCA. Ce passage de témoin illustre la **faible capacité des mécanismes régionaux africains en Afrique centrale** comparée à d'autres régions : la CEDEAO en Afrique de l'Ouest, par exemple, a su déployer des forces robustes dans certains conflits, ce que la CEMAC/CEEAC n'est pas parvenue à faire de façon décisive.

Plus largement, la **CEMAC en tant qu'union régionale** a été mise au défi par la crise centrafricaine. La RCA, en tant que membre le plus fragile, est devenue un point focal de préoccupation pour l'organisation. Depuis le coup d'État de 2013, le conflit en RCA a monopolisé l'agenda sécuritaire de la sous-région. Les sommets extraordinaires de la CEMAC ont multiplié les appels à l'aide internationale pour la RCA, reconnaissant implicitement l'incapacité de la sous-région à résoudre seule la crise. Des États membres, notamment le **Tchad**, le **Cameroun** et le **Congo**, ont individuellement pris des initiatives (médiations, envoi de troupes bilatérales), mais la **réponse collective** est restée timide et divisée. Des rivalités politiques internes à la CEMAC ont joué : par exemple, le Tchad d'Idriss Déby, très impliqué, ne partageait pas toujours la même approche que le Gabon ou le Congo ; le leadership régional manquait de cohésion. En outre, l'**instabilité régionale multiple** (insurrection de Boko Haram autour du Lac Tchad, crise en RDC voisine, tensions au Cameroun anglophone) a dispersé l'attention et les ressources des pays de la CEMAC.

La **Banque centrale (BEAC)** et les institutions financières régionales ont néanmoins apporté un soutien indirect. La BEAC a maintenu la stabilité monétaire malgré le choc centrafricain, évitant une hyperinflation qui aurait pu aggraver la situation des ménages. Elle a également, via des mécanismes exceptionnels, permis le financement de dépenses d'urgence. Par exemple, durant la pandémie de Covid-19, la BEAC a facilité l'accès des États de la CEMAC à des liquidités pour soutenir leur système sanitaire. De même, face au contre-choc pétrolier de 2014-2016 qui a touché la CEMAC, la BEAC a agi pour éviter un effondrement financier de la RCA, très dépendante des transferts budgétaires extérieurs. Toutefois, ces mesures monétaires et financières traitent les symptômes plus que les causes : elles ne sauraient remplacer une stabilisation politique et sécuritaire.

Le cas de la RCA met en évidence les **limites de l'intégration régionale en Afrique centrale**. En dépit d'initiatives anciennes (libéralisation commerciale, programmes d'infrastructures régionales, politiques communes sectorielles), la CEMAC demeure l'une des régions les **moins intégrées d'Afrique** sur le plan économique. Le commerce intra-régional y est infime – on l'estime à moins de 5% du commerce total des pays membres, reflet d'économies peu complémentaires et de nombreuses barrières non-tarifaires. Les échanges entre la RCA et ses voisins CEMAC sont entravés par l'absence d'infrastructures fiables et par les entraves administratives. Par exemple, il n'existe toujours pas de route bitumée continue entre Bangui et N'Djamena (Tchad) ou entre Bangui et Brazzaville (Congo). Les **corridors de transport** restent tributaires de la sécurité : ainsi, les violences en RCA ou au Cameroun peuvent isoler totalement le Tchad, pays enclavé, comme on l'a vu lorsque Boko Haram a bloqué la route du Nord-Cameroun vers N'Djamena, obligeant à passer par Douala-Bangui puis N'Djamena. De fait, **Bangui et N'Djamena dépendent chacune d'un seul axe routier sécurisé** pour leur ravitaillement (Douala-Bangui d'une part, Douala-Bangui-N'Djamena d'autre part).

Cette concentration des flux est un signe de l'absence de diversification des interconnexions régionales. En outre, la **libre circulation des personnes** au sein de la CEMAC n'a été formellement adoptée qu'en 2017, et sa mise en œuvre reste incomplète – la méfiance entre États et la crainte d'une diffusion des troubles (comme des combattants centrafricains se refugiant dans les pays voisins) retardent l'ouverture totale des frontières.

Les institutions régionales africaines ont également des **contraintes structurelles**. La CEMAC et la CEEAC souffrent d'un manque de moyens et d'une dépendance aux financements extérieurs. Par exemple, la force MICOPAX en RCA était largement financée par l'Union européenne. Lorsque ces financements se sont raréfiés, la mission a dû être intégrée à l'Union Africaine puis aux Nations unies pour survivre. Par ailleurs, **l'engagement politique** des chefs d'État de la région dans le processus d'intégration est souvent ambigu. On note une *« crise du régionalisme en Afrique centrale »* marquée par des luttes de leadership (par exemple entre le Cameroun et le Gabon par le passé) et une tendance à privilégier les solutions bilatérales ou l'arbitrage des grandes puissances plutôt que les mécanismes communautaires.

Enfin, l'Union africaine (UA) a tenté de jouer un rôle de médiateur plus neutre. Elle a parrainé l'**Accord de Paix de Khartoum** (février 2019, dit APPR-RCA) signé entre le gouvernement centrafricain et 14 groupes armés. Cet accord, soutenu conjointement par l'UA et la CEEAC, visait à mettre en place un gouvernement inclusif et un processus de désarmement, démobilisation, réintégration (DDR). S'il a permis une accalmie relative et la participation de certains chefs rebelles au gouvernement, son application est restée partielle – en témoigne la reprise des hostilités par la CPC en 2020, qui a fait voler en éclats la coalition gouvernementale élargie. L'UA et la CEMAC se heurtent à la **souveraineté nationale** : elles ne peuvent imposer des solutions si les acteurs locaux ne les respectent pas, et elles dépendent de la bonne volonté (ou de l'absence d'interférence) des puissances mondiales présentes (France, Russie, ONU). Ainsi, la **coordination internationale** sur la RCA reste difficile, chaque acteur ayant son propre agenda.

En résumé, les institutions régionales en Afrique centrale ont montré leurs limites dans la gestion de la crise centrafricaine. **La CEMAC a été plus spectatrice qu'actrice** de la stabilisation de la RCA, malgré l'urgence que ce conflit représentait pour la sous-région. Les raisons en sont autant politiques (manque de volonté commune, rivalités, préférence pour l'intervention des puissances extérieures) que structurelles (faiblesse de l'intégration économique, absence d'une force régionale efficace, dépendance financière). Cela pose la question des **enjeux et des perspectives** pour l'avenir : comment la RCA et ses voisins peuvent-ils inverser ces dynamiques pour aller vers plus de stabilité et d'intégration régionale ?

Enjeux et perspectives pour l'intégration régionale

La stabilisation de la RCA et son **meilleure ancrage dans la région CEMAC** constituent des défis étroitement liés. Sans paix durable en RCA, l'intégration économique régionale restera un vœu pieux ; et sans une meilleure intégration, la RCA restera vulnérable et isolée. Quelles perspectives se dégagent pour surmonter ce cercle vicieux ?

Premièrement, la **consolidation de la paix et de l'État de droit** en RCA est le préalable absolu. Les perspectives d'intégration régionale ne peuvent se concrétiser que si le pays sort du cycle de conflits. Cela passe par la mise en œuvre effective des accords de paix (notamment l'APPR de 2019) et une véritable réconciliation nationale. Les voisins de la RCA ont intérêt à soutenir ce processus de toutes leurs forces, car une RCA stable serait un **bien public régional** : réduction des flux de réfugiés, élimination d'un sanctuaire pour les groupes armés transfrontaliers, réouverture des corridors commerciaux. L'enjeu est donc de renforcer les mécanismes de **sécurité collective régionale**. Par exemple, la CEMAC/CEEAC pourraient, en partenariat avec l'UA et l'ONU, imaginer une force régionale de maintien de la paix plus robuste et durablement implantée, afin d'éviter que la sécurité en RCA ne dépende uniquement des casques bleus onusiens ou de mercenaires étrangers. Un investissement accru dans la réforme du secteur de sécurité (armée, police) centrafricain, avec l'appui des pays de la région (partage d'expertise, formation, éventuellement intégration de cadres centrafricains dans des académies régionales), pourrait contribuer à restaurer l'autorité de l'État et la confiance.

Deuxièmement, sur le plan économique, la **réinsertion de la RCA dans les échanges régionaux** est une perspective cruciale. À court terme, cela implique de **sécuriser les axes de transport** vitaux. La route **Douala–Bangui** doit faire l'objet d'une coopération étroite entre le Cameroun et la RCA pour éliminer les points de blocage : patrouilles mixtes, réduction des postes de contrôle illégaux, investissements pour réparer les tronçons abîmés. Un projet d'interconnexion ferroviaire reliant le Cameroun à la RCA (prolonger le chemin de fer camerounais jusqu'à Bangui) a été discuté par le passé – sa réalisation changerait structurellement la donne pour ce pays enclavé. De même, la **navigabilité du fleuve Oubangui** (affluent du Congo) pourrait être améliorée par des travaux conjoints RCA-RDC-Congo, afin de fiabiliser le corridor fluvial vers Brazzaville et Kinshasa. Ces infrastructures augmenteraient la **résilience commerciale** de la RCA en réduisant sa dépendance à un seul itinéraire.

Au-delà des transports, l'intégration régionale doit se concrétiser par une **diversification économique** impliquant la RCA. Plutôt que de rester une simple exportatrice de matières premières brutes (diamants, bois, or) vers les marchés mondiaux ou clandestins, la RCA pourrait développer des **chaînes de valeur régionales** avec ses voisins. Par exemple, la relance de la filière **coton-textile** pourrait être envisagée en lien avec le Tchad et le Cameroun, de même que la relance de cultures de rente (café, arachide) avec l'appui technique de partenaires régionaux. La CEMAC a élaboré un Programme Économique Régional (PER) visant à encourager les complémentarités – il faudrait veiller à ce que la RCA y occupe une place, notamment via des projets dans l'agriculture et l'énergie. L'**intégration énergétique** est d'ailleurs un autre enjeu : la RCA possède un fort potentiel hydroélectrique (sur la rivière Sangha par exemple) et solaire qui pourrait, s'il était développé avec des investissements régionaux, fournir de l'électricité à moindre coût dans toute la CEMAC. Des projets comme l'interconnexion des réseaux électriques ou la construction de barrages régionaux (avec partage de financement et de bénéfices) pourraient intégrer davantage la RCA au tissu économique central-africain.

Un élément porteur d'espoir est la mise en œuvre de la **Zone de libre-échange continentale africaine (ZLECAf)**. Si la ZLECAf se concrétise, la RCA – bien que très en retard – pourra accéder plus facilement aux marchés de toute l'Afrique, et pas seulement de la CEMAC. Cela pourrait attirer des investisseurs intéressés par la position géographique du pays au **cœur du continent** pour en faire un carrefour commercial (par exemple un entrepôt de distribution vers l'Afrique centrale et de l'Est). Mais pour cela, encore faut-il que la RCA offre un minimum de stabilité et d'infrastructures.

Sur le plan institutionnel, les pays de la région devront **renforcer la CEMAC et la CEEAC** pour qu'elles répondent mieux aux crises. La « crise du régionalisme » en Afrique centrale doit être surmontée par une volonté politique renouvelée. L'adoption d'une approche commune vis-à-vis des ingérences extérieures (par exemple, définir une position régionale sur la présence de mercenaires et exiger plus de transparence dans l'exploitation des ressources) serait un pas important. De même, le **financement autonome** des organisations régionales doit être assuré pour ne plus dépendre uniquement des bailleurs externes : cela pourrait passer par une augmentation de la Taxe communautaire d'intégration et par le règlement effectif des contributions des États (alors qu'en 2021, seule 33% de la contribution régionale prévue avait été versée). Une CEMAC mieux dotée pourrait investir dans des **biens publics régionaux** en RCA, par exemple la sécurisation de zones transfrontalières cruciales pour le commerce.

Enfin, l'intégration régionale a aussi une dimension **politique et sociale**. L'histoire tourmentée de la RCA est en partie due à son isolement diplomatique et culturel. Renforcer les **échanges humains** – programmes d'échanges universitaires, coopération décentralisée entre villes frontalières, rencontres intercommunautaires – pourrait progressivement arrimer la RCA à son voisinage. Par exemple, l'ouverture d'écoles bilingues aux frontières, la facilitation des voyages pour les hommes d'affaires et les commerçants centrafricains, ou l'intégration d'officiers centrafricains dans des structures militaires régionales, aideraient la RCA à sortir de sa situation de *« périphérie de périphéries »* longtemps subie.

Les perspectives d'intégration régionale de la RCA passent par une **stabilisation interne** qui est elle-même conditionnée par une implication constructive de la région. Si la RCA parvient à restaurer un minimum d'ordre et de gouvernance, elle pourra alors s'appuyer sur la CEMAC pour **amplifier son redressement économique** – et inversement, une CEMAC rassemblée et solidaire peut aider à résoudre le casse-tête centrafricain, pour le bénéfice de tous ses membres. Le défi reste immense, mais les récents signaux (retour progressif de l'autorité de l'État dans certaines zones, dissolution de plusieurs groupes armés en 2023, prochaines élections locales prévues) montrent qu'un **tournant positif** n'est pas hors de portée.

Conclusion

L'analyse de l'économie politique des conflits en République centrafricaine met en lumière un enchevêtrement de facteurs économiques, politiques et sociaux qui se renforcent mutuellement dans un **cercle vicieux de fragilité**. La RCA illustre tragiquement comment un État faible, riche en ressources naturelles mais pauvre en institutions, peut basculer dans une spirale où la guerre devient un mode de gouvernance parallèle – avec ses propres acteurs et intérêts – perpétuant l'instabilité. Les **conflits successifs** y ont des causes structurelles profondes : héritage d'un État prédateur conçu à l'époque coloniale pour extraire des richesses, marginalisation de vastes segments de la population, rivalités de pouvoir instrumentalisant les identités, et convoitises externes pour les ressources stratégiques. Ces conflits ont alimenté une **économie de guerre** où l'exploitation illicite des ressources (diamants, or, bois) et les trafics suppléent une économie formelle en lambeaux, profitant à quelques-uns au détriment du développement collectif.

Les **conséquences structurelles** sur le développement sont dramatiques : la RCA accuse un retard de développement de plusieurs décennies, avec un PIB par habitant parmi les plus bas au monde et des taux de pauvreté et de malnutrition affolants. Les infrastructures physiques et sociales sont détruites ou délabrées, la moitié du pays survit grâce à l'aide humanitaire, et l'autorité de l'État demeure incomplète sur le territoire. Cette situation fait de la RCA l'un des **États les plus fragiles** de la planète, requérant un effort soutenu et de long terme pour reconstruire institutions, économie et cohésion nationale.

Dans ce contexte, le **rôle de la région** s'est révélé crucial mais jusqu'à présent insuffisant. La crise centrafricaine a mis en exergue la faiblesse de l'intégration régionale en Afrique centrale : malgré la monnaie commune et l'existence de la CEMAC, la solidarité régionale a été timorée et l'impact sur la stabilisation concret limité. Cependant, la géographie comme l'économie dictent que la RCA ne pourra se relever qu'en s'insérant davantage dans son environnement régional. Une RCA stable et développée bénéficierait non seulement à sa population mais aussi à ses voisins, en ouvrant des nouvelles opportunités commerciales et en éliminant un foyer d'insécurité. Inversement, sans un soutien régional appuyé – que ce soit via la CEMAC, l'UA ou d'autres cadres – la RCA risque de rester engluée dans le *piège de la fragilité*.

Les **défis à relever** sont immenses : désarmer et réintégrer les combattants, rétablir la sécurité et la justice dans tout le pays, reconstruire l'administration et les infrastructures, lutter contre la corruption et créer des emplois, notamment pour la jeunesse qui a jusqu'ici été une proie facile pour les seigneurs de la guerre. En même temps, il faut **repenser l'intégration régionale** pour qu'elle devienne un véritable instrument de résilience. Cela implique d'accélérer la réalisation de projets régionaux (routes, énergie), de lever les obstacles au commerce intra-CEMAC, et de doter la région d'outils de sécurité collective plus efficaces. La récente décision de la Conférence des chefs d'État de la CEMAC d'adopter une feuille de route « CEMAC 2025 » pour une économie régionale intégrée et émergente montre une prise de conscience tardive, qu'il faut traduire en actions concrètes.

L'économie politique des conflits en RCA nous enseigne qu'au-delà des affrontements armés visibles se jouent des **enjeux économiques invisibles** qui peuvent prolonger la violence. La paix et le développement en RCA nécessitent donc une approche globale, s'attaquant aux **facteurs économiques de la guerre** (trafics, prédation des ressources, pauvreté) tout autant qu'aux facteurs politiques. La communauté internationale, en collaboration avec les acteurs régionaux, devra soutenir des programmes de réformes économiques (pour offrir des alternatives licites aux populations et réduire la dépendance aux rentes illicites) de pair avec le processus de paix.

La **stabilisation de la RCA** et son **intégration régionale** sont deux objectifs indissociables : la stabilité créera les conditions d'une meilleure intégration, et une intégration réussie renforcera à son tour la stabilité en ancrant la RCA dans une dynamique économique positive et coopérative avec ses voisins. C'est à ce double chantier que devront s'atteler les dirigeants centrafricains et leurs partenaires dans les années à venir, afin de briser définitivement le cycle des conflits et d'enclencher celui de la prospérité partagée en Afrique centrale.

L'ECONOMIE POLITIQUE DU GABON : ETAT RENTIER, NEO-PATRIMONIALISME ET DEPENDANCE AUX RESSOURCES NATURELLES

Le Gabon est peuplé d'environ 2,3 millions d'habitants en 2023. Réputé pour sa richesse en ressources naturelles – notamment le pétrole, le bois et le manganèse – il affiche l'un des PIB par habitant les plus élevés d'Afrique subsaharienne. Cependant, ce **paradoxe gabonais** voit coexister une rente considérable tirée des ressources et des indicateurs socio-économiques médiocres pour la majorité de la population. En effet, près d'un Gabonais sur trois vit toujours sous le seuil de pauvreté (moins de 2 € par jour) malgré la manne pétrolière. L'histoire politique du pays a été dominée par la famille Bongo pendant plus d'un demi-siècle (de 1967 à 2023), régime souvent qualifié de **néo-patrimonial**, où l'État fonctionne comme la propriété privée d'une élite dirigeante accaparant la richesse nationale. Dans ce contexte, le Gabon est fréquemment cité comme un cas typique d'**État rentier** en Afrique. Cela signifie que l'économie nationale dépend fortement de rentes externes (en l'occurrence les recettes d'exportation de pétrole) plutôt que de la production interne, ce qui a des implications profondes sur la gouvernance et le développement.

Ce chapitre propose une analyse détaillée de l'économie politique gabonaise en tant qu'État rentier, en mettant l'accent sur les dynamiques néo-patrimoniales et la dépendance aux ressources naturelles. Nous retracerons d'abord l'évolution historique du modèle économique depuis l'indépendance en 1960 et le rôle central du pétrole dans la structure politico-économique du pays. Puis, nous examinerons comment le Gabon illustre les théories de l'État rentier (Mahdavy, Auty, Sachs & Warner) et du néo-patrimonialisme en Afrique, marquées par le clientélisme et l'accaparement des ressources par une élite restreinte. Nous aborderons ensuite les défis économiques actuels liés à la dépendance aux ressources naturelles (poids du pétrole, échec relatif de la diversification, volatilité des cours, etc.), avant de situer le Gabon dans son contexte régional de la CEMAC (Communauté économique et monétaire de l'Afrique centrale) et d'examiner l'influence des partenaires étrangers (France, Chine, multinationales) sur son modèle rentier. Enfin, à la lumière du coup d'État d'août 2023 qui a renversé Ali Bongo, nous discuterons des perspectives de réformes et d'évolution du modèle gabonais : assiste-t-on à une rupture avec le néo-patrimonialisme et un réel effort de diversification, ou à la perpétuation du système rentier sous de nouveaux visages ?

Évolution historique du modèle économique gabonais depuis 1960

Au moment de son indépendance en 1960, le Gabon dispose déjà de certaines richesses naturelles exploitées sous la colonisation française. L'économie repose initialement sur l'**extraction du bois** (okoumé notamment) et dans une moindre mesure sur le manganèse (exploité à Moanda) et l'uranium. Le pays, faiblement peuplé, affiche un revenu par habitant relativement élevé dès les années 1960 grâce à ces ressources. La découverte et la mise en valeur des **gisements pétroliers** à partir des années 1960-1970 vont toutefois bouleverser la structure économique. Le pétrole prend rapidement une place prépondérante, représentant environ **50 % du PIB dès le début des années 1970**. Le Gabon intègre l'Organisation des pays exportateurs de pétrole (OPEP) en 1975, témoignant de son statut de nouveau producteur pétrolier notable sur la scène internationale.

La **période du boom pétrolier** (années 1970-début 1980) entraîne une forte croissance économique et d'importantes rentrées financières pour l'État. Sous la présidence d'Omar Bongo (arrivé au pouvoir en 1967), l'État gabonais va largement s'appuyer sur cette manne. Le pays investit dans des infrastructures et augmente ses dépenses publiques, tout en développant un État-providence embryonnaire. Par exemple, des entreprises publiques sont créées dans divers secteurs (transport, agro-industrie, etc.) et le régime embauche massivement dans la fonction publique, souvent pour distribuer la rente sous forme d'emplois publics. Cette période voit aussi l'urbanisation s'accélérer (Libreville et Port-Gentil concentrent la majorité de la population urbaine), alimentée par l'exode rural vers les centres bénéficiant des retombées de la rente.

L'ère Bongo : rente pétrolière et autoritarisme stable

Omar Bongo va régner sur le Gabon pendant 42 ans (1967-2009), établissant l'un des régimes les plus stables mais aussi les plus durables d'Afrique centrale. Son long règne coïncide étroitement avec l'ascension puis la maturité du Gabon pétrolier. Bongo installe un système de **parti unique de facto** (le Parti démocratique gabonais, PDG) qui monopolise le pouvoir pendant des décennies. La rente pétrolière contribue directement à cette stabilité autoritaire : elle permet de financer les appareils de sécurité et le clientélisme politique tout en limitant la pression fiscale sur la population. Selon les théories de l'État rentier, le fait de pouvoir gouverner par la rente externe (plutôt que par l'impôt) tend à **affaiblir les pressions en faveur de la redevabilité démocratique et du développement**. Cela s'observe au Gabon : dispensé de taxer fortement ses citoyens grâce aux recettes d'exportation de pétrole, le régime Bongo a pu maintenir un contrat social implicite où la population, recevant quelques avantages, tolère un déficit de démocratie.

Le régime d'Omar Bongo est souvent décrit comme un **système néo-patrimonial**, combinant des institutions étatiques formelles avec des pratiques informelles de patronage. Bongo a su distribuer des postes, des faveurs et des ressources à un réseau de fidèles (famille, dignitaires du PDG, alliés ethno-régionaux) en échange de leur loyauté. La **confusion entre le Trésor public et la cassette privée du président** devient une caractéristique centrale du système. De fait, le Gabon sous Bongo est gouverné comme une « affaire de famille » où l'accès à la richesse pétrolière dépend de la proximité avec le clan présidentiel. Pendant la Guerre froide, la France apporte un soutien indéfectible à Omar Bongo en échange de l'assurance d'un alignement géopolitique et de la protection des intérêts économiques français (notamment ceux d'**Elf Aquitaine**, compagnie pétrolière française alors omniprésente au Gabon). Omar Bongo est considéré comme un *« pilier de la Françafrique »*, ce réseau d'influence liant l'ancienne métropole à ses ex-colonies d'Afrique centrale et de l'ouest. Ce soutien extérieur contribue à la longévité de son régime, malgré les accusations croissantes de corruption massive et de détournement de fonds publics portées par l'opposition.

Cependant, la dépendance à la rente a aussi exposé le Gabon aux chocs extérieurs. La **chute des cours du pétrole au milieu des années 1980** frappe durement l'économie gabonaise, entraînant un ralentissement de la croissance et des difficultés budgétaires. Le pays, surendetté après les années fastes, doit solliciter l'aide du Fonds monétaire international (FMI) et engager des mesures d'ajustement structurel à la fin des années 1980. Ces contraintes économiques, combinées à la vague de démocratisation post-Guerre froide en Afrique, conduisent Omar Bongo à tolérer une ouverture politique dans les années 1990. Le multipartisme est introduit en 1991 et des élections présidentielles pluralistes ont lieu (1993, 1998, 2005), mais elles sont marquées par des fraudes et des irrégularités qui assurent la reconduction du président Bongo. La rente pétrolière permet en effet de **coopter les élites rivales ou d'acheter la paix sociale**. Par exemple, des opposants se voient offrir des postes ministériels ou des avantages financiers pour rallier le camp présidentiel, pratique courante du « jeu de redistribution » dans un État rentier. Malgré des troubles sporadiques (émeutes post-électorales en 1990 et 1993 réprimées avec l'appui de troupes françaises), le régime Bongo se maintient sans changement majeur, la structure fondamentale – concentration du pouvoir et de la richesse dans les mains d'un clan – restant intacte.

Ali Bongo et les tentatives de diversification (2009-2023)

À la mort d'Omar Bongo en 2009, son fils Ali Bongo Ondimba lui succède à la présidence, perpétuant ainsi la dynastie familiale. Ali Bongo hérite d'un **État rentier hypertrophié mais fragilisé** : la production pétrolière gabonaise avait atteint un pic vers 1997 et commençait à décliner progressivement, tandis que la population jeune et urbaine exprimait des attentes accrues en matière d'emplois et de services publics. Conscient des limites du modèle, Ali Bongo affiche initialement une volonté de rupture partielle. Il lance en 2010 le **Plan stratégique Gabon émergent (PSGE)**, ambitieux programme de développement visant à moderniser et diversifier l'économie d'ici 2025. Ce plan s'articule autour de trois axes souvent cités : *« Gabon industriel »*, *« Gabon vert »* et *« Gabon des services »*. Concrètement, il s'agit de développer des filières à plus forte valeur ajoutée dans le bois (transformation locale du bois avec l'interdiction d'exporter des grumes brutes dès 2010), de stimuler les industries minières (nouveaux projets dans le fer de Belinga, l'or, etc.), d'encourager l'agro-industrie (hévéa, huile de palme) et de faire de Libreville un hub régional de services (banque, télécoms, tourisme). Ali Bongo entreprend également des réformes administratives visant à réduire certaines dépenses superflues de l'État et à attirer davantage d'investissements directs étrangers hors pétrole.

Malgré ces annonces, les résultats de la diversification sous Ali Bongo restent **mitigés**. Le secteur pétrolier continue de dominer largement l'économie dans les faits. En 2014, pétrole, mines et bois représentaient encore **99 % des exportations gabonaises**, signe d'une dépendance extrême aux matières premières de base. Le **climat des affaires** est peu propice à l'essor du secteur privé hors ressources extractives : en 2020, le Gabon se classait 169e sur 190 au classement *Doing Business* de la Banque mondiale, témoignant de lourdeurs administratives, d'une corruption persistante et de difficultés d'accès au crédit pour les PME. Quelques avancées sont notables, comme l'implantation d'usines de transformation du bois (contreplaqué, meubles) suite à l'interdiction d'exportation des grumes, ou le développement de plantations d'huile de palme et d'hévéa en partenariat avec des investisseurs singapouriens et marocains. Mais globalement, le **modèle rentier demeure dominant** : le pétrole contribuait encore à plus de 50 % du PIB en 2022, et à près des trois quarts des exportations totales du pays la même année.

Sur le plan politique, Ali Bongo maintient l'appareil néo-patrimonial hérité de son père, malgré un discours modernisateur. Son pouvoir reste fondé sur le PDG, l'armée et la redistribution de la rente à des clientèles politiques. La fraude électorale et la répression des contestations demeurent d'actualité (violentes émeutes post-électorales en 2016 après l'annonce de sa réélection contestée). Néanmoins, le régime subit un certain **essoufflement** dans les années 2010, aggravé par des circonstances défavorables : la chute brutale des cours du pétrole en 2014-2015 contracte les recettes publiques et expose la vulnérabilité budgétaire du Gabon. En 2017, face à une crise de liquidités, Libreville doit négocier un prêt avec le FMI dans le cadre d'un plan de redressement régional de la CEMAC, marquant le retour de l'ajustement dans ce pays longtemps aisé. Par ailleurs, Ali Bongo est affaibli physiquement par un AVC survenu en 2018, ce qui attise les luttes de factions en coulisses. Ainsi, à l'aube des années 2020, le modèle gabonais présente des signes de **fragilité structurelle** : croissance économique mollassonne hors hydrocarbures, dette publique en hausse, infrastructures déficientes et impatience sociale face aux inégalités.

Crise et rupture en 2023 ?

L'élection présidentielle d'août 2023 sert de détonateur à une crise latente. Alors qu'Ali Bongo est proclamé vainqueur pour un troisième mandat, l'armée intervient le 30 août 2023 pour annuler le scrutin, dénoncé comme frauduleux. Un **coup d'État militaire** met fin à 55 ans de règne ininterrompu de la famille Bongo. Le général Brice Clotaire Oligui Nguema, commandant de la Garde républicaine et lui-même un cousin éloigné de la famille Bongo, est porté au pouvoir en tant que président de la transition. Ce coup de force – accueilli avec liesse par une partie de la population lassée du régime Bongo – constitue-t-il pour autant une rupture avec le modèle rentier néo-patrimonial ou simplement une redistribution du pouvoir au sein de l'élite ? Ce point fera l'objet d'une analyse plus loin (section 5). Quoi qu'il en soit, l'intervention militaire de 2023 souligne les limites atteintes par le système en place : malgré la richesse pétrolière du sol gabonais, le « développement inclusif » n'a pas eu lieu et le mécontentement face à la corruption endémique et au délabrement des services publics a fini par éroder la légitimité du clan Bongo. *Le pays, riche en ressources, demeurait en « lambeaux » sur le plan des infrastructures, de l'éducation et de la santé, selon les propres mots d'un opposant intégré à la transition.* Cette contradiction entre richesses et sous-développement s'explique en grande partie par la nature rentière et néo-patrimoniale de l'État gabonais, que nous allons explorer conceptuellement dans la section suivante.

Le Gabon comme État rentier et régime néo-patrimonial

Le cas gabonais illustre de façon frappante les dynamiques décrites par la *théorie de l'État rentier* et par le concept de *néo-patrimonialisme* en Afrique. Dans cette section, nous allons appliquer ces cadres d'analyse au Gabon, en mobilisant les travaux de Mahdavy, Auty, Sachs & Warner pour l'État rentier d'une part, et ceux de chercheurs africanistes sur le néo-patrimonialisme d'autre part. Nous verrons comment le Gabon remplit les critères de l'État rentier (dépendance aux rentes externes, faible intégration fiscale de la population, vulnérabilité au *« syndrome hollandais »* etc.), et comment son système politique s'est structuré autour du *patronage* et du *clientélisme* permis par la rente pétrolière.

Le concept d'**État rentier** a été défini initialement par l'économiste Hossein Mahdavy (1970) à propos de l'Iran pétrolier, puis enrichi par d'autres (Hazem Beblawi, Giacomo Luciani, etc.). Un État rentier se caractérise par le fait que **la majeure partie de ses revenus provient de rentes externes** payées par des entités étrangères. Il s'agit typiquement, pour les pays exportateurs de pétrole, des recettes tirées de la vente des hydrocarbures sur le marché mondial, lesquelles affluent directement dans les caisses de l'État. Mahdavy souligne que ces revenus substantiels sont perçus **sans mobilisation intense des facteurs de production domestiques** – par exemple, l'exploitation pétrolière implique peu de main-d'œuvre nationale et peu de création de valeur locale en dehors de l'extraction. Beblawi (1987) ajoute qu'une caractéristique essentielle de l'économie rentière est que **seule une minorité de la population est impliquée dans la génération de la richesse (la rente)**, tandis que la majorité est occupée à la consommer ou à la redistribuer. Cela décrit bien le Gabon : le secteur pétrolier, centré sur quelques champs exploités par des compagnies spécialisées, n'emploie qu'une fraction minime de la population, alors que la grande majorité des Gabonais dépend indirectement de cette rente (emplois publics financés par l'État, commerce alimenté par les dépenses gouvernementales et les importations permises par la rente, etc.).

Dans un État rentier, l'État-patron distribue la richesse plutôt qu'il ne la produit. Les théoriciens ont mis en lumière plusieurs conséquences politiques et économiques de cette situation. D'abord, le **lien fiscal entre gouvernants et gouvernés se distend** : les revenus pétroliers dispensant l'État de prélever l'impôt, la population contribue peu aux recettes publiques et, en retour, exerce moins de contrôle sur la dépense publique. Comme le notent Beblawi et Luciani, « les citoyens sont moins exigeants politiquement dans un État rentier pratiquant peu la taxation, et la manne des rentes externes réduit le besoin de développement économique endogène ». Au Gabon, ce schéma s'est vérifié : les recettes pétrolières ont représenté jusqu'à plus de la moitié du budget de l'État lors des périodes fastes, permettant au gouvernement de limiter les impôts directs et d'acheter la paix sociale via des subventions et des salaires publics généreux. Cela a pu contribuer à la longévité du régime, la population n'ayant pas les mêmes leviers de contestation qu'en l'absence de rente (pas de « révolte fiscale », dépendance envers l'État distributeur).

Ensuite, l'abondance de rente peut engendrer ce qu'on appelle la **« malédiction des ressources naturelles »** (*resource curse* en anglais). Des économistes comme Richard Auty (1993) puis Jeffrey Sachs et Andrew Warner (1995) ont montré empiriquement que les pays riches en ressources, paradoxalement, tendent à enregistrer **une croissance de long terme plus faible** que les pays moins bien dotés en ressources. Plusieurs mécanismes expliquent ce phénomène : le **syndrome hollandais** (appréciation de la monnaie et renchérissement des coûts internes qui pénalisent les autres secteurs exportateurs, notamment l'agriculture et l'industrie manufacturière), la volatilité des cours internationaux (qui entraîne une instabilité macroéconomique), mais aussi des facteurs politico-institutionnels (rente alimentant la corruption, détournant les élites des stratégies de développement productif, et provoquant des conflits pour le contrôle de la ressource). Le Gabon illustre ces risques. D'une part, la domination du pétrole a contribué à la quasi-disparition de l'agriculture vivrière et à l'absence d'un secteur manufacturier compétitif : il est souvent moins coûteux d'importer les biens de consommation grâce aux devises pétrolières que de les produire localement, ce qui a conduit à une économie très extravertie et peu diversifiée. D'autre part, la **volatilité du marché pétrolier** a induit des cycles d'euphorie et de crise : ainsi, après l'effondrement du prix du baril en 2014, la croissance du PIB gabonais a chuté et l'État s'est retrouvé en difficulté pour financer ses dépenses, révélant une gestion budgétaire insuffisamment prudente pendant la période de boom. Sur le plan institutionnel enfin, la facilité de la rente a sans doute freiné les réformes économiques et éducatives qui auraient pu préparer l'« après-pétrole ». Comme le note Douglas Yates, spécialiste du Gabon, **la rente permet à l'État d'« acheter » le bien-être à l'extérieur (via les importations) plutôt que de développer une économie compétitive**, ce qui entretient un certain retard socio-économique structurel malgré l'illusion de prospérité.

Le Gabon remplit les critères de l'État rentier classique : *dépendance extrême aux revenus pétroliers externes, appareil productif domestique étroit, faible pression fiscale et dépenses publiques guidées par la redistribution de la rente.* Cette situation a indéniablement façonné son système politique, comme nous allons le voir avec le néo-patrimonialisme.

Néo-patrimonialisme gabonais : accaparement des ressources par une élite et clientélisme

Le concept de **néo-patrimonialisme** est utilisé par de nombreux politologues pour décrire les modes de gouvernance en Afrique postcoloniale. Il renvoie à la coexistence de structures étatiques modernes (bureaucratie, lois, élections) avec des pratiques d'autorité traditionnelle de type patrimonial (pouvoir personnel, favoritisme, échanges de loyauté contre des avantages matériels). En d'autres termes, le néo-patrimonialisme désigne **un système dans lequel les dirigeants utilisent les ressources de l'État à des fins personnelles et pour s'assurer la loyauté de leurs clients**. Dans un tel système, la frontière entre le bien public et le patrimoine privé du dirigeant est floue : l'accès aux richesses nationales, aux emplois publics, aux contrats étatiques, dépend de liens de clientèle et de l'inclusion dans le réseau du patron.

Le Gabon sous les présidents Bongo père et fils est un cas d'école de néo-patrimonialisme en Afrique centrale. Omar Bongo a exercé un pouvoir hautement personnalisé, s'appuyant non seulement sur les institutions formelles (constitution, administration, armée) mais surtout sur des **réseaux informels de fidélité** : sa famille (plusieurs membres occupaient des postes clés), son groupe ethnique de base (les Batéké, même si Bongo a veillé à intégrer d'autres groupes pour élargir sa coalition), et ses partenaires d'affaires nationaux ou étrangers. La **redistribution de la rente pétrolière** a été l'instrument principal du maintien de ce système : Bongo distribuait des prébendes (licences d'importation, directions d'entreprises publiques, enveloppes d'argent liquide, etc.) pour acheter ou récompenser les allégeances. Cela a engendré un **réseau de clientélisme tentaculaire**, où de la haute hiérarchie politique jusqu'aux chefs locaux, chacun recevait une part de rente en échange de son soutien au régime. Ce patronage vertical garantissait une stabilité, mais au prix d'une institutionnalisation faible – les règles du jeu réelles n'étaient pas celles de la bureaucratie rationnelle-légale, mais celles de la loyauté personnelle et de l'échange de faveurs.

Un trait marquant du néo-patrimonialisme gabonais est l'**accaparement des ressources par une élite restreinte**. La richesse pétrolière a profité de manière disproportionnée au sommet de la pyramide sociale. La famille Bongo a accumulé une fortune considérable (en témoignent les biens de luxe saisis ou visés par des enquêtes à l'étranger, comme l'affaire des "biens mal acquis" en France). Autour d'elle, une poignée de familles et de dignitaires (souvent appelés *"barons du régime"*) ont pu s'enrichir via des positions de rente : par exemple, la maîtrise d'un ministère juteux (pétrole, travaux publics...), la direction de la compagnie pétrolière nationale ou de la société minière, etc. Ce phénomène a conduit à une situation de **fortes inégalités économiques** au Gabon, bien qu'elles soient en partie masquées par la petite taille de la population. Le pays a beau afficher un PIB par tête élevé (environ 8 000 $ en 2022), la distribution de ce revenu est extrêmement inégale, avec une large part captée par le haut. En 2023, 1 % de la population détenait plus de 25 % des richesses du pays d'après certaines estimations. Le **clientélisme** opère ainsi à plusieurs niveaux : un cercle restreint se partage la "rente majeure" (pétrole, marchés publics), tandis que des strates inférieures bénéficient de rentes secondaires (petits postes, per diem, subventions) suffisantes pour acheter leur silence ou leur adhésion.

Le néo-patrimonialisme s'est aussi manifesté par la **personnalisation du pouvoir et son héritage dynastique**. La transmission du pouvoir d'Omar à Ali Bongo en 2009 – bien que formellement validée par une élection contestée – illustre la logique patrimoniale où l'État est perçu comme le **patrimoine de la famille régnante**. D'autres exemples existent en Afrique centrale (le Togo des Gnassingbé, le Congo-Brazzaville des Sassou-Nguesso, etc.), et le Gabon en est l'archétype. Douglas Yates parle du Gabon comme d'une "république dynastique" où toutes les facettes de l'État (politique, économie, armée) ont été imprégnées par la mainmise familiale. Cette concentration du pouvoir s'est accompagnée d'un **népotisme systématique** : de nombreux postes importants (ministères, diplomatie, directions d'entreprises publiques) ont été occupés par des parents ou proches du président. Sous Ali Bongo, par exemple, son beau-frère était à la tête de la puissante Garde républicaine, son fils Noureddin Bongo Valentin a occupé un rôle de coordinateur général des affaires présidentielles, sa demi-sœur Pascaline Bongo fut longtemps directrice du cabinet présidentiel de son père, etc. Ce népotisme est une facette classique du néo-patrimonialisme, où l'allégeance de la famille est jugée plus fiable que celle d'inconnus.

Enfin, un élément crucial est la manière dont **la rente pétrolière a façonné les institutions**. Plutôt que de renforcer des institutions autonomes et impartiales (Justice, Parlement, Cour des comptes), le régime Bongo les a souvent contournées ou vidées de leur substance pour préserver sa liberté de distribuer la rente discrétionnairement. Le Parlement, dominé par le parti au pouvoir, n'a joué qu'un rôle de chambre d'enregistrement. Le système judiciaire manquait d'indépendance, particulièrement dans les affaires de corruption impliquant des proches du pouvoir. Ainsi, la **prévalence de la rente** a eu un impact négatif sur la qualité institutionnelle et le développement, confirmant ce que soutient la théorie de l'État rentier : les rentes externes mal gérées peuvent saper la construction d'institutions inclusives et freiner l'émergence d'un État de droit.

En résumé, **le Gabon combine les attributs de l'État rentier et du néo-patrimonialisme** : une économie reposant sur une richesse fortuite (le pétrole) dont l'exploitation mobilise peu la société, et un État dominé par des logiques de patronage où la richesse nationale est distribuée de façon personnelle. Cette combinaison a permis une stabilité politique relative sur plusieurs décennies (par cooptation et répression), au prix d'une **stagnation sur le plan de la gouvernance**

et d'une diversification économique manquée. Les sections suivantes analyseront comment cela se traduit concrètement en termes de défis économiques, de relations régionales et d'éventuelles réformes.

Malgré ses atouts naturels, le Gabon fait face à de sérieux défis économiques intrinsèquement liés à sa dépendance vis-à-vis des ressources. Cette section examine la structure actuelle de l'économie gabonaise, l'ampleur de la **dépendance pétrolière** (et minière), l'échec relatif des tentatives de **diversification** et les conséquences de la **volatilité des matières premières**. Nous aborderons également la question de la gouvernance économique et des contraintes budgétaires, notamment dans un contexte de fin progressive de l'ère pétrolière.

Le **pétrole** demeure le pilier de l'économie gabonaise. Plus de six décennies après son indépendance, le Gabon n'a pas fondamentalement changé de modèle : il reste tributaire de l'extraction de quelques ressources primaires pour sa prospérité. Les chiffres récents le confirment : en 2022, la production de pétrole représentait environ **51 % du PIB** et plus de **70 % des recettes d'exportation** du Gabon. Cette surexposition est l'une des plus fortes au monde (comparativement, d'autres pays pétroliers plus diversifiés comme l'Indonésie ou la Malaisie ont un ratio pétrole/PIB bien inférieur). De plus, le budget de l'État gabonais dépend largement de la rente pétrolière : ces dernières années, selon les données du ministère des Finances, entre 40 et 55 % des revenus budgétaires proviennent directement des hydrocarbures (taxes sur les compagnies, redevances, dividendes de l'État dans les joint-ventures pétrolières). Il en résulte une grande **vulnérabilité des finances publiques** aux fluctuations du prix du baril.

La **structure des exportations** illustre la faible diversification : outre le pétrole brut, les principales exportations du Gabon sont le bois (essentiellement sous forme de grumes ou de bois débité, bien que l'interdiction de 2010 ait accru la part de bois transformé) et le manganèse. Le Gabon est l'un des premiers producteurs mondiaux de manganèse, ressource stratégique pour l'industrie sidérurgique, exploitée par la compagnie COMILOG (filiale du groupe français

Eramet) depuis les années 1960. Néanmoins, même en combinant le bois et le manganèse, on n'atteint qu'une fraction des recettes du pétrole. En 2014, comme mentionné plus haut, pétrole + minerais + bois constituaient 99 % des exportations – un chiffre qui souligne l'absence d'autres produits exportables significatifs (manufactures, services…). Cette concentration extrême expose l'économie aux **chocs exogènes** : un ralentissement de la demande chinoise de matières premières ou une chute des cours, et c'est toute la balance commerciale et la trésorerie du pays qui vacillent.

Le **secteur pétrolier en lui-même** est relativement enclavé par rapport au reste de l'économie. Dominé par des compagnies étrangères, il fonctionne en vase clos : les principaux opérateurs historiques sont des multinationales comme **Total** (France), **Shell** (Anglo-Néerlandaise) – Shell Gabon et Total Gabon ont longtemps représenté ensemble les trois quarts de la production nationale avec la société franco-britannique Perenco – ainsi que des acteurs indépendants (Maurel & Prom, l'américain Vaalco Energy) et des entreprises liées à des intérêts émergents (Addax, rachetée par le chinois Sinopec en 2009). L'État gabonais participe via sa compagnie nationale (initialement Petrogab, aujourd'hui Gabon Oil Company) mais celle-ci reste minoritaire dans la plupart des permis aux côtés des majors. L'impact sur l'emploi est très limité : le pétrole emploie directement seulement quelques milliers de Gabonais (techniciens, ouvriers sur les sites offshores, personnels administratifs), et indirectement via des sous-traitants quelques milliers de plus. Comparé à une population active d'environ 700 000 personnes, c'est négligeable. La **distribution de la rente pétrolière** se fait donc principalement à travers le budget de l'État, non par des salaires massifs, d'où l'importance de la dépense publique comme vecteur de redistribution (et aussi de corruption potentielle).

Un autre enjeu est la **déplétion des réserves**. Le Gabon n'est pas l'Arabie saoudite : ses réserves prouvées de pétrole sont modestes (environ 2 milliards de barils, contre plus de 100 milliards pour certains grands producteurs du Golfe). Le pic de production ayant eu lieu à la fin des années 1990, le Gabon a vu sa production décliner sur les deux décennies suivantes (passant de ~370 000 barils/jour en 1997 à environ 200 000 barils/j vers 2010). Des efforts récents, notamment l'exploration en offshore profond, ont permis de stabiliser et même légèrement remonter la production (en 2023 elle avoisine 220 000 barils/jour, grâce à la mise en production de nouveaux puits). Toutefois, les gisements sont matures et le **déclin naturel** pèse : la Banque mondiale note que le pays sera confronté à une baisse structurelle de sa production à partir de 2025 si aucune nouvelle découverte majeure n'intervient. Cette perspective confère une **urgence** à la diversification économique et budgétaire. Même en doublant hypothétiquement la production (objectif de 500 000 bj affiché par les autorités pour 2025, mais difficile à atteindre), les réserves finiraient par s'épuiser en quelques décennies. Le Gabon doit donc anticiper *l'après-pétrole*, sous peine de graves difficultés lorsque la rente tarira. Mal préparé, il pourrait tomber dans ce que les économistes appellent le *« syndrome d'extinction de rente »*, où un État rentier, après avoir vécu au-dessus de ses moyens, se retrouve dans une crise profonde une fois la ressource épuisée.

L'échec relatif de la diversification économique

Malgré la rhétorique officielle et les plans successifs, la **diversification de l'économie gabonaise** reste un défi largement non relevé. Plusieurs secteurs non pétroliers présentent du potentiel – le Gabon possède de vastes forêts exploitées durablement, d'importantes réserves minières (manganèse, fer, or), des terres fertiles et une biodiversité qui pourraient soutenir l'agriculture et la pêche, sans parler d'un marché intérieur solvable pour les services – mais leur développement a été freiné par divers obstacles structurels.

Le **secteur forestier** a historiquement été le second pilier de l'économie (le Gabon était surnommé "le royaume de l'okoumé" pour son bois). Depuis 2010, l'interdiction d'exporter des grumes brutes a encouragé l'implantation de scieries et d'unités de transformation locale. On a vu émerger une industrie de contreplaqués et de bois ouvré, souvent grâce à des investissements étrangers (malaisiens, chinois, marocains). Toutefois, ce secteur souffre de problèmes d'infrastructures (évacuer le bois depuis l'intérieur forestier vers les ports reste coûteux par manque de routes et de chemins de fer) et de gouvernance (exploitation illégale, concessions opaques). Sa contribution au PIB, autour de 3-4 %, reste modeste comparée au pétrole. De plus, la demande internationale de bois est sujette à fluctuations, et la crise du Covid-19 a par exemple réduit les commandes.

Côté **mines** hors pétrole, le manganèse est une *success story* relative : la production a fortement augmenté ces dernières années, faisant du Gabon le 2e producteur mondial. Le projet d'exploitation du fer de Belinga (gisement géant d'1 milliard de tonnes de fer, connu depuis des décennies) a enfin été relancé en 2022-2023 avec un partenariat sino-australien, incluant la construction d'un chemin de fer dédié. Si ce projet aboutit, il pourrait diversifier les exportations dans la seconde moitié des années 2020. Néanmoins, le secteur minier, par nature capitalistique, n'emploie pas massivement et reste enclavé (les mines fonctionnent souvent en autarcie énergétique et logistique, par exemple COMILOG a sa propre ligne de chemin de fer jusqu'au port de Owendo). L'**agro-industrie** est le parent pauvre : malgré des conditions propices (climat équatorial, pluviométrie, terres disponibles en dehors des zones forestières protégées), le Gabon importe l'essentiel de ses denrées alimentaires. Des programmes ont visé l'autosuffisance en riz, en manioc, en poulets, etc., sans grand succès durable – la faiblesse de la main-d'œuvre agricole et la compétition des importations subventionnées découragent la production locale. Certaines initiatives récentes, comme des plantations de palmiers à huile et d'hévéa par le groupe Olam (Singapour) dans le sud du pays, pourraient créer des pôles agro-industriels, mais il s'agit encore de projets isolés.

En réalité, la **diversification s'est heurtée à la logique rentière elle-même**. Tant que le pétrole fournissait aisément les devises et les revenus, les incitations à faire émerger d'autres secteurs compétitifs étaient faibles. De plus, les **réformes structurelles** nécessaires (améliorer le climat d'investissement, renforcer l'état de droit économique, développer le capital humain par l'éducation) ont été insuffisamment menées. Le résultat est que l'économie gabonaise est souvent décrite comme **duale** : un secteur de rente moderne (pétrole, mines, banques) coexiste avec un secteur informel important où la majorité cherche sa subsistance. Selon les estimations, le secteur informel représenterait plus de 40 % du PIB en dehors du pétrole, absorbant une part significative de l'emploi urbain (petit commerce, transport artisanal, BTP informel). Ce n'est pas un signe de santé économique, mais au contraire de l'incapacité du secteur formel à générer assez d'emplois et d'activités.

L'**indice de diversification** du FMI place le Gabon parmi les économies les moins diversifiées d'Afrique. Un rapport de la Banque africaine de développement notait que les efforts entrepris dans les années 1990 et 2000 se sont souvent limités à des privatisations d'entreprises publiques sans stratégie industrielle cohérente. En clair, vendre la société d'eau ou de télécoms à des investisseurs privés n'a pas diversifié les exportations, cela a juste allégé l'État de certaines charges. Le *Plan Gabon Émergent* d'Ali Bongo n'a pas atteint ses objectifs déclarés : à l'horizon 2025, la part du pétrole dans le PIB devait tomber sous 20 %, mais on en est très loin.

Parmi les **contraintes majeures** figurent : (i) la petite taille du marché national (2 millions d'habitants, ce qui limite l'industrialisation orientée vers le marché intérieur), (ii) le coût élevé des facteurs de production (énergie et transports onéreux, main-d'œuvre peu qualifiée à former, coût du capital élevé), (iii) la concurrence de pays voisins ou asiatiques à bas coût pour les produits manufacturés, et (iv) la gouvernance économique peu fiable (corruption, imprévisibilité réglementaire). Par exemple, de nombreux projets d'investissement annoncés (raffinerie de pétrole augmentée, complexe pétrochimique, zones franches industrielles) n'ont pas abouti ou ont tourné court, souvent en raison de blocages politico-financiers ou de manque de suivi. Le **Doing Business 2020** signalait que créer une entreprise au Gabon restait plus long et coûteux que dans la moyenne régionale, et que l'accès au crédit y était l'un des plus difficiles, reflétant un secteur bancaire très prudent à l'égard de l'économie réelle. Ces facteurs combinés expliquent pourquoi le Gabon n'a pas réussi, jusqu'à présent, à se départir de son modèle rentier.

Impact de la volatilité des prix des matières premières

La dépendance aux ressources expose le Gabon à la **volatilité inhérente** des marchés de matières premières. L'histoire économique gabonaise est rythmée par les **cycles pétroliers** : chaque phase de boom (1974, 1979-81, 2004-2008, 2010-2014) a été suivie de chutes brutales de prix (1986, 1998, 2009, 2015) aux conséquences douloureuses.

Lors des booms, l'État a eu tendance à accroître fortement ses dépenses, souvent de manière pérenne (embauche de fonctionnaires, nouveaux programmes sociaux, grands travaux). Par exemple, entre 2010 et 2014, profitant d'un baril au-dessus de 100 $, Ali Bongo a lancé de multiples chantiers (routes, stade de l'AFCON 2012, ports, logement) et augmenté le salaire minimum, etc. Mais lorsque les prix se sont effondrés de moitié en 2015, les recettes budgétaires ont chuté d'autant, créant un **déséquilibre budgétaire** important. Faute d'épargne de précaution suffisante, le Gabon a dû emprunter pour combler les trous (d'où une hausse de la dette publique de ~20 % du PIB en 2008 à plus de 70 % du PIB en 2023). La **volatilité pétrolière** se transmet donc aux finances publiques, entraînant des à-coups dans les politiques publiques : on a vu des projets interrompus faute de financemenst, des arriérés de paiement s'accumuler vis-à-vis des fournisseurs de l'État et même des retards dans le paiement des salaires de certains fonctionnaires ou pensions de retraite.

En outre, comme le note le FMI, la monnaie du Gabon (le franc CFA, arrimé à l'euro) est forte, donc quand le dollar (devise du pétrole) baisse ou que les cours baissent, le **taux de change effectif** du Gabon se retrouve surévalué, pénalisant encore plus ses autres exportations. Le Trésor français relevait que la chute des cours du pétrole fin 2014 avait entraîné une détérioration de la balance courante de la CEMAC et mis à mal les réserves de change régionales. Le Gabon a participé en 2016-2017 à une action concertée des pays de la CEMAC pour restaurer les réserves, notamment via un accord avec le FMI.

La volatilité touche aussi le bois (les prix du bois exotique fluctuent selon la demande chinoise et européenne) et le manganèse (lié à l'acier, donc cyclique selon l'industrie mondiale). Cette incertitude complique la planification budgétaire. Pour y remédier, des voix ont suggéré au Gabon de se doter d'un **fonds souverain** alimenté en période faste pour stabiliser l'investissement public en période creuse. Un Fonds Souverain de la République Gabonaise (FSRG) a été créé en 1998 puis réorganisé en 2012, mais il est resté de taille modeste et il a parfois servi davantage de caisse d'investissement politico-stratégique que de réel outil de stabilisation macroéconomique.

La **crise de 2020** liée à la pandémie de Covid-19 a offert un cas d'école : le double choc de la baisse du prix du pétrole et de la récession mondiale a frappé le Gabon. Le PIB s'est contracté (-1,8 % en 2020) et le déficit budgétaire s'est creusé. Le pays a dû négocier un nouveau programme avec le FMI en 2021 pour consolider sa situation. Ce genre d'événements souligne combien la **résilience de l'économie gabonaise** est faible, tant qu'elle n'aura pas réduit sa dépendance à la rente.

Enfin, la volatilité a un impact social : lors des périodes de vaches maigres, l'État diminue ses subventions et ses investissements, ce qui affecte la population (moins de recrutements, gel des salaires, compression des dépenses sociales). Ainsi, la population ressent indirectement les variations des cours par des cycles d'austérité. Par exemple, en 2018-2019, le gouvernement gabonais, sous pression financière, a supprimé des bourses étudiantes et réduit certains avantages aux fonctionnaires, déclenchant des grèves et des protestations. Ces ajustements erratiques sapent la confiance et peuvent déstabiliser le contrat social rentier (où l'État est censé assurer un minimum de redistribution).

Le modèle rentier gabonais a engendré une gouvernance économique particulière. D'une part, le flux de la rente a permis de financer un **niveau de vie relativement élevé** par rapport aux voisins : urbanisation forte, importations massives de biens de consommation, fonction publique pléthorique payée relativement généreusement. D'autre part, il a créé des **dépendances budgétaires** difficiles à gérer. Par exemple, la masse salariale publique absorbe une part élevée du budget (plus de 50 % des dépenses courantes certains années), ce qui rigidifie la structure budgétaire. En cas de baisse de revenus, le Gabon a peu de marges de manœuvre car couper dans les salaires ou les subventions risque d'alimenter le mécontentement. Le **défi budgétaire** est accentué par le fait que les infrastructures coûteuses réalisées pendant les périodes fastes nécessitent ensuite des coûts d'entretien (routes, centrales, bâtiments publics) que l'État a du mal à assumer en période de vaches maigres.

La **dette publique** du Gabon est un indicateur révélateur. Grâce aux pétrodollars, le Gabon était historiquement peu endetté (il a même remboursé par anticipation certaines dettes dans les années 1970). Mais depuis les chocs des années 2010, la dette a grimpé pour financer les déficits successifs. En 2023, elle atteint environ 72 % du PIB, un niveau élevé pour un pays de revenus intermédiaires, et pourrait dépasser 80 % d'ici 2026 sans ajustement. Une part importante est constituée d'**euro-obligations** émises sur les marchés internationaux, dont une arrive à maturité en 2025, posant un risque de refinancement. La soutenabilité de la dette est incertaine si le pétrole décline et si la croissance hors pétrole ne prend pas le relais. Le FMI et la Banque mondiale ont alerté sur la nécessité pour le Gabon de **maîtriser son déficit** et d'améliorer la transparence budgétaire, conditions pour éviter une crise de la dette.

Justement, la **transparence des finances publiques** a longtemps fait défaut dans ce contexte néo-patrimonial. Les institutions de contrôle (Cour des comptes, inspections) ont manqué d'indépendance, et des pans entiers de la dépense étaient opaques (par exemple les comptes de certaines sociétés d'État, ou les dépenses de souveraineté de la présidence). Cette opacité a favorisé la mauvaise gestion et la corruption, contribuant aux gaspillages de la rente. Depuis quelques années, sous l'impulsion des bailleurs de fonds, des progrès sont tentés : informatisation du système budgétaire, audits, adhésion (timide) à l'Initiative pour la transparence dans les industries extractives (ITIE). Le gouvernement de transition issu du coup d'État de 2023 a également annoncé des mesures en ce sens (digitalisation de l'administration fiscale et douanière, lutte contre les détournements de fonds publics). En février 2024, le FMI a reconnu les « efforts visant à renforcer la transparence et la gestion des finances publiques » du nouveau pouvoir. La poursuite de ces réformes pourrait améliorer la gouvernance économique s'il y a une réelle volonté politique.

En résumé de cette section, le Gabon est confronté à un impératif : **sortir de la dépendance rentière** pour assurer sa viabilité économique de long terme. Les défis identifiés – sur-dépendance au pétrole, diversification en retard, volatilité dangereuse et gestion budgétaire à réformer – forment un agenda lourd pour les décideurs. La réussite de ce chantier conditionnera largement l'avenir du modèle gabonais, notamment face à la perspective d'un tarissement progressif de la rente pétrolière dans les décennies à venir. La section suivante examinera comment le Gabon s'insère dans son environnement régional (la CEMAC) et international, car ces contraintes internes sont aussi influencées par le contexte externe.

Le rôle du Gabon dans la CEMAC et l'intégration régionale

Le Gabon fait partie de la **Communauté économique et monétaire de l'Afrique centrale (CEMAC)**, qui regroupe six pays d'Afrique centrale (Cameroun, Congo-Brazzaville, Gabon, Guinée équatoriale, République centrafricaine, Tchad). Dans cette section, nous évaluons l'influence économique et politique du Gabon au sein de la CEMAC, l'état de l'intégration régionale (flux commerciaux, politiques communes), ainsi que les relations du Gabon avec ses principaux partenaires extérieurs (notamment la France et la Chine). Nous analyserons aussi comment les crises régionales (conflits, chocs économiques) ont des répercussions sur le Gabon.

Le Gabon, du fait de sa rente pétrolière et de son PIB par habitant élevé, a longtemps été l'un des pays les plus prospères de la CEMAC. Sa monnaie, le **franc CFA BEAC**, est commune aux six États, et sa stabilité dépend en partie des excédents pétroliers du Gabon et de la Guinée équatoriale. Durant les années 1970-1980, le Gabon était même classé comme pays à revenus *relativement* élevés, se distinguant de ses voisins plus pauvres (Cameroun excepté). Cette situation conférait au Gabon un certain poids : par exemple, la Banque des États de l'Afrique Centrale (BEAC), émettrice du franc CFA, a pu bénéficier des dépôts importants du Trésor gabonais alimentés par le pétrole. De plus, le Gabon a souvent joué un rôle de **contributeur net** au budget de la CEMAC (par ses cotisations et sa participation aux initiatives régionales).

Politiquement, Omar Bongo a longtemps été un doyen de la région, utilisant sa stature et ses moyens financiers pour exercer une influence au-delà de ses frontières. Il a souvent servi de **médiateur** dans les conflits régionaux (par exemple en RCA ou à Sao Tomé-et-Principe) et a contribué financièrement à des efforts de paix. La **diplomatie gabonaise** s'est appuyée sur la générosité rendue possible par la rente : subventions à des pays amis, accueil de négociations à Libreville, etc. Cette influence a toutefois ses limites : elle était informelle et liée au personnage de Bongo. Au sein de la CEMAC, le leadership économique revient plutôt au Cameroun, pays le plus peuplé et doté d'une base industrielle et agricole plus diversifiée. Le Gabon a donc une influence pondérée par sa petite taille démographique.

Sur le plan des échanges commerciaux intra-régionaux, la CEMAC reste l'une des régions les moins intégrées d'Afrique. Le volume du commerce intra-CEMAC n'a jamais dépassé **5 % du commerce total de la région**. Autrement dit, plus de 95 % des exportations des pays de la CEMAC sont destinées hors de la zone (Europe, Asie, USA) plutôt qu'aux voisins. Le Gabon ne fait pas exception : ses principaux partenaires commerciaux sont hors Afrique centrale. En 2017 par exemple, le premier client du Gabon était la **Chine (36,4 % des exportations)**, suivie des États-Unis (10 %) et de l'Irlande (8,5 %, sans doute pour le pétrole via des traders). Les pays de la CEMAC n'apparaissaient même pas dans le top 5. Côté importations, la France et la Belgique (via leurs ports) fournissaient plus d'un tiers des importations gabonaises, la Chine 15 %, tandis que les voisins de la CEMAC étaient marginaux. Cela s'explique par des économies peu complémentaires (tous exportent surtout des matières premières brutes et importent des produits manufacturés), et par les faiblesses en infrastructures inter-états. Par exemple, il n'existe toujours pas de route bitumée continue entre Libreville et Yaoundé (Cameroun), ce qui freine les échanges. La libre circulation régionale elle-même est incomplète : si un passeport CEMAC existe, le Gabon a longtemps traîné les pieds pour sa mise en œuvre, craignant un afflux de migrants des pays plus pauvres. Ce n'est qu'en 2021-2022 que Libreville a effectivement commencé à appliquer l'exemption de visa pour les ressortissants de la CEMAC, faisant du Gabon le dernier pays à ratifier pleinement cette mesure.

Le Gabon participe toutefois à des projets d'intégration **financière et monétaire**. Il abrite le siège de la Commission bancaire de l'Afrique centrale (COBAC) à Libreville, et plusieurs banques gabonaises ont une envergure régionale (par ex. BGFI Bank, d'origine gabonaise, est présente dans plusieurs pays de la zone). Durant la crise pétrolière de 2014-2016, le Gabon a coopéré avec ses voisins sous l'égide de la BEAC et du FMI pour adopter des mesures communes (dévaluation interne, resserrement monétaire) afin de préserver le régime de change fixe du franc CFA.

Malgré sa petite population, le Gabon est un **acteur économique important en Afrique centrale** par son PIB et son niveau d'industrialisation relative. Il a servi de modèle par certains aspects (par exemple, son fonds souverain et ses parcs nationaux ont inspiré des initiatives chez ses voisins). L'intégration régionale reste cependant freinée par le fait que chaque pays poursuit principalement ses propres intérêts rentiers. Les tentatives de mise en commun de certaines ressources n'ont pas abouti : on peut citer l'idée un temps évoquée d'une raffinerie régionale de pétrole ou d'un réseau électrique interconnecté qui n'a pas vu le jour.

Relations diplomatiques et influence des partenaires étrangers

Les partenaires extérieurs du Gabon ont joué un rôle de premier plan dans son économie politique, souvent en lien direct avec la rente. **La France**, ancienne puissance coloniale, a entretenu un rapport privilégié avec le Gabon depuis 1960. Omar Bongo a su se positionner comme un allié indéfectible de Paris, qui en retour a garanti sa sécurité et la pérennité de son régime. Pendant la Guerre froide, la France maintenait une base militaire au Gabon et est intervenue à plusieurs reprises (notamment en 1990) pour empêcher toute déstabilisation du pouvoir en place. Economiquement, la France a dominé l'exploitation pétrolière à travers Elf Gabon (puis Total Gabon) pendant des décennies, ainsi que le secteur minier (Eramet dans le manganèse, Areva dans l'uranium jusqu'à l'épuisement de la mine de Mounana en 1999). De nombreuses entreprises françaises (Bolloré pour les ports, Veolia pour l'eau et électricité – jusqu'à la renationalisation de 2018, etc.) ont eu des parts de marché considérables. Cette présence a souvent été perçue comme une forme de **néo-colonialisme** ou de "Françafrique économique", avec des soupçons de rétrocommissions et de financements occultes. Par exemple, l'Affaire Elf dans les années 1990 a révélé un système de corruption impliquant des dirigeants français et gabonais, où les revenus pétroliers alimentaient des réseaux politico-affairistes des deux côtés.

Malgré cela, le Gabon a cherché à diversifier ses partenariats à partir des années 2000, en tournant son regard vers de nouveaux acteurs, principalement la **Chine**. La Chine est devenue en peu de temps le premier client du Gabon (absorbant une grande partie du pétrole gabonais, du manganèse, et du bois) et un investisseur majeur. Des entreprises chinoises ont obtenu des concessions forestières et minières (Le projet du fer de Belinga a été confié initialement en 2007 à une entreprise chinoise, réévalué ensuite), et la Chine finance des infrastructures : routes, immeubles administratifs (Le Sénat gabonais a été construit avec l'aide chinoise), voire promet un chemin de fer pour Belinga. En 2016, un **Forum économique Gabon-Chine** a annoncé 4,3 milliards USD d'investissements chinois à venir, illustrant l'offensive économique de Pékin. La relation avec la Chine est avant tout pragmatique et économique : le Gabon y voit une source de financements et un débouché pour ses ressources, sans les conditionnalités occidentales (démocratie, droits de l'homme). Cependant, cela crée une nouvelle forme de dépendance, certains parlant d'une "Chinafrique". Par exemple, l'exploitation chinoise du bois a parfois été critiquée pour son manque de durabilité, et la main-d'œuvre chinoise importée limite les bénéfices pour l'emploi local.

Outre la France et la Chine, d'autres **multinationales** influencent l'économie politique gabonaise. Des compagnies pétrolières américaines (Marathon Oil, Vaalco) ont été présentes, de même que des firmes singapouriennes (Olam) dans l'agro-industrie récente, ou des malaisiennes dans le bois. Chacune de ces entités négocie des conditions avec l'État gabonais – octroi de licences, exonérations, partenariats publics-privés – qui peuvent renforcer ou affaiblir le modèle rentier selon la manière dont les contrats sont conclus. Par exemple, un contrat minier bien négocié avec une multinationale peut apporter des revenus diversifiés, mais s'il est léonin il peut au contraire spolier l'État de sa ressource sans développement local. La capacité de négociation du Gabon a parfois été limitée par la **corruption** : des dirigeants ont pu signer des accords désavantageux en échange de commissions privées. Cependant, le Gabon a aussi réussi à imposer certaines règles, comme le **contenu local** dans le secteur pétrolier (pour pousser les entreprises à employer et former des Gabonais) ou la transformation locale du bois précitée.

Enfin, les **crises régionales** ont un impact sur le Gabon. Bien qu'épargné par les conflits armés, le Gabon a subi des contrecoups : la guerre civile du Congo-Brazzaville en 1997 a amené des réfugiés et perturbé les échanges fluviaux ; l'instabilité chronique en Centrafrique a requis l'envoi de troupes gabonaises dans le cadre de forces de paix (la MINUSCA) – un coût pour le budget ; les tensions au Cameroun anglophone ou au Tchad peuvent aussi affecter la CEMAC globalement. Par ailleurs, la **fusion annoncée entre la CEMAC et la Communauté économique des États d'Afrique centrale (CEEAC)**, décidée en 2019, pourrait remodeler l'intégration régionale. Le Gabon, qui est membre des deux institutions communautaires soutient cette rationalisation institutionnelle, espérant tirer parti d'une zone plus vaste. Toutefois, tant que la diversification n'avance pas, le Gabon continuera surtout de commercer avec le reste du monde plutôt qu'avec ses voisins.

Sur la scène régionale, le Gabon est un acteur paradoxal : **riche mais peu intégré**. Il joue un rôle important dans la stabilité monétaire et politique de la CEMAC, mais les bénéfices concrets de l'intégration pour son économie restent limités. Ses partenariats extérieurs, notamment avec la France et la Chine, ont été cruciaux pour l'exploitation de ses ressources et la pérennité de son régime, inscrivant pleinement le Gabon dans les dynamiques de la mondialisation des matières premières et des influences géopolitiques.

Perspectives et réformes post-2023

Le coup d'État d'août 2023, en mettant un terme au règne d'Ali Bongo, a créé une situation inédite au Gabon. Cette section examine les perspectives ouvertes par ce changement de régime : constitue-t-il une rupture avec le modèle patrimonial antérieur ? Quelles réformes économiques ont été annoncées par les nouvelles autorités de transition, et quelle est leur faisabilité dans le contexte gabonais ? Enfin, nous esquisserons quelques scénarios d'avenir pour le Gabon : celui d'une diversification réussie rompant avec la dépendance rentière, ou au contraire la perpétuation (sous une autre forme) du modèle rentier et néo-patrimonial.

Le coup d'État de 2023 : rupture ou continuité du néo-patrimonialisme ?

L'éviction des Bongo après 55 ans de pouvoir quasi-monarchique a été saluée par une large partie de la population gabonaise, comme en témoignent les scènes de liesse à Libreville le 30 août 2023. Le discours des putschistes, menés par le général Oligui Nguema, était axé sur la **fin de la "mal gouvernance"** et la volonté de "redresser" le pays tant sur le plan politique qu'économique. Pour beaucoup de Gabonais, le départ de la famille Bongo symbolisait l'espoir d'en finir avec un système synonyme de corruption endémique et d'inégalités criantes. Toutefois, la question se pose : le nouveau régime de transition est-il vraiment en rupture avec le néo-patrimonialisme ou n'en est-il que sa continuation sous d'autres visages ?

Plusieurs éléments suggèrent une **continuité partielle**. D'une part, le chef de la junte lui-même, Brice Oligui Nguema, est un produit de l'ancien régime : ancien aide de camp d'Omar Bongo, puis commandant de la garde présidentielle sous Ali Bongo, il fait partie de l'appareil sécuritaire bongoïste. Il serait même parent éloigné de la famille. D'autre part, au lendemain du coup d'Etat, le **nouveau pouvoir a maintenu en place de nombreux "caciques" de l'ancien régime** dans l'administration et les entreprises publiques. Le PDG (parti de Bongo) n'a pas été dissous ; au contraire, la transition inclut d'anciens barons du PDG, ce que déplorent des voix de la société civile qui y voient un signe d'impunité et de changement superficiel. Concrètement, seules une poignée de personnes ont été inquiétées judiciairement : l'entourage très proche d'Ali Bongo – son fils Noureddin, quelques conseillers – a été arrêté pour détournements de fonds, mais la grande majorité des bénéficiaires de la rente passée conservent leurs positions. Ceci pourrait indiquer que le coup d'État était autant motivé par une **lutte de pouvoir interne** (écarter Ali Bongo affaibli et son clan) que par une volonté sincère de réforme systémique.

Cependant, il serait excessif de dire que rien n'a changé. Le fait même que l'**autorité dynastique** ait été brisée est un événement majeur. La crainte quasi mystique qu'inspirait le nom Bongo s'est évanouie, libérant potentiellement l'espace pour repenser certaines pratiques. Le discours officiel a changé : le terme "bonne gouvernance" est mis en avant, et la junte a pris des premières mesures symboliques comme la réduction des salaires mirobolants de certains dirigeants (Oligui Nguema a annoncé renoncer à son salaire de président de transition, et a demandé aux DG de sociétés d'État de réduire leur train de vie). Des initiatives anti-corruption ont été lancées : audits dans les administrations, opérations coups de poing contre les trafics (par exemple démantèlement d'un réseau de détournement de carburant impliquant des militaires). Le nouveau gouvernement a aussi commencé à payer quelques **arriérés sociaux** (bourses étudiantes impayées, pensions) pour montrer sa volonté de rompre avec la négligence passée. Le FMI lui-même a salué un effort accru de transparence budgétaire en fin 2023.

Il est toutefois trop tôt pour juger si ces actions déboucheront sur une transformation profonde ou s'il s'agit d'un **ravalement de façade** du néo-patrimonialisme. Les sceptiques soulignent que la transition semble vouloir **préserver l'ordre établi** en ménageant l'ancienne élite (peu d'arrestations, aucune poursuite judiciaire contre les hauts gradés ou ministres de l'ère Bongo hormis le cercle familial immédiat). On constate aussi une certaine **militarisation** de l'appareil d'État (des généraux ont été nommés à la tête de gouvernorats et de municipalités clés), ce qui peut inquiéter quant au respect des libertés publiques. Des opposants dénoncent déjà des dérives autoritaires des militaires (arrestation de syndicalistes, censure médiatique), craignant que l'on passe d'une dictature "civile" à une dictature militaire. Le général Oligui a promis des élections libres d'ici deux ans (d'ici fin 2025), et a annoncé y prendre part en tant que candidat.

Le coup d'État de 2023 a ouvert une **fenêtre d'opportunité** pour réformer le système rentier-néo-patrimonial gabonais, mais le degré de rupture dépendra de la volonté et de la capacité de la transition (puis d'un éventuel nouveau gouvernement civil) à mettre en place des changements structurels, et à **résister aux forces d'inertie** de l'élite rentière. L'histoire offre des cas de figure variés : certains coups d'État en Afrique ont réellement initié des transitions (ex : Ghana 1981 avec Rawlings, qui a réorienté l'économie), d'autres n'ont fait que reproduire le même modèle avec de nouveaux visages (ex : Guinée Équatoriale 1979, où Obiang, arrivé par un coup d'État, a conservé un système tout aussi patrimonial que son oncle renversé). Où se situera le Gabon ? Les réformes annoncées nous donnent des indications.

Le gouvernement de transition gabonais a affiché plusieurs priorités économiques dans les premiers mois suivant le coup d'État, cherchant à répondre aux urgences et aux attentes populaires de « mieux-être ». Parmi ces annonces figurent la **lutte contre la vie chère** qui est un thème majeur, car le coût de la vie au Gabon est élevé (beaucoup de produits sont importés et chers). Le nouveau pouvoir a plafonné le prix de certains produits de première nécessité et a lancé des contrôles sur les pratiques commerciales abusives. Il a aussi diminué ou suspendu certaines taxes à l'importation sur les denrées alimentaires. Cependant, ces mesures de contrôle des prix sont difficiles à tenir dans le temps sans créer des pénuries ou peser sur le budget via des subventions.

La junte a commencé à s'attaquer à la montagne d'arriérés laissée par le précédent régime – par exemple, les retards de paiement des bourses étudiantes ou des pensions de retraite. Des fonds ont été débloqués à cet effet fin 2023. De même, des PME locales qui attendaient le règlement de factures de l'État depuis des années ont reçu des acomptes. Si ces efforts se poursuivent, cela peut remettre de l'argent dans le circuit économique local et restaurer la confiance de certains acteurs. Le défi est qu'honorer tous les arriérés représente des centaines de milliards de FCFA, or « les caisses de l'État peinent à se remplir » comme le notait la presse début 2024.

La **relance des investissements publics** dans les infrastructures de base : routes, ponts, hôpitaux, écoles. Le régime a insisté sur la réfection du réseau routier, crucial pour désenclaver l'intérieur (le Gabon a moins de 20 % de routes bitumées). Des chantiers longtemps à l'abandon ont repris, comme la route Port-Gentil – Omboué. Néanmoins, la contrainte financière limite l'ampleur de ces projets : le gouvernement de transition a un budget serré et devra sans doute prioriser. La coopération internationale pourrait aider ; on évoque par exemple une aide possible de partenaires comme la BAD ou la Chine pour certains projets. Outre la digitalisation de la collecte fiscale et douanière mentionnée plus haut, les autorités annoncent vouloir restructurer certaines entreprises publiques notoirement déficitaires (Air Gabon, la CNSS – sécu sociale –, etc.). Elles envisagent aussi de réduire le train de vie de l'État : parc automobile administratif, frais de missions, etc. Si elles parviennent à concrétiser cela, des économies budgétaires pourraient être réorientées vers des dépenses d'investissement utiles. La faisabilité dépendra de la résistance bureaucratique et des anciens bénéficiaires de ces rentes de situation.

Le discours post-coup d'État rejoint en cela celui d'Ali Bongo, mais la transition insiste sur une diversification *accélérée*. Ont été évoquées : le développement de la filière agricole (afin de réduire la dépendance alimentaire), la promotion des PME locales, le soutien à la transformation du bois et des minerais, et même l'économie numérique et le tourisme comme nouveaux relais de croissance. Un « Plan d'Accélération de la Transformation » (PAT) était déjà en cours sous Ali Bongo depuis 2021, la junte semble vouloir le poursuivre, en corrigeant les lenteurs administratives. La transition a par exemple mis en place un guichet unique pour les investisseurs et promis de lutter contre les “délits de bureaucratie” (comme les tracasseries aux ports et aux douanes qui pénalisent l'activité). La faisabilité de la diversification reste sujette aux mêmes obstacles structurels que précédemment évoqués, et ne portera ses fruits qu'à moyen terme.

Concernant la **gouvernance minière et pétrolière**, on observe la volonté de mieux contrôler ces secteurs stratégiques. La junte a affirmé vouloir revoir certains contrats “désavantageux” signés sous Ali Bongo. Par exemple, le contrat de concession du port minéralier de Owendo ou certaines ventes de participations de l'État dans des permis pétroliers pourraient être audités. Toutefois, la marge de manœuvre est réduite s'il s'agit de contrats légalement signés ; dénoncer trop abruptement pourrait effrayer les investisseurs. Le pragmatisme sera de mise.

Globalement, les réformes annoncées vont dans le **bon sens technique** (discipline budgétaire, diversification, gouvernance améliorée). Elles sont soutenues par les partenaires internationaux : le FMI, la Banque mondiale, etc., qui accompagnent le Gabon. La Banque mondiale a d'ailleurs approuvé en 2022 un nouveau cadre de partenariat visant à aider à la diversification et la création d'emplois hors pétrole. La réussite dépendra de **l'engagement sur la durée** et de la stabilité politique permettant de poursuivre ces chantiers après la transition. Si la transition avorte ou si les élections à venir replongent le pays dans les travers de fraude et de clientélisme, les réformes risquent de s'évaporer.

Scénarios d'avenir : vers la transformation ou la perpétuation du modèle rentier ?

À l'aune de tous ces éléments, on peut esquisser deux grands scénarios pour l'avenir économique et politique du Gabon, ainsi qu'une trajectoire intermédiaire plus nuancée.

Scénario 1 : Diversification réussie et sortie progressive du piège rentier. Dans ce scénario optimiste, le Gabon saisirait l'occasion du changement politique pour engager de véritables réformes structurelles. La transition de 2023 conduirait à des élections crédibles en 2025, portant au pouvoir une nouvelle génération de dirigeants (qu'ils soient civils technocrates ou militaires convertis) décidés à rompre avec la gouvernance passée. Ces dirigeants instaureraient plus de transparence, réduiraient le clientélisme, investiraient massivement dans l'éducation et les infrastructures avec l'aide d'institutions internationales, et amélioreraient l'environnement des affaires. Peu à peu, la confiance des investisseurs reviendrait, permettant la réalisation des projets dans le bois, les mines, l'agro-industrie. Le pays pourrait alors connaître une croissance plus inclusive, avec un secteur privé local dynamisé. La rente pétrolière, toujours présente, serait mieux gérée (mise en réserve en partie, ou investie dans des fonds spécifiques pour la diversification). Le Gabon s'inspirerait par exemple du modèle de pays comme le Botswana (gestion prudente des ressources minières, gouvernance relativement bonne en Afrique) ou, hors Afrique, de celui de Brunei ou des Émirats qui ont réussi à investir leur rente dans d'autres secteurs (services, tourisme de niche, finance). Dans 10 ou 20 ans, le Gabon dans ce scénario aurait réduit la part du pétrole à, disons, 20-30 % du PIB, et serait capable de subvenir à une bonne partie de ses besoins alimentaires et manufacturés localement, tout en exportant des produits transformés (bois finis, métaux, etc.). Le néo-patrimonialisme s'effacerait graduellement au profit d'institutions plus solides et d'une culture de redevabilité. Ce scénario exige un alignement favorable des facteurs (leadership éclairé, soutien populaire aux réformes, stabilité politique, aide internationale) – ce qui n'est pas impossible mais constitue un défi de taille.

Scénario 2 : Perpétuation du modèle rentier-néo-patrimonial. Dans un scénario pessimiste, le coup d'État de 2023 ne changerait pas la donne fondamentalement. Après une période de transition, l'élite (qu'elle soit incarnée par Oligui Nguema ou un autre successeur) reconstituerait un système de pouvoir personnel, certes sans les Bongo mais avec possiblement les mêmes méthodes. La redistribution de la rente continuerait de se faire de manière clientéliste pour maintenir la coalition au pouvoir. Les réformes économiques resteraient superficielles ou sans lendemain, étouffées par la résistance bureaucratique et les intérêts acquis. La diversification économique ne décollerait pas faute d'améliorations réelles du climat des affaires et de l'État de droit. Ainsi, le Gabon resterait ultra-dépendant du pétrole pour les années à venir, en priant pour de nouvelles découvertes et en cherchant à augmenter la production à tout prix. Ce scénario pourrait voir le Gabon tomber dans une **trappe de sous-développement relative** une fois le pétrole en déclin prononcé : endettement croissant, austérité budgétaire, troubles sociaux face à la difficulté de financer les dépenses publiques sans rente. Dans ce cas extrême, le Gabon risque de rejoindre le sort de certains États rentiers post-ressources, où l'euphorie de la richesse passée laisse un pays sans base productive (on pense à des cas comme la Guinée Équatoriale voisine, qui fera face à ce défi dès 2030, ou certains États du Golfe qui se préparent activement pour éviter cela). Sur le plan politique, un tel échec pourrait mener à une instabilité chronique : coups d'État à répétition, contestations violentes, car le pacte rentier implicite (stabilité contre distribution) ne tiendrait plus en l'absence de ressources suffisantes pour contenter les acteurs.

Scénario 3 : Transition incertaine et trajectoire intermédiaire.

Le futur le plus probable se situe peut-être entre ces deux extrêmes. Il est envisageable que le Gabon connaisse une période de **transition prolongée et tâtonnante**. La junte pourrait prolonger son règne au-delà des deux ans annoncés, arguant de la nécessité de réformes constitutionnelles et institutionnelles avant de rendre le pouvoir. Cela pourrait créer des tensions avec la communauté internationale, mais tant que le pays reste stable, les partenaires pourraient tolérer un délai. Durant ce laps de temps, certaines réformes économiques avanceraient (par exemple, épurer les finances publiques, lancer quelques projets pilotes de diversification), mais les **changements politiques profonds** (démocratisation, fin du clientélisme) resteraient limités. Par la suite, une élection pourrait porter un président civil, possiblement issu de l'appareil ou un outsider, qui hériterait à nouveau d'un système encore largement rentier. Ce dirigeant tenterait alors de concilier la poursuite de la rente (pour financer son régime et les attentes populaires) tout en amorçant progressivement la transition économique. On aurait alors un modèle hybride, un peu à l'image de ce qu'a pu être le Cameroun depuis les années 2000 : un régime conservant des traits néo-patrimoniaux, mais qui engage des réformes économiques graduelles et une ouverture mesurée pour éviter la crise. Le Gabon parviendrait à éviter l'effondrement, mais avancerait lentement vers la diversification, espérant que les revenus pétroliers durent assez longtemps pour lui donner le temps de s'adapter.

Le Gabon se trouve à la **croisée des chemins**. L'étiquette d'"État rentier néo-patrimonial" a longtemps collé à ce pays, prototype même selon certains auteurs du genre. Les développements récents offrent une chance de briser ce moule, mais les défis structurels sont immenses. Le destin du Gabon dépendra de sa capacité à transformer sa gouvernance et son économie pour que la richesse naturelle devienne un réel moteur de développement et non un frein. Les prochaines années seront cruciales et détermineront si le « modèle gabonais » restera un cas d'avertissement de la malédiction des ressources, ou s'il saura se réinventer pour entrer dans une nouvelle ère post-rentière plus prospère et équitable.

Conclusion

Le parcours du Gabon depuis 1960 illustre à suffisance les promesses et les pièges de la richesse en ressources naturelles. D'un côté, le pétrole a fait du Gabon un pays à revenus intermédiaires supérieur, capable d'offrir à sa population un niveau de vie moyen bien plus élevé que celui de nombre de ses voisins. De l'autre, cette rente aisée a engendré une économie mono-dépendante et un système politique verrouillé par le néo-patrimonialisme, freinant l'essor d'institutions inclusives et d'une croissance diversifiée. Sous les présidents Omar et Ali Bongo, le Gabon est devenu un **archétype d'État rentier africain**, où l'État redistributeur puise dans la manne pétrolière pour acheter la paix sociale et alimenter des réseaux clientélistes, au détriment d'un développement endogène durable.

L'analyse de l'**économie politique gabonaise** met en évidence l'interaction perverse entre rente et gouvernance : la rente abondante a alimenté le néo-patrimonialisme, et ce dernier a à son tour renforcé la dépendance à la rente en empêchant la diversification et en dilapidant une partie des ressources dans la corruption et les gaspillages. Ce cercle vicieux n'est pas une fatalité théorique mais une réalité empirique, confirmant les thèses de la "malédiction des ressources" (Sachs & Warner) et les diagnostics sur l'État rentier (Mahdavy) appliqués à l'Afrique. Le Gabon a souvent été cité, aux côtés par exemple du Nigeria ou de l'Angola, comme un exemple où l'**abondance pétrolière n'a pas conduit au développement** attendu, en raison de facteurs institutionnels défavorables.

Néanmoins, la page qui s'ouvre depuis 2023 pourrait être l'occasion de **rompre avec ce passé**. Le renversement de l'"ordre dynastique" offre une possibilité de refonder l'État gabonais sur des bases plus transparentes et plus diversifiées économiquement. Comme nous l'avons souligné, la réussite n'est pas garantie : les anciennes habitudes et les intérêts sont tenaces. Mais les **défis structurels** – épuisement progressif du pétrole, endettement, aspirations d'une population jeune mieux informée – imposent d'agir. Le Gabon possède encore de sérieux atouts : des ressources naturelles variées (forêts, mines, pêche), un capital naturel exceptionnel (qui pourrait attirer un éco-tourisme ou valoriser des crédits carbone), une position géographique stable, une population relativement instruite et urbanisée. S'il parvient à améliorer sa gouvernance et à investir judicieusement la rente restante, le pays peut amorcer un cercle vertueux de diversification et de croissance partagée.

L'**économie politique du Gabon en tant qu'État rentier néo-patrimonial** met en lumière les écueils d'un modèle de développement fondé sur la rente et le patronage. L'histoire gabonaise démontre qu'une rente mal gérée peut prolonger la longévité d'un régime sans pour autant améliorer le sort de la population ; en témoigne le paradoxe d'un pays *"riche, mais peuple pauvre"*. L'avenir du Gabon se jouera dans sa capacité à surmonter cette contradiction. Le tournant actuel sera-t-il celui de la transformation profonde ou du recyclage de l'ancien système ? La réponse dépendra des choix politiques et économiques des prochaines années, et de la pression qu'exerceront tant la société civile gabonaise que les dynamiques régionales et internationales pour encourager une véritable mutation du modèle. Le Gabon peut soit confirmer la règle de la malédiction des ressources, soit en devenir l'exception par une transition réussie vers un État post-rentier, ancré dans la diversification et la bonne gouvernance. Ce défi est immense, mais à la mesure de l'espoir qu'a soulevé le vent de changement de 2023 au cœur de la forêt équatoriale gabonaise.

REMARQUES CONCLUSIVES

L'INTEGRATION MADE IN CEMAC

La région CEMAC présente des modèles politico-économiques marqués par une forte centralisation du pouvoir et une dépendance aux rentes extractives, sur fond de fragilités institutionnelles. Dans chacun des principaux États (Cameroun, Tchad, Gabon, Congo, RCA), le pouvoir exécutif tend à être concentré entre les mains d'un dirigeant au long cours ou d'un régime dominant, ce qui limite l'alternance et affaiblit les contre-pouvoirs. Paul Biya dirige le Cameroun depuis 1982, Denis Sassou Nguesso cumule plus de trois décennies au pouvoir au Congo, tandis qu'au Tchad Idriss Déby Itno a régné pendant 27 ans jusqu'en 2021 – des trajectoires illustrant la prééminence de gouvernements personnalisés et centralisés.

Cette longévité politique s'accompagne souvent d'États rentiers, où les recettes publiques proviennent majoritairement des ressources naturelles (notamment pétrolières) et sont contrôlées par l'élite au pouvoir. En moyenne, dans la CEMAC, les hydrocarbures représentent près de 37 % du PIB et plus de la moitié des recettes fiscales, et ont constitué jusqu'à 79 % des exportations totales vers le milieu des années 2000. À l'exception du Cameroun – où le pétrole ne comptait alors « que » pour environ 40 % des exportations – les autres économies dépassaient 80 % de dépendance exportatrice au pétrole (atteignant par exemple 87 % pour le Congo). Ce poids des rentes a favorisé des logiques de prédation et de redistribution clientéliste, souvent au détriment du développement institutionnel : les gouvernants s'appuient sur la manne pétrolière pour consolider leur pouvoir, alimentant corruption et résistance aux réformes. Les indicateurs internationaux reflètent ces faiblesses de gouvernance : les pays de la CEMAC figurent parmi les derniers mondiaux en matière de climat des affaires et de qualité institutionnelle.

Sur le plan économique, les trajectoires de ces cinq pays révèlent une dépendance aiguë aux ressources naturelles et une diversification limitée. Le Gabon et le Congo, par exemple, ont longtemps affiché un PIB par habitant relativement élevé grâce à la rente pétrolière, mais cette richesse est volatile et inégalement distribuée. Le Tchad est devenu exportateur de pétrole à partir de 2003, sans parvenir à traduire cette manne en développement large, tandis que le Cameroun, doté d'une économie un peu plus diversifiée (agriculture, bois, minerais), reste lui aussi tributaire des recettes pétrolières pour ses équilibres budgétaires. Quant à la RCA, dépourvue de pétrole, son économie très fragile repose sur l'exportation artisanale de quelques ressources (diamants, or) et l'aide internationale, dans un contexte de conflits récurrents. Globalement, le parcours économique de la sous-région a été caractérisé par une grande vulnérabilité aux chocs externes. La chute des cours du pétrole en 2014-2016 a révélé cette vulnérabilité : la croissance régionale est tombée à son plus bas niveau en 20 ans et les réserves de change se sont effondrées (à peine deux mois d'importations couvertes), forçant plusieurs États à solliciter un appui d'urgence du FMI. Face à la crise, les chefs d'État ont adopté fin 2016 des mesures d'ajustement coordonnées et ont sollicité l'aide financière du Fonds, qui a conditionné son soutien au rétablissement de la stabilité macroéconomique, à une meilleure transparence budgétaire et à des avancées en matière de diversification économique. Le faible progrès des diversifications nationales avant ce choc a fait ressortir les contraintes structurelles pesant sur le développement : insuffisance d'infrastructures, climat d'investissement peu attractif, et tensions politico-sécuritaires internes qui détournent les ressources des secteurs productifs.

Au-delà des dynamiques nationales, l'intégration régionale en Afrique centrale est restée embryonnaire, entravée par ces mêmes facteurs politiques et économiques. Bien que la CEMAC existe depuis des décennies (avec une monnaie commune), le commerce intra-zone demeure anecdotique – environ 4 % seulement des échanges des pays membres se font entre eux, contre plus de 80 % avec l'Europe, la Chine ou d'autres partenaires extérieurs. En grande partie, cette situation s'explique par le faible degré de complémentarité de leurs économies rentières : exportant toutes des produits similaires (pétrole, minerais, bois), ces pays ont historiquement eu peu à s'offrir mutuellement, ce qui limite les opportunités d'échanges intra-régionaux.

La volonté politique a, de surcroît, fait défaut pour approfondir la communauté économique. Les gouvernements, soucieux de préserver leur souveraineté et leurs rentes, ont montré un intérêt limité pour un agenda intégrationniste susceptible de diluer leur pouvoir ou leurs revenus. Les rivalités et les méfiances entre élites dirigeantes – souvent en place de longue date – ont également pesé, chaque État ayant eu tendance à privilégier son propre leadership ou ses alliances extérieures (notamment avec l'ancienne puissance coloniale) au détriment de la coopération intra-régionale. Par ailleurs, l'instabilité chronique (guerres civiles en RCA, insurrections jihadistes au Cameroun et au Tchad, coups d'État récents au Tchad et en Gabon) a détourné l'attention des dirigeants de l'intégration économique, la concentrant sur les urgences de sécurité intérieure. Enfin, de nombreux engagements pris au niveau communautaire sont restés lettre morte : la libre circulation des personnes et des biens a longtemps été freinée par des contrôles et des tracasseries aux frontières, et plusieurs projets structurants (compagnie aérienne régionale, corridors routiers transnationaux, marché financier commun) n'ont pas abouti. L'ensemble de ces facteurs fait que la CEMAC demeure aujourd'hui l'une des zones les moins intégrées d'Afrique en dépit d'un potentiel économique et social considérable.

Face à ces défis structurels, des réformes profondes s'imposent tant au niveau national que régional pour inverser la tendance. D'abord, chaque État gagnerait à **renforcer ses institutions et sa gouvernance** économique : une gestion plus transparente des ressources publiques et une lutte accrue contre la corruption permettraient de réorienter la rente vers des investissements productifs (infrastructures, capital humain) au service d'une croissance plus inclusive. L'amélioration du **climat des affaires** est tout aussi cruciale : simplifier les procédures administratives, protéger les droits de propriété et assurer une stabilité politique contribueraient à attirer l'investissement privé et à diversifier l'économie, là où actuellement les pays de la CEMAC figurent parmi les derniers au monde en termes de facilité à faire des affaires. Surtout, la **diversification**

économique doit devenir une priorité stratégique. Réduire la dépendance à une poignée de produits primaires implique de développer de nouveaux secteurs porteurs – qu'il s'agisse de valoriser les filières agricoles et forestières, de promouvoir des industries de transformation locales ou d'investir dans les services – afin de créer des moteurs de croissance alternatifs. Des initiatives en ce sens sont en cours, appuyées par les partenaires internationaux, mais elles devront s'intensifier pour améliorer la résilience face aux chocs externes et changer la structure même des économies.

Ensuite, au niveau régional, les États membres doivent **redynamiser l'intégration** pour en faire un véritable levier de développement. Cela passe par l'application effective des protocoles existants : lever les barrières non tarifaires encore présentes, harmoniser les réglementations, et mutualiser les efforts sur des projets d'infrastructures communs (réseaux de transport, interconnexions énergétiques, etc.). S'inspirer des blocs africains plus intégrés – par exemple en facilitant concrètement la mobilité des citoyens et des commerçants sans crainte de tracasseries policières, à l'instar de l'expérience de la CEDEAO – pourrait fournir un élan utile. Il convient également de rationaliser le cadre institutionnel régional (en clarifiant les rôles entre la CEMAC et la CEEAC) afin de gagner en efficacité et en cohérence. Par ailleurs, la **stabilité politique et la paix civile** constituent des prérequis indispensables : sans sécurité, toute intégration économique ou diversification sera vaine. Le bilan de l'économie politique de la CEMAC met en évidence le **piège du modèle rentier** et de la fragmentation régionale dont ces pays doivent s'extraire. La prochaine étape passe par une diversification accrue de leurs économies : en élargissant leur base productive et en réduisant la dépendance aux rentes volatiles, les États d'Afrique centrale pourront non seulement engager une croissance plus durable, mais aussi renforcer leurs complémentarités et leur intégration régionale. C'est à ce prix qu'ils pourront transformer leurs atouts en véritable développement – un enjeu qui sera exploré dans le chapitre suivant, consacré aux défis de la diversification économique dans la région.

CHAPITRE II

LES DEFIS STRUCTURELS DE LA DIVERSIFICATION ECONOMIQUE DANS LA REGION CEMAC

La diversification économique est largement considérée comme un levier essentiel pour réduire la vulnérabilité des économies aux chocs externes et stimuler un développement soutenu. Dans la Communauté Économique et Monétaire de l'Afrique Centrale (CEMAC), qui regroupe le Cameroun, la République centrafricaine (RCA), la République du Congo, le Gabon, la Guinée équatoriale et le Tchad, ce défi de la diversification revêt une importance particulière. En effet, les structures productives de ces pays demeurent fortement concentrées sur un nombre restreint de produits primaires. Les six économies affichent une **faible diversification de leur base productive et de leurs exportations**, leurs performances dépendant encore **de la production d'une poignée de matières premières**. Par exemple, les exportations pétrolières représentent environ **70 % des exportations totales de la CEMAC** et plus d'un tiers des recettes budgétaires de la région, témoignant d'une dépendance extrême aux hydrocarbures. Cette situation rend les pays de la zone vulnérables aux fluctuations des cours mondiaux et freine l'émergence d'autres secteurs d'activité.

Comprendre les obstacles structurels à la diversification économique en Afrique centrale requiert une approche *diachronique* – c'est-à-dire inscrite dans la durée, en remontant aux origines historiques – et *holistique*, englobant l'ensemble des dimensions (économiques, politiques, institutionnelles, sociales et territoriales). Ce chapitre propose ainsi d'analyser les défis structurels majeurs qui entravent la diversification dans la CEMAC. On y examinera d'abord l'héritage colonial et la manière dont il a façonné des économies extraverties, avec des infrastructures tournées vers l'exportation des matières premières et non vers le développement interne. Ensuite, seront étudiées les faiblesses institutionnelles et le manque de capacité de l'État, en particulier l'**absence d'un véritable État en dehors des**

capitales et des grandes villes, qui limite la mise en œuvre de politiques économiques sur l'ensemble du territoire. La persistance de la **dépendance aux matières premières** et son impact sur l'industrialisation manquée de la région fera l'objet d'une analyse spécifique, tout comme le **manque de compétences administratives et techniques** au sein de la population, couplé à des choix de politiques publiques souvent inadéquats, ayant conduit au maintien de structures économiques peu complexes et peu compétitives. On s'intéressera également à la faiblesse de la compétitivité interne et aux difficultés d'**intégration économique régionale** qui en découlent – illustrées par le niveau très bas des échanges intra-CEMAC – chaque pays restant principalement tourné vers l'exportation de produits bruts vers l'Occident ou la Chine, au détriment de la création de chaînes de valeur locales. Enfin, une section sera consacrée aux dynamiques d'**urbanisation désordonnée** qu'a connues la région au cours des soixante dernières années, afin d'éclairer comment la croissance anarchique des villes, guidée par des logiques extractives et administratives plutôt que par une planification équilibrée, reflète et renforce ces déséquilibres structurels. L'exposé se conclura par une ouverture vers des perspectives de réponses communes au niveau régional – telles qu'une politique agricole partagée, une stratégie industrielle intégrée, un effort conjoint en matière d'éducation, ou encore une coordination du développement énergétique – qui feront l'objet du chapitre suivant. Cette conclusion, de nature descriptive et analytique, préparera la discussion des politiques économiques communes sans toutefois formuler de recommandations immédiates.

Héritage colonial et infrastructures d'exportation

L'histoire coloniale de l'Afrique centrale a imprimé une marque durable sur la configuration économique et territoriale des pays de la CEMAC. Durant la période coloniale, les puissances administrantes – en particulier la France dans le cas de l'Afrique Équatoriale Française (AEF) – ont orienté le développement des infrastructures vers l'extraction et l'exportation des richesses naturelles vers la métropole, négligeant la constitution de marchés intérieurs intégrés. L'AEF, qui regroupait notamment le Gabon, le Congo (Moyen-Congo), le Tchad et l'Oubangui-Chari (actuelle RCA), avait pour objectif explicite d'**arrimer les colonies d'Afrique centrale à l'économie de la**

métropole. En conséquence, les infrastructures mises en place – ports, chemins de fer, routes – étaient **principalement localisées dans les zones côtières**, tandis que les territoires de l'intérieur, notamment les pays enclavés, étaient considérés comme de simples réserves de matières premières et de main-d'œuvre. Autrement dit, le réseau de transport colonial était conçu pour relier les sites d'extraction (mines, plantations, forêts) aux ports maritimes en direction de l'Europe, plutôt que d'interconnecter les économies locales entre elles.

Cet héritage d'infrastructures extraverties a perduré après les indépendances et constitue un frein structurel à l'industrialisation endogène et à l'intégration régionale. Par exemple, de vastes régions intérieures du Tchad ou de la RCA sont restées enclavées, dépourvues d'infrastructures de base, ce qui complique l'acheminement de biens, l'installation d'industries hors des capitales, et les échanges commerciaux intra-régionaux. Les économies nationales, modelées pour l'exportation de quelques produits bruts (coton du Tchad, bois et minerais du Gabon, du Congo ou de la RCA, café et cacao du Cameroun, pétrole du Gabon, du Congo, de la Guinée équatoriale et plus récemment du Tchad), se sont trouvées démunies des infrastructures industrielles de transformation et des réseaux de transport intérieur qui auraient pu soutenir une diversification post-coloniale. Au contraire, la plupart des pays ont continué d'exporter des matières premières non transformées en suivant les axes logistiques hérités du colonialisme, reproduisant ainsi une spécialisation primaire. Cet état de fait a entravé l'essor d'un secteur manufacturier local, les industries étant cantonnées aux premières transformations liées à l'extraction (scieries, raffineries de pétrole, usines de décorticage) sans aller jusqu'à des productions à plus haute valeur ajoutée. Ainsi, plus de cinquante ans après les indépendances, les structures économiques de la CEMAC demeurent largement celles définies par la *vocation extractive* que leur avaient assignée les anciennes puissances coloniales.

Faiblesse de l'État et capacité institutionnelle limitée

Parallèlement au legs économique du colonialisme, la région CEMAC souffre de faiblesses institutionnelles marquées, héritées en partie de la gestion coloniale centralisée et aggravées par des décennies de gouvernance parfois chaotique après les indépendances. L'un des traits saillants de ces pays est la concentration du pouvoir étatique et de l'administration dans la capitale et quelques centres urbains majeurs, tandis que de vastes portions du territoire national échappent en grande partie à l'autorité et aux services de l'État. On parle souvent d'un « **État absent en dehors des capitales** », symptomatique de la fragilité de la présence étatique dans les zones périphériques. Concrètement, cela signifie que l'administration, la justice, la sécurité, l'éducation ou les infrastructures fournis par l'État font cruellement défaut dans de nombreuses régions rurales ou éloignées. Au **Tchad**, par exemple, *« le nord du pays est une zone vaste avec une présence faible de l'État »*, ce qui illustre le vide de gouvernance dans de larges étendues territoriales. De même, en Centrafrique, hors de Bangui et de quelques villes, l'autorité de l'État est minimale, laissant place à des pouvoirs locaux informels ou, tragiquement, à des groupes armés en période de conflit.

Cette incapacité de l'État à assurer une administration et des services publics sur l'ensemble du territoire a de multiples conséquences néfastes pour la diversification économique. D'une part, elle entrave le développement d'activités économiques en dehors des grands centres urbains : absence d'infrastructures routières et électriques en milieu rural, faible accès au crédit et à l'accompagnement administratif pour les entrepreneurs en régions, insécurité juridique et physique pour les investisseurs hors des enclaves bien contrôlées. D'autre part, la centralisation extrême des ressources et des décisions dans la capitale alimente un déséquilibre qui renforce le cercle vicieux : les populations et les talents convergent vers la ville-centre (où se concentrent emplois publics et privés, et dépenses de l'État), ce qui accentue la désertification économique de la province. Par conséquent, les *capacités de l'État* – c'est-à-dire son aptitude à formuler et mettre en œuvre des politiques efficaces sur tout le territoire – restent limitées. Les indicateurs internationaux de gouvernance placent d'ailleurs l'Afrique centrale en bas de l'échelle continentale, reflétant directement **les limites auxquelles se heurte l'action publique dans la région**. Faute d'institutions solides et d'une administration performante y compris dans les zones reculées, les initiatives de diversification (par exemple, développer des filières agro-industrielles dans des bassins de production ruraux, ou implanter des zones économiques spéciales en dehors de la capitale) ont du mal à voir le jour ou à prospérer. La confiance des acteurs économiques est entamée par la fragilité de l'Etat de droit, et la mauvaise gouvernance – souvent marquée par la corruption, le népotisme et l'instabilité politique – a pu conduire à des allocations inefficaces des ressources publiques, là encore au détriment de l'investissement dans de nouveaux secteurs porteurs. La faiblesse structurelle de l'État, tant en termes de présence territoriale que de qualité de la gouvernance, constitue un obstacle majeur à la transformation économique de la CEMAC.

Dépendance aux matières premières et industrialisation manquée

Un autre défi fondamental à la diversification réside dans la **dépendance continue aux matières premières** qui caractérise les économies de la CEMAC depuis des décennies. La spécialisation dans l'exportation de produits de base – pétrole, minerais, bois, produits agricoles bruts – domine la structure économique de ces pays, et ce malgré de nombreux discours en faveur de la diversification. Comme mentionné précédemment, les exportations de la région sont peu variées et reposent sur un faible nombre de produits, situation qui a peu évolué au fil du temps. Chaque pays tend à avoir *son* produit phare : le pétrole pour le Congo, le Gabon, la Guinée équatoriale et le Tchad ; les bois tropicaux pour le Gabon, le Congo et, dans une moindre mesure, le Cameroun ; le coton pour le Tchad ; le café et le cacao pour le Cameroun, etc. Ce modèle primaire expose lourdement les économies aux **chocs exogènes** tels que les fluctuations des cours mondiaux. Les années de boom des matières premières apportent des recettes faciles mais peuvent décourager l'investissement dans d'autres secteurs (*effet de rente*), tandis que les périodes de baisse – comme le *renversement du « super-cycle » des matières premières* au milieu des années 2010 – plongent les pays dans d'âpres difficultés budgétaires et des récessions. L'histoire économique récente en atteste : la chute de plus de 70 % des prix du baril entre 2014 et 2016 a provoqué un net ralentissement dans toute la CEMAC, mettant en évidence le risque d'une telle mono-dépendance.

Sur le long terme, cette dépendance a freiné l'émergence d'un tissu industriel diversifié. D'une part, les recettes tirées des exportations de matières premières n'ont pas été suffisamment investies dans la *transformation locale* de ces ressources. Par exemple, une grande partie du bois continue d'être exportée sous forme de grumes ou de produits peu élaborés, faute d'industries locales de deuxième transformation (meubles, contreplaqués finis, etc.) en quantité suffisante. De même, le pétrole brut est majoritairement exporté tel quel, avec peu de capacités locales de raffinage ou de pétrochimie pour le valoriser en produits manufacturés. D'autre part, la rente des matières premières a parfois instauré un faux sentiment de richesse qui a relégué au second plan les politiques proactives d'industrialisation. Ainsi, malgré quelques tentatives d'industrialisation après les indépendances, la base manufacturière est restée étroite. Les activités manufacturières existantes en Afrique centrale sont souvent liées aux ressources naturelles (raffineries de pétrole, usines de transformation primaire du bois ou de produits agricoles) ou à des secteurs traditionnels à faible contenu technologique. Par conséquent, la **technologie et la valeur ajoutée** incorporées dans la production locale restent limitées. La sous-région contribue très faiblement à la valeur ajoutée manufacturière à l'échelle mondiale, en raison de la **faible intensité technologique de ses activités industrielles**, souvent cantonnées à des secteurs à faible productivité. En clair, les économies de la CEMAC n'ont pas encore opéré la montée en gamme vers des produits plus complexes ou à plus forte valeur ajoutée : elles exportent essentiellement des biens primaires ou faiblement transformés et importent en retour la plupart de leurs biens d'équipement et de consommation élaborés.

Il est important de souligner que cette trajectoire n'était pas une fatalité et que des choix politiques antérieurs ont influencé le maintien de cette dépendance. Au lendemain des indépendances dans les années 1960, nombre de dirigeants africains étaient conscients du besoin de diversifier et d'industrialiser leurs économies pour rompre avec la spécialisation coloniale. Des politiques d'industrialisation par substitution aux importations ont ainsi été engagées dans plusieurs pays d'Afrique centrale, l'État jouant un rôle moteur par la création d'entreprises publiques, la protection de l'industrie naissante et la planification de pôles industriels. Cependant, **ces premières expériences d'industrialisation se sont soldées par des échecs** dans la plupart des cas, notamment en raison de la crise économique des années 1980 qui a frappé le continent, combinée aux limites de la gestion étatique de ces projets. La récession et la dette ont conduit à l'adoption de programmes d'ajustement structurel dans les années 1980-90, avec des privatisations massives du tissu industriel et une ouverture commerciale rapide. Si ces mesures ont permis un assainissement macroéconomique partiel, elles ont aussi entraîné la disparition ou la fragilisation de nombreuses industries naissantes incapables de soutenir la concurrence internationale, renforçant paradoxalement la reconcentration sur les secteurs extractifs où les pays avaient un avantage comparatif immédiat.

Ainsi, la *structure rentière* des économies de la CEMAC – fortement tournées vers l'exportation de ressources brutes – est à la fois le legs de l'histoire et le produit de choix politiques (ou d'absence de choix efficaces) au fil des décennies postcoloniales. Cette structure a jusqu'ici largement fait obstacle à une diversification significative et maintient les pays dans une situation de **"croissance sans développement"**, où la hausse du PIB durant les phases fastes (poussée par un ou deux produits) ne s'accompagne pas d'une transformation structurelle capable de créer des emplois de qualité et de la richesse à long terme.

Manque de compétences et choix de politiques publiques inadéquates

Le déficit de diversification économique en Afrique centrale s'explique également par des facteurs *humains* et *organisationnels* intimement liés aux politiques publiques menées depuis l'indépendance. D'une part, le **manque de compétences administratives et techniques** de la main-d'œuvre locale a limité la capacité des pays de la CEMAC à développer des secteurs à plus haute valeur ajoutée. D'autre part, les politiques publiques en matière d'éducation, de formation et d'industrialisation n'ont pas toujours su créer les conditions d'une montée en compétence et d'une complexification du tissu productif.

Pendant de nombreuses années, l'investissement dans le capital humain est resté insuffisant au regard des besoins de développement. Les systèmes éducatifs de la région, souvent laissés en crise faute de financements adéquats et de réformes structurelles, n'ont pas fourni en nombre suffisant des travailleurs qualifiés, des techniciens, des ingénieurs et des gestionnaires capables de porter la diversification industrielle. Les filières de formation technique et professionnelle sont restées sous-développées par rapport aux exigences d'une industrialisation moderne. De ce fait, un grand écart s'est creusé entre les besoins du secteur privé (naissant) et les compétences disponibles sur le marché du travail. *L'inadéquation du système éducatif et les faibles niveaux de compétences qui en résultent ont entravé la capacité des pays de la CEMAC à tirer pleinement parti de leur main-d'œuvre.* En clair, même lorsque des opportunités industrielles ou entrepreneuriales se présentent, le manque de personnel local qualifié constitue un goulot d'étranglement. Cette situation contribue à maintenir les économies dans des secteurs « simples » (agriculture vivrière, commerce informel, extraction à faible transformation) où la productivité par travailleur reste basse, plutôt que d'évoluer vers des secteurs « complexes » requérant un savoir-faire élevé.

Les choix de politiques publiques ont souvent aggravé ce problème. Durant les années fastes de rente (pétrolière notamment), certains États de la CEMAC ont privilégié des dépenses de prestige ou de consommation au détriment d'investissements stratégiques dans l'éducation, la recherche et les infrastructures de formation. Par exemple, la massification de l'enseignement primaire a parfois progressé (grâce aux financements facilités par la rente), sans que ne suivent des efforts comparables sur la qualité de l'éducation ou sur l'enseignement supérieur et technique. En conséquence, les progrès en capital humain ont été modestes et la productivité globale peu améliorée. Sur les quinze dernières années, la contribution du capital humain à la croissance du PIB a été dérisoire dans un pays comme la République du Congo (environ 2 % seulement), illustrant la sous-utilisation du potentiel humain disponible. En outre, l'environnement institutionnel n'a pas toujours été propice à l'apprentissage et à l'accumulation de savoir-faire locaux : la **fuite des cerveaux** (ingénieurs, médecins, universitaires formés qui quittent le pays faute d'opportunités) et l'appel systématique à une expertise étrangère dans les grands projets ont privé la région de la constitution d'un socle de compétences endogènes.

Par ailleurs, au niveau des politiques industrielles, après l'échec des stratégies d'étatisation de l'économie évoqué précédemment, les gouvernements de la CEMAC ont tardé à définir de nouvelles stratégies cohérentes pour développer le secteur privé local. La libéralisation des années 1990 s'est souvent faite sans accompagnement approprié : privatisations sans véritables transferts de compétences, encouragement de l'investissement direct étranger mais sans exigences de contenu local, laissant peu de place à l'émergence de champions nationaux. Les politiques sectorielles manquaient de vision de long terme ou étaient incohérentes – par exemple des projets industriels lancés sans étude de faisabilité sérieuse, des exonérations fiscales accordées à l'importation de produits finis qui concurrencent la production locale naissante, etc. Ce manque de planification stratégique a conduit à des **structures économiques qui demeurent simples et peu compétitives**, dominées par l'informel et le commerce de produits importés, faute d'avoir misé sur le renforcement graduel de la complexité économique.

L'absence d'un effort soutenu et efficace pour bâtir le capital humain et technique de la région a empêché la diversification de s'enclencher. Sans ingénieurs qualifiés, difficile de développer localement des filières de transformation du bois ou de montage mécanique ; sans gestionnaires compétents, les projets industriels peinent à être menés à bien ; sans administrations performantes, les réformes nécessaires stagnent. Les *faiblesses en compétences* sont ainsi à la fois cause et conséquence du faible développement industriel. Quant aux politiques publiques, leur caractère souvent erratique ou mal conçu – oscillant entre un interventionnisme étatique mal maîtrisé et un libéralisme non encadré – a entretenu un environnement où la montée en gamme productive ne s'est pas produite. La *complexité économique*, qui mesure la diversité et la sophistication des produits qu'un pays est capable de fabriquer, demeure faible pour l'ensemble des pays de la CEMAC, reflétant cette stagnation dans des activités à faible contenu technologique.

Faible compétitivité interne et intégration économique régionale limitée

L'un des symptômes des difficultés structurelles de la région CEMAC est la très faible intégration de ses économies entre elles, qui traduit un manque de compétitivité interne et d'articulation des marchés nationaux. Idéalement, une intégration économique régionale dynamique permettrait aux pays d'Afrique centrale de créer des synergies, de développer des chaînes de valeur régionales (par exemple, qu'une partie des intrants ou des étapes de transformation d'un produit se fasse dans un pays voisin) et d'élargir les débouchés pour les entreprises locales. Or, la réalité est que les **échanges intra-régionaux restent extrêmement faibles** dans la CEMAC : le commerce intracommunautaire représente moins de **5 % du commerce total de la région**. Ce niveau est non seulement modeste en soi, mais il est également inférieur à celui observé dans d'autres blocs économiques africains comparables. Autrement dit, malgré une union douanière instaurée de longue date (dès l'époque de l'UDEAC dans les années 1960-70, puis renforcée par la CEMAC à partir de 1994), les six économies de la zone commercent très peu entre elles.

Plusieurs raisons, liées aux points précédemment analysés, expliquent cette situation. D'abord, la faiblesse de la base industrielle et la similitude des structures productives font que les pays de la CEMAC **exportent peu de produits manufacturés susceptibles d'intéresser leurs voisins**. Chacun vend surtout des matières premières qu'il produit (pétrole, minerais, produits agricoles bruts) et importe des biens manufacturés de l'extérieur (machines, véhicules, produits transformés). Les profils d'exportation étant redondants et concentrés sur des produits bruts, il y a peu de complémentarité économique entre voisins : par exemple, le Gabon et le Congo exportant tous deux du pétrole et du bois, ils n'ont pas grand intérêt à en échanger entre eux. En revanche, ils se retrouvent concurrents pour vendre ces ressources sur les marchés mondiaux. De la même manière, le Cameroun et le Tchad, tous deux exportateurs de coton (fibre brute), en envoient la majeure partie en Europe ou en Asie pour y être transformée, et importent ensuite des vêtements ou des textiles finis de ces mêmes marchés, plutôt que de développer un circuit régional de transformation du coton. Ce schéma, hérité de l'économie d'extraction coloniale, s'est perpétué : **chaque pays reste tourné vers l'Occident (et plus récemment vers la Chine) pour écouler ses matières premières**, reproduisant une relation centre-périphérie, et néglige les échanges de proximité qui pourraient créer plus de valeur ajoutée localement.

Ensuite, le manque de compétitivité interne joue un rôle crucial. Les entreprises locales, lorsqu'elles existent, font face à de nombreux handicaps (coûts de production élevés, infrastructures défaillantes, accès difficile au financement, marché étroit) qui les empêchent de conquérir même les marchés voisins. Souvent, il est moins coûteux ou plus fiable d'importer un produit d'Europe ou d'Asie que de l'acheter à un fournisseur de la sous-région. La **concurrence des produits en provenance de l'extérieur** – généralement meilleur marché ou de qualité supérieure – évince les tentatives de production régionale. Par exemple, les consommateurs d'Afrique centrale achètent des produits manufacturés importés (du riz asiatique, du ciment chinois, des meubles européens, etc.) parce que l'offre locale/régionale est soit inexistante, soit trop chère, soit jugée de moindre qualité. Cela crée un cercle vicieux : faute de demande, les producteurs locaux ne peuvent pas augmenter leurs volumes et réduire leurs coûts, et restent donc peu compétitifs.

Par ailleurs, des obstacles d'ordre logistique et réglementaire subsistent au commerce intra-CEMAC, malgré l'union douanière. Les liaisons de transport entre pays de la région sont insuffisantes – il n'existe par exemple **aucune voie ferrée interconnectant les capitales de la CEMAC entre elles**, et les routes transnationales sont peu nombreuses, souvent en mauvais état et peu sûres. Cette carence infrastructurelle – une autre conséquence de l'héritage colonial évoqué plus haut – renchérit les coûts des échanges. De plus, des barrières non tarifaires demeurent : lourdeur des procédures aux frontières, manque d'harmonisation des réglementations, tracasseries administratives et parfois pratiques de corruption aux postes douaniers. L'intégration régionale au sein de la CEMAC a donc peiné à se traduire en intégration *de fait* des économies. Les accords existent sur le papier, mais la réalité des affaires reste dominée par les échanges avec l'extérieur.

Cette faible intégration régionale prive la CEMAC d'une opportunité de création de richesses endogènes. En effet, le développement d'échanges intra-régionaux pourrait favoriser l'émergence de chaînes de production locales (par exemple, un pays pourrait fournir l'énergie ou des intrants, un autre effectuer l'assemblage, etc.), contribuer à l'apprentissage technologique par la concurrence régionale, et maintenir une plus grande part de la valeur ajoutée au sein de la région. Au lieu de cela, la structure actuelle fait que la valeur ajoutée est majoritairement captée en dehors de l'Afrique centrale : les produits bruts partent et ce sont des industries en Europe ou en Asie qui réalisent les étapes de transformation les plus lucratives. Les pays de la CEMAC réimportent ensuite des produits finis à prix élevé, drainant leurs devises sans avoir pu créer localement des emplois industriels ou une base productive diversifiée. En résumé, **l'absence de compétitivité interne et la faiblesse des échanges intra-CEMAC** empêchent la formation d'un marché régional intégré pouvant servir de tremplin à une industrialisation endogène de la sous-région. Chaque économie, isolément, reste captive d'un modèle primaire tourné vers l'extérieur, et l'ensemble régional n'est pas encore parvenu à fonctionner comme un tout cohérent susceptible de s'industrialiser de l'intérieur.

Urbanisation anarchique et déséquilibres territoriaux

Les dynamiques urbaines observées en Afrique centrale depuis les indépendances reflètent et renforcent les défis structurels évoqués ci-dessus. En l'espace de soixante ans, la région CEMAC a connu une transition urbaine rapide, passant de sociétés encore largement rurales dans les années 1960 à des taux d'urbanisation aujourd'hui significatifs (souvent entre 40 % et 60 % de la population en milieu urbain selon les pays, avec des pointes plus élevées pour le Gabon ou la Guinée équatoriale). Toutefois, cette urbanisation s'est déroulée de manière **désordonnée**, sous l'effet de *logiques extractives et administratives* plutôt que dans le cadre d'un aménagement harmonieux du territoire.

Une première caractéristique frappante est la **primauté écrasante de la capitale** dans la hiérarchie urbaine de ces pays. L'hyper-concentration des activités politiques, économiques et sociales dans la ville-capitale – souvent hérité du statut colonial de ces villes qui étaient le siège du gouvernement central – s'est encore accentuée avec le temps. En République centrafricaine, par exemple, plus de **la moitié de la population urbaine est concentrée dans la seule capitale, Bangui**, tandis qu'aucune des quelque trente autres agglomérations du pays n'atteint 100 000 habitants. Des situations analogues se retrouvent au Gabon, où Libreville et sa zone périurbaine abritent une part majeure de la population, ou en Guinée équatoriale où la capitale (Malabo) et la plus grande ville continentale (Bata) concentrent l'essentiel des urbains. Cette polarisation extrême s'explique par la *logique administrative* : la capitale concentre les emplois publics, les services administratifs, les investissements d'État (grands équipements, hôpitaux, universités) et souvent les rares industries ou sièges d'entreprises, ce qui attire les populations en quête d'opportunités. À l'inverse, les villes secondaires et les zones rurales reçoivent peu d'investissements et restent dépourvues d'attrait économique, alimentant l'exode vers la métropole principale.

La deuxième logique à l'œuvre est *extractive* ou liée aux ressources : certaines villes se sont développées abruptement suite à la découverte et à l'exploitation de richesses minières ou pétrolières, sans que cette croissance ne s'inscrive dans un schéma urbain maîtrisé. Par exemple, des villes comme **Pointe-Noire** au Congo ou **Port-Gentil** au Gabon ont connu une expansion rapide en tant que centres de l'industrie pétrolière, attirant des travailleurs et des investissements liés aux hydrocarbures. Cependant, cette croissance a souvent été *enclavée*, dépendante d'un secteur unique et peu connectée à l'économie nationale : ces villes-portuaires, tournées vers l'exportation de la ressource, ont parfois gardé des liaisons précaires avec l'arrière-pays et n'ont pas catalysé un développement industriel diversifié au-delà du pétrole. De même, des villes minières (comme Mounana au Gabon pour l'uranium dans le passé, ou Ndjamena elle-même qui a gonflé en partie grâce à la manne pétrolière tchadienne) ont vu le jour ou grossi rapidement, mais sur un socle économique fragile et mono-sectoriel. Quand la ressource s'épuise ou que les cours s'effondrent, ces centres urbains peuvent stagner ou dépérir, n'ayant pas bâti une économie locale diversifiée.

Par ailleurs, la rapidité de l'urbanisation, non accompagnée d'investissements adéquats en infrastructures, a conduit à une croissance spatiale anarchique des grandes villes. **L'urbanisation de la population ne s'est pas accompagnée d'une urbanisation des capitaux** : autrement dit, la migration massive vers les villes ne s'est pas doublée d'un effort équivalent de construction de logements, de routes, d'égouts, de réseaux de transport, etc., pour accueillir décemment ces nouveaux citadins. Il en résulte que les métropoles de la CEMAC sont souvent marquées par l'**étalement informel** (bidonvilles et quartiers précaires occupant de larges portions, parfois majoritaires, de la superficie urbaine), la congestion, et des problèmes aigus de services urbains (accès insuffisant à l'eau potable, à l'assainissement, à l'électricité, gestion défaillante des déchets, etc.). Ce désordre urbain a un coût économique élevé : comme ailleurs en Afrique, les villes de la région sont souvent parmi les plus chères du monde en termes de coût de la vie et du coût des affaires, paradoxalement du fait de leur inefficacité structurelle (logements trop rares donc chers, transports inadéquats donc déplacements coûteux, enclavement qui renchérit l'approvisionnement, etc.). Ces conditions urbaines difficiles brident le développement industriel urbain (les investisseurs hésitent à s'installer dans des villes où les coûts de transaction sont élevés et la productivité potentielle diminuée par les problèmes d'infrastructures).

Enfin, l'absence de vision d'aménagement du territoire intégrant les zones urbaines et rurales a accentué les **déséquilibres territoriaux**. Les campagnes délaissées se vident au profit de métropoles saturées, ce qui d'une part désorganise les systèmes agricoles (avec un exode rural massif) et d'autre part crée un chômage urbain de masse que l'économie de rente, peu créatrice d'emplois, ne peut résorber. Les villes secondaires, qui auraient pu jouer un rôle d'armature territoriale en relayant le développement dans les régions, n'ont pas bénéficié de politiques de soutien suffisantes. Il existe peu de *pôles de croissance* hors des capitales, faute d'investissement public dans des infrastructures structurantes (zones industrielles, universités régionales, routes interurbaines). La décentralisation politique amorcée dans les années 1990 est restée très limitée dans ses moyens, et n'a pas encore permis de corriger la macrocéphalie urbaine héritée de la colonisation.

A l'évidence, la **croissance urbaine anarchique** en Afrique centrale, dominée par des capitales hypertrophiées et des villes-extractives isolées, reflète les faiblesses structurelles de la région. Elle est à la fois conséquence (de la centralisation de l'État, de l'économie de rente, de l'absence de planification) et cause aggravante (en concentrant les problèmes et en diluant les ressources) du manque de diversification économique. Un développement plus équilibré des villes et des campagnes aurait pu fournir une base plus solide à l'industrialisation (par exemple en développant des villes moyennes spécialisées dans l'agro-industrie ou les services logistiques régionaux), ce qui n'a jusqu'ici été qu'esquissé. L'état actuel pose donc le défi de repenser l'urbanisation dans une optique de développement économique inclusif et diversifié.

Conclusion

L'analyse diachronique et multidimensionnelle des défis structurels de la diversification en Afrique centrale met en lumière un enchevêtrement de facteurs historiques et contemporains qui ont enfermé les économies de la CEMAC dans un schéma de croissance peu diversifiée. L'héritage colonial a façonné des économies extraverties, dotées d'infrastructures orientées vers l'exportation de ressources brutes et non vers l'intégration interne. Les faiblesses institutionnelles – notamment la capacité limitée de l'État en dehors des capitales – ont entravé la mise en œuvre de politiques équilibrant le développement sur l'ensemble du territoire. La dépendance persistante aux matières premières a constitué un piège duquel il est difficile de s'échapper, d'autant que les chocs pétroliers et miniers ont périodiquement déstabilisé les plans de diversification. Le manque d'investissement dans le capital humain et les erreurs de pilotage des politiques économiques ont maintenu la région dans une situation de faible complexité économique, incapable de produire localement des biens à haute valeur ajoutée. L'absence de compétitivité industrielle interne s'est traduite par une intégration régionale atone, chaque pays demeurant tourné vers l'extérieur pour ses échanges et ne profitant pas des complémentarités potentielles avec ses voisins. Enfin, l'urbanisation chaotique et polarisée a accentué les déséquilibres, concentrant population et activités dans quelques enclaves urbaines sans structurer un développement territorial propice à l'industrialisation.

Ce diagnostic des obstacles structurels pose les bases de la réflexion sur les solutions envisageables pour amorcer une diversification économique réelle dans la région CEMAC. Face à des problèmes largement communs aux six pays, **des approches régionales concertées** apparaissent comme des pistes prometteuses. C'est dans cette perspective que s'inscrivent les discussions au niveau de la CEMAC et de la Communauté Économique des États de l'Afrique Centrale (CEEAC) sur des **politiques économiques communes**. Le chapitre suivant examinera ainsi plusieurs axes stratégiques qui pourraient constituer des leviers de transformation structurelle à l'échelle régionale : une politique agricole régionale visant à valoriser le potentiel agro-pastoral et à assurer la sécurité alimentaire tout en alimentant une agro-industrie locale ; une politique industrielle commune et coordonnée, cherchant à développer des filières de transformation partagées et à créer des chaînes de valeur régionales (par exemple dans le bois, le coton-textile, ou les matériaux de construction) ; une stratégie collective en matière d'**éducation et de formation**, afin de mutualiser les ressources pour la formation technique et supérieure et d'élever le niveau de compétences de la main-d'œuvre dans toute la sous-région ; et enfin une politique concertée de développement **énergétique et industriel**, passant par l'interconnexion des réseaux électriques, l'exploitation maîtrisée et durable des ressources énergétiques (hydrocarbures, hydroélectricité, énergies renouvelables) et la création d'infrastructures régionales (zones économiques spéciales, corridors de transport) au service de l'industrialisation.

L'examen de ces pistes, qui seront détaillées et analysées, permettra d'évaluer dans quelle mesure une action collective de la CEMAC peut contribuer à lever les contraintes structurelles identifiées dans ce chapitre. Il ne s'agit pas encore de formuler des recommandations précises, mais d'étudier comment ces orientations stratégiques communes pourraient s'attaquer aux causes profondes de la faible diversification – qu'il s'agisse de repenser l'allocation des ressources issues des matières premières, de renforcer l'État et la gouvernance économique, ou de remodeler l'espace régional pour en faire un véritable marché intégré. Cette réflexion collective ouvrira la voie vers des politiques plus efficaces, susceptibles à terme de transformer les économies d'Afrique centrale d'*économies de rente* en *économies diversifiées et résilientes*.

CHAPITRE III

UNE ECONOMIE DOMINEE PAR LE SECTEUR INFORMEL

Le secteur informel occupe une place prépondérante dans les économies de la Communauté économique et monétaire de l'Afrique centrale (CEMAC). Cette région, qui regroupe le Cameroun, le Gabon, la Guinée équatoriale, la République centrafricaine, la République du Congo et le Tchad, se caractérise par des structures économiques où l'informalité est omniprésente. En moyenne, le secteur informel représente près d'un tiers du PIB dans les pays de la CEMAC et fournit l'écrasante majorité des emplois. Au Cameroun par exemple – la plus grande économie de la zone – plus de 85 % de la population active travaille dans le secteur informel. Des estimations récentes du Bureau International du Travail indiquent même qu'en Afrique centrale, environ 92 % des emplois proviennent de l'économie informelle. Ces chiffres éloquents soulignent l'importance vitale du secteur informel pour la création de revenus et la survie économique d'une large part de la population régionale.

Cependant, la prédominance de l'informalité s'accompagne de problématiques économiques, sociales et institutionnelles complexes. D'un point de vue économique, le secteur informel concentre souvent des activités à faible productivité, ce qui peut freiner la croissance globale et la transformation structurelle. Le recours massif à l'emploi informel traduit l'incapacité du secteur formel à absorber une main-d'œuvre abondante, en particulier les jeunes, et pose la question de la qualité des emplois disponibles. Sur le plan social, l'informalité est associée à la précarité – revenus instables, absence de protection sociale, conditions de travail souvent pénibles – tout en jouant paradoxalement un rôle de **filet de sécurité** pour des millions de familles en l'absence d'opportunités formelles. D'un point de vue institutionnel, la frontière floue entre formel et informel met au défi les systèmes fiscaux et réglementaires : une grande part de l'activité échappe à l'impôt et aux réglementations, limitant les ressources publiques et l'efficacité des politiques économiques. Cette situation soulève des enjeux de gouvernance, notamment en matière de corruption et de rapports entre les acteurs informels et l'État.

Face à ces constats, il est crucial d'analyser le secteur informel dans la CEMAC de manière à la fois descriptive et critique. Le présent chapitre se propose d'examiner les caractéristiques de l'économie informelle dans la région, d'en identifier les facteurs explicatifs, et d'en évaluer les impacts socio-économiques. L'analyse s'appuie sur les données et LES études les plus récentes afin de dégager des tendances actuelles. Il s'agit également d'aborder des dimensions transversales importantes, telles que l'impact du numérique sur l'informalité, les dynamiques de genre, ou encore les effets de l'intégration régionale. Enfin, une réflexion sur les stratégies et LES politiques permettant une transition progressive vers l'économie formelle sera menée, à la lumière d'expériences réussies en Afrique et ailleurs. La méthodologie adoptée combine une revue de la littérature académique et institutionnelle avec l'examen de statistiques régionales, dans une perspective pluridisciplinaire mobilisant l'économie du développement, la sociologie du travail et l'analyse des politiques publiques. L'objectif est d'offrir une compréhension approfondie du secteur informel en zone CEMAC et de dégager des pistes d'action pour mieux intégrer ce secteur clé dans le processus de développement économique et social.

Caractéristiques du secteur informel en CEMAC

Il convient d'abord de définir ce que l'on entend par *secteur informel*. La notion a été formalisée par l'Organisation Internationale du Travail (OIT) au début des années 1990. Selon la définition officielle, le secteur informel se compose d'un *ensemble d'unités de production de biens et services* créées dans le but principal de procurer des emplois et des revenus aux personnes impliquées, et qui opèrent à petite échelle avec un faible niveau d'organisation. Ces unités échappent pour la plupart aux enregistrements officiels et présentent une absence ou une très faible séparation entre le capital et le travail. Les relations de travail y sont souvent fondées sur le caractère occasionnel de l'emploi, les liens familiaux ou les relations personnelles, plutôt que sur des contrats formels garantis. En d'autres termes, l'informalité se manifeste par des entreprises non immatriculées (telles que les micro-entreprises familiales, les travailleurs indépendants sans enregistrement) ou des emplois non déclarés au sein même d'entreprises formelles. Cette définition large inclut aussi bien l'ouvrier urbain non déclaré que l'agriculteur de subsistance vendant une partie de sa récolte, ou le vendeur ambulant des marchés urbains. Dans la suite de ce chapitre, nous entendons par *secteur informel* l'ensemble de ces activités économiques exercées en dehors du cadre réglementaire formel (immatriculation, fiscalité, normes du travail, etc.), qu'il s'agisse d'activités de subsistance ou de micro-entreprises non enregistrées. Il est à noter que cette définition ne recouvre pas le secteur criminel (contrebande de grande envergure, activités illégales organisées) qui relève d'une autre problématique, bien que la ligne de démarcation puisse parfois être ténue dans certains contextes.

Poids économique et importance de l'informalité

Les économies de la CEMAC présentent une dualité entre un secteur formel relativement étroit (souvent dominé par quelques entreprises structurées, notamment dans l'extraction pétrolière ou les services publics) et un vaste secteur informel qui fait vivre la majorité de la population. D'après les estimations disponibles, le secteur informel contribue en moyenne à environ un tiers du PIB des pays de la zone. Cette part peut varier d'un pays à l'autre : par exemple, dans les pays très dépendants du pétrole comme le Gabon ou la Guinée équatoriale, le PIB formel est gonflé par la rente pétrolière, mais hors pétrole l'économie domestique est largement informelle. En termes d'emplois, la domination de l'informel est encore plus marquée : plus de quatre travailleurs sur cinq exercent dans le secteur informel dans la plupart des pays. Au Cameroun, qui dispose de statistiques détaillées, le secteur informel représente plus de 85 % de l'emploi total. Pour l'ensemble de l'Afrique centrale, l'OIT estime que près de 92 % des emplois étaient informels en 2020 – un pourcentage légèrement renforcé par les effets de la pandémie de Covid-19. Ces chiffres signifient concrètement que l'immense majorité de la population active de la CEMAC tire son revenu principal d'une activité informelle, que ce soit dans l'agriculture vivrière, le petit commerce, l'artisanat ou les services de proximité. L'économie informelle constitue donc la *forme d'emploi dominante* dans la sous-région.

Il importe également de souligner que le secteur informel n'est pas un phénomène purement urbain : il se déploie tout autant en ville qu'en milieu rural, bien qu'avec des visages différents. En milieu urbain, l'informalité prend souvent la forme d'une multitude de micro-activités génératrices de revenus : vendeurs de rue et marchés traditionnels, ateliers artisanaux (menuiserie, couture, mécanique informelle), petits services (transport par mototaxi, restauration de rue, travail domestique chez des particuliers, etc.). Dans les grandes villes de la sous-région (Douala, Yaoundé, Libreville, Brazzaville, N'Djamena, Bangui…), le secteur informel est *très développé* et contribue largement à résorber le chômage urbain. On y trouve des marchés animés où se vendent toutes sortes de produits (denrées alimentaires, vêtements d'occasion, pièces détachées) dans des échoppes précaires ou à même le trottoir, des vendeurs ambulants arpentant les rues, ainsi qu'une foule de petits métiers indépendants. À la campagne, l'informalité est principalement le fait de l'agriculture de subsistance et du petit commerce rural (vente sur les marchés hebdomadaires, troc local, artisanat utilitaire). Dans les zones rurales de la CEMAC, la plupart des agriculteurs pratiquent une agriculture familiale non enregistrée ; ils écoulent une partie de leur production (vivriers, petit élevage) de manière informelle, assurant ainsi l'approvisionnement des marchés locaux sans passer par les circuits commerciaux formels. Selon une enquête menée au Cameroun, le secteur informel *rural non agricole* représentait environ 29 % de l'emploi informel total, le reste étant constitué par l'agriculture de subsistance et l'informel urbain. Ce chiffre illustre le poids encore majoritaire de l'agriculture vivrière dans l'informalité globale, mais aussi l'importance des activités informelles rurales non agricoles (petit commerce, artisanat local, transformation de produits). En définitive, *tant dans les villes qu'à la campagne, le secteur informel est dominé par les activités à caractère artisanal et le petit commerce de détail.* La vente ambulante de denrées, la couture et la cordonnerie, la fabrication de briques ou de charbon de bois, ou encore les services de transport informel sont autant d'exemples d'activités qui prospèrent hors du cadre officiel et qui répondent aux besoins de la population locale.

Le profil des travailleurs informels est très diversifié. Contrairement à certains stéréotypes, l'informalité ne se limite pas aux moins qualifiés – même si ceux-ci y sont surreprésentés. On y trouve des personnes de tous âges (beaucoup de jeunes entrent sur le marché du travail par le biais d'un emploi informel faute d'opportunités formelles, mais aussi des travailleurs expérimentés évincés du secteur formel), de niveaux d'éducation variés (des diplômés chômeurs finissent parfois par entreprendre dans l'informel), des hommes comme des femmes. Il n'existe pas de *profil type* de l'acteur de l'informel en CEMAC, si ce n'est que tous partagent finalement des contraintes similaires liées à l'absence de protection et de reconnaissance officielle. Un point notable est la forte corrélation entre emplois informels et faibles revenus : les travailleurs pauvres de la région sont presque tous dans l'informalité. En effet, **93 % des personnes vivant sous le seuil de pauvreté occupent un emploi informel**. Le secteur informel constitue donc bien la principale porte d'entrée sur le marché du travail pour les plus démunis. Il offre à ces derniers une possibilité de gagner leur vie, aussi modeste soit-elle, en l'absence d'alternatives. Cette réalité confère à l'informalité une dimension ambivalente : d'un côté, elle est synonyme de survie économique et de débrouillardise pour des millions de personnes ; de l'autre, elle renvoie à la persistance d'une pauvreté laborieuse et d'emplois de faible qualité.

Enfin, on observe quelques différences structurelles d'un pays de la CEMAC à l'autre, liées aux spécificités économiques nationales. Le Cameroun dispose d'un secteur informel particulièrement diversifié et développé, reflétant la variété de son économie (agriculture, industries de transformation, services marchands). Le Tchad et la République centrafricaine, pays de très faible industrialisation et de longue tradition agro-pastorale, ont une informalité quasi généralisée, la quasi-totalité de la population active y travaillant hors du secteur moderne. Au Gabon et en Guinée équatoriale, pays à revenus intermédiaires supérieur grâce au pétrole, la part de l'emploi informel, bien que majoritaire, est légèrement plus réduite en raison d'un nombre plus élevé d'emplois publics et formels dans l'administration et le secteur pétrolier. Néanmoins, même dans ces pays relativement plus riches, l'essentiel de la population active occupe des petits boulots informels dans le commerce, la pêche artisanale ou les services domestiques. Globalement, *la CEMAC illustre la situation de double économie*, avec un petit segment formel et un vaste arrière-plan informel. Cette dualité coexiste parfois au sein même des entreprises : il n'est pas rare que de grandes entreprises formelles recourent à de la main-d'œuvre informelle ou que, inversement, de micro-entrepreneurs informels s'acquittent de certaines taxes locales. En République du Congo ou au Gabon, par exemple, des compagnies établies peuvent employer des journaliers sans les déclarer, tandis que de nombreux petits commerçants non enregistrés paient malgré tout des droits de marché ou d'étalage aux municipalités. Comme le note une étude sur le cas du Congo, *les petites unités informelles sont parfois soumises à des charges fiscales locales, alors qu'une partie des grandes unités formelles se livrent à des pratiques informelles (emploi non déclaré, ventes non facturées)*. La frontière entre formel et informel est donc poreuse et il existe un continuum d'arrangements hybrides. Cette caractéristique sera réexaminée plus loin lorsque nous aborderons les interactions entre les secteurs formel et informel.

Facteurs explicatifs du développement du secteur informel

Plusieurs facteurs structurels et institutionnels concourent à expliquer l'ampleur du secteur informel en Afrique centrale. Ces facteurs relèvent à la fois des dynamiques du marché du travail, de l'environnement réglementaire et fiscal, de la gouvernance, ainsi que d'héritages socio-économiques de longue durée. Ils interagissent entre eux pour dessiner un contexte où l'informalité apparaît souvent comme la « solution par défaut » pour une grande partie de la population active.

Pression démographique et contraintes du marché du travail

L'un des premiers déterminants de l'essor de l'informalité est l'incapacité des économies formelles à absorber la main-d'œuvre disponible. Les pays de la CEMAC connaissent une croissance démographique soutenue et disposent d'une population très jeune. Chaque année, des centaines de milliers de jeunes arrivent sur le marché du travail dans la région, mais les créations d'emplois formels (dans le secteur public ou privé structuré) sont insuffisantes pour les accueillir. Ainsi, la moitié environ de la population en âge de travailler se trouve soit au chômage, soit *désengagée du marché du travail* dans des pays comme le Cameroun. Le taux de chômage urbain avoisine

21 % en moyenne dans la sous-région, avec des pointes bien plus élevées dans les grandes métropoles. Face à cette rareté de l'emploi salarié formel, le secteur informel joue un rôle de « refuge » ou de **soupape d'absorption** pour la main-d'œuvre excédentaire. Dans les villes, au lieu de rester sans occupation, les individus créent de petites activités génératrices de revenus – commerce de rue, artisanat, transport informel, etc. –, même si celles-ci sont de faible productivité. En zone rurale, en l'absence d'emplois salariés (en dehors de quelques plantations ou projets), la majorité des actifs travaillent dans de petites exploitations familiales et vendent de manière informelle leur production ou leur force de travail. La structure même des économies de la CEMAC, où le secteur moderne est étroit (hors exploitation pétrolière) et la population active en forte expansion, engendre mécaniquement un large secteur informel. Pour beaucoup de ménages, l'activité informelle est une stratégie de survie face au manque d'opportunités formelles. On assiste ainsi à une **migration de la main-d'œuvre vers l'informalité**, qu'elle soit directe (les jeunes créant leur micro-activité dès la sortie du système scolaire) ou indirecte (des employés formels licenciés ou des fonctionnaires payés tardivement qui développent en parallèle une activité informelle pour compléter leurs revenus). Le déséquilibre entre l'offre de travail abondante et la demande limitée d'emplois formels alimente fortement l'expansion du secteur informel.

Cadre réglementaire et coût de la formalisation

Un second facteur explicatif majeur réside dans les caractéristiques du climat des affaires et du cadre réglementaire en vigueur. Dans de nombreux pays de la CEMAC, entreprendre une activité dans le secteur formel se heurte à d'importantes barrières administratives et financières. Les procédures pour immatriculer une entreprise, obtenir les autorisations nécessaires ou se conformer aux obligations fiscales et sociales peuvent être complexes, longues et coûteuses pour les petits entrepreneurs. Par exemple, le nombre de démarches administratives et le délai pour créer légalement une entreprise étaient historiquement très élevés au Cameroun et au Tchad par rapport aux standards internationaux (même si des réformes récentes ont cherché à simplifier ces processus). Les frais d'enregistrement, les exigences de capital minimum (du moins avant leur suppression dans l'espace OHADA), ou le coût d'obtention de licences peuvent décourager les micro-entrepreneurs qui disposent de moyens limités. À cela s'ajoute la lourdeur de certaines réglementations du travail, inadaptées à la réalité des micro-entreprises familiales : devoir appliquer la législation sociale, tenir une comptabilité formelle ou s'acquitter de taxes diverses représente un fardeau disproportionné pour des unités de très petite taille. En conséquence, beaucoup d'entrepreneurs préfèrent rester ou retomber dans l'informalité, c'est-à-dire opérer sans immatriculation ni déclaration, afin d'éviter ces coûts et ces contraintes.

On peut parler d'un *cercle vicieux réglementaire* : plus le formalisme administratif est exigeant, plus il incite les acteurs économiques à s'en affranchir. Comme l'écrit un auteur, *« la corruption peut être vue comme une transaction dont l'issue déterminera le caractère formel ou non de l'activité économique en cause »*. En effet, face à un cadre bureaucratique rigide, deux choix s'offrent souvent aux petits opérateurs : soit s'y conformer en subissant des coûts (officiels ou officieux) prohibitifs, soit négocier de façon informelle leur marge de manœuvre (par exemple en versant un pot-de-vin pour qu'on tolère leur activité non enregistrée). Nombre d'entre eux optent pour l'informalité pure et simple, évitant ainsi les tracas administratifs et les taxes, au prix d'une insécurité juridique. À l'inverse, certains qui souhaiteraient se formaliser se heurtent à l'impossibilité de satisfaire à toutes les exigences légales et restent donc « bloqués » dans l'informel.

Ce phénomène a été analysé par l'économiste Hernando de Soto qui montrait que dans beaucoup de pays en développement, *« les exigences formelles découragent les initiatives d'investissement à petite échelle et obligent les entrepreneurs à opérer dans l'extra-légalité »*. Bien que la CEMAC ait engagé des programmes d'amélioration du climat des affaires, le ressenti sur le terrain demeure que les démarches restent trop compliquées pour le commun des petits entrepreneurs. Il en résulte un faible niveau d'enregistrement administratif du tissu productif – ce qui se traduit par un faible taux de « fiscalisation » du secteur informel. Le cadre réglementaire actuel, en dépit des réformes, n'offre pas suffisamment d'incitations à la formalisation pour la majorité des unités de production, qui opèrent donc en marge de celui-ci.

Un troisième ensemble de facteurs renvoie aux enjeux de gouvernance publique et à la relation entre l'État et les acteurs économiques. La prégnance de l'informalité peut en effet être aussi la conséquence d'une *défaillance de gouvernance*. Dans nombre de pays de la CEMAC, la régulation de l'activité économique souffre d'un manque de transparence et d'efficacité. La corruption administrative est un problème récurrent dans la région, qui affecte notamment les administrations fiscales, douanières et municipales. Cela a un double impact sur l'informalité : d'une part, la corruption peut décourager les entrepreneurs de rentrer dans le système formel (s'ils anticipent qu'il leur faudra verser des « dessous-de-table » à chaque inspection ou pour chaque démarche, ils préfèrent rester cachés) ; d'autre part, la corruption peut *entretenir* l'informalité en la rendant tolérable moyennant paiement. Comme mentionné plus haut, l'issue de savoir si une activité reste informelle ou devient formelle peut dépendre d'une transaction informelle avec un agent public. Par exemple, un commerçant non déclaré peut continuer son activité grâce à la complaisance d'un contrôleur moyennant le versement périodique d'une somme d'argent. Ce type de pratiques érode l'autorité de la loi et crée un environnement où l'informel n'est pas combattu, mais parfois instrumentalisé. En outre, la faiblesse de l'application des règles (faible capacité de contrôle de l'État sur l'ensemble du territoire, surtout dans les zones rurales ou enclavées) favorise l'essor d'une économie non déclarée. Dans certaines régions peu intégrées (forêts frontalières, zones de conflits), l'administration fiscale ou du travail est quasiment absente, laissant l'économie locale fonctionner de manière autonome, souvent via des arrangements informels. Enfin, l'absence de protections juridiques effectives pour les petits opérateurs joue également un rôle : beaucoup d'entrepreneurs n'ont pas confiance dans le système judiciaire pour faire valoir leurs droits (par exemple, en cas de litige commercial ou de contentieux administratif). Ne bénéficiant pas d'un État de droit accessible, ils préfèrent évoluer dans la sphère informelle, quitte à s'appuyer sur des réseaux relationnels ou communautaires pour sécuriser leurs transactions. On voit donc que la gouvernance faiblissante – qu'il s'agisse de la corruption endémique ou de la faiblesse institutionnelle – est un terreau propice à la persistance de larges secteurs informels.

Il convient également de souligner que l'État lui-même, par ses pratiques, peut contribuer à l'informalité. Lorsque le secteur public ne parvient pas à offrir des services de base accessibles (formation professionnelle, soutien à l'entrepreneuriat, protection sociale), les travailleurs et producteurs opèrent en dehors de ces cadres officiels. Par ailleurs, les politiques économiques passées, telles que les programmes d'ajustement structurel des années 1980-1990, ont abouti à des compressions d'effectifs dans la fonction publique et à la privatisation d'entreprises, poussant de nombreux anciens salariés vers le travail informel. Ce point fait le lien avec les facteurs historiques et socio-économiques.

Facteurs socio-économiques et historiques

L'essor du secteur informel en CEMAC s'inscrit dans une trajectoire historique marquée par des crises et des transformations structurelles. La crise économique des années 1980, déclenchée par la chute des cours des matières premières et le contre-choc pétrolier, a durement frappé les entreprises formelles de la région et *révélé l'importance des activités de subsistance* pour la survie de la population. Au Cameroun par exemple, la contraction du secteur formel durant cette période a été compensée par une explosion du petit entrepreneuriat informel et du commerce parallèle. De même, la dévaluation du franc CFA en 1994 a initialement stimulé les filières exportatrices formelles, mais elle a aussi renchéri certains produits importés, favorisant l'essor de circuits informels d'approvisionnement bon marché. Dans certains pays, les conflits et l'instabilité politique ont également contribué à l'expansion de l'informalité : la République centrafricaine et le Tchad, confrontés à des troubles récurrents, ont vu leurs structures étatiques s'affaiblir, ce qui a accru le rôle de l'économie informelle dans la vie quotidienne. En l'absence d'État fonctionnel sur tout le territoire, les communautés ont développé des mécanismes économiques autonomes, souvent informels, pour échanger et subvenir à leurs besoins.

Par ailleurs, des facteurs culturels et éducatifs entrent en jeu. Les systèmes d'enseignement et de formation professionnelle de la région, encore insuffisamment adaptés, forment relativement peu de techniciens ou de professionnels immédiatement employables dans le secteur formel. Une proportion importante des jeunes entrant sur le marché du travail n'a pas de qualification formelle reconnue, mais peut posséder des savoir-faire pratiques acquis de manière informelle (par exemple, via l'apprentissage traditionnel). Ces jeunes vont naturellement s'orienter vers des emplois informels où leurs compétences empiriques peuvent être valorisées (mécanique auto informelle, menuiserie artisanale, etc.). De plus, les structures familiales étendues et les solidarités communautaires font que l'informalité est socialement acceptée, voire valorisée, en tant que moyen de « se débrouiller ». Le terme de *débrouillardise* revient souvent pour décrire l'ingéniosité des acteurs informels qui parviennent à générer des revenus dans un environnement difficile. Cette tolérance culturelle à l'égard de l'informel peut parfois s'accompagner d'une méfiance envers l'État, perçu comme lointain ou prédateur, ce qui incite les individus à rester dans des circuits économiques qu'ils peuvent contrôler au niveau local.

Enfin, un facteur structurel important est la nature même de l'économie de certains pays de la CEMAC, dominée par quelques secteurs d'exportation (notamment le pétrole, le bois, les mines) qui emploient peu de main-d'œuvre mais génèrent une part majeure du PIB. Ce modèle économique dit « d'enclave » crée une dissociation entre la richesse nationale et l'emploi : par exemple, la Guinée équatoriale a eu durant les années 2000 le PIB par habitant le plus élevé d'Afrique subsaharienne grâce au pétrole, mais la plupart de sa population active vivait de petits commerces, de pêche ou d'agriculture informelle, en marge de l'énorme secteur pétrolier qui n'emploie qu'un nombre réduit de salariés souvent expatriés. Ainsi, plus qu'ailleurs, l'économie réelle domestique reste informelle tandis que la richesse formelle est concentrée dans un secteur capitalistique. Cela contribue à maintenir l'informalité de la majorité des activités hors pétrole/gaz.

En synthèse, le développement tentaculaire du secteur informel dans les pays de la CEMAC s'explique par une **convergence de facteurs** : pression d'une offre de travail excédentaire que le formel ne peut absorber, environnement des affaires peu incitatif voire dissuasif, gouvernance publique défaillante ou permissive envers l'informalité, et héritages économiques marqués par des chocs et une structure duale de l'économie. Chacun de ces facteurs, qu'il soit d'ordre macroéconomique ou institutionnel, encourage ou perpétue le recours à l'informel comme modalité dominante d'activité. Comprendre ces causes est essentiel pour analyser les conséquences du phénomène et envisager des politiques efficaces.

Impacts socio-économiques du secteur informel

Le poids prépondérant du secteur informel dans la CEMAC a des conséquences multiples, à la fois positives et négatives, sur les économies et les sociétés de la région. Il convient d'évaluer ces impacts de manière nuancée, car l'informalité est source de **résilience et d'emplois** tout autant qu'elle pose des défis en termes de **productivité, de précarité sociale et de mobilisation des ressources publiques**. De plus, le secteur informel entretient des relations complexes avec le secteur formel, faites de complémentarités mais aussi de tensions.

Contribution à l'emploi et rôle de filets sociaux. Du côté positif, le secteur informel fournit une **réserve d'emplois bienvenue** pour une population active nombreuse et en croissance rapide. Dans un contexte où le secteur formel n'offre pas assez de postes, l'informalité évite que le chômage de masse ne dégénère en crise sociale aiguë. Des millions de personnes parviennent ainsi à tirer un revenu – modeste mais indispensable – de petites activités informelles. Le secteur informel est souvent qualifié de *« tampon »* ou de *« filet de sécurité »* : en temps de choc économique, il absorbe les travailleurs licenciés du formel ou les jeunes sans emploi en leur offrant des opportunités de survie. Par exemple, lors de la pandémie de Covid-19 en 2020, beaucoup d'emplois salariés ont été perdus dans le commerce formel et les services touristiques, mais nombre de personnes se sont reconverties provisoirement dans des petits commerces informels (vente de masques artisanaux, de produits alimentaires à domicile, etc.), renforçant temporairement la part de l'informel dans l'emploi total. Cette capacité d'absorption confère une certaine *résilience* aux économies africaines centrales : les communautés locales, grâce à l'économie informelle, peuvent encaisser des chocs et continuer à fonctionner même lorsque les canaux officiels sont perturbés. Par ailleurs, l'informalité s'accompagne d'une flexibilité qui permet aux individus de cumuler plusieurs activités et de s'adapter aux opportunités. Il n'est pas rare qu'un même individu ait un petit commerce le matin, puis travaille dans son champ l'après-midi – combinant ainsi des revenus diversifiés. Cette polyvalence, typique du secteur informel, aide les ménages à gérer l'incertitude et à réduire les risques de perte totale de revenus. En zone urbaine, le dynamisme du petit commerce informel contribue aussi à l'approvisionnement des populations à bas coût : les denrées de base (fruits, légumes, poisson) sont souvent plus abordables sur les marchés informels que dans les circuits formels, ce qui soutient le pouvoir d'achat des plus pauvres. Enfin, sur le plan social, de nombreux acteurs informels mobilisent les solidarités familiales – en employant des proches, en s'entraidant – créant ainsi un tissu socio-économique de proximité qui renforce la cohésion locale. La contribution du secteur informel à l'atténuation de la pauvreté et à la stabilité sociale est indéniable : sans l'informel, le chômage et la misère seraient bien plus élevés dans la région.

Précarité des revenus et vulnérabilité sociale

En contrepartie de son rôle d'amortisseur, le secteur informel se caractérise par des conditions de travail souvent précaires et de bas revenus pour la majorité de ceux qui y sont engagés. La grande majorité des travailleurs informels de la CEMAC gagnent leur vie dans des emplois non protégés, sans contrat écrit, avec des revenus irréguliers et généralement modestes. D'après la Banque mondiale, une part très importante des emplois en Afrique centrale peut être classée comme *« emploi vulnérable »*, occupée par des travailleurs indépendants ou des aides familiaux non rémunérés. En 2022, environ **72,2 % des emplois de la sous-région** entraient dans cette catégorie de vulnérabilité (travailleurs à leur compte ou aidants familiaux). Ces travailleurs sont particulièrement exposés au risque de pauvreté, car ils sont moins susceptibles de bénéficier d'une protection sociale ou d'une assurance en cas de coup dur. En l'absence de salaire minimum garanti ou de contrat stable, leurs revenus peuvent fluctuer fortement d'une période à l'autre. Par exemple, un vendeur de rue peut connaître de bonnes ventes pendant la saison touristique puis de très faibles revenus en basse saison. De même, un agriculteur informel voit ses revenus baisser si la récolte est mauvaise ou si les prix chutent, sans filet de sécurité pour compenser. Cette incertitude permanente rend difficile la constitution d'épargne, ce qui aggrave la vulnérabilité face aux aléas (maladie, accident, crise économique).

Par ailleurs, les travailleurs informels n'ont généralement pas accès aux avantages associés au salariat formel : pas de retraite, pas d'assurance maladie ou d'accident du travail, pas de congés payés. Ils doivent souvent travailler quotidiennement (y compris en cas de maladie légère) sous peine de ne générer aucun revenu pour subvenir aux besoins de leur famille. Les conditions de travail elles-mêmes peuvent être pénibles : longues heures sur les marchés, port de charges lourdes, exposition aux intempéries pour les vendeurs de rue, utilisation d'outils rudimentaires pour les artisans, etc. Les normes de sécurité ne sont pas appliquées, ce qui expose à des risques d'accidents (par exemple dans l'artisanat minier ou la construction informelle). De plus, l'absence de reconnaissance légale fait que ces travailleurs n'ont que rarement voix au chapitre pour défendre leurs intérêts : ils ne sont pas couverts par le droit du travail, ne peuvent se syndiquer efficacement, et sont parfois à la merci d'abus (confiscation de marchandises par les autorités, demandes de pots-de-vin, travail forcé ou exploitation dans certains cas extrêmes). Tout cela concourt à maintenir une bonne partie du secteur informel dans un état de **précarité économique**. Par exemple, on estime que l'immense majorité des ménages vivant avec moins de 2 dollars par jour en Afrique centrale tirent leurs maigres revenus d'activités informelles non protégées. L'informalité, si elle prévient l'extrême dénuement, ne permet bien souvent qu'une subsistance au jour le jour. Cette réalité pose un défi de développement humain : comment améliorer les conditions de vie et de travail de cette majorité silencieuse qui opère en marge des protections sociales et des droits ? C'est un enjeu central pour les gouvernements de la CEMAC.

Faible contribution fiscale et contrainte sur les finances publiques

Un autre impact significatif de la prédominance de l'informel concerne les finances publiques et la capacité de l'État à mobiliser des ressources fiscales. Par définition, le secteur informel échappant en grande partie aux circuits officiels, il contribue peu aux recettes fiscales conventionnelles (impôts sur les revenus, cotisations sociales, TVA lorsque les transactions ne sont pas déclarées, etc.). Le résultat est un **manque à gagner important pour les Trésors publics** des pays de la CEMAC. La question de la fiscalisation du secteur informel revient de manière récurrente dans le débat public, précisément parce que les besoins de financement du développement sont élevés alors que la base fiscale est étroite. En Afrique centrale, les ratios d'impôts par rapport au PIB sont historiquement faibles (hors revenus tirés des ressources naturelles) comparés à d'autres régions, en partie à cause de l'importance de l'économie informelle. Par exemple, sur la période 2000-2004, les recettes fiscales représentaient en moyenne moins de 13 % du PIB dans les pays de la CEMAC (selon le FMI), contre plus de 20 % dans des pays émergents d'Asie ou d'Amérique latine. Cette situation s'explique par le fait que l'assiette taxable est limitée aux entreprises formelles et aux salariés déclarés, qui ne constituent qu'une fraction réduite de l'économie réelle.

Cela a plusieurs implications. D'une part, les États doivent souvent compter sur un petit nombre de contribuables importants (notamment les grandes entreprises, souvent étrangères, du secteur pétrolier ou minier) pour collecter l'essentiel de leurs recettes. Ceci peut conduire à une vulnérabilité des finances publiques aux aléas de ces secteurs (volatilité des prix du pétrole, par exemple) et ne favorise pas la justice fiscale. D'autre part, pour augmenter leurs recettes, les gouvernements recourent parfois à des taxes indirectes (TVA, droits de douane) qui, elles, touchent aussi le secteur informel via la consommation, mais de manière indifférenciée et parfois régressive pour les plus pauvres. Pendant ce temps, une grande partie des micro-entrepreneurs informels ne contribuent que de manière minime – voire nulle – à l'impôt sur le revenu ou aux cotisations sociales, créant un sentiment d'iniquité avec les opérateurs formels qui, eux, sont imposés. Il convient toutefois de nuancer ce constat en notant que les acteurs informels ne sont pas totalement exempts de toute contribution : beaucoup paient des **taxes informelles ou locales**. Par exemple, un commerçant de marché paiera un droit de place à la municipalité, un transporteur informel versera éventuellement des « frais de route » aux postes de contrôle, etc. Cependant, ces sommes sont souvent modestes et mal recouvrées par l'État central. De plus, une étude sur le Cameroun a montré que paradoxalement, *ce sont les unités informelles les plus grandes (donc les plus profitables) qui contribuent le moins par rapport à leur capacité, car elles échappent mieux à l'impôt que les petites*. Ainsi, le système actuel aboutit à une situation peu équitable : les petits opérateurs informels peuvent estimer subir un **harcèlement administratif** (contrôles, amendes aléatoires) disproportionné par rapport à leurs moyens, tandis que certains entrepreneurs prospères restent dans l'ombre et ne s'acquittent pas de leur part fiscale. Si l'État cherchait à augmenter drastiquement la taxation du secteur informel sans discernement, il risquerait d'aggraver les inégalités en pénalisant les ménages à bas revenus. Cela souligne la délicatesse du sujet : comment élargir l'assiette fiscale en intégrant progressivement l'informel, sans briser la viabilité de ces micro-entreprises ni accentuer la pauvreté ? En attendant, la faible contribution fiscale de l'informalité limite la capacité des gouvernements de la CEMAC à financer adéquatement les services publics (éducation, santé, infrastructures), ce qui peut freiner le développement à long terme. On voit ainsi que l'ampleur de l'informel n'est pas seulement un enjeu microéconomique, mais aussi un **défi macroéconomique** pour l'équilibre budgétaire et la fourniture de biens publics dans la région.

Interactions entre secteur informel et secteur formel

Loin de constituer deux sphères totalement séparées, le formel et l'informel sont en réalité souvent imbriqués et interdépendants dans les économies de la CEMAC. On observe en effet des **complémentarités fonctionnelles** entre les deux. Par exemple, le secteur formel s'appuie sur le secteur informel pour écouler ses produits ou pour s'approvisionner en intrants à moindre coût. Les biens manufacturés importés ou produits par des entreprises formelles (comme les boissons, la farine, le ciment) sont fréquemment distribués au détail par un réseau de petits commerçants informels jusqu'aux coins les plus reculés du territoire. Sans ces détaillants informels – boutiques de quartier, vendeurs ambulants –, les produits formels n'atteindraient pas aussi largement le consommateur final. Inversement, de nombreuses matières premières agricoles ou artisanales proviennent de l'informel et alimentent des industries formelles : par exemple, le manioc et le maïs produits de façon informelle par des paysans peuvent être achetés par des brasseries ou des minoteries formelles ; le beurre de karité ou le miel issus de petites coopératives informelles peuvent entrer dans la chaîne de valeur de cosmétiques industriels, etc. Il y a donc une forme de *symbiose* économique : l'informel fournit flexibilité, réseau de distribution et parfois bas salaires, tandis que le formel apporte des produits et des marchés.

Cependant, cette cohabitation génère également des **tensions et des distorsions**. Du point de vue des entreprises formelles respectueuses des réglementations, la concurrence des opérateurs informels peut être perçue comme déloyale. Un commerçant enregistré qui paie ses taxes et respecte la réglementation du travail aura des coûts plus élevés qu'un concurrent informel vendant les mêmes produits sans supporter ces charges. Il peut s'ensuivre un effet d'éviction où certaines petites entreprises formelles ne parviennent pas à rivaliser et finissent par retomber elles-mêmes dans l'informalité (en licenciant des salariés ou en cessant de déclarer une partie de leur activité). Ainsi, l'expansion de l'informel peut *éroder la base formelle* existante dans certains secteurs. Par exemple, dans le transport urbain, des compagnies de bus formelles ont parfois du mal à coexister avec la multitude de minibus et mototaxis informels moins chers et plus souples. De même, dans la distribution, les supermarchés formels ont un impact limité hors des grandes villes, car la majorité des consommateurs continue de s'approvisionner via les marchés traditionnels informels.

On observe aussi des phénomènes de **porosité** entre formel et informel au niveau des trajectoires individuelles et des stratégies d'entreprises. Il n'est pas rare qu'un travailleur formel exerce en parallèle une activité informelle pour arrondir ses fins de mois (par exemple un fonctionnaire qui tient une petite boutique le week-end, ou une secrétaire qui vend des vêtements importés en dehors de ses heures de bureau). À l'inverse, des acteurs informels parviennent à accéder à des marchés formels via la sous-traitance ou la fourniture de services. Dans le secteur du bâtiment, beaucoup de projets formels (immeubles publics, ouvrages d'entreprise) font appel à une myriade de tâcherons et d'équipes informelles pour les travaux sur chantier. Dans le commerce, des entreprises formelles sous-traitent la promotion de leurs produits à des vendeurs indépendants non déclarés. Ces arrangements profitent aux deux parties mais rendent la frontière entre formel et informel d'autant plus floue. On parle parfois de *« secteur informel organisé »* pour désigner des réseaux informels structurés qui travaillent en lien avec de grandes firmes (ex. les collecteurs informels de cacao qui alimentent ensuite les exportateurs).

Par ailleurs, l'État lui-même tire parti du secteur informel dans une certaine mesure : il permet de maintenir la paix sociale en occupant la population, et certaines taxes indirectes (comme la TVA sur la consommation) finissent par être payées même par les acteurs informels lorsqu'ils achètent des produits formels. Il arrive aussi que les collectivités locales intègrent l'informel en institutionnalisant certaines redevances spécifiques (droit de marché, permis journalier pour les taxis-motos, etc.), officialisant ainsi partiellement ces activités sans qu'elles basculent totalement dans le formel.

En définitive, les interactions entre formel et informel forment un **écosystème mixte** où chacun a besoin de l'autre mais où des ajustements sont nécessaires pour éviter les effets pervers. D'un côté, le secteur informel apporte flexibilité, distribution capillaire et emploi, ce dont bénéficie l'économie formelle et la société en général. De l'autre, s'il demeure trop prédominant, il peut handicaper le développement du secteur formel en maintenant une base productive à faible productivité et en limitant les ressources de l'État. Trouver l'équilibre entre ces deux sphères est un défi de politique économique majeur pour les pays de la CEMAC : il s'agit de valoriser le rôle positif de l'informalité (innovation frugale, insertion professionnelle, services de proximité) tout en réduisant progressivement ses aspects négatifs (précarité, faible productivité, évitement fiscal). Cette question sera abordée dans la partie sur les stratégies de transition vers le formel.

L'impact du numérique sur l'informalité

Les deux dernières décennies ont vu un essor rapide des technologies numériques en Afrique, qui n'exclut pas les pays de la CEMAC. Téléphones mobiles, services financiers numériques, plateformes en ligne et médias sociaux se sont diffusés progressivement et commencent à transformer les modes d'activité économique, y compris dans le secteur informel. Le numérique offre de nouvelles **opportunités** pour améliorer l'efficacité et l'inclusion financière des acteurs informels, tout en posant de nouveaux **défis** quant à la régulation et à la transition vers le formel.

L'innovation la plus marquante pour l'économie informelle africaine est sans doute l'émergence du *mobile money* (argent mobile). Si l'Afrique de l'Est a été pionnière en la matière (avec M-Pesa au Kenya dès 2007), l'Afrique centrale suit une trajectoire de rattrapage. Dans la CEMAC, les opérateurs télécoms ont lancé des services de monnaie mobile (tels que MTN Mobile Money ou Orange Money) qui rencontrent un succès croissant, bien qu'avec des disparités entre pays. Le Gabon affiche le taux d'adoption le plus élevé de la zone : une part significative de la population adulte y possède un compte mobile money, tandis qu'à l'opposé la République centrafricaine et la Guinée équatoriale accusent un retard important en la matière. De manière générale, l'Afrique centrale reste en deçà de la moyenne africaine en termes de pénétration du mobile money, mais la progression est rapide depuis la fin des années 2010. L'essor de ces plateformes de paiement offre aux travailleurs et micro-entrepreneurs informels un accès inédit à des services financiers de base, souvent sans nécessiter de compte bancaire formel. Pour une vendeuse de beignets ou un taxi-moto, pouvoir recevoir et stocker de l'argent sur son téléphone apporte plusieurs avantages pratiques : sécurité accrue (moins de cash à porter sur soi, donc moins de risque de vol), capacité d'épargne (même modeste) sur un portefeuille électronique, possibilité d'historiser des transactions (utile pour éventuellement contracter un microcrédit, en présentant un relevé mobile money comme preuve de revenus). Selon des témoignages, l'arrivée du paiement mobile a **transformé les habitudes** de nombreux petits commerçants, qui peuvent désormais se faire payer à distance, envoyer de l'argent à leurs fournisseurs ou à leur famille sans interrompre leur activité, et recevoir des paiements de clients qui n'ont pas de liquidités sur eux.

L'inclusion financière s'en trouve améliorée dans une région où le taux de bancarisation traditionnel est extrêmement faible (souvent moins de 20 % de la population a un compte bancaire classique). D'ailleurs, la banque centrale BEAC a reconnu que *l'existence d'un secteur informel important tend à déprimer le taux de bancarisation déjà faible en CEMAC*. Le mobile money permet en quelque sorte de contourner cet obstacle en offrant un service financier accessible même aux analphabètes (via des menus USSD simples) et sans conditions de revenu. Un exemple frappant de l'utilisation du mobile dans le cadre informel est l'initiative prise au Cameroun durant la pandémie de

Covid-19 : le gouvernement, pour la première fois, a utilisé des transferts monétaires digitaux via les comptes de mobile money afin de soutenir les travailleurs informels affectés par les restrictions sanitaires. En 2020, un programme d'urgence a ainsi versé une aide financière à 80 000 travailleurs informels urbains, directement sur leur téléphone portable. Cette expérience a mis en lumière le potentiel du numérique pour toucher rapidement et efficacement la population informelle, tout en identifiant les obstacles (certains bénéficiaires ne possédaient pas de pièce d'identité ou de carte SIM enregistrée à leur nom, ce qui a posé des problèmes pour ouvrir un compte mobile money – cela a d'ailleurs conduit le gouvernement à adopter en 2022 un décret facilitant les paiements électroniques de gouvernement à personne).

Au-delà du paiement mobile, l'adoption croissante des smartphones et l'accès à Internet, encore embryonnaires mais en hausse dans la région, ouvrent la voie à de nouvelles formes de commerce informel en ligne. Les réseaux sociaux (Facebook, WhatsApp, Instagram) sont de plus en plus utilisés par de petits entrepreneurs pour présenter et vendre leurs produits de manière informelle, dans un phénomène parfois appelé *« e-commerce informel »*. Par exemple, à Libreville ou Douala, il n'est pas rare de voir sur Facebook des pages tenues par des vendeuses de pagnes, de cosmétiques ou de plats à emporter, qui négocient les ventes via messagerie privée et livrent ensuite les clients – le tout sans registre de commerce ni emplacement physique. De jeunes informaticiens congolais ou camerounais proposent également leurs services (développement web, design, traduction) sur des plateformes freelance internationales, générant des revenus en dehors de tout cadre fiscal national. Ces pratiques restent marginales en volume, du fait de la fracture numérique (couverture Internet limitée, coût élevé des données, etc.), mais elles montrent que l'informalité s'adapte elle aussi à l'ère digitale. Le **commerce en ligne informel** permet à certains micro-entrepreneurs d'élargir leur clientèle au-delà de leur voisinage immédiat, et d'augmenter potentiellement leurs revenus. Il offre aussi une plus grande discrétion vis-à-vis des autorités, car les transactions en ligne sont plus difficiles à tracer que l'ouverture d'une boutique sur rue. Cependant, il pose de nouveaux défis : absence de protection du consommateur (pas de garantie sur la qualité des produits vendus en ligne de manière informelle), risques d'arnaques, et bien sûr absence de contribution fiscale. Les États de la CEMAC commencent à peine à réfléchir à la régulation de ces échanges numériques, et il est probable que le cadre législatif mettra du temps à se mettre en place.

Opportunités de formalisation via le numérique

Le déploiement du numérique peut également être un levier pour faciliter la transition du secteur informel vers le formel. En effet, la digitalisation des procédures administratives – si elle est menée à bien – est susceptible de réduire les obstacles bureaucratiques qui découragent la formalisation. Par exemple, la mise en place de *guichets uniques en ligne* pour la création d'entreprise ou l'obtention de licences pourrait permettre à de petits entrepreneurs d'effectuer ces démarches à moindre coût, sans avoir à se déplacer et à affronter de multiples guichets (qui sont autant d'occasions de frictions et de corruption). De même, la télédéclaration et le paiement numérique des impôts simplifiés pour les micro-entreprises pourraient encourager certaines unités informelles à se déclarer si le processus devient simple et transparent. Quelques pays africains ont innové en ce sens : le Rwanda, par exemple, a beaucoup investi dans l'e-gouvernement, et l'enregistrement d'une entreprise peut désormais s'y faire en ligne en quelques heures. Les pays de la CEMAC s'inspirent progressivement de ces modèles. Le Cameroun a lancé un portail en ligne pour certaines formalités, et la Guinée équatoriale a évoqué la modernisation numérique de son administration économique.

Par ailleurs, la généralisation de l'identité numérique (via des registres biométriques nationaux) pourrait faciliter l'intégration des travailleurs informels dans des dispositifs de protection sociale ou de finance formelle. Si chaque citoyen possède une identité numérique vérifiable, il devient plus facile de lui ouvrir des droits (assurance santé, retraite) ou de lui proposer des microcrédits car on peut l'identifier et tracer une partie de son historique économique (ne serait-ce qu'à travers ses transactions mobile money). Dans cette perspective, le numérique pourrait être un **catalyseur de formalisation progressive**, en créant des ponts entre l'économie informelle et les institutions formelles (banques, sécurité sociale, administration fiscale) sans imposer d'emblée des démarches lourdes. Un exemple concret : le recours aux données de paiement mobile pour évaluer le profil de risque et accorder des nano-crédits. Des f*intechs* commencent à exploiter ces données en

Afrique de l'Ouest ; on pourrait imaginer qu'en Afrique centrale, un vendeur informel régulier utilisant mobile money puisse se voir proposer un micro-prêt pour agrandir son commerce, ce qui l'inciterait à officialiser certaines dimensions de son activité (ne serait-ce que pour contracter légalement).

Malgré ces opportunités, l'impact du numérique sur l'informalité comporte aussi des défis. D'abord, il existe un **fossé numérique** : l'accès à Internet et aux smartphones demeure limité en zone rurale et parmi les populations âgées ou peu alphabétisées. Il y a donc un risque que le numérique bénéficie surtout à une frange relativement plus instruite de la population informelle (les jeunes urbains), creusant potentiellement des écarts avec les acteurs plus traditionnels. Ensuite, la régulation du secteur numérique financier est un enjeu délicat : la BEAC a dans un premier temps adopté une approche prudente et centralisée, ce qui a pu freiner l'innovation (par exemple, l'interdiction jusqu'en 2018 pour les opérateurs télécoms d'offrir directement des services mobile money sans passer par une banque partenaire). Une réglementation trop rigide pourrait brider la diffusion du mobile money, alors qu'au contraire une ouverture incontrôlée pourrait poser des problèmes de sécurité (fraudes, blanchiment). Il faut donc trouver un juste milieu pour que le numérique se développe au profit du plus grand nombre tout en garantissant un minimum de confiance.

Par ailleurs, du point de vue de la formalisation, si le numérique facilite les transactions informelles sans les formaliser, il pourrait en quelque sorte « améliorer » l'informalité plutôt que la réduire. Par exemple, un vendeur informel qui utilise le paiement mobile augmente son efficacité et peut prospérer encore davantage tout en restant non enregistré. On voit mal, à court terme, une migration automatique de ces acteurs vers le secteur formel à cause du numérique, sauf si des incitations ciblées sont mises en place. Enfin, le développement d'un e-commerce informel en ligne pose la question de nouvelles formes de travail non régulé (télétravail informel, gig economy sans protection) qu'il faudra encadrer pour éviter de précariser davantage certains travailleurs.

Le numérique agit comme un **accélérateur de changements** dans l'économie informelle de la CEMAC. Il apporte des gains d'efficience et d'inclusion qui peuvent améliorer la situation de nombreux travailleurs informels (via l'accès aux services financiers notamment). Il ouvre aussi des voies potentielles pour connecter informel et formel (administration en ligne, identité numérique). Néanmoins, sans accompagnement, il pourrait simplement moderniser le secteur informel sans le formaliser, voire créer de nouvelles inégalités d'accès. Les pouvoirs publics de la CEMAC ont là un rôle à jouer en intégrant le levier du numérique dans leurs stratégies de formalisation et d'inclusion.

Dynamiques de genre et secteur informel

La dimension du genre est cruciale pour comprendre le fonctionnement du secteur informel en Afrique centrale, car les hommes et les femmes n'y occupent pas les mêmes positions et n'y rencontrent pas les mêmes obstacles. De manière générale, les femmes jouent un **rôle central** dans l'économie informelle de la CEMAC, à la fois par leur poids numérique et par la nature des activités qu'elles y développent. Cependant, elles subissent davantage de contraintes que les hommes, ce qui influence leurs opportunités de formalisation et de progression économique.

En Afrique subsaharienne, les femmes sont en proportion plus nombreuses que les hommes à travailler dans l'informalité – on parle parfois de « féminisation de l'emploi informel ». La sous-région d'Afrique centrale confirme cette tendance. D'après les données régionales, *l'économie informelle est dominante et les femmes y sont surreprésentées*. En 2022, on estimait que **94,3 % des femmes actives** en Afrique centrale occupaient un emploi informel, un taux encore plus élevé que la moyenne déjà très forte de l'ensemble des travailleurs. Autrement dit, presque toutes les femmes qui travaillent le font en dehors du secteur formel, que ce soit dans l'agriculture vivrière, le commerce ou les petits services. Pour les pays de la CEMAC spécifiquement, les statistiques nationales confirment cette surreprésentation féminine. Au Cameroun, une étude de l'OIT a montré que les femmes constituaient plus de 56 % de l'ensemble des actifs du secteur informel. Cela signifie qu'en plus d'être plus susceptibles que les hommes de travailler dans l'informel, elles y sont aussi majoritaires en effectifs absolus. Cette importance numérique des femmes dans l'informel s'explique par plusieurs facteurs : (1) les normes sociales et les responsabilités familiales assignées aux femmes les orientent souvent vers des activités économiques compatibles avec la gestion du foyer (ce qui est plus facile à trouver dans l'informel flexible que dans un emploi formel rigide) ; (2) l'accès limité des femmes à l'éducation et à l'emploi formel qualifié les cantonne fréquemment à des occupations traditionnellement féminines, souvent informelles (petit commerce alimentaire, confection, restauration de rue, soins aux enfants, etc.) ; (3) face aux discriminations éventuelles à l'embauche formelle, beaucoup de femmes choisissent l'auto-emploi informel comme moyen de gagner en autonomie. Ainsi, les marchés et microentreprises informelles d'Afrique centrale fourmillent d'**entrepreneures de l'ombre** : maraîchères vendant leur production, revendeuses de produits importés, couturières, coiffeuses, restauratrices de rue, etc. Ces activités, bien que peu visibles dans les statistiques officielles, font tourner une part essentielle de l'économie locale et assurent la subsistance de nombreuses familles.

Contraintes spécifiques et inégalités de genre

Si les femmes sont très actives dans l'informel, elles y rencontrent toutefois des **obstacles spécifiques** qui limitent leurs opportunités de progression. Plusieurs études ont identifié ces contraintes supplémentaires pesant sur les femmes par rapport aux hommes :

Moindre accès à l'éducation et à la formation

Les femmes, surtout des générations plus âgées, ont en moyenne un niveau d'instruction plus faible en Afrique centrale, en raison des disparités d'accès à l'école. Cela peut réduire leurs possibilités d'élargir leurs activités informelles vers des secteurs plus rentables ou d'adopter de nouvelles technologies. De plus, elles ont souvent moins accès aux formations techniques ou de gestion qui pourraient les aider à professionnaliser leur activité. Dans les sociétés de la CEMAC, les femmes assument traditionnellement l'essentiel des tâches domestiques et de soins (enfants, personnes âgées). Ceci limite le temps et l'énergie qu'elles peuvent consacrer à leur activité économique. Beaucoup de femmes informelles jonglent entre leur commerce et les obligations familiales, ce qui restreint leur disponibilité pour faire croître leur entreprise ou saisir de nouvelles opportunités (par exemple, difficile pour une mère de famille de se déplacer plusieurs jours pour acheter des marchandises à l'étranger, là où un homme pourrait le faire).

Les femmes entrepreneures informelles ne bénéficient pas toujours de l'appui de leur entourage. Parfois, leur réussite peut même susciter des réticences dans un milieu où le rôle de la femme est supposé être plutôt de nature domestique. Les normes sociales peuvent décourager une femme de trop « s'agrandir » dans les affaires. De plus, elles disposent en général de moins de contacts dans les cercles d'affaires ou administratifs dominés par les hommes, ce qui peut les désavantager pour naviguer dans le système (par exemple pour obtenir une autorisation ou un marché).

Nombre de femmes dans l'informel n'ont pas eu accès à des formations en gestion, comptabilité ou connaissance des procédures de création d'entreprise. Elles gèrent leur commerce de manière informelle sans savoir comment, éventuellement, se formaliser ou bénéficier de programmes d'appui. Ce déficit d'informations renforce l'auto-exclusion du secteur formel. Dans certains cas, les documents officiels (carte d'identité, acte de naissance) font défaut, surtout pour des femmes qui n'ont pas été enregistrées à la naissance ou qui ont changé de nom après mariage. Cette absence de papiers complique l'ouverture de comptes bancaires ou l'enregistrement d'une activité à leur nom. Par ailleurs, des contraintes juridiques ou coutumières peuvent exister : par exemple, dans le passé, certaines législations exigeaient l'autorisation du mari pour qu'une femme mariée exerce un commerce (même si ces dispositions tendent à disparaître avec les réformes du droit de la famille). Néanmoins, dans la pratique, le pouvoir de décision du conjoint ou de la famille peut encore brider l'autonomie économique des femmes.

L'accès à la propriété foncière reste inégal pour les femmes en Afrique centrale, souvent en défaveur de celles-ci en raison des coutumes d'héritage patrilinéaire. Ne pas posséder de terre ou de titre de propriété limite la capacité à fournir des garanties pour obtenir un crédit bancaire. Or, sans financement, il est ardu de faire croître une activité. Les femmes recourent donc surtout aux tontines et microcrédits de groupe, aux montants limités. De plus, elles subissent parfois des biais de la part des institutions financières formelles, qui peuvent considérer les femmes entrepreneures comme des clientes plus à risque ou moins solvables (préjugés de genre).

Certaines activités informelles (transport, mine artisanale, travaux de nuit) sont moins accessibles aux femmes en raison de la pénibilité ou des risques pour leur sécurité personnelle. Par exemple, dans le commerce transfrontalier informel, les femmes sont nombreuses mais s'exposent souvent à des harcèlements aux postes de contrôle. Ces facteurs limitent les secteurs dans lesquels les femmes évoluent, souvent concentrés sur les plus petits commerces à faible marge.

En conséquence de ces multiples contraintes, les femmes dans l'informel tendent à occuper les segments **les moins rémunérateurs** et les plus précaires de ce secteur. Leurs revenus moyens sont inférieurs à ceux des hommes informels, et elles ont moins de chances de voir leur activité croître au-delà du niveau de subsistance. Par exemple, dans la vente de rue, on observe une division du travail : les hommes contrôlent souvent les postes fixes ou les activités plus lucratives (vente de produits électroniques, gestion de stocks), tandis que les femmes dominent dans la vente de nourriture ou de petit artisanat, généralement moins rentable. Ainsi, même à l'intérieur de l'informalité, des **inégalités de genre** persistent.

Effets sur la formalisation et la montée en compétences

Les dynamiques de genre influencent également la possibilité de transition vers le formel. Les femmes étant souvent moins dotées en capital, en formation et en réseaux, il leur est plus difficile de formaliser leur entreprise. Elles peuvent hésiter à s'enregistrer officiellement par crainte de tracasseries ou faute de comprendre les démarches. De plus, étant cantonnées à des micro-activités de survie, beaucoup ne voient pas l'intérêt de la formalisation qui pourrait entraîner des coûts supplémentaires sans bénéfices immédiats perceptibles. Ainsi, la part de femmes entrepreneurs parmi les PME formelles enregistrées est très faible en Afrique centrale, signe que le vivier d'entrepreneuriat féminin reste confiné à l'informel.

Ceci est d'autant plus dommageable que diverses études montrent que renforcer l'autonomisation économique des femmes a un impact très positif sur le développement : les femmes investissent une plus grande part de leurs revenus dans la santé et l'éducation de leurs enfants, ce qui profite à la génération suivante. En ce sens, ne pas soutenir les femmes du secteur informel revient à se priver d'un levier puissant d'amélioration du bien-être familial et communautaire. Comme le souligne un rapport, *« par leur nombre et la place centrale qu'elles occupent dans la société, les femmes devraient être le pilier principal sur lequel repose la transformation de l'économie ».*

Conscientes de ces enjeux, certaines initiatives commencent à cibler les femmes du secteur informel dans la CEMAC. Des programmes de microfinance spécialisés femmes, de formations en gestion d'activités génératrices de revenus ou de coopératives féminines voient le jour avec le soutien d'ONG ou de bailleurs internationaux. Par exemple, des projets pilotes de l'ITC (International Trade Centre) ont été menés en Afrique (plutôt de l'Est pour l'instant) pour aider des *femmes commerçantes informelles* à passer vers le formel en leur offrant formation et allègement des procédures. De telles approches pourraient être étendues en Afrique centrale.

En résumé, le prisme du genre révèle que le secteur informel de la CEMAC repose largement sur le travail des femmes qui en sont des actrices majeures mais insuffisamment reconnues. Combler les écarts de genre dans l'accès aux ressources et aux opportunités est non seulement une question d'équité, mais aussi un moyen de renforcer l'efficacité du tissu économique informel et de favoriser sa transition vers plus de formalité et de productivité.

Effets de l'intégration régionale sur le secteur informel

La CEMAC, en tant qu'union économique et monétaire, vise à favoriser l'intégration des économies de ses États membres par la libre circulation des biens, des services, des capitaux et des personnes, ainsi que par des politiques communes. On peut s'interroger sur les retombées de cette intégration régionale (ou de son manque de progrès) sur le secteur informel. En théorie, un marché commun plus vaste devrait offrir de **nouvelles opportunités** aux acteurs informels (élargissement de la clientèle, mobilité vers les zones dynamiques, etc.), mais en pratique la persistance de **barrières non-tarifaires** et la faiblesse de l'intégration atténuent ces bénéfices. Par ailleurs, les projets d'infrastructures régionales (corridors de transport) peuvent influencer l'activité informelle en améliorant l'environnement économique général.

Opportunités liées au marché commun de la CEMAC. Si l'intégration était pleinement réalisée, les petits opérateurs informels pourraient tirer parti d'un espace économique élargi, sans droits de douane internes et avec une monnaie unique stable (le franc CFA). Par exemple, une couturière camerounaise pourrait plus facilement vendre ses vêtements au Gabon ou au Tchad si les échanges étaient fluidifiés, ou un agriculteur tchadien écouler ses oignons en Guinée équatoriale sans entraves. Le marché commun offrirait des **débouchés plus larges** et permettrait d'échapper à l'étroitesse du marché local saturé. Certains segments de l'informel, comme le commerce artisanal ou la transformation agro-alimentaire, pourraient croître en touchant une clientèle régionale. En outre, la liberté de circulation des personnes (actée en principe en 2017 avec la suppression des visas intra-CEMAC) donne aux travailleurs informels la possibilité de se déplacer là où la demande est plus forte. On a vu par exemple des commerçantes centrafricaines aller acheter des marchandises à Douala pour les revendre à Bangui, ou des maçons camerounais aller travailler sur des chantiers en Guinée équatoriale lorsque ce pays connaissait un boom de la construction. Ainsi, l'intégration régionale peut favoriser une **allocation plus efficace de la main-d'œuvre informelle**, suivant les opportunités économiques au-delà des frontières.

De plus, le cadre communautaire pourrait permettre la mise en place de politiques coordonnées en faveur de la formalisation. Si les pays harmonisent leurs réglementations et partagent les bonnes pratiques, cela peut bénéficier indirectement aux acteurs informels (par exemple via un régime simplifié de l'auto-entrepreneur applicable dans toute la CEMAC, ou un programme régional d'accès au microcrédit). Pour l'instant, de telles initiatives restent embryonnaires, mais la Commission de la CEMAC et la Commission Économique pour l'Afrique (CEA) ont récemment discuté d'un partenariat pour mieux prendre en compte le secteur informel dans les échanges intracommunautaires. Cela montre une prise de conscience que l'intégration ne doit pas concerner que les grandes entreprises mais aussi l'économie populaire.

Barrières non-tarifaires et commerce informel transfrontalier

En pratique, malheureusement, l'intégration régionale de la CEMAC demeure très incomplète. Les échanges intracommunautaires officiels sont faibles (moins de 5 % du commerce total de la région), signe que le marché commun fonctionne mal. Les causes en sont connues : multiplicité des postes de contrôle routiers, tracasseries douanières, non-respect de la libre circulation des personnes par moments, infrastructures de transport insuffisantes, etc. Cette situation a un impact direct sur le commerce informel transfrontalier, qui est pourtant très important en volume.

On estime qu'en Afrique subsaharienne, près de **40 % des échanges commerciaux intra-africains** seraient effectués de manière informelle et échappent aux enregistrements officiels. L'Afrique centrale ne fait pas exception : de nombreuses marchandises franchissent chaque jour les frontières de la CEMAC en dehors des canaux formels. Il s'agit souvent de denrées alimentaires, de bétail, de produits manufacturés de base, transportés par de petits commerçants ou des transporteurs locaux. Par exemple, un flux important de commerce informel existe entre le Cameroun et ses voisins : du carburant nigérian de contrebande transite vers le Cameroun et le Tchad, tandis que du sucre, de la farine, de l'huile produits au Cameroun sont revendus informellement en RCA ou au Gabon. Le Cameroun est ainsi qualifié de « premier partenaire commercial des pays membres de la CEMAC » y compris sur le plan informel, car il sert de base d'approvisionnement pour de nombreux produits (grâce à son port de Douala et à sa capacité industrielle relative).

Les acteurs de ce commerce transfrontalier informel – souvent des femmes d'ailleurs dans le petit commerce – profitent de la différence de prix et de la disponibilité des produits entre pays. Cependant, ils se heurtent à des **barrières non tarifaires** multiples : contrôles policiers fréquents, confiscation possible de leurs marchandises en l'absence de papiers douaniers, paiement de pots-de-vin pour traverser les frontières, lourdeur des formalités si elles devaient les accomplir légalement. En raison de ces obstacles, ces commerçants préfèrent rester dans l'informalité, quitte à transporter de plus petites quantités pour ne pas attirer l'attention. Paradoxalement, c'est la difficulté à commercer officiellement qui nourrit l'importance du commerce informel intra-régional. Par exemple, sur le corridor Cameroun–RCA, il y a historiquement tant de barrières (une dizaine de postes de contrôle sur quelques centaines de kilomètres) qu'une bonne partie des échanges passent par des pistes secondaires pour éviter les tracasseries, alimentant un commerce parallèle de tout un éventail de produits.

L'impact sur les travailleurs informels est mitigé : d'un côté, la persistance de ces barrières et l'absence d'harmonisation les obligent à rester dans la clandestinité, ce qui entretient leur vulnérabilité (Ils n'ont aucun recours en cas d'abus d'un agent, étant eux-mêmes dans l'illégalité d'un strict point de vue). De l'autre, ce contexte leur assure une sorte de monopole sur certains créneaux puisque les grands opérateurs formels hésitent à s'engager sur ces routes complexes pour de faibles volumes. Ainsi, dans les zones frontalières, une grande partie de l'économie est entre les mains des commerçants informels locaux qui se sont adaptés à l'environnement de fragmentation régionale.

Rôle des corridors de développement et des infrastructures

L'intégration régionale passe aussi par le développement d'infrastructures communes, en particulier les corridors de transport reliant les pays enclavés aux ports et connectant les capitales entre elles. Dans la CEMAC, des efforts ont été faits pour améliorer des axes vitaux comme le corridor Douala-N'Djamena (Cameroun–Tchad) et Douala-Bangui (Cameroun–RCA), ou encore le corridor Pointe-Noire–Brazzaville–Bangui. La construction ou la réhabilitation de routes, de ponts, et la facilitation du transit ont des **effets indirects** sur le secteur informel. Des routes en meilleur état permettent aux transporteurs informels (camionneurs indépendants, chauffeurs de minibus) d'effectuer plus de rotations et d'abaisser leurs coûts, ce qui peut se traduire par des prix plus bas et des volumes accrus d'échanges, profitant aux commerçants informels. Par exemple, si le trajet entre Yaoundé et Bangui devient plus rapide et moins coûteux grâce à un corridor routier amélioré, un négociant centrafricain pourra importer davantage de produits alimentaires du Cameroun à moindre frais, ce qui stimulera son activité. De plus, l'aménagement de **postes-frontières modernes** (*one-stop border posts*) peut réduire les délais et le nombre d'intermédiaires, rendant le commerce moins pénible pour les petits commerçants.

Cependant, l'effet peut être ambivalent : la formalisation du corridor (avec des douanes plus efficaces, etc.) pourrait amener certains flux informels à être capturés par des opérateurs formels (par exemple, des sociétés logistiques plus grandes pourraient remplacer des transporteurs artisanaux une fois la route bonne). Tout dépendra de l'accompagnement spécifique pour intégrer les petits acteurs. L'idéal est de **transformer les corridors en corridors « intelligents » et inclusifs**, où des centres d'information et des procédures simplifiées existent pour les petits commerçants. La CEA recommande par exemple la mise en place de régimes commerciaux simplifiés pour les échanges de petite valeur, et la présence de *bureaux de genre* aux frontières pour assister plus particulièrement les commerçantes informelles. De telles mesures, si appliquées en CEMAC, pourraient encourager de nombreux commerçants informels transfrontaliers à entrer dans un circuit semi-formel (déclarant leurs marchandises mais de façon allégée, par exemple via un carnet de commerçant frontalier).

Pour le moment, on observe que les investissements infrastructurels ont surtout profité aux grandes entreprises (transport de marchandises d'exportation comme le pétrole, le bois, etc.). Mais à moyen terme, une meilleure intégration physique des pays de la CEMAC devrait bénéficier aussi à l'économie informelle locale, ne serait-ce qu'en dynamisant la croissance. Par exemple, la mise en service de la route bitumée entre le Cameroun et le Congo (via Sangmélima–Ouesso) a facilité l'émergence de marchés transfrontaliers où se réunissent commerçants congolais et camerounais, jusque-là isolés. Dans ces espaces, l'on voit une formalisation partielle par le biais de la coopération des autorités locales pour organiser les marchés tout en tolérant une faible taxation.

Effet de la faible intégration sur le marché du travail informel

Au-delà du commerce, l'intégration régionale concerne aussi la **mobilité de la main-d'œuvre**. Dans la CEMAC, la libre circulation des personnes est inscrite mais sa mise en œuvre a été tardive. Ce n'est qu'en 2017-2019 que les pays ont réellement ouvert leurs frontières aux ressortissants de la communauté sans visa. Cela ouvre des perspectives pour les travailleurs informels qui peuvent aller chercher du travail dans un autre pays membre plus facilement. Déjà, on constatait de longue date des mouvements migratoires de travailleurs informels : par exemple, des ouvriers agricoles tchadiens se rendaient saisonnièrement au nord du Cameroun pour la récolte du coton ou la cueillette. Des pêcheurs congolais allaient vendre leur poisson en aval sur les marchés centrafricains. Avec la facilitation du déplacement, ces phénomènes pourraient s'amplifier et permettre une meilleure utilisation des compétences à l'échelle régionale. Toutefois, cela dépend aussi de l'harmonisation des règles. Pour qu'un artisan informel camerounais puisse travailler en Guinée équatoriale, encore faut-il que son activité soit reconnue et qu'il ne soit pas entravé par des réglementations locales corporatistes. Sur ce point, la CEMAC n'a pas encore harmonisé les réglementations du travail informel ou artisanal.

Il est intéressant de noter que l'intégration régionale peut aussi induire une certaine **concurrence** entre secteurs informels nationaux. Par exemple, si un pays durcit ses règles contre l'informel alors que le voisin est plus laxiste, les activités peuvent se déplacer. Jusqu'ici, on n'a pas vraiment vu de phénomène de « délocalisation » d'informalité entre pays de la CEMAC, car tous ont des niveaux de gouvernance comparables. Mais à l'avenir, si l'un d'eux adoptait une politique très incitative de formalisation (mettant la pression sur l'informel), certains acteurs pourraient choisir d'aller opérer depuis un pays voisin moins contraignant tout en vendant sur toute la région (profitant du marché commun). Cela pose la question de la **coordination des politiques** vis-à-vis du secteur informel au sein de l'espace intégré, pour éviter les distorsions.

L'intégration régionale de la CEMAC a un double visage pour le secteur informel. D'un côté, elle recèle des opportunités considérables en ouvrant des marchés et en facilitant la mobilité, ce qui pourrait renforcer les activités informelles et peut-être en formaliser certaines via la croissance. De l'autre, les lenteurs et les obstacles actuels maintiennent beaucoup d'échanges dans l'informalité et ne permettent pas à ce secteur de monter en gamme. Pour que l'intégration profite pleinement aux acteurs informels, il faudrait lever les barrières non tarifaires, instaurer des régimes simplifiés pour le petit commerce transfrontalier, et impliquer les organisations de l'économie informelle dans les discussions régionales. À ce titre, la Zone de libre-échange continentale africaine (ZLECAF), qui englobe la CEMAC, prévoit explicitement d'intégrer les questions d'informalité dans son agenda – par exemple via un protocole sur les femmes et les jeunes dans le commerce. Cela pourrait impulser une dynamique plus favorable à l'avenir, où l'intégration régionale deviendrait un vecteur d'amélioration des conditions du secteur informel, plutôt qu'un cadre l'ignorant.

Stratégies et politiques pour une transition vers l'économie formelle

Au vu de l'importance du secteur informel et des défis qu'il pose, les pouvoirs publics de la CEMAC font face à une question cruciale : comment favoriser une **transition progressive** de l'économie informelle vers le secteur formel, de manière à en maximiser les bénéfices (emplois, innovation) tout en réduisant ses aspects problématiques (précarité, faible base fiscale) ? Cette transition ne peut se faire du jour au lendemain par simple injonction administrative – les tentatives de **régularisation forcée** se sont souvent soldées par des échecs ou des effets pervers. Il s'agit plutôt de mettre en place des approches incitatives, graduelles et adaptées, qui accompagnent les acteurs informels vers la formalisation en levant les obstacles qui les en séparent. Plusieurs axes de politique peuvent être envisagés, s'inspirant de **bonnes pratiques** observées en Afrique et ailleurs : réforme du cadre réglementaire, incitations fiscales, renforcement de la protection sociale, amélioration de l'accès aux financements, et programmes d'accompagnement ciblés.

Allègement du cadre réglementaire et administratif

Un levier fondamental consiste à **simplifier les procédures de formalisation** pour les petites unités économiques. Cela peut passer par la création de statuts juridiques et fiscaux spécialement conçus pour les micro-entreprises ou les travailleurs indépendants. Dans l'espace OHADA (qui couvre les pays de la CEMAC), une réforme notable a été l'introduction du statut de *« l'Entreprenant »* en 2010-2011, qui offre un cadre légal simplifié aux très petites entreprises individuelles. Ce statut, progressivement adopté par les États membres (par exemple par décret en 2017 en Côte d'Ivoire, et également disponible au Cameroun, Gabon, etc.), permet à un entrepreneur informel de s'enregistrer facilement (formulaire simplifié, pas d'obligation de tenir une comptabilité complète) et de bénéficier d'un régime fiscal allégé. L'objectif est de réduire le *coût d'entrée* dans la formalité. Promouvoir activement ce type de statut dans la CEMAC et le rendre attractif est une voie prometteuse. Par exemple, en offrant une **immatriculation gratuite ou peu coûteuse** et en limitant les contrôles pendant les premières années d'activité, on peut inciter les acteurs à sortir de l'ombre. La création de guichets uniques physiques et en ligne, regroupant toutes les démarches (registre de commerce, fiscalité, sécurité sociale) en un seul point, est également essentielle pour abaisser les barrières administratives. Des pays comme le Sénégal ou le Rwanda ont considérablement réduit les délais de création d'entreprise grâce à de tels dispositifs. La CEMAC pourrait s'en inspirer : par exemple, mutualiser un portail régional de création d'activités (multilingue, accessible dans les zones rurales via les télécentres) qui guiderait les micro-entrepreneurs dans leur enregistrement.

Par ailleurs, une **révision de la réglementation du travail** pourrait encourager la formalisation de l'emploi. Si les micro-employeurs avaient la possibilité d'enregistrer leurs employés de façon simplifiée (contrats types simplifiés, cotisations sociales réduites pour les deux ou trois premiers employés), ils seraient peut-être plus enclins à le faire. Des pays ont expérimenté des régimes de cotisations sociales progressives en fonction de la taille de l'entreprise ou des réductions de charges pour la première embauche. Appliquées en CEMAC, de telles mesures pourraient intégrer progressivement une partie des travailleurs informels dans la protection sociale formelle sans pénaliser les petits employeurs.

Incitations fiscales adaptées

Le régime fiscal doit évoluer pour intégrer l'informel sans l'asphyxier. Au Cameroun, l'étude sur la fiscalité du secteur informel a montré qu'il fallait éviter une imposition uniforme qui frapperait injustement les plus petits. Une stratégie consiste à mettre en place un régime de **forfait fiscal** ou d'*impôt léger* pour les micro-entreprises, proportionné à leur taille. Par exemple, une taxe forfaitaire annuelle très modeste pour les activités unipersonnelles (comme cela existe en RDC avec la taxe libératoire) ou un impôt sur le revenu à taux très faible jusqu'à un certain seuil de chiffre d'affaires. L'idée est de créer un **tunnel de transition** : tant que l'entreprise est en phase de petite taille, elle bénéficie d'un traitement fiscal indulgent ; quand elle grandit, les obligations augmentent progressivement. Ceci évite l'effet de rupture où beaucoup préfèrent rester informels de peur de tomber sous un régime fiscal trop lourd d'un coup. De plus, il convient de cibler le contrôle fiscal sur les *grosses entités informelles* (certaines pouvant réaliser des chiffres d'affaires importants sans être enregistrées) afin de les inciter à se formaliser, tout en ménageant les plus modestes. Comme le préconise l'étude camerounaise, orienter les impôts vers les UPI (unités de production informelles) les plus grosses permettrait de récolter des recettes sans aggraver les inégalités. Concrètement, cela pourrait passer par l'établissement d'un registre des grandes entreprises informelles (par exemple, les grossistes des marchés, les exploitants agricoles dépassant un certain tonnage, etc.) et négocier avec elles une formalisation en douceur assortie de facilités (échelonnement des paiements d'arriérés, etc.), plutôt que des descentes punitives.

Une autre incitation importante est de **montrer les avantages concrets de la formalisation fiscale**. Si payer l'impôt s'accompagne de contreparties visibles (accès à des marchés publics, possibilité de participer à des foires commerciales officielles, obtention d'une carte professionnelle donnant droit à certaines protections), les acteurs seront plus enclins à entrer dans le rang. Par exemple, un transporteur artisanal qui se formalise pourrait recevoir un permis officiel lui permettant de stationner dans des gares routières aménagées, d'emprunter des voies réservées, etc., ce qui le placerait en avantage par rapport aux non-déclarés. De même, des réductions sur le coût de certains services (électricité, eau) pourraient être accordées aux petites entreprises enregistrées, pour les récompenser de leur formalisation.

Extension de la protection sociale aux travailleurs informels

Un argument majeur pour inciter les travailleurs informels à se formaliser est de leur donner accès à la **protection sociale** (assurance santé, retraite, maternité, accidents). En effet, beaucoup d'informels restent en dehors car ces filets n'existent pas pour eux ou sont trop coûteux. Des initiatives sont en cours dans certains pays : la Côte d'Ivoire a instauré un régime de sécurité sociale pour les travailleurs indépendants et une couverture maladie universelle avec une cotisation modeste. De même, le Sénégal et le Bénin ont mis en place des mécanismes d'enregistrement volontaire des acteurs informels dans des régimes de retraite simplifiés. Si les pays de la CEMAC adoptaient de telles mesures, cela constituerait un **atout d'attraction** vers le formel. Par exemple, au Cameroun, la Caisse Nationale de Prévoyance Sociale propose depuis peu une affiliation volontaire des conducteurs de moto-taxis à un régime de sécurité sociale – si cela est bien communiqué et subventionné au départ, les intéressés peuvent y voir un bénéfice tangible à se déclarer. L'idée est de construire une *offre sociale* adaptée : contributions faibles, flexibles (par exemple journalières via mobile money), et droits proportionnés (accès aux centres de santé, petite pension). Si un travailleur informel voit qu'en payant une petite cotisation il obtient une carte lui permettant de se soigner à l'hôpital public sans frais exorbitants, il sera encouragé à formaliser au moins cette partie de son statut.

Cette extension de la protection sociale peut être soutenue par des approches innovantes : micro-assurance, mutuelles communautaires reconnues par l'État, etc. L'enjeu est d'arrimer ces mécanismes au système formel national progressivement, pour ne pas créer un système parallèle. L'OIT promeut à cet égard la **Recommandation 204** sur la formalisation du travail informel, qui insiste sur l'importance d'étendre la sécurité sociale à tous les travailleurs comme élément de la transition vers le formel. En s'inspirant de cela, les pays de la CEMAC pourraient déclarer des objectifs d'universalisation de la protection sociale en incluant explicitement les travailleurs informels.

Accès au crédit et soutien financier

Comme souligné précédemment, l'accès limité aux financements est un frein majeur pour les unités informelles. Les pouvoirs publics peuvent agir en renforçant les institutions de microfinance, en subventionnant des lignes de crédit dédiées ou en créant des fonds de garantie pour encourager les banques à prêter aux micro-entrepreneurs. Par exemple, la création de *Bureaux d'information sur le crédit* (BIC) pour mutualiser les données et évaluer la solvabilité des petits emprunteurs a été initiée en Côte d'Ivoire, ce qui peut réduire le risque perçu et donc le taux d'intérêt. En CEMAC, la BEAC a mis sur pied un mécanisme de soutien au financement des PME/PMI, mais il faut le déployer jusqu'aux plus petites unités. Un modèle qui pourrait être reproduit est celui des *« groupements d'épargne et de crédit »* appuyés par l'État ou les ONG, où des travailleurs informels se regroupent pour épargner et emprunter, tout en se formalisant peu à peu (certaines coopératives de moto-taxis se sont ainsi transformées en GIC – Groupement d'Intérêt Communautaire – reconnus). Offrir des **incitations financières** à la formalisation est essentiel : par exemple, un entrepreneur qui s'enregistre pourrait devenir éligible à un microcrédit à taux subventionné pour acheter du matériel. Ce lien entre formalisation et opportunité de crédit doit être rendu clair et effectif.

Programmes d'accompagnement et de formation

La transition vers le formel ne se résume pas à des mesures techniques : elle requiert d'accompagner humainement les acteurs de l'informel, en construisant la confiance et en renforçant leurs capacités. Il peut être utile de mettre en place des **centres de ressources pour l'entrepreneuriat** dédiés aux petites activités, où les travailleurs informels peuvent recevoir des conseils sur la gestion, la comptabilité simplifiée, les démarches administratives, etc. Par exemple, des « maisons de l'entreprenant » ou des guichets mobiles pourraient aller au contact des marchés et des quartiers pour informer et guider. Intégrer les associations d'acteurs informels (syndicats de commerçants de marché, coopératives d'artisans, unions de conducteurs) dans l'élaboration des politiques est crucial pour adapter les mesures aux réalités du terrain et obtenir l'adhésion. Les villes pourraient aussi développer des *zones d'activité légales pour l'informel* : marchés couverts légalisés où les vendeurs paient un loyer minime et quelques taxes en échange d'une reconnaissance (ce qui a été fait à Dakar avec la régularisation de marchés informels). De telles initiatives permettent de formaliser géographiquement l'informel, en groupant les acteurs dans des espaces où on peut les recenser, les former, et améliorer leurs conditions de travail (accès à l'eau, à l'électricité, toilettes, gardiennage).

Leçons d'expériences réussies

Différents pays offrent des exemples inspirants de formalisation progressive. Au **Rwanda**, la réforme du cadre des affaires (création d'entreprise en 24h sans frais, enregistrement en ligne, introduction d'un statut d'auto-entrepreneur) a fait bondir le nombre de petites entreprises enregistrées, tout en combinant cela avec l'extension de la sécurité sociale de base. Résultat : le taux d'informalité de l'emploi, bien qu'encore élevé, a commencé à baisser dans certains segments urbains. Au **Bénin** et au **Burkina Faso**, l'adoption du statut de l'Entreprenant de l'OHADA a permis de formaliser des milliers de micro-activités en quelques années (cependant, la pérennité de ces enregistrements dépend du suivi et du soutien apportés ensuite). Au **Brésil**, la loi sur le *Microempreendedor Individual* (MEI) en 2008 a été un succès notable : en offrant un statut simple avec taxe forfaitaire symbolique et inclusion à la retraite publique, plus de 8 millions de travailleurs informels se sont enregistrés en une décennie. Cette expérience montre l'importance d'une approche incitative et segmentée. En **France**, la création du statut d'auto-entrepreneur en 2008 a également permis de révéler de nombreuses activités cachées et de créer un pont vers la légalité pour des entrepreneurs à domicile. Bien sûr, chaque contexte est différent, mais ces exemples soulignent quelques principes universels : simplicité, coût minimal, avantages tangibles et communication efficace.

Pour la CEMAC, une démarche à deux niveaux serait indiquée : au niveau national, adopter et mettre en œuvre les réformes ciblées (statut de l'entreprenant, guichet unique, micro-assurance, etc.) ; et au niveau régional, coordonner les efforts et peut-être créer un **observatoire régional de la transition informel-formel** pour échanger les retours d'expérience et suivre des indicateurs (taux d'enregistrement, évolution des emplois vulnérables, etc.). Une intégration régionale réussie devrait inclure une convergence progressive des politiques vis-à-vis de l'informel.

Enfin, il est essentiel que ces stratégies s'inscrivent dans une vision plus large de développement inclusif. Formaliser pour formaliser n'a pas de sens si c'est pour aboutir à plus de pauvreté ou d'exclusion. L'objectif ultime est l'**amélioration des conditions de vie** et l'augmentation de la productivité globale. La formalisation n'est pas une fin en soi, mais un moyen d'accéder à des emplois décents, de sécuriser les revenus et de mobiliser des ressources pour le bien commun. Comme l'énonce la Recommandation 204 de l'OIT, il faut reconnaître la diversité du secteur informel et ne pas appliquer une approche punitive, mais bien **facilitative et participative**. Cela implique de considérer les travailleurs informels non pas comme des fraudeurs à sanctionner, mais comme des entrepreneurs et des travailleurs à intégrer dans le contrat social sur de nouvelles bases.

Conclusion

Le secteur informel s'affirme, à travers les analyses précédentes, comme une composante incontournable mais ambivalente des économies de la CEMAC. D'un côté, il représente la **principale source d'emplois et de revenus** pour l'immense majorité de la population active, jouant un rôle d'amortisseur social et de moteur de la vie économique quotidienne. À ce titre, il incarne la capacité de résilience et d'adaptation des populations face aux insuffisances du secteur formel et aux chocs économiques. De l'autre côté, son poids très élevé s'accompagne de **défis majeurs** : prédominance d'activités à faible productivité, précarité et vulnérabilité d'une grande partie des travailleurs, érosion de la base fiscale, difficultés pour l'État de réguler et d'orienter le développement économique. Cette dualité – opportunité et contrainte – du secteur informel a été bien résumée par l'expérience internationale : *la part de l'économie informelle décroît en général avec le développement, mais la plupart des pays d'Afrique* *subsaharienne devraient conserver de larges secteurs informels pendant encore de nombreuses années, ce qui est à la fois une chance et un défi pour les décideurs publics.*

Pour la CEMAC, intégrer le secteur informel dans une stratégie de développement économique et social est donc indispensable. Les principaux enjeux identifiés se résument ainsi : **réduire la précarité** associée à l'informalité (par l'extension progressive de protections et de droits fondamentaux aux travailleurs informels), **améliorer la productivité** des activités informelles (via la formation, l'accès au crédit, l'introduction de technologies appropriées comme le numérique), **élargir l'espace fiscal** sans étouffer ces activités (mettre à contribution de manière équitable les unités informelles prospères, tout en soutenant les plus petites), et **favoriser les complémentarités** avec le secteur formel (intégrer les chaînes de valeur, encourager la sous-traitance formelle de micro-fournisseurs, etc.). Il s'agit finalement de créer un environnement où, comme le préconise l'OIT, *le secteur formel puisse prospérer tout en offrant aux travailleurs informels la possibilité d'améliorer leur niveau de vie.*

Les dynamiques transversales, qu'il s'agisse du numérique ou du genre, offrent des leviers d'action spécifiques. Le numérique, s'il est bien utilisé, peut accélérer l'inclusion financière et administrative des acteurs informels, mais doit être accompagné pour ne pas creuser de nouvelles fractures. L'autonomisation économique des femmes dans l'informel s'avère un facteur clé pour le développement familial et communautaire, ce qui justifie des politiques ciblées (crédit aux entrepreneures, coopératives féminines, protection contre les violences économiques). De même, l'intégration régionale peut devenir un vecteur de valorisation du secteur informel (par des régimes commerciaux simplifiés, la mobilité de la main-d'œuvre, le partage d'expériences), plutôt que de le laisser en marge des échanges officiels.

En définitive, la transition vers l'économie formelle ne doit pas être envisagée comme un basculement abrupt, mais comme un **processus progressif** et adapté aux réalités locales. Les pouvoirs publics de la CEMAC, en collaboration avec les acteurs eux-mêmes et les partenaires au développement, ont la possibilité de mettre en œuvre un ensemble cohérent de réformes et de programmes pour accompagner ce processus. Cela exige volonté politique, investissements (notamment dans l'éducation, la formation et les infrastructures) et innovation institutionnelle. Les bénéfices attendus en valent l'effort : une base économique plus solide et diversifiée, des travailleurs mieux protégés et plus productifs, des États disposant de plus de ressources pour financer les biens publics, et au final une réduction de la pauvreté et des inégalités.

On peut conclure en soulignant que **formaliser l'informel** ne signifie pas uniformiser ou briser la spontanéité de ce secteur, mais plutôt *reconnaître sa contribution et l'intégrer pleinement dans le développement*. Il importe de préserver le dynamisme, la créativité et la solidarité qui caractérisent l'économie informelle africaine, tout en y insufflant progressivement les éléments de formalité qui permettront d'en pérenniser les acquis et d'en partager équitablement les fruits. La CEMAC, à travers ses défis actuels, est à la croisée des chemins : en réussissant l'inclusion de son secteur informel, elle posera les bases d'une croissance plus inclusive et d'un progrès social durable pour la prochaine génération. Les réformes engagées aujourd'hui détermineront en grande partie si, demain, l'informalité sera synonyme de stagnation ou bien si elle deviendra le creuset d'une nouvelle vague de petits entrepreneurs prospères participant pleinement à l'essor de l'Afrique centrale.

CHAPITRE IV

LES CORRIDORS INTEGREES : ACCELERATEURS DE L'INTEGRAITON REGIONALE

L'Afrique centrale, regroupée CEMAC, accuse un retard notable en matière d'intégration régionale par rapport à d'autres blocs africains. Le commerce intra-régional y demeure très faible – moins de 5 % du commerce total des six pays de la CEMAC, ce qui en fait l'une des proportions les plus basses du continent. Cette situation s'explique par une combinaison de facteurs historiques et structurels : une forte dépendance aux exportations de pétrole et de matières premières vers l'extérieur, des bases industrielles nationales peu diversifiées offrant des productions similaires, mais aussi des infrastructures de transport inadéquates et des entraves non tarifaires qui freinent les échanges intra-régionaux. Face aux défis économiques et sociaux de la sous-région – notamment la nécessité de créer des débouchés hors pétrole, de stimuler une croissance inclusive et de réduire la pauvreté –, une accélération de l'intégration régionale apparaît essentielle.

Dans ce contexte, le développement et le renforcement des **corridors intégrés de développement** se posent comme des leviers stratégiques pour catalyser l'intégration en CEMAC. Les corridors de transport jouent un rôle vital dans la connexion des pays enclavés (Tchad, République centrafricaine) aux ports maritimes et aux marchés régionaux et mondiaux. Au-delà de la simple infrastructure routière, la notion de corridors intégrés renvoie à une approche de développement spatial combinant infrastructures de transport, facilitation logistique, et développement économique local le long de ces axes. L'objectif est de transformer de simples routes de transit en véritables axes de croissance, irriguant les économies locales et régionales, à l'image de certains exemples réussis ailleurs en Afrique. Ainsi, la Commission Economique des Nations Unies pour l'Afrique (CEA) souligne *qu'en transformant les corridors de transport d'Afrique centrale en corridors de développement globaux*, la région pourrait passer à une nouvelle étape de son développement et de son intégration, d'autant plus cruciale à l'aube de la Zone de libre-échange continentale africaine (ZLECAf). Il s'agit de rompre avec le schéma hérité de l'ère coloniale – souvent résumé par l'extraction et l'exportation directe des ressources (« *creuser-transporter-expédier* ») – pour promouvoir des chaînes de valeur régionales, des activités industrielles et des services à plus forte valeur ajoutée le long de ces corridors.

Ce chapitre propose une analyse détaillée des raisons pour lesquelles la CEMAC gagnerait à accélérer son intégration régionale en misant sur ses corridors intégrés de développement, et les moyens d'y parvenir. Dans une optique académique et politique, il examinera d'abord l'importance stratégique des corridors intégrés dans les efforts d'intégration régionale, en s'appuyant sur la littérature et les rapports institutionnels pertinents (Banque mondiale, FMI, Banque africaine de développement, etc.). Seront ensuite identifiés les principaux corridors de la CEMAC – les axes jugés porteurs pour le désenclavement et le commerce – en exposant leurs opportunités et les problèmes qui les affligent, qu'il s'agisse des insuffisances d'infrastructures, des barrières non tarifaires (formelles et informelles), de l'insécurité ou des goulots d'étranglement logistiques. Une section approfondira la question cruciale des barrières non-tarifaires, notamment les entraves administratives et les pratiques illégales telles que la multiplicité des contrôles routiers et la corruption, qui pénalisent lourdement les échanges intracommunautaires. Ensuite, le rôle du **secteur privé régional**, en particulier celui des micro, petites et moyennes entreprises (MPME/PME), sera examiné pour comprendre dans quelle mesure une plus grande implication du tissu entrepreneurial pourrait accélérer le processus d'intégration en CEMAC. Dans ce prolongement, les conditions nécessaires à la réussite d'une telle intégration économique – dans le cadre du marché commun visé par la CEMAC – seront identifiées (infrastructures, réformes institutionnelles, climat des affaires, etc.). Enfin, trois scénarios d'évolution possibles de l'intégration régionale, fondés sur le développement des corridors et l'inclusion du secteur privé, seront proposés : un scénario ambitieux d'intégration accélérée, un scénario médian de progrès graduels, et un scénario de stagnation ou de fragmentation. Des comparaisons ciblées avec l'Union économique et monétaire ouest-africaine (UEMOA) et la Southern African Development Community (SADC) seront intégrées lorsque cela s'avère pertinent, afin de tirer des leçons des expériences ouest et sud-africaines. L'ensemble du propos vise à demeurer analytique, étayé par des références académiques et institutionnelles, tout en offrant un texte fluide et structuré accessible aux décideurs comme aux lecteurs intéressés par l'intégration régionale en Afrique centrale.

L'importance des corridors intégrés dans l'intégration régionale en CEMAC

Les corridors de transport constituent l'épine dorsale des échanges commerciaux en Afrique centrale, en particulier pour les deux États enclavés de la CEMAC que sont le Tchad et la République centrafricaine (RCA). Dans une région où les distances sont longues, les densités de population souvent faibles en dehors des capitales, et où chaque pays dispose d'une ouverture maritime limitée (voire nulle), la connectivité régionale dépend largement de quelques axes de transport clés. Une amélioration de ces corridors peut avoir un effet multiplicateur sur l'intégration : en facilitant le mouvement des biens et des personnes, elle rapproche les économies, stimule le commerce, l'investissement et, in fine, la croissance partagée. Des études de la Banque mondiale ont mis en évidence *une forte corrélation entre la qualité des infrastructures de transport, la performance logistique et les résultats à l'exportation des pays*. En d'autres termes, un système de transport efficace – routes en bon état, ports performants, procédures douanières rapides – favorise le commerce intrarégional et l'investissement, et promeut la croissance économique. *Mutatis mutandis*, améliorer les corridors de transport en CEMAC contribuerait directement à réduire les coûts et les délais du commerce intra-africain et, indirectement, à encourager une croissance plus large et la réduction de la pauvreté par les effets d'entraînement du commerce.

Les corridors intégrés de développement vont au-delà de la simple fonction de transit. Ils visent à articuler l'investissement infrastructurel avec le développement de pôles économiques le long de l'itinéraire, de manière à diffuser les bénéfices dans les zones traversées et à créer des chaînes de valeur régionales. Plutôt que de se limiter à acheminer des marchandises d'un point A à un point B, un corridor intégré cherche à attirer des industries, des services logistiques, des projets agricoles ou miniers, etc., qui trouvent avantage à s'implanter à proximité de l'axe grâce à l'accessibilité qu'il offre. Cette approche intégrée permet de transformer le corridor en **vecteur de transformation économique** de la région. La CEA, lors d'une réunion d'experts en 2020, a insisté sur cette reconfiguration nécessaire des routes interconnectées d'Afrique centrale pour générer des *clusters* industriels, des activités productives à valeur ajoutée induites par le commerce le long des axes routiers, rompant avec l'actuelle configuration de « corridor d'enclave » axée uniquement sur l'exportation de ressources brutes. Autrement dit, un corridor bien planifié peut devenir un **axe de développement spatial** autour duquel s'organisent des opportunités économiques pour les populations locales et les entrepreneurs de la région.

L'exemple du **corridor de Maputo** en Afrique australe est souvent cité comme une illustration réussie de corridor de développement intégré. Reliant le port de Maputo au Mozambique aux provinces industrielles du Nord-Est de l'Afrique du Sud (Gauteng, etc.), ce corridor ne se réduit pas à une route : il a attiré des investissements majeurs dans l'agro-industrie, la transformation minière, le raffinage, la métallurgie et la production d'énergie le long de son tracé. Il en résulte un **pôle de production et de commerce intégré**, où matières premières et énergie circulent vers des usines, où des biens manufacturés à plus forte valeur ajoutée sont produits puis exportés, le tout en créant des emplois et en améliorant la prospérité des populations riveraines. Pour la CEMAC, s'inspirer de telles expériences signifie qu'un corridor comme Douala–N'Djamena ou Pointe-Noire–Bangui pourrait devenir autre chose qu'une simple route d'exportation : il pourrait héberger des zones économiques spéciales, des parcs logistiques, des agropoles, etc., créant un **maillage d'activités régionales interconnectées**. De fait, la collecte et l'analyse de données socio-économiques spatiales actuellement encouragées par la CEA visent à identifier le potentiel inexploité le long des corridors d'Afrique centrale (ressources agricoles, sites propices à l'industrie, accès à l'énergie, main-d'œuvre disponible) pour orienter les investissements et décisions d'aménagement. Cette planification spatiale intégrée apparaît comme une condition pour tirer pleinement parti des corridors, en évitant qu'ils ne servent uniquement de canal d'évacuation des richesses hors de la région.

En outre, renforcer les corridors s'inscrit en cohérence avec la démarche de la CEMAC vers un marché commun. Le Traité instituant la CEMAC et les textes subséquents visent à instaurer la libre circulation des personnes, des biens, des services et des capitaux au sein de la communauté. Or, sans corridors performants, ces libertés demeurent théoriques. La libre circulation des biens, notamment, exige des routes praticables et des frontières fluides ; de même, la libre circulation des personnes bénéficie directement de l'existence de liaisons routières fiables entre les capitales. On peut rappeler que la CEMAC a adopté dès 2004 un Schéma directeur consensuel des transports en Afrique centrale (PDCT-AC) visant à relier par route bitumée toutes les capitales d'Afrique centrale et à assurer un accès routier des pays enclavés vers la mer. Si les progrès ont été limités et tardifs, l'objectif stratégique demeure : **connecter physiquement l'espace communautaire pour en faire un véritable marché intégré**. À cet égard, investir dans les corridors prioritaires est un impératif pour réduire l'isolement de certains marchés nationaux et permettre l'application effective du Tarif Extérieur Commun (TEC) et des règles de l'union douanière. Les corridors intégrés représentent le socle matériel sans lequel l'intégration régionale, si ardemment souhaitée dans les discours, ne peut se concrétiser dans les faits.

Les principaux corridors de développement en CEMAC : opportunités et problèmes

La géographie de la CEMAC fait ressortir quelques axes de transport majeurs qui concentrent l'essentiel du trafic inter-États et jouent un rôle critique pour l'intégration économique. Parmi ces corridors, trois se distinguent par leur importance stratégique : (1) le corridor Douala–N'Djamena, reliant le Cameroun au Tchad ; (2) le corridor Douala–Bangui, reliant le Cameroun à la RCA ; (3) le corridor multimodal Pointe-Noire–Brazzaville–Bangui (voire jusqu'à N'Djamena), reliant la République du Congo et, au-delà, le Gabon aux deux pays enclavés via le fleuve. Chacun de ces corridors offre des opportunités pour la région, mais souffre également de problèmes structurels qui en limitent le potentiel. D'autres liaisons secondaires méritent aussi l'attention, telles que les connexions routières entre le Cameroun, le Congo et le Gabon, nécessaires à la cohésion du marché commun, mais c'est autour des trois corridors principaux que se joue une large part de l'intégration physique de la CEMAC.

Le corridor Douala–N'Djamena (Cameroun–Tchad) – C'est l'axe vital par lequel le Tchad, pays enclavé, accède à la mer via le port de Douala au Cameroun. Long d'environ 1 850 km, ce corridor combine une voie ferrée au Cameroun (de Douala à Ngaoundéré) et une route de Ngaoundéré à N'Djamena. Il dessert au passage le Nord du Cameroun, et assure l'approvisionnement de N'Djamena en biens importés (produits manufacturés, denrées, carburant) tout en permettant l'exportation du bétail, du coton ou de la gomme arabique tchadiens. L'importance de ce corridor pour l'économie tchadienne est cruciale, Douala étant le port maritime le plus proche et le plus accessible politiquement. Une opportunité majeure réside dans les efforts d'amélioration en cours ou récents : le Programme de facilitation du transport en CEMAC, appuyé par la Banque mondiale et la BAD, a financé le revêtement de certaines portions routières critiques au Cameroun (par exemple Garoua-Boulaï–Ngaoundéré, qui concerne aussi le corridor vers Bangui). Aujourd'hui, la route Douala–Ngaoundéré–N'Djamena est presque entièrement bitumée, ce qui représente un progrès significatif par rapport à la situation d'il y a deux décennies où de vastes tronçons restaient des pistes impraticables par saison des pluies. Néanmoins, ce corridor continue de faire face à plusieurs problèmes. D'abord, **la qualité des infrastructures** n'est pas homogène : si l'axe est praticable, l'état du revêtement et des ponts varie, avec des risques de détérioration faute d'entretien régulier. En outre, **les ruptures de charge** entre le rail et la route allongent les délais : le transport ferroviaire s'arrête à Ngaoundéré, obligeant à transborder les conteneurs sur camions, ce qui engendre des coûts supplémentaires et des délais. La **performance du port de Douala** reste également un facteur déterminant : ce port souffre de congestions et de lenteurs de dédouanement, si bien qu'une partie notable du temps de transit total vers N'Djamena est imputable aux opérations portuaires elles-mêmes. Enfin, le **fardeau des contrôles routiers et tracasseries douanières** pèse sur ce corridor, même s'il est relativement moins lourd que sur le corridor vers la RCA, comme on le verra plus loin. Selon les données de l'Observatoire des pratiques anormales (OPA) en Afrique centrale, un camion subit en moyenne des coûts informels de l'ordre de 22 941 FCFA sur le trajet aller-retour

Douala–N'Djamena, avec un maximum pouvant atteindre 126 000 FCFA. Ces coûts proviennent des nombreux points de contrôle policiers, gendarmes, douaniers ou phytosanitaires, où sont souvent perçus des paiements parallèles. Malgré ces obstacles, le corridor Douala–N'Djamena demeure relativement plus efficient que son pendant vers Bangui, notamment grâce à une meilleure situation sécuritaire (l'Extrême-Nord camerounais a certes ses défis sécuritaires liés à Boko Haram, mais le tracé principal du corridor reste dans des zones sous contrôle étatique) et à l'absence de frontière fluviale à traverser. Sa modernisation progressive offre l'opportunité d'accroître substantiellement les échanges Cameroun–Tchad et, plus largement, l'intégration du Tchad au marché régional, à condition de résoudre les problèmes persistants de facilitation et de maintenance.

Le corridor Douala–Bangui (Cameroun–RCA) – Souvent considéré, avec le précédent, comme l'autre « cordon ombilical » de la CEMAC, cet axe relie le port de Douala à Bangui, la capitale centrafricaine, sur environ 1 450 km de route. C'est **la bouée de sauvetage économique de la RCA**, pays enclavé et fragile, qui dépend à plus de 80 % du Cameroun pour ses approvisionnements. Ce corridor a connu des améliorations significatives dans les années 2010 grâce aux projets régionaux : le bitumage du tronçon camerounais jusqu'à la frontière (Garoua-Boulaï) a été achevé, et le revêtement du côté centrafricain entre la frontière et Bouar a progressé avec l'aide des bailleurs de fonds. Un nouveau pont sur la rivière Logone entre le Cameroun et le Tchad, bien que concernant l'embranchement vers N'Djamena, bénéficie indirectement à l'axe centrafricain pour fluidifier le trafic dans la zone frontalière. Ces efforts visent à assurer une route entièrement praticable par tous temps entre Douala et Bangui. Cependant, les **défis sur ce corridor demeurent redoutables**. Le plus problématique est sans doute l'insécurité chronique en République centrafricaine : en raison des conflits internes et de la présence de groupes armés, la circulation des camions entre la frontière camerounaise et Bangui requiert périodiquement des **escortes militaires**. À certaines périodes, des convois sécurisés sont organisés, moyennant des frais de convoi autour de 50 000 FCFA par camion, destinés à rémunérer l'armée pour la protection assurée. Ce contexte d'instabilité accroît les coûts et décourage certains transporteurs, impactant directement les prix des marchandises à Bangui. Par ailleurs, même hors des questions sécuritaires, le **coût des contrôles routiers illicites** est particulièrement élevé sur le tronçon Douala–Bangui. L'OPA révèle qu'un camionneur débourse en moyenne 64 000 FCFA en paiements informels pour un aller-retour Douala–Bangui, et jusqu'à 225 000 FCFA dans le pire des cas. Rapporté à la distance, cela signifie que chaque 100 km parcourus sur le trajet vers Bangui coûte trois à quatre fois plus cher en pots-de-vin que sur le trajet vers N'Djamena. Les transporteurs témoignent que ces sommes englobent principalement des **bakchichs versés aux forces de l'ordre et agents de contrôle** (policiers, gendarmes, douaniers, agents des Eaux et Forêts, etc.) qui jalonnent la route. S'y ajoutent parfois des amendes ou taxes para-légales pour de prétendues infractions, et les retards liés à ces contrôles multipliés. Le corridor Douala–Bangui est ainsi grevé par des **goulots d'étranglement administratifs et informels** beaucoup plus coûteux que la moyenne, reflétant en partie la situation de fragilité de la RCA (qui offre un terreau à la corruption routière) et peut-être une moindre attention politique accordée à cette route. Un autre problème est l'**état des infrastructures de soutien** : les aires de stationnement sécurisées, les points de ravitaillement en carburant ou les ateliers de réparation sont peu nombreux, ce qui complique la logistique pour les camionneurs et peut engendrer des incidents en route. Enfin, la **gestion des frontières** au poste de Garoua-Boulaï / Béloko reste à optimiser : la coordination douanière entre le Cameroun et la RCA est encore loin des modèles de *guichet unique* ou de poste frontalier juxtaposés qu'on observe dans des régions plus intégrées. Les procédures d'entrée en RCA peuvent être longues et sujettes à des pratiques indues. Malgré ces obstacles, le corridor Douala–Bangui recèle d'importantes opportunités. S'il était sécurisé et rationalisé, il ouvrirait la voie à un essor du commerce bilatéral Cameroun-RCA (actuellement embryonnaire hors produits pétroliers et biens de consommation courante) et permettrait à la RCA d'exporter davantage vers ses voisins (produits agricoles, bétail, bois) au lieu de dépendre quasi exclusivement des importations. Pour le Cameroun, un meilleur accès au marché centrafricain stimulerait notamment ses régions de l'Est et de l'Adamaoua, qui jalonnent le corridor et pourraient y développer des **activités de services (logistique, commerce, hôtellerie)** tirant parti du transit. Cela souligne combien la résolution des problèmes actuels – en particulier la pacification de la RCA et la lutte contre la corruption routière – est déterminante pour faire de ce corridor un véritable moteur d'intégration régionale.

Le corridor Pointe-Noire–Brazzaville–Bangui–N'Djamena (Congo–RCA–Tchad) – Ce corridor, d'une configuration plus complexe, est un **axe multimodal historique** reliant l'océan Atlantique (port de Pointe-Noire au Congo) aux fleuves Congo et Oubangui, permettant de rejoindre Bangui puis éventuellement N'Djamena par voie fluviale et routière. À l'époque coloniale et durant les premières décennies post-indépendance, il s'agissait d'une route commerciale majeure : les marchandises pouvaient être transportées par chemin de fer de Pointe-Noire à Brazzaville, puis chargées sur des barges sur le fleuve Congo jusqu'à Bangui (en RCA) et au-delà vers le Chari et le Logone jusqu'au Tchad. Ce corridor offrait donc une alternative au passage par le Cameroun, et permettait à la RCA et au Tchad de diversifier leurs accès à la mer via le Congo. Toutefois, **ce corridor est tombé en déclin** à partir des années 1980-1990, en raison de plusieurs facteurs : détérioration de l'infrastructure ferroviaire congolaise, navigabilité limitée du fleuve Oubangui en saison sèche, conflits au Congo et en RCA perturbant la sécurité, et attrait croissant du corridor routier via Douala (jugé plus direct et plus fiable). De nos jours, le trafic sur l'axe Pointe-Noire–Bangui est très réduit, représentant à peine un cinquième de celui du corridor Douala–Bangui d'après les estimations de la CNUCED.

Néanmoins, la **réactivation de ce corridor** figure parmi les projets structurants de la CEMAC et de la CEEAC. Un projet multinational (impliquant le Congo, la RCA, éventuellement le Tchad) vise à développer le corridor Pointe-Noire–Brazzaville–Bangui–N'Djamena, en investissant dans le rail, la route et la voie fluviale. Les opportunités d'un tel projet sont considérables : il offrirait une **voie alternative d'acheminement** pour le Tchad et la RCA, réduisant leur dépendance exclusive vis-à-vis du Cameroun et conférant une redondance bienvenue en cas de problème sur le corridor de Douala (par exemple, fermeture de frontière, congestion portuaire ou autre). En outre, cela intégrerait davantage la République du Congo au commerce régional – actuellement, le Congo commerce peu avec le Tchad ou la RCA – et pourrait dynamiser économiquement les régions traversées au Congo (par exemple, la Sangha et la Likouala) en y développant des activités portuaires fluviales et des plateformes logistiques. Cependant, les défis techniques et financiers sont élevés. Il faudrait **moderniser le chemin de fer Congo-Océan** de Pointe-Noire à Brazzaville (qui souffre de problèmes d'entretien et de rentabilité), et surtout garantir la navigabilité de l'Oubangui sur une grande partie de l'année. Or, le fleuve Oubangui est impraticable pour le trafic commercial durant la saison sèche lorsque le niveau de l'eau baisse drastiquement, ce qui limite de fait le corridor à une utilisation saisonnière, sauf à envisager des investissements colossaux pour aménager le cours d'eau ou créer un système de transport complémentaire (par exemple une route Bangui-Brazzaville parallèlement au fleuve). De plus, la coopération institutionnelle entre les pays est complexe : cela implique au minimum quatre gouvernements (Congo, RCA, Tchad, et le Cameroun pourraient être associés pour la connexion vers N'Djamena), plus des partenaires techniques et financiers internationaux. La **volonté politique** de matérialiser ce corridor alternatif n'a pas toujours été au rendez-vous, chacun des pays ayant d'autres priorités nationales. Enfin, à court terme, l'état sécuritaire de la RCA – plaque tournante de ce corridor – pose encore question, même si une amélioration durable des conditions de paix dans le pays permettrait d'envisager un flux fluvial plus régulier. En résumé, le corridor Pointe-Noire–Bangui possède un potentiel d'intégration encore largement latent : il pourrait à terme jouer un rôle de **"corridor d'intégration ouest-est"** de la CEMAC, reliant l'Atlantique aux confins sahéliens, mais sa réalisation dépend d'investissements lourds et d'une coordination régionale effective pour ressusciter une route aujourd'hui sous-utilisée.

Les autres liaisons inter-États en CEMAC – Outre les trois corridors majeurs ci-dessus, l'intégration régionale passe aussi par l'amélioration de multiples axes routiers secondaires qui relient les capitales ou régions des pays côtiers entre elles. Historiquement, les infrastructures de transport en Afrique centrale étaient orientées vers l'exportation de chaque colonie vers son port (Douala, Pointe-Noire, Libreville, etc.), avec très peu de connexions latérales entre colonies voisines. Le résultat est qu'aujourd'hui encore, voyager par route d'un pays de la CEMAC à l'autre (hors Cameroun-Tchad/RCA) est souvent un périple long et mal aisé. Par exemple, **la liaison Cameroun–Congo (Yaoundé-Brazzaville)** manque d'une route continue en bon état :

bien qu'il existe une route via Sangmélima (Cameroun) vers Ouesso (Congo) puis Brazzaville, certaines portions n'ont été que récemment bitumées ou restent à améliorer, rendant le trajet difficile en saison des pluies. De même, la connexion **Cameroun–Gabon** (Yaoundé-Libreville via Ebolowa–Bitam) est essentielle pour le commerce entre ces deux économies relativement plus diversifiées, mais le passage frontalier et la route côté gabonais ont longtemps constitué un point de friction (ralentissements, formalités lourdes). Toutefois, le Cameroun et le Gabon ont entrepris des efforts pour faciliter ce transit, et l'adhésion du Gabon à la libre circulation en 2017 a levé l'obstacle des visas pour les citoyens de la sous-région, favorisant les déplacements d'affaires. L'axe **Tchad–Cameroun–Gabon–Congo** (du Nord au Sud) et l'axe **Cameroun–Guinée Équatoriale** (continentale) sont également à renforcer. La Guinée équatoriale continentale (région du Río Muni) est enclavée entre le Cameroun et le Gabon, et pourrait bénéficier d'une meilleure intégration routière pour échanger des biens agricoles ou manufacturés, au-delà du secteur pétrolier dominant. Chaque amélioration de ces liaisons contribue à **tisser un réseau régional continu**, réduisant l'effet de fragmentation du marché. C'est la vision portée par le plan **"Réseau Intégrateur CEMAC 2025"**, qui envisage un maillage routier reliant toutes les grandes agglomérations de la CEMAC pour permettre la circulation aisée des marchandises et des personnes. En pratique, ces projets avancent lentement, freinés par les coûts élevés (construction de routes en zones forestières ou marécageuses) et parfois par le manque de coopération entre États. Néanmoins, certains progrès concrets comme l'achèvement du pont sur le fleuve Ntem entre le Cameroun et le Gabon, ou la mise en service du pont sur le fleuve Sangha entre le Cameroun et le Congo, témoignent de la possibilité de surmonter ces obstacles infrastructurels. À terme, la constitution d'un véritable **réseau de corridors interconnectés** au sein de la CEMAC, et pas seulement de deux axes isolés vers Douala, sera déterminante pour l'effectivité du marché commun : un produit fabriqué à Douala ou Yaoundé devrait pouvoir atteindre Libreville ou Brazzaville facilement, de même qu'un investisseur tchadien devrait pouvoir circuler et installer une filiale au Cameroun ou au Congo sans obstacles physiques majeurs.

En synthèse, les corridors de la CEMAC recèlent un **énorme potentiel d'intégration** en rapprochant des économies complémentaires (le

Cameroun et le Gabon, relativement plus industrialisés, peuvent fournir des biens de consommation aux pays enclavés ; le Tchad et la RCA disposent de ressources agricoles ou minières pouvant trouver des débouchés régionaux, etc.). Toutefois, ce potentiel reste bridé par des problèmes tenaces : insuffisances d'infrastructures, coûts élevés du transport, tracasseries multiples, insécurité. Les sections suivantes approfondissent plus particulièrement le rôle des **barrières non tarifaires** dans ce constat, puis celui du **secteur privé** dont l'implication sera décisive pour tirer parti de l'amélioration des corridors.

Les barrières non tarifaires : entraves administratives et obstacles informels le long des corridors

Malgré l'adoption d'un Tarif Extérieur Commun et l'élimination officielle des droits de douane intra-CEMAC depuis la fin des années 1990, les échanges intracommunautaires restent entravés par une multitude de **barrières non tarifaires (BNT)**. Ces obstacles, qui prennent la forme de réglementations, de procédures ou de pratiques ralentissant ou renchérissant le commerce sans relever de taxes à l'importation, sont largement considérés comme le principal frein à l'intégration économique de la sous-région. Ils comprennent aussi bien des mesures administratives formelles (exigences documentaires redondantes, contrôles sanitaires ou phytosanitaires lourds, restrictions quantitatives, etc.) que des **obstacles informels** souvent illégaux (corruption, rançonnement, barrières routières arbitraires). Le résultat cumulé de ces barrières est un **allongement des délais et une hausse des coûts de transaction** pour tout mouvement transfrontalier de marchandise ou de personne, dissuadant nombre d'opérateurs économiques de commercer au-delà des frontières nationales.

Sur les corridors de la CEMAC, les BNT se manifestent d'abord par la prolifération des **points de contrôle routiers**. Comme détaillé précédemment, un trajet entre Douala et Bangui peut impliquer des dizaines d'arrêts pour contrôles policiers, douaniers, gendarmes, agents des Eaux et Forêts, etc., chacun étant potentiellement l'occasion d'une sollicitation pécuniaire. Une étude a relevé qu'en moyenne, un camion subit 55 contrôles entre Douala et Bangui, contre 20 à 25 contrôles sur des corridors équivalents en Afrique de l'Ouest par exemple. Ces contrôles, bien qu'officiellement justifiés par des motifs de sûreté ou de vérification réglementaire, dégénèrent souvent en prélèvements illégaux. Les transporteurs routiers se voient contraints de payer de petits montants à répétition – quelques milliers de FCFA par-ci, quelques dizaines de milliers par-là – pour éviter des vexations ou de longues attentes. L'**impact cumulé** est considérable : on l'a vu, plusieurs centaines de milliers de FCFA peuvent être extorqués sur un seul aller-retour, représentant parfois jusqu'à 10 % du coût total de transport pour certaines cargaisons. Ces surcoûts se répercutent in fine sur les prix des produits dans les pays d'importation (affaiblissant le pouvoir d'achat des consommateurs) et sur la compétitivité des exportateurs de la région.

À ces contrôles routiers s'ajoutent les **lenteurs administratives** aux frontières et aux ports. Les postes frontaliers de la CEMAC ne fonctionnent pas encore selon le modèle des *guichets uniques intégrés* qu'on retrouve dans des régions plus avancées (comme certains postes UEMOA ou SADC). Au contraire, les procédures d'entrée et de sortie y sont souvent dupliquées : chaque administration nationale opère de son côté, sans harmonisation complète des formulaires ni des horaires, ce qui entraîne des formalités en cascade. Par exemple, pour traverser la frontière Cameroun-RCA, un transporteur doit s'arrêter côté camerounais pour la sortie (douane export, police de l'émigration), puis de nouveau côté centrafricain pour l'entrée (douane import, immigration, contrôle de cargaison, etc.), chaque étape pouvant impliquer du temps d'attente et des coûts. La **non-interconnexion des systèmes informatiques douaniers** est une problématique : malgré un projet en CEMAC d'interconnecter les douanes pour faciliter le transit, les progrès restent limités, si bien que les données ne sont pas automatiquement partagées, obligeant à de multiples ré-encodages et vérifications manuelles. Ce manque de facilitation se traduit par des retards notables. Un rapport indiquait que le passage du port de Douala jusqu'à Bangui pouvait prendre en moyenne 4 à 6 semaines, dont une large partie en procédures portuaires et douanières. La moitié du temps requis pour importer un bien en RCA était imputable aux seules opérations portuaires à Douala (délai de stationnement, manutention lente, etc.). Le **port de Douala**, pièce névralgique, souffre en effet d'indicateurs de performance en deçà de la moyenne africaine – un conteneur peut y attendre 2 semaines avant dédouanement, contre 1 semaine dans les ports concurrents. Ce goulot d'étranglement initial s'ajoute aux retards terrestres, rendant l'ensemble de la chaîne logistique peu fiable.

Les **normes et réglementations divergentes** constituent une autre catégorie de barrières non tarifaires. Au sein de la CEMAC, l'harmonisation réglementaire reste incomplète dans bien des domaines. Par exemple, les réglementations techniques sur certains produits (agro-alimentaire, pharmaceutiques, etc.) diffèrent d'un pays à l'autre, obligeant les entreprises à adapter leurs produits ou à obtenir des certifications multiples pour exporter dans la sous-région. De plus, des restrictions subsistent : malgré le principe de libre circulation des marchandises, certains pays instaurent ponctuellement des **mesures protectionnistes** pour protéger une industrie locale naissante ou prévenir des pénuries (interdictions d'exporter un produit alimentaire, quotas, etc.), ce qui contrevient à l'esprit du marché commun. L'absence d'un mécanisme fort au niveau communautaire pour lever ces mesures unilatérales fait que les entraves peuvent perdurer par inertie bureaucratique.

L'enjeu majeur est que toutes ces barrières non tarifaires **coûtent cher à l'économie régionale**. Le FMI notait que pour stimuler le commerce intra-CEMAC et la croissance non-pétrolière, il est indispensable de *réduire drastiquement les barrières non commerciales et d'harmoniser les procédures douanières et fiscales*. Dans la perspective de la ZLECAf, où la concurrence extra-régionale va s'intensifier, la CEMAC ne peut se permettre de maintenir un environnement intrarégional aussi contraignant pour ses propres opérateurs. En comparaison, l'UEMOA a entrepris depuis les années 2000 des initiatives telles qu'un **Observatoire des pratiques anormales** sur ses corridors, dont l'OPA d'Afrique centrale s'est inspiré, afin de mesurer et faire diminuer le nombre de contrôles et les montants illégaux prélevés sur les routes. Ces efforts en Afrique de l'Ouest ont porté certains fruits : le nombre de barrières par voyage a baissé sur des axes comme Lomé-Ouagadougou ou Abidjan-Bamako, et les acteurs privés se sont organisés (via l'Alliance Borderless) pour dénoncer publiquement les abus, exerçant une pression sur les autorités. De même, la SADC a mis en place un mécanisme de **notification en ligne des barrières non tarifaires** où les entreprises peuvent signaler en temps réel une mesure jugée abusive, pour qu'elle soit examinée et résolue à l'échelle régionale. Ces exemples montrent qu'avec de la volonté politique et des outils appropriés, il est possible d'alléger le fardeau des BNT.

En Afrique centrale, les autorités régionales et nationales commencent à prendre la mesure du problème. L'UE a financé la mise en place de l'OPA CEMAC, et la Commission CEMAC travaille sur des **réformes de facilitation** (instauration d'un carnet de transit unique, postes frontaliers conjoints pilotes, etc.). En 2020, le Cameroun a introduit un laissez-passer unique de transit pour les corridors Douala-Bangui et Douala-N'Djamena, visant à réduire les arrêts multiples. Toutefois, l'efficacité de ces mesures dépend de leur adoption par l'ensemble des pays et surtout de leur application sur le terrain. Tant que persisteront la corruption endémique et l'absence de sanctions pour les agents indélicats, les transporteurs et commerçants continueront de subir un calvaire qui décourage le commerce intra-CEMAC.

Il convient également de mentionner que la **sécurité physique** des corridors est un prérequis à la réduction des BNT. En effet, dans un contexte d'insécurité, les États ont tendance à multiplier les contrôles (sous prétexte de vérifier l'identité des voyageurs, de lutter contre la contrebande d'armes, etc.), et les agents publics mal payés profitent du chaos ambiant pour extorquer davantage. Ainsi, pacifier les zones traversées – notamment en RCA et dans le nord du Cameroun – fait partie intégrante de la solution pour alléger les entraves. La BAD souligne à cet égard que la consolidation de la paix et la stabilité institutionnelle font partie des défis incontournables pour améliorer l'intégration en Afrique centrale.

En résumé, les barrières non tarifaires forment un **nœud gordien** qu'il est impératif de trancher pour que les corridors de la CEMAC deviennent de véritables vecteurs d'intégration. Sans une action vigoureuse contre les contrôles excessifs, la corruption et les lourdeurs administratives, même les meilleures infrastructures resteront sous-utilisées et l'intégration commerciale demeurera un vœu pieux. À l'inverse, en simplifiant les procédures, en éliminant les pratiques anormales et en instaurant un climat de confiance sur les axes routiers, la CEMAC créerait les conditions d'un essor des échanges intra-régionaux. Cela nous amène à examiner le rôle du secteur privé régional, principal bénéficiaire – et acteur – de la facilitation des corridors, et à voir comment son implication peut accélérer l'intégration.

Le rôle du secteur privé régional (PME/MPME) dans l'intégration régionale

L'intégration régionale n'a de sens et d'impact que si les acteurs économiques, au premier rang desquels le **secteur privé**, s'en emparent et l'exploitent. En CEMAC, le tissu entrepreneurial est dominé par les micro, petites et moyennes entreprises (MPME/PME), qui représentent environ 80 à 85 % des entreprises formelles de la sous-région. Ces PME sont actives dans des secteurs variés – commerce, agro-alimentaire, petit artisanat, services – et constituent le principal pourvoyeur d'emplois en dehors de la fonction publique. Cependant, elles opèrent le plus souvent dans un cadre national restreint, très peu d'entre elles ayant une présence ou des activités au-delà de leur pays d'origine. Les difficultés qu'elles rencontrent localement (climat des affaires peu favorable, accès limité au financement, fiscalité lourde, etc.) sont encore aggravées lorsqu'il s'agit de s'aventurer sur un marché voisin, en raison des obstacles aux frontières évoqués plus haut.

Pourtant, le secteur privé régional pourrait être un **moteur puissant de l'intégration** s'il parvenait à surmonter ces barrières. L'idée est simple : plus les entreprises de la CEMAC commercent ou investissent entre pays membres, plus les économies s'imbriquent et plus l'intégration devient concrète, soutenue par des intérêts économiques partagés. Des entrepreneurs qui trouvent de nouveaux débouchés chez leurs voisins vont devenir des vecteurs de transfert de technologies, de capital et de main-d'œuvre à l'échelle régionale, contribuant à harmoniser progressivement les standards et à créer une communauté d'affaires centre-africaine. On peut citer l'exemple embryonnaire de quelques groupes camerounais ou gabonais qui ont commencé à s'étendre dans la sous-région (banques, brasseries, BTP) – ces pionniers montrent la voie, mais ils restent l'exception plutôt que la norme.

Les **PME** de la CEMAC, en particulier, ont beaucoup à gagner d'un marché régional intégré. Dans les marchés nationaux étroits (quelques millions d'habitants tout au plus, souvent concentrés sur la capitale), le potentiel de croissance d'une PME est limité par la taille de la demande locale. L'intégration ouvre la perspective d'un marché élargi d'environ 55 millions de consommateurs (la population cumulée de la CEMAC), permettant des **économies d'échelle** et la spécialisation. Par exemple, une petite entreprise agroalimentaire au Cameroun produisant des jus de fruits pourrait, si les frontières étaient aisément franchissables, exporter vers le Gabon ou le Congo où existent des débouchés et où ses produits pourraient remplacer des importations lointaines. De même, une société de BTP tchadienne pourrait soumissionner à des chantiers en Guinée équatoriale ou au Gabon si l'intégration favorisait la libre prestation de services et la mobilité de la main-d'œuvre qualifiée. Chaque réussite d'une PME au-delà de son marché domestique renforcerait l'idée que la CEMAC n'est pas seulement une construction institutionnelle, mais un **espace économique réel** où l'on peut faire des affaires de manière quasi-domestique.

Cependant, pour que les PME jouent ce rôle intégrateur, encore faut-il qu'elles en aient la capacité. Or, le **climat des affaires** en Afrique centrale demeure l'un des moins propices du continent, avec un environnement jugé « ombrageux » par les entrepreneurs eux-mêmes. Création d'entreprise complexe, obtention de financements très difficile, coûts de facteurs élevés (énergie, logistique), insécurité juridique – autant de facteurs qui brident la croissance des PME. Beaucoup peinent à survivre, ce qui les rend naturellement frileuses à l'idée de s'internationaliser, même régionalement. De surcroît, l'accès au financement est particulièrement problématique : les banques locales prêtent peu aux PME, et les mécanismes de financement régionaux sont embryonnaires (la bourse régionale BVMAC est peu active et ne profite qu'à quelques grandes entreprises). Par conséquent, **renforcer le secteur privé régional** exige d'abord de lever certains obstacles nationaux (réformes intérieures pour améliorer le climat d'investissement) en parallèle des efforts régionaux. Sur ce point, l'harmonisation déjà en place via l'OHADA (Organisation pour l'harmonisation en Afrique du droit des affaires) constitue un atout : les PME de la CEMAC évoluent sous un même cadre juridique des affaires (droit des sociétés, sûretés, procédures collectives, etc.), ce qui facilite leur compréhension mutuelle et leurs partenariats éventuels. De même, des institutions comme la Banque de développement des États de l'Afrique centrale (BDEAC) pourraient jouer un rôle plus actif de financement de projets régionaux portés par le secteur privé, en particulier dans le cadre des corridors (par exemple, financement d'entrepôts logistiques ou de parcs industriels le long des axes).

Le rôle du secteur privé s'étend aussi à la **pression pour les réformes**. Souvent, ce sont les acteurs économiques qui poussent les gouvernements à accélérer l'intégration lorsqu'ils en perçoivent les avantages. En Afrique de l'Ouest, les fédérations de transporteurs routiers, les chambres de commerce et le secteur privé en général ont été des alliés pour exiger la réduction des contrôles routiers et la mise en place de mécanismes de libre échange effectifs. En Afrique centrale, le secteur privé commence à s'organiser régionalement. Des associations d'entrepreneurs d'Afrique centrale se sont exprimées, exhortant par exemple la CEA à les doter d'outils pour mieux tirer parti d'une stratégie de substitution aux importations à l'échelle sous-régionale. Les patronats nationaux (GICAM au Cameroun, UNIPACE en RCA, etc.) ont tout intérêt à coopérer pour faire entendre leur voix auprès de la Commission de la CEMAC. En unissant leurs forces, ils peuvent mieux plaider pour des **mesures de facilitation** : par exemple, la digitalisation des procédures douanières, la reconnaissance mutuelle des agréments et normes, la mise en place de régimes de transit communs. Si les gouvernements perçoivent que l'intégration est soutenue par les milieux d'affaires – parce qu'elle ouvre des perspectives de création de richesse – ils seront plus enclins à appliquer effectivement les décisions communautaires.

Par ailleurs, l'essor du **secteur privé régional** implique de considérer non seulement le commerce mais aussi l'**investissement direct intra-régional**. Une intégration réussie verrait des PME et grandes entreprises investir dans des pays voisins pour y établir des filiales, des coentreprises, ou des unités de production, contribuant ainsi à la diffusion du capital et du savoir-faire dans la sous-région. Actuellement, ces investissements croisés sont timides en CEMAC. Hormis quelques banques camerounaises présentes au Tchad ou en RCA, ou des groupes comme le gabonais BGFI Bank et le camerounais Afriland qui ont une empreinte régionale, peu d'entreprises franchissent le pas. Les raisons incluent la méfiance envers la stabilité des pays voisins (conflits en RCA, risques au Tchad), la faible complémentarité de certaines économies et, encore une fois, les barrières administratives (obtenir un permis de résidence, une licence d'opération dans un autre pays CEMAC pouvait relever du parcours du combattant avant l'accord de libre circulation des personnes de 2017-2019). Toutefois, avec la mise en œuvre progressive de la **libre circulation des personnes** – désormais effective puisque tous les pays de la CEMAC ont supprimé les visas pour les citoyens de la communauté – un obstacle majeur à l'expansion des entreprises a été levé : les entrepreneurs et employés peuvent circuler librement pour prospecter, s'installer 90 jours, etc. C'est un progrès significatif qui devrait, si accompagné d'autres facilités, encourager les PME à regarder au-delà de leurs frontières.

En résumé, le secteur privé, et en particulier les PME, sont à la fois **bénéficiaires potentiels et vecteurs nécessaires de l'intégration**. Sans entreprises dynamiques pour utiliser les corridors et commercer, ces derniers resteront sous-employés. Et sans la pression de ces utilisateurs, les gouvernements risquent de manquer l'urgence des réformes. Il y a donc un cercle vertueux à enclencher : améliorer les conditions pour les PME (infrastructures, financement, climat d'affaires), ce qui leur permettra de croître et de se régionaliser, ce qui à son tour renforcera la demande d'intégration et les flux intrarégionaux. La prochaine section examinera plus en détail comment une **meilleure intégration du tissu entrepreneurial** – c'est-à-dire une mise en réseau des PME à l'échelle régionale – pourrait accélérer de façon décisive le processus d'intégration en CEMAC.

Intégrer le tissu entrepreneurial pour accélérer l'intégration de la CEMAC

La notion d'**intégration du tissu entrepreneurial** renvoie à la construction de liens et de synergies entre les entreprises des différents pays de la région, de sorte qu'elles ne fonctionnent plus en isolement national mais dans une logique de marché commun. Concrètement, il s'agit de favoriser l'émergence de **chaînes de valeur régionales** et de **clusters transfrontaliers** impliquant des acteurs de plusieurs pays de la CEMAC. Le développement des corridors intégrés fournit précisément une colonne vertébrale autour de laquelle peut s'articuler cette intégration du secteur productif.

Une première manière d'y parvenir est de promouvoir des **projets d'investissement conjoints le long des corridors**. Par exemple, on pourrait imaginer qu'au lieu de construire séparément de petites usines de transformation de produits agricoles dans chaque pays, les États identifient un site optimal le long d'un corridor (en fonction de la disponibilité de la matière première et de la logistique) et y attirent un investissement industriel qui servira l'ensemble de la région. Un cas concret pourrait être la filière du bois : le Gabon et le Congo produisent du bois, la RCA en a également ; une grande zone de transformation du bois (sciage, contreplaqué, meubles) près de la frontière Cameroun-Congo, connectée au corridor vers Douala, pourrait agréger les grumes de plusieurs pays et les transformer localement pour l'exportation régionale ou internationale. Un tel cluster bénéficierait aux PME locales sous-traitantes (transport, maintenance, fournitures) et créerait une interdépendance économique forte entre les pays concernés. De même, dans l'agro-industrie, le sud du Tchad et le nord du Cameroun produisent du bétail et du maïs ; on pourrait envisager un **abattoir moderne et une usine d'aliments pour bétail** à N'Gaoundéré (sur le corridor), approvisionnant le Tchad et la RCA en viande et aliment bétail, plutôt que chaque pays importe séparément des produits de moindre qualité. Ces exemples illustrent le concept de *grappes de transformation régionales* tirant parti des corridors.

Un instrument souvent avancé pour faciliter cela est la création de **Zones Économiques Spéciales (ZES)** ou de **zones**

industrielles aux abords des corridors, ouvertes aux investisseurs de toute la CEMAC. L'idée serait d'offrir des incitations (infrastructures dédiées, fiscalité allégée, procédures simplifiées) pour que des entreprises de divers pays viennent s'y installer et coopèrent. Le concept a été évoqué par la CEA en lien avec l'import-substitution en Afrique centrale, en soulignant que le succès de celle-ci passera par la mise en place de ZES permettant de mettre les PME au cœur de l'industrialisation et de la rétention de valeur ajoutée localement. Au sein d'une ZES située sur un corridor, les PME de différents pays pourraient s'allier : par exemple, une PME camerounaise de textile pourrait s'associer à une PME tchadienne de production de coton pour fabriquer localement des tissus vendus dans toute la CEMAC, au lieu d'exporter le coton brut et d'importer des vêtements. Les ZES serviraient ainsi de **catalyseurs de partenariat régional privé**, comme cela a été observé ailleurs (par exemple, la Zone franche d'exportation de l'île Maurice avait à ses débuts attiré des capitaux régionaux et favorisé l'intégration de fournisseurs de pays voisins dans la chaîne de production). Naturellement, la réussite de telles zones dépend de leur bonne gestion et de leur intégration aux économies locales – elles ne doivent pas devenir des enclaves déconnectées du reste du pays.

Un autre aspect de l'intégration du tissu entrepreneurial concerne le **partage d'informations et la mise en réseau des PME**. Beaucoup de petites entreprises en Afrique centrale ignorent tout des opportunités existant de l'autre côté de la frontière : marchés insuffisamment approvisionnés, recherche de fournisseurs, etc. Mettre en relation ces entreprises via des foires régionales, des plateformes électroniques de mise en contact, ou des programmes d'échange pourrait stimuler le commerce. Par exemple, un artisan fabricant de chaussures à Douala pourrait découvrir qu'il existe une demande non satisfaite à Libreville ou N'Djamena pour ses produits et nouer des contacts pour exporter régulièrement. À cet égard, l'organisation périodique de salons régionaux (tel le salon *Promote* à Yaoundé, qui accueille des PME de toute l'Afrique centrale) est utile, mais il faudrait aller plus loin en créant un **Réseau CEMAC des PME** pour faciliter les échanges d'information commerciale. La digitalisation offre ici un potentiel : une application régionale listant les fournisseurs par secteur dans chaque pays CEMAC, avec leurs capacités, pourrait aider les entreprises à trouver des partenaires régionaux plutôt que d'importer d'Europe ou d'Asie ce qui pourrait être acheté chez le voisin.

L'**intégration financière** est également un levier clé pour intégrer le tissu entrepreneurial. La CEMAC partage déjà une monnaie commune (le franc CFA BEAC), ce qui élimine le risque de change entre ses pays, avantage non négligeable pour le commerce. Cependant, le financement reste localisé. Un entrepreneur gabonais a du mal à contracter un prêt pour un projet au Cameroun, par exemple, en dépit du marché financier commun théoriquement en place. La fusion récente des bourses (BVMAC) et la volonté de développer le marché financier régional devraient faciliter la levée de capitaux à l'échelle CEMAC pour des projets régionaux. De plus, encourager les banques à vocation régionale (comme BGFI, Afriland, Orabank) à développer des produits spécifiques pour financer le commerce intra-CEMAC (crédit export, affacturage régional) aiderait les PME à surmonter le problème du financement de leurs transactions. Lorsque le tissu entrepreneurial pourra accéder aisément à des financements peu importe le pays CEMAC d'origine du prêteur, cela signifiera que l'intégration aura vraiment pris corps dans les pratiques d'affaires.

Il faut également souligner le rôle potentiel des **startups et du numérique** dans l'intégration du tissu entrepreneurial. Les jeunes entreprises technologiques peuvent parfois contourner plus facilement les barrières physiques en proposant des services en ligne à l'échelle régionale. Par exemple, une plateforme d'e-commerce développée au Congo pourrait vendre des produits partout en CEMAC en s'appuyant sur les corridors logistiques pour la livraison. De même, des fintech régionales pourraient faciliter les paiements transfrontaliers entre PME, réduisant les frictions. L'intégration régionale ne se fera pas seulement par les secteurs traditionnels ; elle peut aussi être portée par une nouvelle génération d'entrepreneurs panafricains pour qui la CEMAC est d'emblée un marché unique potentiel.

Accélérer l'intégration en CEMAC par le biais des corridors exige d'intégrer en parallèle le tissu entrepreneurial, car l'un ne va pas sans l'autre. Développer les corridors physiques sans que les entreprises locales en profitent pourrait aboutir à des axes simplement empruntés par des produits étrangers transitant à travers la région. À l'inverse, si les entreprises de la CEMAC investissent les corridors – ouvrent des succursales dans les villes frontalières, créent des joint-ventures régionales, utilisent pleinement la libre circulation pour déployer leurs forces de vente – alors les corridors deviendront de véritables artères du marché commun. On voit donc se dessiner un ensemble de **conditions de réussite** nécessaires, à la fois infrastructurelles, institutionnelles et entrepreneuriales, que nous synthétiserons dans la section suivante.

Conditions nécessaires à la réussite de l'intégration économique (marché commun CEMAC)

Pour que l'accélération de l'intégration économique via les corridors et le secteur privé devienne une réalité, plusieurs conditions essentielles doivent être réunies au sein de la CEMAC. Ces conditions touchent aux infrastructures, aux réformes politiques et institutionnelles, à l'environnement des affaires et à la stabilité régionale. Leur mise en place créera le terreau propice à un **marché commun effectif**, condition préalable pour que les scénarios favorables d'intégration se concrétisent.

Stabilité politique et sécuritaire

C'est le fondement sans lequel tout le reste est compromis. La région CEMAC a été marquée ces dernières années par des conflits (guerre civile en RCA, insurrection de Boko Haram dans le pourtour du Lac Tchad, tensions politico-sociales au Cameroun et au Tchad) qui ont affaibli la coopération et perturbé les échanges. Un impératif est donc la consolidation de la paix et de la sécurité dans les zones critiques. La Banque africaine de développement identifie clairement la **sortie du cycle d'instabilité et de fragilité** comme le premier défi à surmonter pour favoriser l'intégration en Afrique centrale. Cela implique des efforts de diplomatie régionale, le soutien aux processus de paix (comme celui en RCA), et la coopération sécuritaire entre États (patrouilles conjointes, renseignement, etc.) pour sécuriser les axes. Un corridor sous la menace constante de bandes armées ou de coupeurs de route ne pourra jamais jouer son rôle intégrateur. La stabilité est également politique et institutionnelle : une gouvernance stable et respectueuse de l'état de droit dans chaque pays renforce la confiance mutuelle et la capacité à prendre des engagements régionaux sur le long terme.

Infrastructures de qualité et connectivité

Comme largement discuté, il est indispensable de **développer et entretenir les infrastructures** de transport (routes, chemins de fer, ports, voies fluviales) reliant les pays. Cela passe par finaliser le bitumage des tronçons manquants, élargir et moderniser les routes saturées, améliorer les capacités portuaires (projets d'extension du port de Douala, voire diversification vers le port en eau profonde de Kribi pour le trafic sous-régional), et réhabiliter le réseau ferroviaire. La notion de corridors intégrés suppose aussi des infrastructures connexes : **centres logistiques, entrepôts, infrastructures énergétiques et numériques** le long des axes pour alimenter les zones économiques. L'amélioration de la connectivité numérique (réseau fibre optique transfrontalier) est par exemple mentionnée dans les priorités régionales, la BAD soulignant le besoin de densifier les interconnexions internet et dorsales nationales. Des transports performants et des communications fluides forment la colonne vertébrale physique du marché commun.

Réformes de facilitation et harmonisation règlementaire

La mise en place intégrale du marché commun CEMAC nécessite d'**opérationnaliser et harmoniser les zones de libre-échange** existantes. Cela implique de parachever l'union douanière (application uniforme du Tarif Extérieur Commun dans tous les pays, suppression totale des frais et quotas résiduels sur le commerce intra-régional) et d'harmoniser les politiques commerciales. De plus, comme souligné, **la réduction des barrières non tarifaires** est une condition sine qua non. Il faut adopter et appliquer des mesures concrètes : mise en place de *One-Stop Border Posts* (postes frontaliers à contrôle unique ou joint) pour accélérer les passages, dématérialisation des procédures douanières et portuaires (guichet unique électronique pour le commerce extérieur), simplification des documents requis, et tolérance zéro vis-à-vis de la corruption douanière et routière (par des systèmes de surveillance, de sanctions et d'incitations). L'harmonisation doit s'étendre aux *normes techniques et aux réglementations sectorielles* : les pays CEMAC devraient reconnaître mutuellement leurs homologations de produits, leurs permis et licences, pour éviter la duplication des procédures d'un pays à l'autre. Par exemple, un produit pharmaceutique homologué au Cameroun devrait pouvoir être vendu au Tchad sans nécessiter une ré-homologation, ce qui suppose une confiance réciproque dans les agences de réglementation et idéalement la création d'agences régionales (type agence du médicament CEMAC). Le **cadre juridique des affaires**étant déjà harmonisé via l'OHADA et la CEMAC ayant une réglementation bancaire unifiée (COBAC), il faut capitaliser sur ces acquis pour d'autres domaines (assurance qualité, fiscalité). À ce propos, aligner la fiscalité (TVA, fiscalité des entreprises) éviterait les distorsions de concurrence et allégerait la gestion pour les entreprises transnationales. L'enjeu global est de *créer un environnement où opérer dans un pays CEMAC ou dans un autre ne présente pas de différence majeure en termes de règles et coûts*

Renforcement des institutions régionales

Une intégration réussie requiert des **institutions communautaires fortes** capables de coordonner, surveiller et, si besoin, imposer l'application des engagements. La Commission de la CEMAC doit disposer des moyens (financiers, légaux) de vérifier par exemple que les barrières tarifaires sont bien abolies ou que les directives communautaires sont transposées. Le Parlement de la CEMAC, embryonnaire, pourrait à terme jouer un rôle dans l'harmonisation législative. Surtout, la région gagnerait à mettre en place des **organismes de gestion des corridors** dédiés, à l'instar de ce qui existe pour le corridor Nord en Afrique de l'Est ou le corridor Maputo en SADC. Ces organismes rassemblent les autorités des pays traversés et les acteurs privés pour gérer de manière intégrée le fonctionnement du corridor (entretien de la route, facilitation, données de trafic, résolution des problèmes). Par exemple, un **Comité de Corridor Douala–Ndjamena/Bangui** pourrait suivre les indicateurs de performance (temps de trajet, coûts) et recommander des actions ciblées pour les améliorer, en rendant compte aux instances ministérielles de la CEMAC. La CEEAC (Communauté Économique des États d'Afrique Centrale, plus large que la CEMAC) a également un rôle, car elle coiffe la CEMAC pour certains aspects d'intégration régionale. Une coordination entre CEEAC et CEMAC est nécessaire pour éviter duplications et incohérences. Au-delà, l'engagement des dirigeants – ce fameux « leadership et volonté politique » évoqué comme condition numéro xi par la BAD – est indispensable pour donner mandat aux institutions régionales de faire leur travail sans interférence nationaliste.

Amélioration du climat des affaires et appui aux PME

Sur le plan national, chaque État membre doit continuer les **réformes structurelles** pour rendre son économie plus attractive et dynamique. Cela englobe la stabilité macroéconomique (que la CEMAC en tant qu'Union monétaire surveille via des critères de convergence), la gouvernance économique (gestion transparente, lutte contre la corruption) et surtout les mesures pro-entreprises : simplifier l'enregistrement des sociétés, protéger les investisseurs, rationaliser la fiscalité, améliorer la justice commerciale, etc. Un climat des affaires amélioré dans tous les pays homogénéise les conditions, ce qui est propice aux affaires régionales. Parallèlement, il faut **renforcer les capacités du secteur privé**. Les PME de la région doivent être soutenues pour monter en compétence et pouvoir saisir les opportunités du marché commun. Cela peut prendre la forme de programmes de formation (en gestion, qualité, export), d'incubateurs d'entreprises régionales, de facilitation d'accès au crédit (fonds de garantie régionaux pour prêts aux PME). La création de **banques ou de fonds dédiés aux PME** est une initiative observée dans certains pays (le Cameroun a mis en place une banque des PME, par exemple), mais une dimension régionale pourrait être ajoutée via la BDEAC. Des politiques d'**encouragement à la formalisation** sont également importantes car une intégration réussie implique d'intégrer aussi l'informel dans le formel. Beaucoup de micro-entreprises d'Afrique centrale opèrent hors du cadre légal ; les inciter à se formaliser (via des avantages, l'accès à des marchés publics, etc.) permettrait de les faire participer aux échanges régionaux en bénéficiant des accords commerciaux.

Mobilisation des ressources et partenariats

Le financement de l'intégration est un défi de taille. Les investissements requis pour les infrastructures dépassent souvent les capacités budgétaires des États CEMAC, d'autant que ceux-ci font face à des contraintes fiscales suite à la baisse des recettes pétrolières depuis 2014. Il est donc nécessaire de mobiliser des ressources innovantes et de faire appel aux partenariats public-privé (PPP). La BAD, la Banque mondiale, l'UE et d'autres bailleurs apportent déjà un appui, mais l'insuffisance des fonds demeure un obstacle cité pour expliquer les retards du PDCT-AC. Accroître la part du budget communautaire dédié aux infrastructures régionales, créer des **fonds spéciaux** alimentés par une quotepart des recettes d'exportation (par exemple un fonds de développement du corridor alimenté par une taxe sur le pétrole) sont des pistes. Les PPP, quant à eux, pourraient être utilisés pour des projets comme l'entretien routier (concessions avec péage modéré), la gestion portuaire, le rail, etc., en attirant des investisseurs privés qui se remboursent sur l'activité. Le partenariat ne s'entend pas qu'avec le privé, mais aussi entre États : la mise en commun de ressources et une solidarité financière sont nécessaires. À l'UEMOA, un **fonds communautaire de compensation** a longtemps permis de compenser les pertes de recettes douanières des pays enclavés et de financer des infrastructures dans les pays moins avancés, renforçant la cohésion. La CEMAC pourrait s'inspirer de tels mécanismes pour s'assurer qu'aucun pays ne se sente lésé dans l'intégration. En outre, l'articulation avec l'Union Africaine et ses programmes (comme le Programme de développement des infrastructures en Afrique, PIDA, qui inclut des projets en Afrique centrale) peut ouvrir l'accès à des financements continentaux ou internationaux plus larges.

Implication de la société civile et sensibilisation

Souvent négligée, l'adhésion de la population et de la société civile est pourtant cruciale. Il faut que l'intégration régionale soit comprise et soutenue par les citoyens de la CEMAC. Cela passe par des campagnes de communication sur les bénéfices attendus (baisse des prix, création d'emplois, etc.), et par l'inclusion des acteurs de la société civile (syndicats, ONG) dans le dialogue autour de l'intégration. Par exemple, les syndicats de transporteurs doivent être partie prenante des discussions sur les règles de transport régional, les associations de consommateurs devraient être informées de l'arrivée possible de produits moins chers grâce à la libre circulation, etc. Plus les populations percevront concrètement les avantages (une baisse du prix du ciment parce que importé sans taxes du Cameroun au Tchad, ou des opportunités d'emploi sur des chantiers de corridor), plus elles soutiendront politiquement l'intégration, formant un **cercle vertueux** de volonté populaire et de volonté politique.

En définitive, ces conditions – sécurité, infrastructure, facilitation, institutions solides, soutien aux entreprises, financement et adhésion populaire – forment un tout cohérent. C'est en les réunissant que la CEMAC pourra transformer l'essai de l'intégration, passant d'une union principalement monétaire sur le papier à une **communauté économique pleinement fonctionnelle**. La section suivante explorera comment, en fonction du degré de réalisation de ces conditions, l'intégration régionale en Afrique centrale pourrait évoluer selon différents scénarios au cours des prochaines années, en particulier en ce qui concerne le développement des corridors et l'inclusion du secteur privé.

Trois scénarios d'évolution de l'intégration régionale via les corridors et le secteur privé

L'avenir de l'intégration régionale en CEMAC dépendra des choix politiques et des efforts entrepris aujourd'hui. À partir des analyses précédentes, on peut esquisser trois scénarios prospectifs – optimiste, médian et pessimiste – quant à l'évolution possible de l'intégration à travers le prisme du développement des corridors et de la mobilisation du secteur privé. Ces scénarios ne sont pas des prédictions certaines, mais des **trajectoires plausibles** en fonction de la conjonction (ou non) des conditions de réussite que nous avons décrites. Ils permettent d'illustrer les conséquences des actions (ou de l'inaction) des acteurs de la CEMAC dans les années à venir.

Scénario 1 : Intégration accélérée – « Corridor des. enjeux *de croissance »*

Dans ce scénario optimiste, les États de la CEMAC, conscients mettent en œuvre de façon résolue les réformes et investissements nécessaires. Une forte **volonté politique commune** apparaît au grand jour pour faire de l'intégration régionale une priorité stratégique, soutenue par l'impulsion de quelques pays moteurs (par exemple, le Cameroun et le Congo, en tandem, entraînant les autres). Concrètement, d'importants programmes d'investissement dans les infrastructures de transport sont réalisés entre 2025 et 2030 : les corridors Douala–N'Djamena et Douala–Bangui sont entièrement remis à niveau (routes rénovées, nouvelle liaison ferroviaire jusqu'à N'Djamena, port de Douala décongestionné via le port de Kribi, etc.), le corridor Pointe-Noire–Brazzaville–Bangui voit le jour grâce à la réhabilitation du chemin de fer congolais et à un accord pour maintenir un trafic fluvial régulier. Parallèlement, les **barrières non tarifaires chutent drastiquement** : les postes frontaliers clés deviennent des guichets uniques ouverts 24h/24, le nombre de contrôles routiers est réglementé strictement (et surveillé électroniquement) à pas plus de 3 ou 4 arrêts officiels par trajet, la digitalisation élimine de nombreuses opportunités de corruption. Le secteur privé est associé à ces transformations – les transporteurs, par exemple, sont intégrés dans la gouvernance des corridors et contribuent à signaler tout dysfonctionnement, ce qui est rapidement corrigé. Les PME de la région, sentant le vent tourner, commencent à exploiter le marché commun naissant : encouragées par un climat des affaires allégé, elles multiplient les partenariats régionaux. On assiste à la création de **clusters industriels transfrontaliers** dans des domaines comme l'agroalimentaire (un cluster maïs-volailles entre le Cameroun et le Tchad), les matériaux de construction (cimenteries approvisionnant plusieurs pays), etc., souvent implantés non loin des corridors pour faciliter la distribution régionale. Les ZES établies aux abords de Douala, de Brazzaville et de N'Djamena attirent des investisseurs étrangers mais aussi régionaux, qui profitent du hub logistique tout en créant des chaînes de valeur locales. Dans ce scénario, à l'horizon 2030, les résultats sont tangibles : le commerce intra-CEMAC explose, passant de moins de 5 % à peut-être 15 % ou 20 % du commerce total de la région (une progression similaire à celle qu'a connue l'UEMOA après 15 ans d'intégration soutenue). Les coûts de transport baissent de 30 à 50 % sur les principaux corridors grâce à la fluidité retrouvée, rendant de nombreux produits régionaux compétitifs par rapport aux importations extra-africaines. Le PIB non pétrolier de chaque pays bénéficie de cette dynamique d'échanges accrus, et la diversification économique s'amorce (par exemple, le Cameroun exporte plus de produits manufacturés vers ses voisins, le Tchad vend du bétail et du cuir transformé, etc.). La mobilité des personnes s'intensifie également : cadres et techniciens circulent librement pour travailler sur les divers projets régionaux, créant une communauté professionnelle intégrée. Politiquement, le succès économique renforce la cohésion : les États respectent davantage les règles communautaires, et le public voit l'intérêt concret de la CEMAC, ce qui pérennise l'adhésion populaire. Ce scénario rapprocherait la CEMAC des standards d'intégration d'autres régions africaines, la faisant passer du statut de « lanterne rouge » à celui de **cas d'école d'intégration tardive mais réussie**. Bien sûr, ce scénario suppose une conjonction idéale de facteurs (paix consolidée, financements trouvés, gouvernance améliorée) – ce qui n'est pas acquis, mais demeure réalisable avec un leadership éclairé. Il s'inspire des succès constatés dans des régions comme la SADC où des corridors tels que Maputo ou North-South Corridor ont nettement amélioré les flux commerciaux, ou l'UEMOA où la libre circulation effective et la convergence économique ont globalement progressé sur les deux dernières décennies.

Scénario 2 : Progression graduelle – « Intégration à pas mesurés »

Dans ce scénario médian, la CEMAC connaît des avancées, mais celles-ci restent **parciales et inégales**. Les États mettent en œuvre certaines réformes, mais de façon incomplète ou tardive, et les investissements dans les corridors se font au coup par coup. Ainsi, à l'horizon 2030, on observe quelques succès notables : par exemple, le bitumage de la route Douala–Bangui est achevé et la sécurité en RCA s'est suffisamment rétablie pour réduire la nécessité d'escortes, ce qui diminue les coûts de transport. De même, le Cameroun et le Tchad ont réussi à instituer un poste frontalier unique à N'Djamena–Kousséri pour faciliter le passage du Chari, et des progrès sont faits au port de

Douala (informatisation, plus grande transparence). Cependant, d'autres aspects stagnent : la route Pointe-Noire–Bangui n'a que partiellement avancé, faute de financements et à cause de nouvelles tensions politiques ; les contrôles routiers illégaux, s'ils ont baissé en nombre, continuent d'affliger les corridors (les agents trouvant de nouvelles ruses pour soutirer de l'argent malgré les régulations). Le secteur privé régional commence à être plus présent, mais modestement : quelques entreprises camerounaises se sont implantées au Gabon ou en RCA, le trafic commercial a augmenté entre certaines capitales (Douala et Libreville par exemple), mais on est loin d'une effervescence d'échanges. La **fragmentation du marché** s'est réduite par endroits, mais demeure sensible : par exemple, un produit peut circuler facilement du Cameroun au Congo, mais rencontre encore des tracasseries imprévues en Guinée équatoriale ou au Gabon qui appliquent de façon tatillonne les normes nationales. On peut imaginer que dans ce scénario, le commerce intra-CEMAC progresse modestement, passant peut-être à 8-10 % des échanges totaux. La croissance économique régionale reçoit un léger bonus, mais pas de transformation structurelle marquée : le pétrole et les exportations extraverties restent dominants, même si quelques filières régionales émergent (peut-être le ciment ou certains produits agricoles). C'est un scénario de **demi-réussite** : l'intégration avance par petites touches, en fonction des opportunités et de l'appétit réformateur variant d'un pays à l'autre. Les corridors fonctionnent mieux qu'aujourd'hui, mais sans atteindre leur plein potentiel – par exemple, Douala–N'Djamena devient un corridor correct mais encore coûteux, Douala–Bangui reste relativement cher et lent malgré des améliorations. La coopération régionale demeure tributaire de la stabilité politique interne de chaque pays : un changement de régime ou une crise dans l'un peuvent temporairement freiner l'élan commun. Ce scénario reflète en quelque sorte la **poursuite des tendances actuelles** avec un peu plus d'application, sans saut qualitatif. Il rappelle l'expérience de regroupements africains où l'intégration stagne à mi-chemin : la Communauté d'Afrique de l'Est dans les années 2010, par exemple, a connu un accroissement du commerce intrarégional mais moindre qu'attendu car des barrières non tarifaires subsistaient. La CEMAC, dans ce cas, resterait en deçà des performances de l'UEMOA, tout en évitant le décrochage total.

Scénario 3 : Stagnation ou fragmentation – « Occasion manquée »

Le troisième scénario, pessimiste, envisage que la CEMAC ne parvienne pas à concrétiser les réformes nécessaires, conduisant à une **intégration au point mort, voire à un recul**. Plusieurs facteurs pourraient converger vers ce résultat : instabilité politique persistante (imaginons une recrudescence de la violence en RCA, ou une crise politique majeure dans un pays pivot comme le Cameroun), désintérêt ou méfiance entre les gouvernements (par exemple, un retour des réflexes souverainistes qui pousse certains à privilégier des accords bilatéraux extérieurs plutôt que régionaux), manque de financements, et pression concurrentielle extérieure rendant les maigres industries locales non compétitives. Dans ce scénario, à l'horizon 2030, peu de choses auront changé sur les corridors : certaines infrastructures auront même pu se dégrader faute d'entretien (nids de poule, effondrement ponctuel de ponts non réparés à temps), et les contrôles routiers seront toujours omniprésents, voire plus sophistiqués dans la prédation. Les échanges intra-CEMAC stagnent autour de 5 % ou moins, car les opérateurs économiques préfèrent importer d'Europe ou d'Asie des produits fiables plutôt que de se risquer dans des transactions régionales incertaines. Les PME n'auront tiré aucun bénéfice du marché commun, beaucoup n'ayant même pas tenté d'exporter au-delà de la frontière. Certaines pourraient même disparaître face à l'ouverture de la ZLECAf si elles ne sont pas prêtes à affronter la concurrence du reste de l'Afrique. La jeunesse d'Afrique centrale, ne voyant pas d'amélioration, continuerait de lorgner vers l'extérieur (Europe, etc.) plutôt que d'entreprendre localement. Pire, une **fragmentation** pourrait s'opérer : si l'intégration CEMAC est perçue comme au point mort, des pays pourraient être tentés de se tourner vers d'autres partenariats. On peut imaginer, par exemple, le Cameroun renforcer ses liens commerciaux avec le Nigeria et l'Afrique de l'Ouest au détriment de la CEMAC, ou le Congo et le Gabon chercher davantage l'appui de la SADC ou de partenaires émergents (Chine, Turquie) dans une logique purement bilatérale. Le risque extrême serait une érosion des acquis existants : le tarif commun pourrait être contourné, la discipline monétaire rompue (scénario peu probable tant que la zone franc perdure, mais dans un contexte de crise, certains pourraient remettre en question la monnaie commune). Même sans aller jusqu'à l'éclatement de l'Union monétaire, ce scénario verrait la CEMAC perdre toute pertinence économique : elle ne serait plus qu'une union monétaire par défaut, avec une intégration commerciale quasi nulle et des économies évoluant en parallèle sans interactions. Un signe alarmant pourrait être le retour de barrières frontalières strictes – par exemple si un pays rétablit des visas ou des contrôles sanitaires bloquants sous prétexte de protection (comme cela a failli se produire lors de certaines épidémies). Cela rappellerait les heures sombres où le Gabon et la Guinée équatoriale fermaient leurs frontières aux ressortissants voisins. Ce scénario est celui d'une **occasion manquée** : malgré un potentiel reconnu, la CEMAC resterait enlisé dans ses travers et verrait d'autres régions du continent avancer (à l'Est, à l'Ouest) pendant qu'elle stagne. Le coût d'opportunité serait énorme en termes de croissance non réalisée, d'emplois non créés et de dépendance accrue vis-à-vis de l'extérieur.

Ces trois scénarios illustrent des futurs contrastés. La réalité pourrait bien sûr se situer entre ces extrêmes, avec des avancées sur certains axes et des retards sur d'autres. Néanmoins, ils permettent de souligner que **l'intégration régionale est un choix** : les bénéfices potentiels sont grands (scénario 1), mais ne se matérialiseront pas sans efforts soutenus, tandis que l'inaction ou le mauvais pilotage pourraient laisser la région sur le bas-côté (scénario 3). Il appartient aux dirigeants de la CEMAC, en partenariat avec le secteur privé et la société civile, d'orienter la trajectoire vers le scénario favorable.

Conclusion

Accélérer l'intégration régionale de la CEMAC en développant et renforçant ses corridors intégrés de développement n'est pas une mince entreprise, mais c'est un impératif si l'Afrique centrale veut rompre avec le paradoxe d'une région riche en ressources mais à la croissance atone et peu inclusive. Au fil de ce chapitre, nous avons mis en lumière le rôle central que peuvent jouer les corridors de transport, non seulement comme **infrastructures physiques de connexion**, mais aussi comme vecteurs d'un développement économique intégré, irriguant les territoires et tissant des liens entre les nations. Nous avons vu que la CEMAC dispose déjà de corridors stratégiques – Douala–N'Djamena, Douala–Bangui, Pointe-Noire–Brazzaville–Bangui – qui, s'ils étaient optimisés, pourraient considérablement abaisser les coûts commerciaux et désenclaver les économies intérieures. Les expériences d'autres régions africaines, qu'il s'agisse de l'UEMOA avec la facilitation du transit ou de la SADC avec ses corridors économiques, offrent des enseignements précieux sur les **meilleures pratiques** à adopter, mais aussi sur les écueils à éviter.

Les défis à surmonter restent néanmoins considérables. Les **barrières non tarifaires**, en particulier, apparaissent comme le talon d'Achille de l'intégration en Afrique centrale ; leur élimination requiert une volonté politique inflexible et une lutte déterminée contre la petite corruption et les inerties administratives. De même, le rôle du **secteur privé**s'avère crucial : sans l'adhésion et l'implication active des entreprises, notamment des PME qui forment la colonne vertébrale de nos économies, l'intégration resterait une construction technocratique déconnectée du terrain. Intégrer le tissu entrepreneurial, c'est permettre aux chefs d'entreprise, aux commerçants, aux artisans de s'approprier la CEMAC comme un espace d'opportunités, et non de les cantonner aux marchés étroits de chaque pays. C'est en ce sens que le développement des corridors n'est pas qu'une affaire d'ingénieurs et de financements d'infrastructure, mais aussi une affaire de **capital humain, de formation, de réseautage**, afin que les acteurs économiques locaux puissent en tirer parti.

Les conditions du succès ont été identifiées : il faudra consolider la paix, investir massivement et intelligemment dans les infrastructures, harmoniser les politiques et réglementations, renforcer les institutions communautaires pour les rendre plus effectives et redevables, assainir le climat des affaires et appuyer les entreprises, le tout en mobilisant des ressources financières innovantes et en associant la population au projet intégrateur. Ce programme est ambitieux, mais des outils existent – au sein de la CEMAC elle-même, la stratégie à l'horizon 2025 met l'accent sur ces leviers, et les partenaires au développement sont engagés à soutenir la région.

In fine, l'accélération de l'intégration régionale par les corridors intégrés est porteuse d'une **vision transformatrice** pour l'Afrique centrale : celle d'une région où l'on peut traverser plusieurs pays par route en quelques jours en toute sécurité, où un entrepreneur de Douala traite aisément avec un fournisseur de Brazzaville, où un consommateur de N'Djamena trouve sur le marché des produits « Made in CEMAC » compétitifs, où les richesses naturelles du Tchad ou de la RCA sont transformées en partie localement grâce à des investissements conjoints avec des voisins, et où la croissance ne dépend plus uniquement de l'exportation de pétrole brut ou de minerais bruts, mais aussi du dynamisme du marché régional. Cette vision s'inscrit dans le cadre plus large de l'intégration continentale africaine : une CEMAC intégrée sera mieux armée pour s'insérer avantageusement dans la Zone de libre-échange continentale africaine, en évitant le piège de la marginalisation. À l'inverse, sans intégration régionale, les pays d'Afrique centrale risqueraient d'aborder en ordre dispersé la compétition africaine et globale, avec tous les dangers que cela comporte pour leurs économies vulnérables.

Il appartient dès lors aux décideurs de la CEMAC de transformer l'essai. Le chemin d'une intégration réussie à travers le développement des corridors et l'implication du secteur privé est balisé par de nombreuses analyses et recommandations – comme celles citées tout au long de ce chapitre – provenant d'institutions régionales et internationales. Il reste à les mettre en œuvre avec détermination. Comme le notait un rapport de la BAD, l'Afrique centrale fait face à de nombreux défis mais dispose d'un potentiel énorme qu'une intégration effective permettrait de libérer. En misant sur ses corridors de développement et en mobilisant toutes les forces vives – États, secteur privé, partenaires – la CEMAC pourrait enfin réaliser l'idéal de son marché commun, pour le plus grand bénéfice de ses populations. Les pages qui se tourneront dépendront des actes posés aujourd'hui. **Intégrer ou stagner** telle est l'alternative ; et le développement des corridors, catalyseur de l'intégration, offre à l'Afrique centrale la voie royale vers une prospérité partagée.

CHAPITRE V

LA CEMAC ET SES CHOIX

La CEMAC est à la croisée des chemins face aux défis de l'intégration régionale et du commerce intra-africain. Alors que l'Afrique s'engage dans la Zone de libre-échange continentale africaine (ZLECAf) pour stimuler le commerce intra-africain, la CEMAC accuse un retard marqué en matière d'intégration économique. En 2015, les échanges intra-CEMAC ne représentaient qu'environ **2,3%** du commerce total de ses membres, un niveau très faible comparé, par exemple, aux **12,4%** enregistrés au sein de l'Union Économique et Monétaire Ouest-Africaine (UEMOA). De surcroît, la Communauté Économique des États d'Afrique Centrale (CEEAC), bloc plus large englobant la CEMAC, est considérée comme la communauté régionale la *moins intégrée au monde* selon la Commission économique de l'ONU pour l'Afrique. Ce constat met en évidence les défis structurels et politiques entravant l'intégration en Afrique centrale. Dans ce contexte, une analyse approfondie des **choix stratégiques** qui s'offrent à la CEMAC est nécessaire pour comprendre comment la région peut surmonter ces obstacles, tirer parti des opportunités du commerce intra-africain, et éviter la marginalisation économique.

Ce chapitre propose une analyse détaillée des options stratégiques de la CEMAC face à ces défis. Elle est structurée en plusieurs sections. Nous commencerons par le **cadre conceptuel** de l'intégration régionale, en distinguant clairement les notions de convergence économique et de convergence monétaire. Ensuite, nous dresserons un état des lieux de la CEMAC – ses structures, ses défis, et les politiques actuelles – avant de **comparer** sa trajectoire avec celle de deux autres blocs africains : l'UEMOA en Afrique de l'Ouest et la SADC en Afrique australe. Cette comparaison mettra en lumière les réussites et écueils de chaque région. Nous présenterons par la suite des **études de cas** concrètes de politiques d'intégration réussies dans la CEMAC, l'UEMOA et la SADC, afin d'identifier les facteurs ayant permis leur mise en œuvre efficace. Sur cette base, trois **scénarios d'évolution** possibles pour la CEMAC seront envisagés, avec une analyse des implications économiques et structurelles de chacun, sans formuler de recommandations normatives. Enfin, quelques éléments de comparaison avec l'expérience de l'ASEAN en Asie du Sud-Est seront évoqués, afin d'élargir la perspective. L'objectif global est de fournir une analyse complète, argumentée et étayée par la littérature académique, pour mieux comprendre les enjeux, défis et opportunités auxquels fait face la CEMAC en matière d'intégration régionale et de stimulation du commerce intra-africain.

Le cadre conceptuel de l'intégration régionale

L'intégration économique régionale désigne un processus par lequel plusieurs pays voisins coordonnent et unifient progressivement leurs politiques économiques afin de créer un espace économique plus vaste et cohérent. Sur le plan conceptuel, Bela Balassa (1961) a décrit des *étapes* classiques de l'intégration, allant de la zone de libre-échange (élimination des tarifs douaniers entre membres) à l'union douanière (tarif extérieur commun), puis au marché commun (libre circulation des biens, services, personnes et capitaux), à l'union économique et enfin à l'union monétaire et économique complète. L'objectif escompté est de générer des **effets positifs** sur la croissance et le commerce : un marché élargi permet des économies d'échelle et une allocation plus efficiente des ressources, et l'élimination des barrières stimule les échanges intrarégionaux. La théorie des unions douanières de Viner (1950) souligne toutefois que l'intégration commerciale peut produire à la fois des *créations de trafic* (substitution d'importations extra-régionales par des importations en provenance d'un pays membre, plus efficientes) et des *détournements de trafic* (remplacement d'importations moins chères d'un pays tiers par des importations en provenance d'un partenaire régional, plus coûteuses). Un schéma d'intégration réussi doit maximiser les créations de trafic – donc le **commerce nouveau** stimulé entre partenaires – tout en minimisant les détournements qui pourraient nuire à l'efficacité globale.

Dans le contexte des pays en développement, l'intégration régionale a aussi été envisagée comme un moyen de renforcer le poids économique face à la mondialisation et d'éviter la marginalisation. L'accès élargi à un *vaste marché régional* peut attirer les investissements et favoriser l'industrialisation, conformément aux modèles de croissance endogène qui intègrent la taille du marché dans les déterminants de la croissance (Grossman & Helpman, 1991). De plus, l'intégration peut faciliter la coordination de politiques communes de développement (infrastructures régionales, politiques sectorielles) et la gestion de biens publics régionaux. Toutefois, la littérature empirique sur les impacts de l'intégration en Afrique offre des résultats mitigés. Certaines études anciennes soutenaient que les accords commerciaux sud-sud en Afrique n'avaient pas significativement boosté la croissance, suggérant même que des préférences régionales mal conçues pouvaient conduire à des détournements de trafic préjudiciables. À l'inverse, d'autres travaux trouvent des effets positifs indirects via l'augmentation des échanges et des investissements intrarégionaux. Les effets sur la *convergence* des revenus entre pays intégrés sont également débattus : si Ben-David (1996) montrait une convergence des revenus entre pays intensifiant leur commerce mutuel, Slaughter (2001) observait plutôt des divergences dans certains cas de libéralisation commerciale. Le potentiel de l'intégration régionale dépend étroitement des caractéristiques des pays membres (complémentarité ou similarité de leurs structures productives), de la profondeur effective des accords et de la qualité de mise en œuvre de ceux-ci.

Intégration monétaire et convergence : distinction des concepts

Au sein de l'intégration économique, il convient de distinguer clairement la notion de *convergence économique* de celle de *convergence monétaire*. La **convergence monétaire** se réfère généralement à l'alignement des indicateurs macroéconomiques et des politiques monétaires des pays membres, souvent dans le but de garantir la viabilité d'une union monétaire ou la stabilité d'un taux de change fixe. Dans le cas d'une union monétaire existante (comme la CEMAC ou l'UEMOA qui partagent le franc CFA), la convergence monétaire prend la forme de *critères nominaux* à respecter (maîtrise de l'inflation, limitation des déficits budgétaires et de la dette publique, stabilité du taux de change, etc.), analogues aux critères de convergence de Maastricht pour la zone euro. Ces critères visent à assurer que les politiques économiques nationales sont suffisamment harmonisées pour que la politique monétaire commune soit efficace et que le risque de déséquilibres extrêmes entre pays soit limité. Par exemple, la CEMAC a mis en place un Pacte de Convergence qui fixe des seuils à ne pas dépasser pour le déficit public (3% du PIB), l'inflation (3%) ou encore l'endettement, afin d'asseoir la stabilité monétaire régionale.

En revanche, la **convergence économique** (parfois dite *réelle*) renvoie à la tendance des économies à devenir plus similaires en termes de niveaux de développement et de structures économiques. Il s'agit notamment de la convergence des **revenus par habitant**, de la productivité, ou encore de la diversification économique. Une convergence économique impliquerait que les pays les moins avancés au sein d'un bloc régional connaissent une croissance plus rapide que les pays plus riches, réduisant ainsi l'écart de niveau de vie sur le long terme. Elle peut aussi englober l'harmonisation structurelle (par exemple, que tous atteignent un certain niveau de développement industriel ou d'infrastructures). Bien que liée à l'intégration, la convergence économique dépend de nombreux autres facteurs (investissements, politiques nationales, stabilité politique, etc.) et n'est pas automatiquement garantie par la seule existence d'un marché commun ou d'une monnaie commune.

Il est important de noter que l'on peut avoir une union monétaire fonctionnelle sans convergence économique réelle : c'est d'ailleurs le cas en CEMAC et UEMOA où la monnaie commune existe depuis des décennies alors que les niveaux de revenu et les bases productives des pays restent très disparates. Comme le résument certains analystes, *« l'UEMOA et la CEMAC ont unifié leur politique monétaire sans que la mise en œuvre de l'union douanière ou du marché commun ne soit achevée ».* Autrement dit, l'intégration monétaire y a précédé l'intégration commerciale et la convergence structurelle. Cette dissociation peut poser des défis : en théorie des zones monétaires optimales (Mundell, 1961), l'homogénéité économique (ou des mécanismes de solidarité) est souhaitable pour qu'une monnaie commune fonctionne sans heurts. Des études ont d'ailleurs conclu qu'aucune des deux zones CFA (CEMAC et UEMOA) ne satisfaisait pleinement aux critères d'une zone monétaire optimale, même si elles ont perduré grâce à des appuis extérieurs et des arrangements institutionnels spécifiques. Dans cette analyse, nous traiterons principalement des choix stratégiques en matière d'intégration régionale commerciale et institutionnelle de la CEMAC, tandis que la question de la convergence économique (au sens de rattrapage et harmonisation des performances économiques) fera l'objet d'un chapitre ultérieur. Néanmoins, il importait d'éclaircir ces concepts car ils sous-tendent certaines dynamiques de la région : par exemple, la discipline monétaire existante en CEMAC (convergence nominale) contraste avec le faible niveau d'intégration réelle de leurs marchés.

La CEMAC face aux défis de l'intégration régionale

La CEMAC, a été créée en 1994 en remplacement de l'ancienne Union Douanière et Économique de l'Afrique Centrale (UDEAC). Ces membres partagent une monnaie commune – le franc CFA BEAC – arrimée à l'euro, formant ainsi une union monétaire gérée par la Banque des États de l'Afrique Centrale (BEAC). Outre la BEAC, le dispositif institutionnel de la CEMAC comprend une Commission de la CEMAC (pour piloter les politiques communautaires), un Parlement communautaire (aux pouvoirs encore limités), une Cour de Justice communautaire, ainsi que des institutions spécialisées (telles que la COBAC pour la supervision bancaire, ou la BDEAC pour le financement du développement). Sur le papier, la CEMAC ambitionne une union douanière et un marché commun : l'Acte additionnel de 1994 évoquait la libre circulation des biens, des services, des capitaux et des personnes, en plus de la politique monétaire unique déjà héritée de l'UDEAC.

Malgré ce cadre institutionnel relativement complet, la mise en œuvre pratique de l'intégration régionale en CEMAC est restée **inachevée** sur plusieurs volets. Certes, un Tarif Extérieur Commun (TEC) a été adopté (à quatre bandes tarifaires) et l'union douanière est officiellement en place. Cependant, dans les faits, la libre circulation des marchandises intra-région demeure entravée par de nombreuses **barrières non tarifaires**, des contrôles frontaliers lourds et parfois des pratiques protectionnistes unilatérales. Jusqu'à récemment, la libre circulation des personnes n'était pas effective non plus, en raison de réticences de certains États membres (voir étude de cas en section V.1). Ainsi, la CEMAC souffre d'un écart important entre les textes et la réalité du terrain, ce qui se reflète dans la faiblesse de son commerce intra-zone.

Faiblesse des échanges intra-régionaux et explications

Les chiffres du commerce intrarégional de la CEMAC sont parlants : à peine 2 à 3% du volume total des échanges des pays membres se fait à l'intérieur de la communauté. Autrement dit, plus de 97% des échanges commerciaux de ces pays sont orientés vers l'extérieur de la région (principalement l'Union européenne, les États-Unis, la Chine et d'autres partenaires asiatiques). Ce niveau est l'un des plus bas de toutes les communautés économiques régionales dans le monde. À titre de comparaison, la part du commerce intra-régional atteint environ 12% dans l'UEMOA (dont les pays ont un niveau d'intégration institutionnelle similaire à la CEMAC) et environ 20% au sein de la SADC en Afrique australe. Même au niveau continental africain, où les échanges intra-africains sont globalement modestes (autour de 15% des échanges totaux du continent), la CEMAC se situe bien en dessous de la moyenne.

Plusieurs facteurs **structurels** et **conjoncturels** expliquent cette faiblesse des échanges intracommunautaires en Afrique centrale. D'abord, la structure productive des pays de la CEMAC est peu diversifiée et largement tournée vers l'exportation de produits primaires identiques ou similaires (notamment le pétrole, qui constitue la principale exportation du Congo, du Gabon, de la Guinée Équatoriale et du Tchad). Ces économies d'exportation de rente ont historiquement eu peu de complémentarités entre elles : elles exportent des hydrocarbures ou des minerais vers des clients mondiaux, et importent des biens manufacturés et alimentaires d'Europe ou d'Asie. Le **profil commercial peu complémentaire** entre voisins (par exemple, le Gabon ou le Congo n'ont pas nécessairement besoin d'importer les principales productions du Cameroun, comme le cacao ou le bois, car ils en produisent aussi) limite mécaniquement le potentiel d'échanges intrarégionaux. En revanche, les pays CEMAC ont tous des besoins en produits manufacturés que seuls des partenaires industriels externes peuvent satisfaire pour le moment. En économie internationale, cette situation correspond à un faible *commerce intra-branche* et à une intégration horizontale limitée. Ensuite, les *infrastructures de transport et de communication* insuffisantes constituent un obstacle majeur.

La région d'Afrique centrale présente des défis géographiques (forêt dense du bassin du Congo, distances importantes, enclavement de pays comme le Tchad ou la RCA). Les liaisons routières et ferroviaires entre capitales de la CEMAC sont inadéquates ou en mauvais état. Par exemple, relier Douala (Cameroun) à Bangui (RCA) ou N'Djamena (Tchad) par la route est une entreprise longue et coûteuse du fait de routes partiellement non bitumées et de nombreuses tracasseries. Un rapport de la BAD notait que le coût et le délai d'acheminement des marchandises en Afrique centrale sont prohibitives : il faut en moyenne **116 jours** pour qu'un conteneur soit expédié d'une usine en République Centrafricaine et accomplisse toutes les formalités de dédouanement et de transit, alors qu'il ne faut que **5 jours** à un conteneur pour parvenir du Danemark au port de destination. Cet écart énorme illustre l'effet combiné de l'enclavement, du manque d'infrastructures et de la lourdeur administrative. L'état des corridors de transport est un frein : l'absence de chemins de fer inter-États (en dehors du Transgabonais ou du chemin de fer camerounais n'allant pas au-delà), la vétusté des ports et la rareté des voies navigables exploitées limitent fortement la fluidité du commerce intra-CEMAC.

À ces contraintes physiques s'ajoutent des **barrières réglementaires et administratives**. Les postes frontaliers en CEMAC sont réputés pour la multiplicité des contrôles, formalités et parfois prélèvements informels. Les procédures douanières manquent d'harmonisation et de transparence. Par exemple, avant la récente initiative de libre circulation des personnes, un ressortissant d'Afrique centrale devait souvent s'acquitter de visas et de formalités complexes pour se déplacer dans la région, freinant les échanges de services et les affaires. De plus, chaque pays a longtemps maintenu des **listes d'exceptions** au régime douanier commun, appliquant des restrictions sur certains produits pour protéger son marché. L'absence d'un mécanisme efficace de compensation des pertes de recettes douanières liées à la libéralisation intracommunautaire a pu encourager des comportements protectionnistes persistants. Au total, ces obstacles relèvent d'une faible *facilitation des échanges*, c'est-à-dire un environnement commercial peu propice aux flux transfrontaliers fluides. Comme le souligne une étude, les coûts de transaction élevés dus aux routes dégradées, aux lourdeurs bureaucratiques et à l'insécurité frontalière expliquent largement la faiblesse du commerce intra-africain dans la région.

Un autre facteur explicatif réside dans les **instabilités politiques et sécuritaires** qu'a connues la sous-région. Les conflits armés et crises (guerre civile en RCA, rébellions et attaques terroristes dans le nord du Cameroun et du Tchad, tensions politico-militaires au Congo dans les années 1990, etc.) ont perturbé les échanges et la confiance entre États. En 2013-2014, la crise en Centrafrique a par exemple conduit à un effondrement des échanges officiels entre la RCA et ses voisins, les exportations de la RCA vers la CEMAC chutant de 84% en 2014 par rapport à 2012. L'insécurité pousse souvent à détourner les marchandises de leur itinéraire direct – par exemple, contourner certaines routes dangereuses – ce qui alourdit encore les coûts. Elle incite aussi les États à renforcer les contrôles aux frontières pour des raisons de souveraineté, au détriment de la libre circulation économique.

Enfin, il convient de mentionner l'importance du **commerce informel** non enregistré, qui atténue en partie le tableau sombre des échanges officiels. Des études ont mis en évidence l'existence de flux commerciaux informels significatifs entre, par exemple, le Cameroun et le Tchad ou la Guinée Équatoriale, portant sur des produits agricoles, du bétail, des carburants, etc. Nkendah (2013) estime que le commerce informel entre le Cameroun et ses voisins représente plusieurs dizaines de milliards de FCFA par an, ce qui est équivalent à une part non négligeable du PIB camerounais. Ces échanges, bien que réels, n'apparaissent pas dans les statistiques officielles – on parle de *régionalisme de facto* par opposition au *régionalisme de jure*. Leur existence montre qu'il y a une demande et une activité commerciale régionale sur le terrain, mais que celle-ci s'opère en dehors du cadre réglementé en raison des obstacles mentionnés. Cela prive les États de recettes fiscales et fausse la perception de l'intégration (sous-estimation des échanges), tout en attestant d'une intégration **informelle** par les réseaux privés lorsque les canaux formels sont défaillants.

Réalisations et atouts de la CEMAC

Malgré ce portrait de défis, la CEMAC dispose de certains **atouts** et a enregistré quelques réalisations notables qui peuvent servir de base à un approfondissement de l'intégration. En premier lieu, le fait d'avoir une monnaie commune stable, le franc CFA, arrimée à une monnaie internationale (l'euro via un mécanisme de coopération avec le Trésor français), a offert à la région une inflation historiquement basse et une certaine stabilité monétaire. Cette stabilité a facilité les transactions entre les pays (pas de risque de change intra-zone) et constitue un bien public régional précieux. La politique monétaire est unifiée et prudente, inspirant confiance aux investisseurs sur le plan de la stabilité macroéconomique. La **convergence monétaire nominale** est globalement satisfaisante dans la CEMAC, les pays respectant généralement les critères d'inflation et maintenant la parité fixe. Cela contraste avec d'autres régions d'Afrique où les fluctuations monétaires entre voisins compliquent le commerce.

Sur le plan institutionnel, la CEMAC a mis en place des **organes communautaires** qui, bien que perfectibles, fournissent une base de gouvernance régionale. La Commission de la CEMAC élabore des politiques communes (par exemple en matière de tarification douanière, de régulation des transports, de programmes économiques régionaux). La Cour de Justice de la CEMAC offre un mécanisme juridique pour régler les différends liés aux textes communautaires. Le Parlement de la CEMAC, bien que consultatif, incarne une volonté de légitimité démocratique du projet régional. De plus, des initiatives telles que l'Organisation pour l'Harmonisation en Afrique du Droit des Affaires (OHADA), à laquelle appartiennent tous les pays CEMAC, harmonisent le cadre juridique des affaires sur une base élargie (17 pays africains), favorisant indirectement l'intégration économique en sécurisant les transactions et investissements dans l'espace commun. L'OHADA est souvent citée comme un succès en matière d'intégration juridique africaine.

Au niveau sectoriel, la CEMAC a lancé des **programmes économiques régionaux** visant à développer les infrastructures régionales et à faciliter le commerce. Par exemple, le Programme économique régional (PER) de la CEMAC identifie des projets intégrateurs, tels que la construction de corridors routiers (corridor Douala-Bangui-N'Djamena, corridor Pointe-Noire-Brazzaville-Bangui, etc.), l'interconnexion des réseaux électriques des pays membres, ou le développement d'un marché financier régional. Sur ce dernier point, un progrès notable a été accompli récemment : les deux places financières de la CEMAC (la Bourse des Valeurs Mobilières de l'Afrique Centrale *BVMAC*basée à Libreville, et la Douala Stock Exchange) ont fusionné en 2019, créant une bourse unique pour l'ensemble de la CEMAC. Cette intégration des marchés de capitaux vise à renforcer le financement des entreprises régionales et la liquidité, et constitue un pas en avant vers l'unification financière.

Un autre développement majeur concerne la **libre circulation des personnes**, qui pendant longtemps est restée lettre morte malgré les protocoles signés. En 2017, après de longues années de négociations et de levée progressive des objections, la CEMAC a finalement acté la suppression des visas pour les ressortissants de tous les États membres (nous détaillons ce cas plus loin). L'entrée en vigueur complète de cette mesure, symboliquement importante, montre qu'un verrou politique a pu sauter, ouvrant la voie à une intensification future des échanges humains et donc économiques.

Enfin, l'environnement continental avec la ZLECAf offre à la CEMAC une opportunité d'accélérer son intégration. La ZLECAf, entrée en vigueur en 2021, vise à éliminer 90% des tarifs entre pays africains sur une période de 5 à 10 ans. Les pays de la CEMAC, s'ils adoptent une position coordonnée, peuvent profiter de ce cadre continental pour stimuler leurs échanges avec d'autres régions d'Afrique (par exemple Cameroun-Nigeria, Tchad-Soudan, etc.), tout en renforçant la cohésion interne afin de mieux négocier ensemble et de maximiser les retombées. La Commission de la CEMAC a d'ailleurs élaboré une stratégie pour arrimer le TEC de la CEMAC aux dispositions tarifaires de la ZLECAf. Cela représente un choix stratégique crucial : **soit** la CEMAC se sert de la dynamique continentale comme levier pour finaliser sa propre union douanière et marché commun, **soit** elle risque de voir l'intégration continentale se substituer à une intégration régionale inaboutie. Nous reviendrons sur ces options dans les scénarios d'évolution (section VI).

La CEMAC se caractérise par une forte intégration monétaire, mais une intégration commerciale et productive très limitée à ce jour. Ses défis tiennent à la structure de ses économies, au déficit d'infrastructures et de confiance politique, mais des évolutions récentes (ex : libre circulation des personnes) et le contexte nouveau de la ZLECAf lui ouvrent des perspectives. Pour mieux cerner les voies de progrès possibles, il est instructif de comparer la trajectoire de la CEMAC avec celle d'autres regroupements régionaux africains, notamment l'UEMOA et la SADC, qui offrent des points de comparaison intéressants en termes de réussites et difficultés.

Comparaison de la CEMAC avec l'UEMOA et la SADC : réussites et défis

Afin d'identifier les facteurs de succès ou d'échec de l'intégration régionale, nous examinons comparativement trois ensembles : la CEMAC, l'UEMOA et la SADC. L'UEMOA (Union Économique et Monétaire Ouest-Africaine) regroupe huit pays d'Afrique de l'Ouest partageant également le franc CFA (BCEAO), tandis que la SADC (Southern African Development Community) compte seize pays d'Afrique australe et de l'est, aux économies et systèmes monétaires diversifiés. Ces régions présentent des contextes différents, mais toutes poursuivent l'objectif d'une intégration accrue. La comparaison porte sur les avancées institutionnelles, le niveau du commerce intra-régional, et les obstacles rencontrés, afin de mettre en lumière les contrastes entre ces expériences.

L'UEMOA : une intégration monétaire ancienne, une intégration commerciale en progression

L'UEMOA, créée également en 1994 (succédant à l'ancienne Union Monétaire Ouest-Africaine), réunit le Bénin, le Burkina Faso, la Côte d'Ivoire, la Guinée-Bissau, le Mali, le Niger, le Sénégal et le Togo. Tout comme la CEMAC, ses membres utilisent le franc CFA (émis par la BCEAO à Dakar) et ont donc une union monétaire avec une politique de change commune vis-à-vis de l'euro. Au-delà de la monnaie, l'UEMOA s'est dotée d'institutions régionales robustes : une Commission supra-nationale aux pouvoirs accrus par rapport à la CEMAC, un cadre de **surveillance multilatérale** des politiques macroéconomiques, et des politiques sectorielles communes (agriculture, énergie, etc.). Sur le plan de l'intégration commerciale, l'UEMOA est souvent citée comme l'un des blocs africains les plus avancés. En effet, en *moins de cinq ans*, elle a **presque parachevé son union douanière** – c'est-à-dire suppression des droits de douane intracommunautaires et adoption d'un tarif extérieur commun – tout en instituant des mécanismes d'harmonisation fiscale et une réglementation commerciale commune. Dès l'an 2000, le Tarif Extérieur Commun de l'UEMOA est entré en vigueur, faisant de l'Union un espace douanier unifié bien avant d'autres régions. Ce progrès rapide s'explique par une forte volonté politique au lendemain des dévaluations du franc CFA de 1994, mais aussi par le soutien technique et financier des partenaires (Union européenne, France, etc.) qui ont encouragé la réussite de ce modèle.

Les résultats sur le commerce intrarégional se sont fait sentir : la part du commerce intra-UEMOA est passée d'environ 6-7% dans les années 1990 à plus de 12% ces dernières années. Certes, cela reste modeste en absolu et l'UEMOA demeure tributaire du commerce avec l'extérieur (France, Chine, Nigéria via la CEDEAO, etc.), mais l'augmentation indique un *effet de création de commerce*. Des études économétriques trouvent généralement un coefficient positif pour l'appartenance à l'UEMOA dans les modèles de gravité du commerce africain, traduisant un niveau d'échanges intrazone supérieur à ce qu'il serait sans l'accord régional. Concrètement, on a vu s'intensifier, par exemple, les exportations de produits manufacturés et agro-alimentaires ivoiriens vers le Burkina, le Mali, le Niger ; ou encore le commerce de ciment, de produits pétroliers raffinés, etc., entre la Côte d'Ivoire, le Sénégal et leurs voisins. L'UEMOA a également mis en place une Bourse Régionale des Valeurs Mobilières (BRVM) commune à tous ses États (siégant à Abidjan), ce qui est un cas unique d'intégration financière en Afrique : des entreprises de tous les pays de l'Union peuvent y lever des capitaux en monnaie locale, offrant un marché financier intégré plus liquide qu'à l'échelle nationale.

Parmi les **réussites** notables de l'UEMOA figurent la discipline macroéconomique collective et l'harmonisation juridique. L'Union a instauré un Pacte de Convergence similaire à celui de la CEMAC, avec des critères de déficit, d'inflation et de dette publique. La plupart du temps, les pays UEMOA ont respecté ces critères (jusqu'à des chocs récents comme la pandémie de Covid-19) et l'Union y a gagné une réputation de stabilité. De plus, l'UEMOA bénéficie de l'OHADA pour le droit des affaires, et a adopté des **politiques communes** dans divers domaines : une Politique Agricole Commune (PAC-UEMOA), une initiative Régionale d'Énergie (pour interconnecter les réseaux électriques), ou encore la liberté d'établissement pour les professions. Cette densité de l'acquis communautaire est soutenue par un corpus réglementaire abondant qui s'impose aux États (règlements, directives). L'UEMOA est ainsi souvent considérée, y compris par des observateurs extérieurs, comme *"l'expérience d'intégration économique la plus avancée de l'Afrique de l'Ouest"*.

Néanmoins, l'UEMOA fait face aussi à des **défis et limites**. D'une part, son marché commun n'est pas pleinement effectif en pratique : des obstacles non tarifaires subsistent (contrôles routiers multiples, frais informels aux frontières, réglementations nationales divergentes dans l'application). La libre circulation des personnes est acquise formellement via l'espace CEDEAO dont l'UEMOA fait partie, mais dans la pratique, les entraves administratives (carte d'identité biométrique, etc.) ont mis du temps à se lever. D'autre part, la portée de l'UEMOA est limitée par la présence, en son sein, de **pays enclavés très dépendants** de leurs voisins côtiers (Mali, Niger, Burkina) et par l'absence du géant régional nigérian. En effet, l'UEMOA est un sous-ensemble de la CEDEAO, organisation ouest-africaine plus large incluant entre autres le Nigéria, le Ghana, la Guinée, etc. Cette dualité pose question : l'UEMOA ne représente qu'environ 40% du PIB de l'Afrique de l'Ouest, et son intégration ne peut ignorer le Nigeria, grande puissance régionale non membre de l'UEMOA. Par exemple, la perspective d'une monnaie unique de la CEDEAO (l'Eco) et d'une union économique englobant le Nigeria a conduit l'UEMOA à coordonner étroitement ses politiques avec les autres pays de la CEDEAO. Certains craignent qu'à terme, l'UEMOA doive s'effacer dans un ensemble plus large ; mais en attendant, elle a servi de laboratoire réussi (la CEDEAO s'est inspirée du TEC de l'UEMOA pour adopter son propre TEC en 2015).

Un autre défi interne est la **divergence économique** entre la Côte d'Ivoire – locomotive économique qui pèse à elle seule ~35-40% du PIB de l'Union – et les petits États sahéliens (Niger, Burkina, Guinée-Bissau) beaucoup plus pauvres. Cette asymétrie nécessite des mécanismes de solidarité ou d'investissement régional pour éviter une concentration des bénéfices de l'intégration dans les pays les plus avancés. L'UEMOA a mis en place un Fonds de Compensation pour aider les pays enclavés et un Fonds de Développement de l'énergie, etc., mais les moyens restent limités. La dépendance de l'Union envers quelques produits d'exportation (coton, or, cacao) signifie aussi qu'elle subit les chocs externes (prix des commodités, aléas climatiques) qui peuvent accentuer les écarts entre pays.

L'UEMOA se distingue par une **volonté d'intégration soutenue** et des succès tangibles (monnaie commune stable, union douanière effective, accroissement modéré du commerce intra-zone, convergence macroéconomique), tout en ayant à résoudre des problèmes de consolidation du marché commun et d'élargissement de son intégration à l'échelle de la CEDEAO. Les enseignements pour la CEMAC portent notamment sur l'importance d'une **mise en œuvre résolue** des engagements (l'UEMOA a appliqué en pratique ce qu'elle a décidé sur papier, comme le TEC), l'appui des partenaires (qui a renforcé la crédibilité de ses réformes) et le rôle d'une économie pivot (la Côte d'Ivoire) capable de tirer les échanges régionaux.

La SADC : une zone de libre-échange axée autour de l'Afrique du Sud

La Communauté de Développement d'Afrique Australe (SADC) offre un modèle d'intégration assez différent des deux unions monétaires africaines. Fondée en 1992 (succédant à une conférence de coordination datant de 1980), la SADC comprend aujourd'hui 16 pays aux systèmes monétaires et linguistiques variés – du puissant **Afrique du Sud** aux petites économies comme le Lesotho, en passant par des pays enclavés (Zambie, Zimbabwe, Malawi) et côtiers (Tanzanie, Mozambique, Namibie, etc.). La SADC ne dispose pas d'une monnaie commune ni d'une commission supranationale forte équivalente à celle de l'UEMOA/CEMAC ; elle opère plutôt sur un mode intergouvernemental, où les décisions sont prises par le Sommet des chefs d'État et mises en œuvre par les États avec le soutien d'un Secrétariat exécutif basé au Botswana. L'agenda de la SADC, ambitieux sur le papier, prévoyait une zone de libre-échange en 2008, une union douanière en 2010, un marché commun en 2015, une union monétaire en 2016 et même une monnaie unique vers 2018. En pratique, seule l'étape de la **zone de libre-échange (ZLE)** a été réellement atteinte, tandis que le projet d'union douanière a pris du retard et que l'idée d'une monnaie unique SADC a été largement abandonnée ou repoussée sine die.

La réalisation majeure de la SADC est donc la **Zone de Libre-Échange de 2008**. Lors du sommet de 2008 à Johannesburg, les dirigeants ont annoncé l'élimination d'au moins 85% des tarifs douaniers entre 12 des 15 États membres de l'époque. Les pays anglophones d'Afrique australe (Afrique du Sud, Botswana, Namibie, Lesotho, Eswatini – qui formaient déjà l'Union douanière d'Afrique

Australe *SACU* –, ainsi que la Zambie, le Zimbabwe, le Malawi) et le Mozambique ont participé pleinement à la ZLE, tandis que trois pays (Angola, RD Congo, Seychelles) n'étaient pas initialement parties à l'accord de libre-échange. L'élimination tarifaire a été asymétrique : l'Afrique du Sud et les pays du SACU ont ouvert immédiatement leurs marchés aux voisins plus pauvres, tandis que ces derniers ont bénéficié d'un délai jusqu'en 2012 pour éliminer progressivement les droits de douane sur les produits sud-africains. Ce mécanisme a été crucial pour rendre l'accord politiquement acceptable, étant donné l'écart de développement industriel : l'Afrique du Sud, fortement industrialisée, aurait inondé les marchés locaux sans des protections transitoires.

Les effets sur le commerce intrarégional de la SADC ont été notables. Le commerce **intra-SADC** est passé d'environ 15% du commerce total de la région en 2008 à un pic de **21,6%** en 2016. Bien que ce chiffre soit retombé légèrement (autour de 19% en 2018), il atteste d'une intensification des échanges intra-africains en Afrique australe sur la décennie 2008-2018. On observe par exemple une hausse des exportations manufacturières sud-africaines vers la SADC (véhicules, biens d'équipement, produits agroalimentaires), mais aussi l'émergence de nouveaux flux Sud-Sud, comme les exportations de ciment du Zimbabwe vers la Zambie, de sucre du Swaziland vers l'Angola, ou de produits agricoles entre le Malawi, la Zambie et le Mozambique. Une étude de la SADC notait que la contribution de l'industrie manufacturière au PIB régional était passée de 10,3% à 11,9% entre 2013 et 2018, reflétant un léger progrès de l'industrialisation, même si celle-ci reste faible. La SADC demeure marquée par la dépendance aux matières premières (plus de 25% du PIB provient de l'agriculture et des mines dans beaucoup de pays), et donc par un commerce intrarégional limité par le manque de diversification – un constat similaire à la CEMAC, à ceci près que l'Afrique du Sud joue le rôle de moteur diversifié dans la SADC.

Les **facteurs de réussite** de la ZLE de la SADC incluent la présence d'un *pôle économique dominant*, l'Afrique du Sud, dont l'intérêt à ouvrir la région était fort après la fin de l'apartheid (Pretoria a rejoint la SADC en 1994 avec la volonté de développer des liens économiques régionaux). L'Afrique du Sud a pu jouer le rôle de **locomotive** en important davantage de biens de la SADC (par exemple minerais du Zimbabwe ou Angola, produits agricoles du Malawi) et en investissant massivement dans les pays voisins (télécoms, distribution, banques), tout en exportant ses produits. Les pays voisins, bien que vigilants face à cette domination, y ont trouvé avantage : accès aux capitaux sud-africains, aux infrastructures (ports sud-africains pour les pays sans littoral), et au grand marché sud-africain pour certains de leurs produits. Un autre facteur est l'existence préalable de la SACU (Union douanière datant de 1910 entre Afrique du Sud, Botswana, Lesotho, Eswatini et Namibie) qui avait déjà éliminé les tarifs entre ces cinq pays et mis en place un tarif commun. La SACU a servi de **noyau intégré** au sein de la SADC, facilitant l'extension de la libre-échange aux autres. Par exemple, pour la SACU, appliquer la ZLE SADC signifiait simplement étendre des préférences tarifaires à d'autres pays, sans remettre en cause leur tarif externe commun. Cette configuration unique a aussi ses revers : elle rend difficile la mise en place d'une union douanière SADC globale, car la SACU a son propre tarif extérieur commun et un système de partage de revenus très intégré qui ne s'aligne pas aisément avec d'autres pays.

La SADC a également mis l'accent sur la **facilitation du commerce et l'intégration physique**. Des initiatives comme le **Corridor de Maputo** (partenariat public-privé reliant Johannesburg au port de Maputo par route et rail modernisés) ou le **Corridor Nord-Sud** (réseau routier du port de Durban vers la Zambie et la RDC en traversant le Zimbabwe) ont amélioré la connectivité. La création du **Pool Énergétique d'Afrique Australe (SAPP)** a permis aux pays d'échanger de l'électricité à travers un réseau interconnecté piloté par les compagnies électriques nationales – un exemple d'intégration sectorielle réussie dans l'énergie. De plus, la SADC a adopté un **Protocole sur la libre circulation des personnes** (similaire à celui de la CEDEAO), même s'il n'est pas encore pleinement appliqué dans tous les États. Les citoyens des pays de la SADC peuvent toutefois souvent voyager sans visa pour de courts séjours touristiques dans les pays voisins, ce qui est un début de mobilité régionale (par exemple, un Zambien n'a pas besoin de visa pour se rendre en Afrique du Sud pour 90 jours). La SADC planifie aussi un visa touristique unifié (Projet UNIVISA) pour faciliter les déplacements, bien que ce projet ait pris du retard.

Malgré ces avancées, la SADC doit composer avec des **défis importants**. Le principal est l'**hétérogénéité** de ses membres et les chevauchements d'appartenance. Certains pays SADC sont également membres d'autres communautés aux objectifs similaires, créant des conflits de loyauté : la Tanzanie fait partie de la SADC et de la Communauté d'Afrique de l'Est (EAC), l'Angola et la RDC sont membres de la CEEAC, et surtout sept pays (dont la RDC, la Tanzanie, l'Angola, le Zimbabwe…) étaient membres du Marché Commun d'Afrique Orientale et Australe (COMESA). Ce **chevauchement d'appartenances** a conduit plusieurs États à se retirer du COMESA pour éviter l'incompatibilité avec la SADC (par exemple, la Tanzanie a quitté le COMESA), mais il reste un obstacle majeur à l'union douanière SADC : un pays ne peut pas appartenir simultanément à deux unions douanières avec deux tarifs extérieurs communs différents. Ainsi, la SADC a de facto gelé son objectif d'union douanière, préférant avancer sur la ZLE continentale (ZLECAf) qui englobe aussi le COMESA et l'EAC, contournant le problème en élargissant l'espace.

Un autre défi est la **dominance sud-africaine** qui, bien qu'un moteur, suscite des déséquilibres. L'Afrique du Sud représente environ 60% du PIB cumulé de la SADC et une part massive des exportations manufacturières intrarégionales. Les industries locales de pays plus petits peinent à concurrencer les produits sud-africains. Par exemple, les fabricants textiles du Malawi ou du Lesotho ont souffert de l'afflux de vêtements sud-africains meilleur marché après l'ouverture commerciale, de même que l'industrie laitière en Zambie face à des produits sud-africains très compétitifs. La SADC a tenté d'atténuer ce déséquilibre par des programmes de **coopération industrielle** (le Plan d'industrialisation de la SADC 2015-2063 vise à développer les capacités productives des membres moins avancés) et par l'octroi de périodes d'ajustement plus longues pour les pays à faible revenu. Néanmoins, l'écart de compétitivité demeure un problème structurel.

La **fragilité macroéconomique** de certains États SADC a également retardé la convergence. L'hyperinflation au Zimbabwe dans les années 2000, la crise de la dette au Mozambique en 2016, ou la volatilité du kwacha zambien ont compliqué l'idée d'une union monétaire ou même d'une coordination étroite des politiques. Contrairement aux unions monétaires CFA, la SADC n'a pas de mécanisme de garantie de change ou de discipline budgétaire commune – chaque pays conserve sa souveraineté monétaire. La SADC a cependant un Comité sur la *convergence macroéconomique*, qui fixe des objectifs indicatifs (inflation < 5%, déficit < 3% du PIB, dette < 60% du PIB), mais ceux-ci n'ont pas de caractère contraignant fort.

La SADC a réussi à établir une large zone de libre-échange, accompagnée d'améliorations notables des échanges, grâce à un leadership économique fort (Afrique du Sud) et une approche pragmatique focalisée sur le commerce et les infrastructures. Cependant, son intégration reste incomplète (pas d'union douanière ni monétaire), reflétant la complexité de marier des économies disparates sans un cadre supranational rigoureux. Par rapport à la CEMAC, la SADC montre qu'une **intégration commerciale partielle** peut tout de même accroître significativement le commerce intrarégional (intra-SADC ~20%), et que l'implication du secteur privé (via les corridors, les investissements transfrontaliers) est un facteur clé. En revanche, la CEMAC, malgré son union monétaire, n'a pas su générer de dynamique similaire faute d'ouverture commerciale et d'acteur moteur de la taille de l'Afrique du Sud.

Synthèse comparative : enseignements pour la CEMAC

De la comparaison entre ces trois régions, plusieurs enseignements se dégagent quant aux facteurs de succès ou de blocage de l'intégration régionale en Afrique. L'UEMOA a bénéficié d'un fort engagement politique des dirigeants ouest-africains dans les années 1990 pour construire des institutions communes efficaces (Commission, réglementation contraignante, surveillance multilatérale). Cette *volonté politique traduite en actes*a permis une mise en œuvre relativement rapide des dispositions intégratrices (union douanière en 5 ans). À l'inverse, la CEMAC a longtemps souffert d'une réticence politique de certains États à appliquer les décisions communautaires (par ex., le Gabon et la Guinée Équatoriale bloquant la libre circulation, le Cameroun rechignant à abandonner certains avantages tarifaires). Le déficit d'institutionnalisation (Commission moins puissante, absence de mécanisme de sanction) a retardé l'approfondissement de la CEMAC. La SADC, quant à elle, fonctionne sans supranationalité poussée ; elle a avancé lorsque les intérêts nationaux majeurs convergeaient (Afrique du Sud voyant un gain dans la ZLE). Cela suggère que sans institutions contraignantes, il faut au moins un alignement d'intérêts ou un leadership pour progresser.

La présence d'une économie dominante et diversifiée peut être un catalyseur d'intégration. L'Afrique du Sud dans la SADC a servi de moteur d'industrialisation régionale, et la Côte d'Ivoire joue en partie ce rôle en UEMOA (fournissant capitaux et marchés aux voisins). En CEMAC, aucun pays ne dispose de la masse critique équivalente : le Cameroun est le plus peuplé et diversifié, mais son PIB reste bien inférieur à celui de la Côte d'Ivoire ou de l'Afrique du Sud. Le Gabon et la Guinée Équatoriale ont un PIB par habitant élevé grâce au pétrole, mais des économies peu diversifiées et de petite taille démographique, qui n'irriguent pas la sous-région en biens manufacturés ou investissements. Cette absence de "locomotive intégratrice" rend l'élan moins spontané ; au contraire, les plus riches (Gabon, Guinée Éq.) ont parfois craint l'intégration qui pourrait selon eux les submerger de migrants ou de produits des voisins moins avancés.

L'UEMOA et surtout la SADC ont une base de production un peu plus diversifiée, ce qui ouvre plus d'opportunités de commerce intrarégional. Par exemple, l'UEMOA a des industries agro-alimentaires au Sénégal et en Côte d'Ivoire qui exportent dans la région, et la SADC a un éventail manufacturier en Afrique du Sud et au Zimbabwe. À l'opposé, la CEMAC est très homogène (dépendance au pétrole et aux matières premières) et les quelques industries (brasseries, cimenteries) sont généralement tournées vers leurs marchés intérieurs protégés. Le faible niveau de transformation locale des ressources (le pétrole brut est exporté, les produits pétroliers finis sont importés faute de raffineries suffisantes) réduit les échanges potentiels. Cela indique qu'au-delà des politiques commerciales, l'intégration nécessite des stratégies de **diversification industrielle** coordonnées, faute de quoi les pays n'ont tout simplement pas grand-chose à s'échanger.

L'expérience SADC montre l'importance d'investir dans des projets régionaux (corridors, énergie) pour soutenir le commerce. L'Afrique australe a plusieurs corridors de transport performants (Walvis Bay Corridor, Maputo Corridor) facilitant les flux. L'Afrique de l'Ouest (UEMOA/CEDEAO) a aussi développé des corridors routiers (Lagos-Abidjan en cours, Dakar-Bamako, etc.). L'Afrique centrale est en retard à cet égard, même si la CEMAC a identifié des projets, leur réalisation est lente. L'amélioration de la connectivité interne est un prérequis pour réduire les coûts commerciaux exorbitants constatés (116 jours pour un conteneur en RCA).

UEMOA et CEMAC sont des unions monétaires de dimension relativement restreinte (8 et 6 pays respectivement), enchâssées dans des ensembles plus vastes (CEDEAO et CEEAC). La SADC est d'une taille plus grande et inclusive (16 pays couvrant ~300 millions d'hab.). Il apparaît que les gains d'intégration augmentent avec la taille du marché intégré, mais la complexité aussi. L'UEMOA a montré qu'un petit groupe homogène peut avancer vite et servir de noyau (exemple de "l'intégration à deux vitesses" en Afrique de l'Ouest, où l'UEMOA est le premier cercle). Pour la CEMAC, une question stratégique est de savoir si elle doit rester un bloc restreint soudé ou s'élargir pour gagner en taille (par ex. via un rapprochement avec la CEEAC ou en incluant la RDC à terme). Nous verrons en scénarios ces options. Le cas de l'UEMOA illustre que l'appui des bailleurs (UE, FMI, etc.) a conforté sa stabilité (soutien budgétaire, technique), et que l'intégration peut renforcer la crédibilité internationale des pays (risque-pays mutualisé en partie). La CEMAC a également reçu des appuis (par ex. programme de réformes de la BEAC après des scandales financiers, financements de la BAD pour des routes), mais a pu souffrir d'une moindre attention internationale que l'Afrique de l'Ouest plus géostratégique. L'échange d'expériences entre régions est aussi un facteur : l'UEMOA a inspiré la CEDEAO pour le tarif commun, la SADC collabore avec COMESA et EAC (tripartite) pour harmoniser leurs initiatives, etc. La CEMAC pourrait tirer des enseignements de ces autres régions, par exemple en matière de mécanisme de compensation douanière (UEMOA) ou de facilitation frontalière (comme les "One Stop Border Posts" de SADC/COMESA).

En définitive, la comparaison révèle que la **volonté politique de mise en œuvre**, la **complémentarité économique** et le **leadership** sont déterminants. La CEMAC, en déficit sur ces plans jusqu'à récemment, doit composer avec un environnement moins favorable à l'intégration que l'UEMOA ou la SADC, mais peut aussi s'inspirer de leurs réussites pour rattraper son retard. Les sections suivantes exploreront des cas concrets de politiques d'intégration réussies dans ces trois espaces (y compris un cas de la CEMAC), puis les scénarios possibles pour l'avenir de la CEMAC.

Études de cas de politiques d'intégration régionales réussies

Pour illustrer de manière concrète comment certaines barrières ont pu être levées et quels facteurs ont contribué au succès de politiques d'intégration, nous examinons trois études de cas, chacune issue d'une des régions considérées. Nous verrons (1) la mise en œuvre de la libre circulation des personnes en CEMAC, (2) l'établissement de l'union douanière et du tarif extérieur commun de l'UEMOA, et (3) le lancement de la zone de libre-échange de la SADC. Ces cas mettent en lumière les conditions ayant permis leur réalisation effective et les effets obtenus, fournissant des leçons pour d'autres initiatives intégratrices.

Cas CEMAC – La libre circulation des personnes enfin réalisée (2017)

La **libre circulation des personnes** au sein de la CEMAC a longtemps été l'arlésienne de l'intégration en Afrique centrale. Dès 1994, les textes fondateurs prévoyaient l'abolition des visas entre les États membres pour favoriser la mobilité des citoyens, à l'instar de ce qui se faisait en CEDEAO. Pourtant, pendant plus de deux décennies, cette disposition est restée inappliquée. Deux pays en particulier – le Gabon et la Guinée Équatoriale – refusaient d'ouvrir leurs frontières sans visa, invoquant des craintes liées à l'immigration clandestine, à la sécurité et à la protection de leur marché du travail. Ces réticences étaient en partie alimentées par des *mythes* tenaces : le **mythe de "l'invasion démographique"**, selon lequel les pays plus peuplés et plus pauvres

(Cameroun, Tchad, RCA) enverraient des flots de migrants déstabiliser démographiquement les petits États riches ; le **mythe de “la spoliation économique”**, c'est-à-dire la peur que des étrangers accaparent les emplois et opportunités économiques locales ; et le **mythe de “la perversion sociale et criminelle”**, reliant immigration et hausse de la délinquance. Ces arguments, fortement ancrés dans l'opinion publique gabonaise et équato-guinéenne, ont justifié des politiques migratoires très restrictives vis-à-vis des voisins de la sous-région (visa coûteux, quotas de travailleurs étrangers, expulsions périodiques de migrants illégaux).

Pendant des années, les négociations pour appliquer la libre circulation ont achoppé sur ces refus. Un tournant survient en 2013, lorsque les chefs d'État de la CEMAC signent un **Acte additionnel** réaffirmant le principe de suppression des visas pour les séjours de moins de 90 jours, tout en laissant chaque pays définir le timing de mise en œuvre. Entre 2015 et 2017, un processus graduel se met en place : le Cameroun, le Tchad et la RCA, favorables à l'initiative, confirment la levée des visas (le Cameroun l'avait déjà fait dès 2008, mais en conditionnant à la réciprocité). La République du Congo annonce également en 2017 l'ouverture de ses frontières aux ressortissants CEMAC. Restent les deux pays les plus réticents : le Gabon et la Guinée Équatoriale. Fin octobre 2017, coup de théâtre : ces deux États finissent par céder et officialiser la suppression du visa d'entrée pour les citoyens de la CEMAC. En Guinée Équatoriale, un décret du Vice-Premier Ministre de l'Intérieur met en œuvre cette décision, valable pour tout détenteur d'un passeport biométrique CEMAC. Le Gabon publie également un arrêté en octobre 2017 allant dans le même sens. Ainsi, **à partir de fin 2017, la libre circulation des personnes est devenue une réalité dans l'espace CEMAC** : un ressortissant camerounais, congolais, centrafricain, tchadien, gabonais ou équato-guinéen peut voyager dans un autre pays membre sans visa préalable, pour un court séjour.

Les **facteurs** qui ont permis cette avancée historique sont multiples. D'un point de vue politique, la pression des pairs et l'évolution des rapports de force interne ont joué : le Cameroun, puissance démographique, plaidait de longue date pour cette mesure et a su convaincre progressivement ses partenaires. La formulation d'un accord en 2013, laissant le temps aux plus réticents de se préparer, a été décisive – on a laissé Gabon et Guinée Équatoriale “examiner en profondeur” la question et mettre en place des mesures d’accompagnement (par ex. renforcer les contrôles aux frontières contre l’immigration clandestine). Par ailleurs, l’environnement économique a changé : la chute du prix du pétrole après 2014 a plongé le Gabon et la Guinée Équatoriale en récession, soulignant la nécessité de diversifier leurs économies et de s’ouvrir davantage. Dans ce contexte, maintenir un isolationnisme coûteux n’était plus tenable ; au contraire, attirer des compétences régionales (ingénieurs, commerçants camerounais, etc.) pouvait devenir bénéfique. Il y a donc eu une forme de **prise de conscience économique**.

En outre, le soutien de la Commission de la CEMAC et de la CEEAC, ainsi que l’implication de l’Union Africaine (le principe de libre circulation étant également promu par l’UA à l’échelle continentale, avec un protocole en 2018), ont créé un climat favorable. La Guinée Équatoriale, en particulier, cherchait à améliorer son image sur la scène africaine après avoir rejoint le Commonwealth et la CPLP, et ne voulait plus apparaître comme un mauvais élève de l’intégration régionale. Quant au Gabon, il a obtenu en parallèle des garanties sur la mise en place de passeports biométriques sécurisés dans les pays voisins pour mieux contrôler les entrées, répondant ainsi à ses préoccupations sécuritaires.

Les **implications** de cette libre circulation sont significatives pour la CEMAC. D’un point de vue économique, on peut s’attendre à une augmentation des flux de travailleurs, de touristes et de petits commerçants à travers les frontières, ce qui stimulera le commerce informel et formel. Par exemple, un entrepreneur camerounais peut plus aisément prospecter au Gabon, un commerçant tchadien aller s’approvisionner en produits agricoles au Cameroun, etc., sans les coûts et délais de visa. Cela devrait renforcer les échanges de services (transports, commerce de détail, travaux publics) et permettre une meilleure allocation de la main-d’œuvre à l’échelle régionale (par ex., des chômeurs camerounais pourront occuper des emplois vacants en Guinée Équatoriale dans le BTP ou l’hôtellerie). Sur le plan social, la mesure rapproche les populations et peut contribuer à forger une **identité régionale CEMAC** par l'interaction accrue, de la même manière que la libre circulation a favorisé le sentiment d'appartenance en CEDEAO. Bien sûr, ces bénéfices potentiels dépendent d'une application effective : il faudra que les administrations locales respectent la directive (éviter que des douaniers zélés continuent d'exiger des bakchichs ou des documents inutiles), et que des politiques d'accompagnement soient mises en place (par exemple, reconnaissance mutuelle de certaines qualifications, coopération policière renforcée pour lutter contre la criminalité transfrontalière afin de rassurer sur les questions sécuritaires).

Ce cas de la libre circulation en CEMAC montre qu'une **volonté politique unifiée** peut venir à bout de résistances anciennes, surtout lorsque les arguments protectionnistes sont déconstruits (les "mythes" d'invasion se révélant infondés dans d'autres régions) et lorsque l'évolution conjoncturelle pousse à la coopération. Il aura fallu 17 ans pour faire aboutir cette politique – signe que l'intégration est souvent un processus long et non linéaire, mais qui peut connaître des percées soudaines lorsque les planètes s'alignent. La réussite de cette initiative offre un exemple encourageant pour d'autres volets en CEMAC (par exemple, on peut espérer un sursaut politique similaire pour enfin appliquer pleinement la libre circulation des **biens** ou harmoniser les réglementations). C'est donc un jalon important vers une intégration plus profonde en Afrique centrale.

Cas UEMOA – *L'Union douanière et le Tarif Extérieur Commun (TEC) : mise en place rapide et effets*

L'une des réalisations phares de l'UEMOA a été l'établissement effectif de son **union douanière** en très peu de temps. Contrairement à de nombreux regroupements africains où les unions douanières restent théoriques, l'UEMOA a supprimé les droits de douane intra-communautaires et mis en place un tarif extérieur commun dès le 1er janvier 2000. Ce succès mérite examen, car il constitue le socle sur lequel le commerce intrarégional a pu croître.

Contexte et contenu de la réforme. Après la création de l'UEMOA en 1994, les chefs d'État ouest-africains ont rapidement adopté un **Schéma de libéralisation des échanges** prévoyant l'élimination graduelle des tarifs sur les biens circulant à l'intérieur de l'Union. Entre 1996 et 1999, les taxes à l'importation sur les produits originaires de l'UEMOA ont été progressivement abolies, assorties de règles d'origine simples (40% de valeur ajoutée locale ou changement de position tarifaire). Parallèlement, un **Tarif Extérieur Commun (TEC)** à quatre catégories de produits a été négocié : 0% sur les biens sociaux essentiels (médicaments, etc.), 5% sur les matières premières et biens d'équipement, 10% sur les intrants spécifiques, 20% sur les biens de consommation finaux. Ce TEC reflétait un compromis entre pays côtiers voulant des tarifs modérés pour protéger les consommateurs et pays enclavés ayant besoin de recettes douanières – le taux maximum de 20% est relativement bas comparé à d'autres unions douanières, traduisant l'orientation assez libérale de l'UEMOA. En outre, une taxe compensatoire dégressive a été prévue pour quelques produits sensibles afin de protéger temporairement certaines industries naissantes.

La mise en œuvre fut remarquable par sa **célérité et son intégralité**. En **5 ans**, l'UEMOA avait une union douanière pratiquement opérationnelle, ce qui contraste par exemple avec la CEMAC où l'union douanière, initiée dans les années 1990, n'était toujours pas pleinement appliquée vingt ans plus tard. Comment expliquer cette réussite ? Plusieurs facteurs entrent en jeu.

Volonté politique et alignement d'intérêts

Les pays de l'UEMOA, confrontés aux difficultés économiques des années 1980-1990 (ajustements structurels, dévaluation du franc CFA en 1994), ont vu dans l'union douanière un moyen de relancer la croissance via le commerce régional. La Côte d'Ivoire, qui sortait d'une période de troubles politiques et économiques, souhaitait reconquérir son rôle de hub régional et a soutenu l'intégration commerciale. Les pays sahéliens, eux, voyaient un avantage à accéder sans barrière au grand marché ivoirien et sénégalais. Ainsi, le TEC a pu être calibré relativement bas parce que l'intérêt commun était de rendre les importations moins chères pour stimuler la consommation et l'investissement, plutôt que de protéger des industries souvent peu compétitives. Cet alignement, couplé à l'engagement des dirigeants (notamment le Président Alpha Oumar Konaré du Mali, qui fut un ardent défenseur de l'intégration), a permis de surmonter les éventuelles résistances sectorielles internes.

Institution supranationale et mécanismes financiers

La Commission de l'UEMOA (à l'époque, appelée Conseil de Ministres et Secrétariat Exécutif) a joué un rôle technique crucial en élaborant les règlements douaniers, en formant les douaniers nationaux à la nouvelle tarification, et en surveillant l'application. Surtout, un mécanisme de **compensation** a été mis en place pour répartir équitablement les recettes douanières du TEC entre pays, afin que ceux qui importent beaucoup via leurs ports (Côte d'Ivoire, Sénégal, Togo) reversent une partie aux pays de l'intérieur qui consomment ces importations. Ce mécanisme, géré par la Commission, a rassuré les pays enclavés quant au risque de perte de recettes. De plus, des fonds d'appui (financés par une taxe communautaire de 1% sur les importations extra-UEMOA) ont été créés pour aider à absorber l'impact de la libéralisation.

Soutien externe et expertise

L'Union européenne et la France ont apporté une assistance technique (via des programmes de renforcement douanier, et le financement de l'école des douanes de l'Afrique de l'Ouest) et ont encouragé politiquement l'initiative. La perspective de négocier plus tard un Accord de partenariat économique (APE) avec l'UE a aussi poussé l'UEMOA à consolider son union douanière pour négocier en bloc. Selon l'analyse de la diplomatie française, la crédibilité de l'UEMOA a été *« renforcée par l'appui des bailleurs de fonds »*, ce qui a consolidé la détermination des États membres.

Les **effets** de l'union douanière de l'UEMOA ont été globalement positifs pour l'intégration régionale. L'élimination des tarifs intracommunautaires a stimulé les échanges de produits locaux. Par exemple, le Mali a augmenté ses exportations de bétail vers la Côte d'Ivoire et le Sénégal (traditionnellement freinées par des taxes de sortie), le Sénégal a pu exporter plus facilement son ciment vers le Mali, etc. Le TEC a également simplifié les procédures : les opérateurs économiques savent que le même tarif s'applique quel que soit le point d'entrée dans l'UEMOA, ce qui facilite la planification des importations et l'établissement de chaînes d'approvisionnement régionales. Un indicateur de succès est l'accroissement de la part du commerce intra-UEMOA (atteignant plus de 12%), même si une partie de cette hausse est liée à la formalisation de flux qui auparavant pouvaient être informels. En outre, l'union douanière de l'UEMOA a servi de **modèle** : la CEDEAO a repris la structure à quatre bandes du TEC UEMOA pour son propre TEC élargi en 2015, facilitant ainsi l'harmonisation des politiques commerciales en Afrique de l'Ouest.

Cependant, tout n'a pas été parfait : il restait des **obstacles non tarifaires** non résolus par le TEC (contrôles phytosanitaires peu harmonisés, lenteur aux frontières, quotas implicites sur certains produits sensibles). Par exemple, malgré le libre-échange, des camionneurs béninois ou togolais ont continué de se plaindre de harcèlement routier en traversant le Burkina ou le Mali. L'UEMOA a tenté de s'attaquer à ces enjeux via des **règles communautaires** (règlement sur la concurrence interne, règlement sur les pratiques commerciales frauduleuses, etc.), mais l'application dépend des États. Néanmoins, le fait que tous aient appliqué le TEC sans défection est une prouesse en soi. À noter aussi que la Guinée-Bissau, qui a rejoint l'UEMOA en 1997, a immédiatement adopté ce corpus douanier, montrant la force d'attraction de l'Union.

En conclusion, l'union douanière de l'UEMOA est un **cas d'école de réussite institutionnelle** en Afrique. Elle illustre qu'avec des **incitations alignées**, un soutien institutionnel fort et des compensations adéquates, des mesures intégratrices peuvent être mises en œuvre efficacement, au bénéfice du commerce intrarégional. Pour la CEMAC, qui peine à faire respecter son TEC (instauré en 1994 mais encore contourné parfois), les enseignements portent sur la nécessité de mécanismes de partage de revenus et de confiance entre pays à littoral et pays enclavés, ainsi que sur l'importance d'un pilotage communautaire rigoureux. Sans cela, l'union douanière reste théorique. L'UEMOA a prouvé que l'Afrique pouvait concrétiser ce pilier du marché commun en dépit de ressources limitées et de la fragilité de certaines administrations, ce qui est porteur d'espoir pour d'autres régions.

Cas SADC – *La Zone de libre-échange de 2008 : une mise en œuvre pragmatique*

En Afrique australe, la signature du **Protocole sur le Commerce de la SADC (1996)** a débouché sur l'établissement progressif d'une zone de libre-échange (ZLE) régionale, officialisée en 2008. Cette ZLE SADC constitue un cas intéressant de libéralisation commerciale sud-sud relativement réussie, dans un contexte hétérogène sans union douanière préexistante (hormis la SACU partielle). Nous analysons comment cette ZLE a été mise en œuvre et consolidée.

Phasage et modalités. Le protocole prévoyait un démantèlement tarifaire progressif, débutant en 2000 et s'échelonnant jusqu'en 2008 pour la majorité des produits, avec des délais supplémentaires pour certains pays et produits sensibles. L'approche adoptée fut celle de "**asymmetry**", c'est-à-dire que les engagements n'étaient pas strictement réciproques simultanément. L'Afrique du Sud (et ses partenaires de la SACU) a accordé un accès immédiat ou rapide aux produits des autres pays SADC, éliminant la plupart de ses tarifs d'ici 2008. En revanche, des pays comme le Mozambique, la Zambie ou le Zimbabwe ont obtenu jusqu'en 2012 pour complètement éliminer les droits de douane sur les produits sud-africains, et se sont réservé une liste de produits sensibles (vêtements, automobiles, sucre, volaille…) pour lesquels la libéralisation était plus lente ou partielle. Par exemple, l'industrie textile zimbabwéenne a bénéficié d'une période de protection prolongée avant d'affronter la concurrence sud-africaine. Cette flexibilité a été essentielle pour convaincre des pays à industrie fragile de signer l'accord, car elle leur laissait le temps de s'ajuster.

Par ailleurs, la SADC a inclus des clauses de **sauvegarde** permettant à un pays de rétablir temporairement des tarifs si un afflux massif d'importations menace gravement un secteur domestique, ainsi que des règles d'origine négociées produit par produit. Sur ce dernier point, il y a eu d'intenses négociations, notamment pour les textiles/habillements (où une règle d'origine relativement stricte "double transformation" a été adoptée pour éviter que des produits chinois légèrement transformés ne bénéficient indûment de la ZLE via un pays), et pour le sucre (un arrangement spécial "accès sucré" limitant les exportations sucrières en franchise pour protéger les industries sucrières sud-africaine, mauricienne, swazi).

Facteurs de facilitation

Un facteur déterminant fut la préexistence de la **SACU**, dont les membres avaient déjà zéro tarif entre eux et un tarif extérieur commun. Ces pays de la SACU représentaient un large segment du PIB de la SADC. Leur engagement dans la ZLE signifiait qu'ils traiteraient les partenaires SADC hors SACU comme ils se traitaient entre eux, du moins pour les biens libéralisés. La SACU a de plus un système de partage des recettes douanières, ce qui a atténué pour le Botswana, le Lesotho, la Namibie et l'Eswatini (petits pays) l'impact de la perte de tarifs vis-à-vis de la SADC : l'Afrique du Sud, en tant que principal importateur, continue de collecter un gros paquet de recettes externes et d'en redistribuer une part selon un critère qui avantage les plus petits (ce mécanisme n'a pas changé immédiatement avec la ZLE, car la SACU a maintenu son tarif commun vis-à-vis de l'extérieur, et la plupart des flux SADC libéralisés entraient via la SACU). Ainsi, les craintes de perte de revenu ont été moindres pour ces États.

L'**Afrique du Sud**, pour sa part, voyait un intérêt stratégique à formaliser son rôle économique régional via la SADC. Déjà dans les années 1990, de nombreuses entreprises sud-africaines se sont étendues en Afrique australe (chaînes de supermarchés, banques, compagnies minières, etc.), profitant de la libéralisation post-apartheid. La SADC ZLE a consolidé cet élan en donnant un cadre légal stable et en éliminant les derniers obstacles tarifaires que pouvaient rencontrer ces entreprises sur les marchés voisins. Pretoria a également utilisé la

SADC comme plateforme pour promouvoir une intégration *à son rythme*, en concurrence parfois avec d'autres initiatives (COMESA) dominées par d'autres puissances régionales (comme l'Égypte ou le Kenya). La SADC correspondait à son aire d'influence naturelle, d'où une **volonté politique** soutenue de faire aboutir la ZLE.

Le rôle du **Secrétariat de la SADC** a été notablement technique : il a coordonné les offres tarifaires, surveillé le calendrier de mise en œuvre et fourni de l'assistance aux États en retard. Des comités SADC sur les obstacles techniques, les normes sanitaires, etc., ont été créés pour accompagner la ZLE, afin que la suppression des tarifs ne soit pas contrecarrée par d'autres obstacles. Des projets d'informatisation des douanes (comme l'adoption du système ASYCUDA dans plusieurs pays) et de guichet unique aux frontières ont reçu un appui (souvent financé par la Banque mondiale ou l'UE dans le cadre du soutien aux ALE régionaux). Ainsi, la SADC a couplé l'accord commercial avec une **dynamique de facilitation**.

Résultats et défis restants. Comme évoqué, le commerce intrarégional a sensiblement augmenté en part du commerce total, atteignant ~20%, ce qui en fait l'une des régions africaines les plus intégrées commercialement (après l'UMA d'Afrique du Nord et l'EAC certaines années). Certains pays ont pu améliorer leur balance commerciale régionale : le Mozambique, traditionnellement importateur net, a bénéficié d'investissements sud-africains dans l'aluminium et l'énergie, ce qui a fait croître ses exportations vers la région (électricité vers l'Afrique du Sud, etc.). Le Malawi a augmenté ses ventes de tabac et de thé vers l'Afrique du Sud. L'Afrique du Sud reste néanmoins largement le principal exportateur : elle capte environ 65% des exportations intra-SADC, ce qui montre une asymétrie persistante.

La ZLE SADC a mis en évidence que *la libéralisation ne suffit pas à elle seule* pour corriger les déséquilibres structurels. Par exemple, le Zimbabwe, malgré l'accès en franchise aux marchés régionaux, a vu sa part de marché reculer du fait de sa crise interne des années 2000 ; ses produits étaient peu compétitifs, et son commerce intra-SADC a décliné. D'autres barrières plus subtiles se sont manifestées : des **barrières non tarifaires** (BNT) sous forme de réglementations, d'exigences administratives compliquées ou de mauvaises pratiques perdurent. La SADC a donc mis en place un "Tableau de bord des BNT" pour identifier et résoudre ces problèmes signalés par le secteur privé. Des cas typiques incluent la lenteur dans la délivrance de licences d'exportation au Zimbabwe, les quotas de cabotage routier en Zambie, ou la bureaucratie portuaire en Tanzanie. Toutes ces BNT ne disparaissent pas du jour au lendemain avec un accord de libre-échange, et demandent un effort continu de réforme.

Un défi plus récent concerne l'**extension de l'accord au commerce des services**. La SADC a signé en 2012 un protocole de libéralisation du commerce des services (dans 6 secteurs : finances, transports, télécommunications, tourisme, énergie, services professionnels), mais celui-ci n'est entré en vigueur qu'en 2022, après ratification par les 2/3 des États. Libérer les services est plus complexe, car cela touche à des régulations intérieures sensibles. Néanmoins, c'est la prochaine étape pour approfondir l'intégration.

Enfin, la SADC doit articuler sa ZLE avec la nouvelle donne de la ZLECAf. Étant déjà en ZLE, la plupart des pays SADC vont maintenant étendre leurs concessions tarifaires aux autres pays africains. Cela devrait en principe avoir un impact marginal sur l'intra-SADC (car leurs échanges mutuels sont déjà libres) mais pourrait réduire l'avantage préférentiel dont bénéficiaient les uns vis-à-vis des autres en ouvrant la porte par exemple à des produits d'Afrique de l'Est ou de l'Ouest concurrents. Toutefois, la SADC s'est impliquée dans la **fusion tripartite COMESA-EAC-SADC**pour créer une vaste ZLE couvrant la majeure partie de l'Afrique orientale et australe, ce qui servira d'intermédiaire avec la ZLECAf.

Le cas de la ZLE SADC démontre qu'une **approche pragmatique, graduelle et asymétrique** de la libéralisation peut fonctionner dans un environnement de pays inégaux, à condition de l'accompagner de mesures de facilitation et d'investissements régionaux. Les bénéfices en termes de commerce sont visibles, bien que limités par la structure exportatrice primaire des économies (ce qui nécessite des politiques d'industrialisation en parallèle). Pour la CEMAC, ce cas suggère que même sans aller jusqu'à un marché commun complet, la suppression des barrières tarifaires et la mise en place d'un espace commercial libre peuvent être atteintes via un calendrier adapté, et que la présence d'un pays moteur ouvrant largement son marché (rôle que pourrait jouer le Cameroun dans une certaine mesure) aide beaucoup. Il souligne également l'importance de traiter les BNT et d'impliquer le secteur privé dans l'identification des obstacles restants pour que la libéralisation se traduise en commerce effectif.

Scénarios d'évolution possibles pour la CEMAC

À la lumière de l'analyse précédente, nous pouvons envisager plusieurs trajectoires d'évolution de l'intégration régionale en Afrique centrale au cours des prochaines années. Nous présentons ici **trois scénarios** contrastés pour la CEMAC : (1) un scénario d'intégration profonde et proactive, (2) un scénario de statu quo avec intégration principalement portée par le cadre continental, et (3) un scénario de repli ou de reconfiguration de la CEMAC. Il ne s'agit pas de prédictions assurées, mais de scénarios hypothétiques destinés à explorer les implications économiques et structurelles de choix stratégiques différents. Chaque scénario aura des conséquences spécifiques en termes de commerce intra-régional, de convergence (monétaire et économique), de structures de gouvernance et de positionnement de la région vis-à-vis du reste de l'Afrique. L'exercice permet de mettre en évidence les avantages, risques et conditions associés à chacune de ces orientations, sans préconiser l'une ou l'autre de manière normative.

Scénario 1 – Intégration profonde et dynamique de la CEMAC

Dans ce premier scénario, la CEMAC opte résolument pour un **approfondissement substantiel** de son intégration régionale. Les États membres, conscients du retard accumulé et poussés par la nécessité de diversifier leurs économies face à l'épuisement progressif des rentes pétrolières, décident de mettre en œuvre de manière proactive l'ensemble des mesures prévues de longue date et d'aller même au-delà. Concrètement, ce scénario verrait :

- **Achèvement du marché commun** : La libre circulation des **biens** serait pleinement réalisée. Les barrières non tarifaires (quotas, interdictions d'importation, formalités lourdes) sont identifiées via un mécanisme régional (par exemple une task force publique-privée) et éliminées ou harmonisées. Les contrôles aux frontières intérieures de la CEMAC seraient drastiquement simplifiés, avec éventuellement la création de postes-frontières communs (un seul contrôle conjoint côté sortant et entrant) et l'interconnexion des systèmes douaniers nationaux. Les quelques taxes résiduelles sur le commerce intra-communautaire (comme la taxe CEMAC de 1,45% qui existe encore) seraient supprimées ou converties en un mécanisme de financement communautaire non-distorsif.
- **Intégration des marchés** : Une liberté totale d'établissement pour les entreprises et les travailleurs au sein de la région serait garantie (en complément de la libre circulation des personnes déjà acquise). Un entrepreneur camerounais pourrait s'installer et créer une filiale en RCA ou au Gabon sans discrimination, avec reconnaissance mutuelle facilitée des statuts juridiques et agréments. Les marchés publics nationaux s'ouvriraient aux offres des entreprises de toute la CEMAC sur un pied d'égalité, stimulant la concurrence régionale. Dans le secteur financier, on assisterait à l'émergence d'un véritable **marché financier régional intégré** – la fusion des bourses prenant effet, le volume de cotations et d'émissions obligataires augmenterait, financé par l'épargne de toute la région. Les banques seraient encouragées à opérer à l'échelle CEMAC (certaines le font déjà, comme Afriland ou BGFI, mais cela se généraliserait), favorisant l'allocation du crédit là où il est le plus productif.
- **Politiques économiques coordonnées** : Les États renforceraient la coordination de leurs **politiques budgétaires et structurelles**. Par exemple, ils pourraient mutualiser certaines ressources pour des projets communs (fonds régional d'infrastructure alimenté par une quote-part des revenus pétroliers, etc.). Des politiques sectorielles communes seraient mises en œuvre : une stratégie industrielle régionale identifiant

les filières à développer (agro-industrie, matériaux de construction, tourisme régional, etc.) en répartissant éventuellement les spécialisations par pays pour éviter les duplications inutiles. La convergence réglementaire s'accélérerait (normes techniques unifiées, réglementation bancaire et assurances unique via la COSUMAF et la COBAC renforcées).

- **Renforcement institutionnel** : La Commission de la CEMAC gagnerait en pouvoirs pour faire appliquer les règles communes, à l'image de la Commission de l'UEMOA ou de l'UE. Par exemple, elle pourrait initier des procédures contre un État ne respectant pas les engagements (avec arbitrage de la Cour de Justice de la CEMAC, dont les décisions seraient exécutoires). Le Parlement communautaire pourrait être mieux doté et consulté sur les grandes orientations, donnant plus de transparence et d'adhésion citoyenne.
- **Ouverture et expansion mesurée** : La CEMAC dans ce scénario s'arrimerait harmonieusement avec la ZLECAf. Ayant un marché commun interne fort, elle négocierait de façon unifiée ses listes de libéralisation dans la ZLECAf, protégeant intelligemment ses industries naissantes tout en profitant de l'accès aux autres marchés africains pour ses propres producteurs. On pourrait imaginer une extension de la CEMAC à des pays limitrophes partageant la vision intégrationniste, par exemple la RDC (pour sa partie équatoriale et orientale) ou São Tomé-et-Principe, si les conditions politiques le permettaient, afin d'élargir le marché. Une autre possibilité est la fusion avec l'espace CEEAC dans un deuxième temps, mais uniquement si cette fusion apporte une valeur ajoutée (ce qui requerrait de s'assurer que les pays non-CEMAC de la CEEAC adhèrent aux mêmes principes d'intégration profonde, sans diluer les acquis).

Un tel approfondissement devrait logiquement mener à une **augmentation significative du commerce intra-CEMAC**. En éliminant les entraves restantes et en améliorant l'infrastructure, on peut anticiper que la part du commerce intrarégional passerait de ~2-3% à peut-être 10% ou plus en quelques années. Les échanges aujourd'hui informels seraient captés par le circuit formel grâce à la facilitation et à la confiance entre États, gonflant les chiffres officiels. Des **effets de création de trafic** surviendraient : par exemple, les distributeurs de biens de consommation préféreraient s'approvisionner dans un pays voisin si c'est compétitif plutôt qu'importer d'Europe, pour éviter les droits de douane externes – ce qui encouragerait l'implantation d'industries de substitution aux importations au niveau régional. Par ailleurs, le pouvoir de négociation collectif de la CEMAC (par ex. pour les accords commerciaux avec l'extérieur) s'en trouverait accru, possiblement obtenant de meilleurs accès aux marchés internationaux pour ses produits, ce qui conjugué à la coopération industrielle interne pourrait stimuler les **exportations intra-africaines et extra-africaines**.

Sur le plan de la croissance, l'intégration profonde pourrait agir comme un **levier de développement**. Le marché plus vaste (50 millions d'habitants environ cumulés) attirerait des investissements directs étrangers intéressés par l'accès régional plutôt que par un seul pays. Par exemple, un constructeur de matériaux de construction pourrait installer une usine au Cameroun en visant aussi le marché tchadien et gabonais sans droits de douane. Des économies d'échelle seraient réalisables, améliorant la productivité des entreprises locales. À moyen terme, on pourrait escompter un surplus de croissance pour chaque pays lié au dynamisme régional (certaines estimations de la Banque mondiale ou de la CEA suggèrent que l'intégration africaine réussie peut ajouter 1 à 2 points de croissance annuelle pour les pays membres grâce à la hausse des échanges et investissements). L'emploi pourrait aussi bénéficier de nouvelles opportunités dans les industries régionales et les services transfrontaliers (logistique, finance, tourisme d'affaires).

Sur la question de la **convergence économique réelle**, ce scénario offrirait des chances accrues aux pays moins avancés de rattraper les autres. En effet, ces derniers (RCA, Tchad) profiteraient de l'accès amélioré aux marchés des voisins plus dynamiques et d'éventuels transferts de technologies ou de capitaux intrarégionaux. Si la CEMAC instituait en plus des mécanismes financiers de solidarité (fonds de développement alimenté par, disons, un pourcentage des revenus du pétrole du Congo/Gabon pour investir en RCA/Tchad), cela aiderait à réduire les disparités. On peut imaginer que la structure productive des pays converge graduellement : aujourd'hui très dépendants du pétrole pour certains et de l'agriculture de subsistance pour d'autres, ils pourraient tous évoluer vers un mix plus diversifié (manufactures, agro-industrie, services logistiques régionaux) en mutualisant leurs avantages comparatifs.

Implications structurelles et institutionnelles

Pour mener ce scénario à bien, des changements structurels substantiels seraient requis. Les États devraient accepter de **céder une part de souveraineté** plus grande à la communauté, notamment en matière commerciale, réglementaire et peut-être budgétaire (respect des règles communes, voire contributions financières directes au budget communautaire plus élevées). Cela nécessite un consensus politique fort et stable, avec potentiellement des modifications des traités de la CEMAC pour élargir les compétences de ses organes. Un enjeu sera la capacité de l'administration communautaire et des administrations nationales à mettre en œuvre ces réformes ambitieuses – un investissement massif dans le renforcement des capacités sera nécessaire (douanes, agences de promotion du commerce, organes de normalisation communs, etc.).

Par ailleurs, les secteurs privés nationaux devront s'adapter à une **concurrence accrue** au sein de la région. Certains entreprises auparavant protégées par leur marché domestique restreint devront faire face à des concurrents voisins plus efficaces. Cela peut provoquer à court terme des restructurations, voire des disparitions d'entreprises non compétitives, mais à long terme cela pousse à gagner en productivité. Les gouvernements pourraient prévoir des mesures d'accompagnement (formations, incitations à la modernisation) pour s'assurer que cet ajustement se fasse sans heurts majeurs. En parallèle, les consommateurs y gagneront via des prix plus bas et plus de choix si la concurrence joue à plein.

Un impact notable de l'intégration approfondie serait potentiellement sur le **régime monétaire**. Actuellement, la stabilité du franc CFA repose sur la fixité à l'euro, ce qui contraint la politique monétaire (pas de dévaluation possible pour ajuster aux chocs locaux). Dans un scénario d'intégration économique poussée, avec plus de commerce interne, la CEMAC pourrait envisager, à plus long terme, de redéfinir certains paramètres de sa coopération monétaire pour les adapter à une union plus autonome (c'est de la spéculation lointaine, mais par exemple, alléger la dépendance à l'euro, ou créer un mécanisme régional de stabilisation macroéconomique type fonds monétaire régional). Cependant, la convergence nominale restant un pilier, ce scénario supposerait au contraire un **renforcement de la discipline macroéconomique**, condition pour que tous bénéficient de la monnaie commune sans tensions. On peut imaginer la création d'un **budget communautaire** significatif finançant des biens publics régionaux (infrastructures transnationales, recherche agronomique commune, etc.), marquant un pas vers une union économique plus que monétaire.

En définitive, le scénario 1 représente une vision relativement optimiste de la CEMAC surmontant ses handicaps actuels par une intégration volontariste. Ses avantages économiques seraient potentiellement élevés (marché intégré, croissance, diversification), au prix d'efforts politiques et sociaux tout aussi élevés (nécessité de compromis sur la souveraineté et d'une gestion solidaire des transformations). C'est en quelque sorte un "scénario européen" appliqué à l'Afrique centrale – ambitieux, mais aligné avec l'esprit originel des fondateurs de la CEMAC.

Scénario 2 – Statu quo amélioré et intégration par la ZLECAf

Dans ce scénario intermédiaire, la CEMAC ne procède pas à de grandes réformes internes spectaculaires, mais profite du cadre continental de la ZLECAf et de quelques améliorations graduelles pour intégrer son économie de manière plus modeste. C'est donc une approche prudente où l'essentiel de la dynamique commerciale viendrait de l'extérieur (ZLECAf) tandis qu'en interne on consolide le déjà acquis sans rupture.

Les caractéristiques de ce scénario seraient :

- **Maintien du cadre actuel** : La CEMAC continue de fonctionner sur ses bases actuelles, c'est-à-dire une union douanière et monétaire formellement en place, avec la libre circulation des personnes récemment adoptée. Aucune nouvelle compétence majeure n'est transférée au niveau communautaire. Les États restent vigilants quant à leur souveraineté économique, se montrant parfois réticents à appliquer strictement les règles quand elles gênent des intérêts nationaux (comme c'est le cas aujourd'hui). Toutefois, reconnaissant certains problèmes, ils s'emploient à **améliorer l'existant**. Par exemple, ils peuvent s'efforcer d'appliquer plus efficacement le TEC commun (lutter contre la fraude douanière, clarifier les exemptions), ou d'harmoniser quelques réglementations sectorielles (normes, politique de la concurrence) sans aller jusqu'à un marché commun complet.
- **Mise en œuvre de la ZLECAf** : Tous les pays de la CEMAC ratifient et mettent en œuvre la Zone de libre-échange continentale africaine selon le calendrier prévu. Cela implique qu'ils réduisent graduellement leurs tarifs douaniers envers les autres pays africains (90% des lignes tarifaires à 0% d'ici 5-10 ans typiquement, avec quelques exceptions pour les produits sensibles et exclusion de 3% de produits). Cette ouverture continentale élargit le champ des échanges des pays CEMAC au-delà de la région. Concrètement, le Cameroun commence à commercer plus librement avec l'Afrique de l'Est et de l'Ouest,

le Gabon avec l'Afrique australe, etc. Les pays CEMAC pourraient choisir de mettre en œuvre la ZLECAf de manière individuelle (chaque État membre déposant sa propre liste de concessions tarifaires) ou collective (via la CEMAC si une coordination existe, mais supposons qu'elle reste limitée ici).

- **Coopération minimale** : La coopération régionale se poursuit sur les chantiers déjà identifiés, mais sans accélération notable. Par exemple, les projets d'infrastructure régionale continuent à avancer mais au rythme actuel, dépendant des financements extérieurs et bilatéraux. Un corridor routier peut être achevé ici, une interconnexion électrique là, mais pas de grand plan massif coordonné. La Commission de la CEMAC exerce son rôle de suivi, sans extension de ses pouvoirs. Les rencontres au sommet insistent sur l'importance de l'intégration, mais les mesures concrètes restent timorées ou symboliques.
- **Focus monétaire et financier** : La priorité dans ce scénario serait possiblement donnée à la **stabilité monétaire et financière** plus qu'à l'intégration commerciale active. Face à des chocs (par exemple, baisse prolongée des cours du pétrole, crises sécuritaires comme au Sahel), la CEMAC pourrait se concentrer sur la gestion macroéconomique : négocier des programmes avec le FMI (ce qui s'est produit en 2017), renforcer le contrôle bancaire via la COBAC pour éviter des faillites, etc. La BEAC pourrait revoir sa politique pour soutenir l'activité (baisse de taux, etc.) tout en maintenant la parité fixe. Bref, l'attention se porte davantage sur la résilience macroéconomique que sur de nouvelles initiatives intégrationnistes.

Impacts économiques du scénario

Par rapport à la situation actuelle, le statu quo amélioré impliquerait des changements modestes. Le commerce *intra-CEMAC* pourrait légèrement augmenter si certaines facilités sont introduites (par exemple, si le commerce informel est en partie légalisé grâce à des guichets uniques ou si la libre circulation des personnes dope un peu les échanges frontaliers). On pourrait imaginer un passage de ~3% à peut-être 5% du commerce total sur quelques années, mais pas de bond significatif. En revanche, le *commerce extra-régional intra-africain* (avec d'autres régions d'Afrique via la ZLECAf) pourrait, lui, croître plus nettement. Le Cameroun, de loin l'économie la plus diversifiée, tirerait sans doute bénéfice de l'accès aux marchés ouest-africains et est-africains : ses cimenteries, brasseries, produits agroalimentaires pourraient trouver de nouveaux débouchés en Afrique de l'Ouest (Nigeria voisin sous ZLECAf, voire Ghana, etc.), tandis qu'il importerait plus de biens manufacturés de pays comme l'Afrique du Sud ou le Kenya à des tarifs réduits. De même, le Gabon ou le Congo pourraient vendre plus facilement leur bois ou leurs ressources minérales transformées vers l'Égypte ou le Maroc.

Dans l'ensemble, *la dynamique commerciale de la CEMAC dépendrait davantage du niveau continental* que du niveau sous-régional. Cela signifie que la part du commerce intra-CEMAC resterait faible, mais l'ensemble commerce intra-africain (y compris hors CEMAC) pour ces pays pourrait augmenter. Un risque est que sans intégration interne solide, les pays CEMAC pourraient en fait commercer plus avec d'autres régions d'Afrique qu'entre eux. Par exemple, on pourrait voir le Cameroun se tourner davantage vers le Nigéria (qui n'est pas CEMAC) ou la Côte d'Ivoire pour ses importations/exportations, plutôt que vers le Gabon ou le Tchad. Le Tchad pourrait intensifier ses échanges avec le Soudan ou le Nigeria plus qu'avec la RCA ou le Congo. Ce *découplage intrarégional* relatif signifierait une occasion manquée de capturer localement une partie de la valeur ajoutée : au lieu qu'un pays CEMAC importe un produit fabriqué dans un autre pays CEMAC, il l'importe d'un pays extérieur africain (certes, c'est bien pour l'intégration africaine globalement, mais cela ne renforce pas la cohésion de la sous-région).

Sur le plan de la croissance, ce scénario 2 pourrait apporter quelques gains via la ZLECAf, mais probablement moins concentrés au sein de la région. Les économies les plus compétitives de la CEMAC (Cameroun, Gabon) en profiteraient pour accroître un peu leur production orientée vers l'export africain, mais les autres risquent de *subir la concurrence continentale*. Par exemple, si les barrières continentales tombent, un pays comme le Tchad ou la RCA, qui n'a presque pas d'industrie, pourrait voir son marché envahi par des produits nigérians ou asiatiques réexportés via d'autres pays africains, sans avoir de produits à vendre en contrepartie. La CEMAC resterait donc consommateur net de produits externes, même si un peu plus africains qu'européens potentiellement. Les *effets de convergence économique interne*seraient faibles : on ne crée pas de cadre qui aiderait les plus faibles à croître plus vite, hormis l'hypothèse de rattrapage général très long terme. Au contraire, le Cameroun pourrait distancer encore ses voisins en profitant mieux de la ZLECAf, creusant possiblement l'écart de développement au sein de la CEMAC.

Un avantage de ce scénario, c'est la **stabilité et la prévisibilité**. En ne bouleversant pas l'ordre établi, il évite des remises en cause qui pourraient effrayer certains acteurs. La monnaie commune reste bien gérée, la discipline budgétaire est poursuivie (via les programmes FMI, etc.), limitant le risque de crise macroéconomique. Aux investisseurs internationaux, ce statu quo envoie un message de continuité (bien que ce message soit un peu ambigu – stabilité monétaire mais stagnation du marché). Certains pourraient préférer ce contexte stable à l'inconnu d'une intégration rapide aux retombées incertaines.

Implications structurelles et institutionnelles

Ce scénario ne nécessite pas de refonte institutionnelle majeure, ce qui en fait sa force et sa faiblesse. D'un côté, il peut être mis en œuvre avec les capacités actuelles (limitées) de la CEMAC ; de l'autre, il ne résout pas le problème de la **gouvernance faible** de l'intégration en Afrique centrale. On continuerait probablement à voir des écarts entre le discours et la réalité. Les chefs d'État pourraient signer des déclarations d'intention lors des conférences, sans que cela change fondamentalement la vie des opérateurs économiques au quotidien. La Commission de la CEMAC pourrait rester sous-dotée et peu influente, les décisions importantes étant prises au niveau intergouvernemental.

Le **secteur privé régional** ne verrait pas d'amélioration radicale de son environnement local, même s'il bénéficierait indirectement de la ZLECAf pour étendre ses activités hors de la région. Il pourrait même se désintéresser du projet CEMAC en tant que tel et raisonner directement à l'échelle africaine. Par exemple, un industriel camerounais pourrait chercher des partenaires au Kenya ou en Égypte via les plateformes de la ZLECAf, sans compter sur la CEMAC pour grand-chose d'utile. En terme d'infrastructures, chaque pays continuerait de privilégier ses projets nationaux ou bilatéraux (souvent financés par la Chine ou d'autres), sans forte coordination régionale, ce qui peut conduire à des **chaînons manquants** (par ex. une route s'arrête à la frontière faute d'accord pour la prolonger de l'autre côté).

Un autre enjeu est la **pérennité de la monnaie commune** dans ce scénario. Tant que la stabilité est maintenue et que les pays respectent l'orthodoxie, la coopération monétaire perdurera. Cependant, si le statu quo économique se traduit par une stagnation ou un mécontentement social croissant (chômage élevé, pauvreté persistante), la monnaie commune pourrait devenir la cible de critiques (accusée de brider la compétitivité, par ex.). On pourrait voir monter des débats, comme en Afrique de l'Ouest, sur l'avenir du franc CFA. Sans entrer dans ce débat, disons que le scénario 2 est celui du *minimum vital* : on tient la boutique, on évite l'effondrement, on bénéficie de la vague continentale, mais on ne fait pas de choix audacieux. Sur le long terme, cela peut s'avérer insuffisant pour répondre aux aspirations de développement des populations de la CEMAC, ce qui amène au scénario 3 s'il y a rupture.

Scénario 3 – Repli national ou reconfiguration de l'intégration régionale

Le troisième scénario envisage une évolution où la CEMAC telle que nous la connaissons soit *stagne durablement* au point d'en perdre sa raison d'être, soit est bouleversée par des événements qui la transforment radicalement. C'est un scénario « pessimiste » ou du moins de rupture, dans lequel la trajectoire actuelle n'est pas maintenue.

Plusieurs variantes de ce scénario sont possibles :

Scénario de stagnation/déclin interne ("CEMAC figée") : Ici, la CEMAC ne progresse plus du tout et pourrait même régresser en termes d'intégration. Les institutions régionales s'affaiblissent faute de soutien politique et financier. Les réunions au sommet deviennent rares ou purement protocolaires. Chaque pays se concentre sur ses priorités nationales, surtout si des changements de régime politique amènent des dirigeants peu enclins à la coopération (par exemple, un dirigeant populiste pourrait dénoncer la "concurrence déloyale" d'un voisin et rétablir des barrières). L'union douanière pourrait se déliter si l'un ou l'autre pays commence à appliquer des tarifs différents sans égard pour le TEC, ou multiplie les dérogations. Dans un cas extrême, un État pourrait même décider de **se retirer** formellement de la CEMAC (bien que contraignant, ce n'est pas impossible juridiquement), ce qui ébranlerait l'édifice. Par ailleurs, si les économies restent non diversifiées et vulnérables, une crise grave (par ex. un nouveau choc pétrolier, une crise politique majeure) pourrait pousser les pays à **dévaluer** ou modifier le régime du franc CFA de façon non concertée. Bien que peu probable sans l'aval de la France, on peut imaginer des tensions : par exemple, un pays très en difficulté financière pourrait menacer de quitter la zone franc pour reprendre son autonomie monétaire – ce fut évoqué dans le passé par certains leaders en Afrique de l'Ouest ; dans le contexte CEMAC, ce serait plus surprenant, mais pas inconcevable si les opinions publiques deviennent hostiles à la monnaie commune.

Scénario de "dissolution" au profit d'une entité plus large : Une autre configuration de repli serait que la CEMAC en tant que telle disparaisse dans un ensemble plus vaste. Par exemple, l'Union Africaine a depuis longtemps encouragé la *rationalisation des CER* (Communautés Économiques Régionales) en Afrique centrale. La cohabitation de la CEMAC et de la CEEAC est redondante ; il pourrait y avoir une volonté politique de fusionner les deux pour créer une seule organisation couvrant toute l'Afrique centrale (y compris Angola, RDC, Burundi, etc.). Dans ce sous-scénario, la CEMAC cesserait d'exister séparément, ses structures étant absorbées par celles d'une "nouvelle CEEAC" ou d'une "Union d'Afrique Centrale". Cela pourrait être initié, par exemple, par un accord entre la CEMAC et la CEEAC sur une feuille de route de fusion. Si cela se fait sans préparation minutieuse, il y a un risque que les acquis de la CEMAC (monnaie commune, certaines réglementations) se diluent dans un ensemble plus vaste et moins intégré. On se retrouverait en quelque sorte avec une grande zone aux plus faibles dénominateurs communs (peut-être juste une ZLE très incomplète). Ce scénario signifierait un *élargissement sans approfondissement*, donc potentiellement une baisse du degré d'intégration effectif pour les pays CEMAC, noyés dans un groupe plus large où les règles monétaires et douanières seraient à renégocier avec des pays comme l'Angola ou la RDC qui ont leurs propres monnaies et politiques.

Scénario de fragmentation monétaire : Lié au premier, on peut imaginer qu'à force de stagnation économique, l'union monétaire soit remise en cause par l'un des membres. Par exemple, la Guinée Équatoriale ou le Congo, frustrés des contraintes du franc CFA (notamment depuis les exigences de rapatriement de devises de la BEAC après 2017), pourraient murmurer l'idée de sortir pour gérer souverainement leur manne pétrolière. Si un pays quittait la zone monétaire, cela affaiblirait énormément la CEMAC car la monnaie unique est son pilier principal. On assisterait alors à un retour à des monnaies nationales, ou à une redéfinition plus lâche (par ex. arrimer certaines devises nationales à l'euro de manière individuelle). L'expérience de la Zone monétaire ouest-africaine (non-CFA) montre que les petites monnaies nationales sont souvent instables ; ce serait un retour en arrière significatif. Le commerce intrarégional en pâtirait encore plus (fluctuations de change, perte de l'unité monétaire facilitatrice), et la confiance réciproque s'éroderait.

Conséquences économiques du scenario

Si la CEMAC entre en dormance ou se fragmente, on peut s'attendre à ce que le commerce intrarégional reste au plancher, voire baisse encore en proportion. Le peu qui existe pourrait se détourner davantage : des pays se replieront vers leurs circuits traditionnels extra-africains ou vers des voisins hors CEMAC. Par exemple, si l'environnement CEMAC devient dysfonctionnel, le Cameroun renforcera ses relations bilatérales avec le Nigéria et s'appuiera plus sur la ZLECAf pour commercer avec l'Afrique de l'Est, contournant ses voisins immédiats. Le Gabon et le Congo, qui exportent essentiellement du pétrole, n'ont pas *besoin* du cadre CEMAC pour cela (ils vendront sur le marché mondial quelle que soit la situation régionale). En revanche, sans cadre intégré, ils n'attireront pas d'industries de transformation régionales, faute de visibilité.

La perspective de convergence économique s'éloignerait : chaque pays suivrait son destin, possiblement divergent. On sait que dans l'absence de convergence, l'extrême disparité peut amener des tensions (flux migratoires incontrôlés, ressentiments). Par exemple, un Gabon très riche per capita entouré de voisins pauvres voit naturellement affluer des migrants économiques, ce qui peut créer des frictions (on l'a vu avec les expulsions de ressortissants ouest-africains du Gabon dans le passé, ou d'Africains du Centre-Est en Guinée Équatoriale). Sans un cadre régional pour gérer ces mouvements (comme l'est aujourd'hui la CEMAC avec des règles communes de circulation), on pourrait voir se multiplier les incidents diplomatiques.

Sur le plan monétaire, si le CFA volait en éclats, les conséquences seraient incertaines. Un **choc monétaire** (dévaluation ou sortie de la zone) pourrait, dans certains cas, améliorer la compétitivité d'un pays en rendant ses exportations moins chères – mais vu la faible base exportable (hors pétrole), l'effet serait limité essentiellement à l'agriculture ou aux quelques manufactures. En revanche, la dette extérieure deviendrait plus coûteuse en cas de dépréciation, et la stabilité des prix serait menacée dans des pays sans grande crédibilité monétaire. On pourrait assister à des spirales inflationnistes dans le pire des cas (impression monétaire pour financer des déficits, etc.). Globalement, l'incertitude monétaire ferait fuir les investisseurs déjà rares, et interromprait peut-être certains projets régionaux (par ex., les banques ne voudraient plus financer une route Cameroun-Tchad libellée en une monnaie instable). Bref, économiquement, une désintégration monétaire serait synonyme de **turbulences à court terme**, et de fragmentation accrue des marchés à long terme, ce qui est inverse aux objectifs de développement.

Si la CEMAC se dissout dans un ensemble plus grand (type élargissement CEEAC), les effets économiques dépendront de la structure de cet ensemble. Dans le meilleur des cas, si c'était bien orchestré, cela pourrait amener de nouveaux partenaires commerciaux (Angola, RDC) plus proches, mais ces pays ont eux-mêmes de faibles intégrations (Angola commerce peu avec voisins, RDC est un cas très complexe). Le risque est que les spécificités central-africaines soient noyées : par exemple, la monnaie commune pourrait ne pas s'étendre aux nouveaux (car Angola ne voudra pas abandonner son kwanza facilement), donc on aurait une communauté d'Afrique centrale plus large mais sans monnaie unique, donc en fait un recul pour les 6 pays CEMAC.

Implications structurelles et politiques : Le scénario 3, sous ses différentes variantes, aurait des **impacts profonds sur la structure** *institutionnelle.* Dans la variante stagnation, on assisterait sans doute à un dépérissement des organes communautaires (budget en chute, fuite des compétences, etc.). La Commission de la CEMAC pourrait devenir fantomatique, servant juste à organiser quelques réunions. Les États reprendraient de facto tous les pouvoirs. Cela pourrait satisfaire à court terme certains souverainistes nationaux, mais affaiblirait la capacité de la région à parler d'une voix unie. Sur la scène africaine, la CEMAC perdrait son statut de "bloc" identifiable, chaque pays se raccrochant éventuellement à d'autres alliances (le Cameroun plus vers la CEDEAO ? Le Tchad vers la région sahélienne/G5 Sahel ?). On assisterait possiblement à la fin du *rêve d'intégration* en Afrique centrale tel que pensé dans les années 60-90.

Par contre, la France et l'UE, partenaires traditionnels, verraient d'un œil inquiet l'éclatement du franc CFA BEAC, car cela supprimerait un élément de stabilité et de lien. Il pourrait y avoir des tentatives de dissuasion (comme la France l'a fait pour maintenir la zone CFA en persuadant les pays des bénéfices). Si malgré tout une rupture se produit, la coopération monétaire s'en trouverait redéfinie ou terminée, transformant la relation historique entre ces pays et l'ancienne métropole.

Pour les populations, le scénario 3 pourrait se traduire par une impression de **repli nationaliste** : plus de visa requis de nouveau (si la libre circulation est suspendue du fait de tensions), plus de barrières aux échanges (cherté de la vie si les importations intrarégionales se compliquent, ou raréfaction de certains produits transfrontaliers). On peut craindre aussi une hausse des conflits inter-États si l'intégration ne joue plus son rôle de liant. Par exemple, des disputes frontalières latentes (il y en a eu entre Cameroun et Guinée Éq., ou Cameroun et Nigeria qui est hors CEMAC mais voisin immédiat) pourraient ressortir en l'absence d'un esprit de coopération régionale.

Le scénario 3 dessine un futur où la CEMAC, faute d'évolution, s'étiole et éventuellement se disloque, avec des conséquences globalement négatives sur le plan économique (fragmentation, inefficience accrue, instabilités monétaires) et géopolitique (affaiblissement de l'Afrique centrale sur la scène africaine, risque de tensions). C'est un scénario qu'on pourrait qualifier de **"risque"** si les bonnes décisions ne sont pas prises à temps. Il souligne en creux l'importance de revitaliser le projet régional pour éviter d'en arriver là.

Analyse comparative des scénarios et impacts potentiels

Ces trois scénarios offrent un éventail des choix stratégiques. Le scénario 1 (intégration approfondie) présente les gains potentiels les plus élevés en termes d'opportunités économiques (plus de commerce, de croissance, de diversification), mais requiert le plus grand engagement politique et comporte le défi de la mise en œuvre effective – un obstacle non négligeable vu l'historique. Le scénario 2 (statu quo amélioré) est sans doute le plus réaliste à court terme, car il prolonge les tendances actuelles avec l'apport de la ZLECAf, mais ses bénéfices pourraient être limités et il risque de manquer l'ambition nécessaire pour transformer structurellement les économies de la CEMAC. Le scénario 3 (repli/recomposition) serait en grande partie subi (sauf le cas d'élargissement mal maîtrisé) et pourrait résulter d'un échec du scénario 2 combiné à des chocs externes ; il est le moins désirable du point de vue du développement régional, car il annulerait en partie des acquis et exposerait la région à plus d'incertitudes.

Du point de vue de la **convergence monétaire vs économique** qu'on évoquait en début d'analyse, le scénario 1 vise une convergence économique accrue (rapprochement des niveaux de développement, structures productives plus homogènes, conditions de concurrence équilibrées) tout en maintenant la convergence monétaire (via des politiques communes). Le scénario 2 maintient la convergence monétaire (discipline macro) mais risque de laisser la convergence économique en jachère (écarts persistants ou amplifiés). Le scénario 3 menacerait même la convergence monétaire atteinte (avec une possible divergence nominale si la coopération lâche) et n'apporterait certainement pas de convergence économique (chacun pour soi tend à accentuer les différences).

Naturellement, la réalité pourrait combiner des éléments de ces scénarios. Par exemple, la CEMAC pourrait connaître un *compromis* : approfondir modérément son intégration sur certains volets (plus que le statu quo, moins que le grand saut du scénario 1) tout en s'insérant intelligemment dans la ZLECAf, évitant ainsi le scénario 3. Les décideurs devront évaluer les compromis entre *souveraineté nationale immédiate* et *bénéfices collectifs à long terme*. L'histoire des autres régions (UE, ASEAN, MERCOSUR, etc.) montre que l'intégration régionale progresse souvent par à-coups, selon des fenêtres d'opportunité politique. Un leadership visionnaire dans un ou deux pays peut entraîner les autres, tout comme une crise peut précipiter une intégration plus poussée (on l'a vu dans l'UE où les crises ont parfois conduit à plus d'union, comme l'union bancaire après la crise de la zone euro).

Pour la CEMAC, un facteur externe majeur sera la ZLECAf : si celle-ci se concrétise fortement, elle peut soit suppléer les manques (scénario 2) soit stimuler la région à s'unir pour en profiter (scénario 1). À l'inverse, si la ZLECAf elle-même patine, l'Afrique centrale risquerait de rester en marge du grand mouvement de marchés intégrés, et sans dynamique externe, la stagnation interne pourrait l'emporter (scénario 3).

En tout état de cause, il est clair qu'éviter le scénario de repli nécessitera au minimum de sortir du *pilote automatique*actuel et de prendre des décisions stratégiques, que ce soit pour épouser pleinement l'agenda continental ou pour revitaliser le projet sous-régional.

Comparaison avec l'ASEAN : quelques éléments pertinents

Avant de conclure, il convient de situer brièvement les enjeux de la CEMAC et de l'intégration africaine par rapport à l'expérience de l'ASEAN (Association des Nations de l'Asie du Sud-Est). L'ASEAN est souvent citée comme un modèle de réussite parmi les regroupements de pays en développement, ayant su concilier croissance économique rapide et intégration régionale progressive. Fondée en 1967, l'ASEAN regroupe aujourd'hui 10 pays très divers (de Singapour à Myanmar). Elle a lancé une zone de libre-échange (AFTA) dans les années 1990 et vise depuis 2015 une Communauté Économique de l'ASEAN (AEC) qui, sans être une union douanière ou monétaire, s'approche d'un marché commun partiel (libéralisation de nombreux secteurs, facilitation des mouvements de capitaux et de certains travailleurs qualifiés, harmonisation de normes).

Plusieurs éléments de comparaison méritent d'être soulignés. Contrairement à l'Afrique où l'intégration a été largement un projet politique initié par les États, l'ASEAN a vu un fort moteur *économique privé*. Dès les années 1980-90, de vastes **réseaux de production régionaux** se sont établis en Asie du Sud-Est, souvent sous l'impulsion d'investissements japonais, coréens et chinois (c'est la théorie du "vol d'oies sauvages"). Par exemple, l'industrie électronique et automobile s'est fragmentée en une chaîne de valeur couvrant plusieurs pays ASEAN (semi-conducteurs en Malaisie, assemblage en Thaïlande, composants au Philippines, etc.). Cette intégration *de facto* a fait exploser le commerce intrarégional, poussant ensuite les gouvernements à le faciliter par des accords (AFTA) pour réduire les coûts et barrières. En ASEAN, le commerce intrarégional atteint environ 25% à 30% du commerce total (et plus si l'on inclut le commerce intra-industrie via les chaînes de valeur). En Afrique centrale, une telle dynamique privée est quasi-absente pour le moment, faute d'industrialisation et d'investisseurs "locomotives". L'enseignement ici est que la CEMAC doit simultanément travailler à attirer des **investissements productifs** qui créent des liens régionaux, sinon les accords restent lettre morte.

L'ASEAN est connue pour le "**ASEAN Way**", une méthode de coopération basée sur le consensus, la non-ingérence et une certaine flexibilité dans la mise en œuvre (pas de sanctions dures, possibilité pour un membre de temporiser). Cela ressemble à l'approche de la SADC ou de l'UA, plus qu'à l'UEMOA. Malgré l'absence de supranationalité, les pays ASEAN ont respecté leurs engagements parce que ceux-ci étaient modestes au début et clairement dans leur intérêt mutuel. Par exemple, AFTA a fixé une réduction tarifaire sur l'essentiel des produits, mais a laissé du temps et exclu certains items sensibles – au final, tous ont joué le jeu. En CEMAC, on a eu au contraire un cadre plus formel (inspiré de l'UE), mais qui n'a pas été respecté par manque de volonté. Peut-être une approche plus pragmatique *façon ASEAN* (moins de règles, mais des engagements précis tenus) aurait-elle pu mieux fonctionner. Cela rejoint l'idée du scénario 2 : aller pas à pas sur des domaines concrets plutôt que chercher d'emblée une union totale non appliquée.

Dans l'ASEAN, l'Indonésie a joué un rôle politique stabilisateur (de par sa taille démographique), mais économiquement ce sont la **Thaïlande, la Malaisie et Singapour** qui ont conduit l'intégration économique (étant les plus industrialisés initialement). Singapour, en particulier, a un poids financier et commercial énorme et a tiré la région vers le haut (investissant chez ses voisins, important leurs matières premières, etc.). En Afrique centrale, aucun équivalent de Singapour ou de la Thaïlande n'existe – le Cameroun pourrait aspirer à un rôle semblable mais nécessite un développement industriel plus poussé. Quant aux partenaires extérieurs, le rôle du Japon en ASEAN est souvent mis en avant : via aide publique et investissements, il a encouragé l'essor d'une région stable et intégrée. La Chine plus récemment a renforcé cela en investissant massivement (infrastructures, usines) en Asie du Sud-Est. En Afrique centrale, les investissements étrangers (chinois, européens) vont surtout vers l'extraction de ressources et beaucoup moins dans la création de chaînes de valeur locales. Un soutien extérieur massif du type "Plan Marshall" ou une stratégie d'industrialisation encouragée par une puissance tierce fait défaut. Il y a bien des investissements chinois dans des routes ou barrages, mais sans coordination régionale. L'ASEAN a su aussi tirer parti de la proximité d'énormes marchés (Chine, Inde, Japon) – l'Afrique centrale est plus isolée géographiquement des grands centres économiques (hormis l'Europe par la mer). Néanmoins, la ZLECAf pourrait jouer un rôle unificateur similaire à la proximité de la Chine pour l'ASEAN, si l'Afrique devient un marché intégré à forte croissance.

L'ASEAN n'a pas de monnaie commune et n'en prévoit pas, consciente de la grande hétérogénéité des régimes (du dollar de Singapour très fort au kip laotien faible). Elle a mis l'accent sur la facilitation commerciale, la connectivité (réseau autoroutier trans-ASEAN, ciel ouvert partiel, etc.) et commence à harmoniser certaines réglementations (par exemple, reconnaissance de qualifications professionnelles dans 7 professions clés). De plus, elle s'est dotée d'un mécanisme de règlement des différends commerciaux plus robuste dans l'AEC. Pour la CEMAC, cela suggère qu'il n'est pas indispensable d'avoir tout de suite une union très poussée pour avoir des résultats : se concentrer sur quelques axes – *commerce, infrastructure, réglementations ciblées* – peut déjà beaucoup apporter. En revanche, la CEMAC a déjà une monnaie commune, ce qui est un atout considérable que l'ASEAN n'a pas. Ce levier monétaire pourrait être mieux exploité en CEMAC pour faciliter les paiements régionaux (par ex., instaurer un système de paiement régional instantané, comme l'ASEAN envisage un lien de paiements mobiles entre pays). L'ASEAN utilise le dollar US ou le renminbi pour beaucoup d'échanges, la CEMAC a l'avantage d'une devise unique locale.

Pour conclure cette brève comparaison, je dirais que l'exemple de l'ASEAN montre qu'une intégration réussie repose sur une *complémentarité économique réelle, un engagement politique flexible mais constant, et l'appui d'investissements structurants.* L'Afrique centrale, bien que très différente en contexte, peut s'en inspirer en cherchant à impliquer davantage le secteur privé dans le processus (par exemple via des forums d'affaires CEMAC qui identifient les projets à fort potentiel régional), en étant pragmatique sur les étapes (ne pas viser trop large d'un coup, mais assurer chaque progrès), et en mobilisant des partenaires dans une logique gagnant-gagnant (par ex., faire participer les bailleurs ou la Chine à un plan d'industrialisation régional au lieu de projets isolés). L'ASEAN rappelle aussi que la cohésion politique (malgré les différences de régime, ASEAN a su éviter les conflits majeurs entre membres) est essentielle – la CEMAC devra pour cela renforcer la confiance mutuelle et résoudre à l'amiable les différends (par exemple, finaliser les délimitations frontalières là où il y a litige, coopérer sur la sécurité).

Conclusion

Variations autour du thème de l'intégration

L'examen approfondi des choix stratégiques de la CEMAC face aux défis de l'intégration régionale et du commerce intra-africain met en lumière un paradoxe : la CEMAC dispose des fondations d'une union (monnaie unique, institutions communes, tarif douanier commun) qui pourraient en faire un champion de l'intégration en Afrique, et pourtant elle affiche l'un des plus faibles niveaux d'échanges intrarégionaux du continent. Les causes en sont multidimensionnelles – structures économiques peu complémentaires, infrastructures déficientes, inerties politiques – mais non irréversibles. À travers la comparaison avec l'UEMOA et la SADC, nous avons vu que des progrès significatifs sont possibles lorsque la volonté politique s'allie à des intérêts économiques convergents, et qu'un suivi rigoureux est assuré. Les études de cas ont illustré comment, par exemple, l'ouverture des frontières aux personnes en CEMAC ou la réalisation d'une union douanière en UEMOA ont été rendues possibles par la conjonction de facteurs favorables et ont abouti à des résultats concrets.

Pour la CEMAC, les prochaines années seront cruciales. Le contexte continental, avec la mise en œuvre de la ZLECAf, exerce une pression autant qu'il offre une opportunité : celle de s'ouvrir à un marché plus vaste, mais au prix d'une compétition plus grande qui rend d'autant plus urgente la consolidation du front interne. En d'autres termes, *intégrer la CEMAC pour mieux intégrer l'Afrique*. Les scénarios envisagés montrent les différentes voies : une intégration renforcée pourrait transformer la structure même des économies de la sous-région, tandis qu'une atonie prolongée risquerait de marginaliser l'Afrique centrale par rapport aux dynamiques ouest-africaines, est-africaines ou australes. Notamment, l'avenir de la zone monétaire CEMAC est lié à l'évolution de l'économie réelle : une union monétaire sans intégration économique accrue pourrait s'avérer fragile sous la pression des chocs asymétriques.

Il est important de souligner que, dans cette analyse, *nous n'avons pas formulé de recommandations normatives* sur ce que la CEMAC "devrait" faire ; nous avons exploré des cheminements possibles et leurs implications. Au décideur régional revient le choix éclairé de la direction à emprunter, en tenant compte non seulement des calculs économiques mais aussi des dimensions sociales et politiques. Par exemple, une intégration profonde requiert un narratif mobilisateur pour les populations, afin qu'elles y adhèrent et en tirent profit – condition sine qua non de sa durabilité. De même, les partenaires au développement et le secteur privé doivent être partie prenante du processus pour qu'il soit pérenne.

En différenciant bien convergence monétaire et convergence économique, nous avons insisté sur le fait qu'une zone monétaire stable (atout de la CEMAC) n'entraîne pas mécaniquement une convergence des niveaux de vie ou une augmentation du commerce si elle n'est pas accompagnée de politiques structurelles adéquates. Ce chapitre a anticipé ces enjeux, tandis qu'un chapitre ultérieur abordera plus en détail la question de la convergence économique au sein de la CEMAC. D'ores et déjà, on peut entrevoir que sans un minimum de convergence économique (par l'industrialisation, la diversification et le développement d'infrastructures partagées), la viabilité à long terme de la convergence monétaire pourrait être remise en cause.

La CEMAC se trouve à un moment décisif où elle doit clarifier sa stratégie *: subir l'intégration continentale ou la façonner, rester un espace monétaire défensif ou devenir un marché commun offensif.* Les défis sont nombreux – allant de la paix et la sécurité (prérequis de toute intégration) à la mutualisation des ressources – mais les opportunités existent, comme le montrent les succès partiels de régions sœurs et l'expérience internationale. Une chose est sûre : le statu quo n'est pas tenable indéfiniment sans conséquences, et chaque choix (ou nonchoix) aura des effets structurels importants. Le chemin que prendra la CEMAC influencera le sort de plus de 50 millions d'habitants et conditionnera l'apport de l'Afrique centrale à l'émergence économique de l'Afrique. Les pages précédentes auront, espérons-le, contribué à éclairer ces enjeux complexes en apportant une analyse argumentée et documentée des possibles, laissant au lecteur une meilleure compréhension des leviers à actionner et des écueils à éviter sur la voie d'une intégration régionale porteuse de prospérité partagée.

CHAPITRE VI

TRANSITION VERS UNE ECONOMIE DU SAVOIR ET DE L'INNOVATION EN AFRIQUE CENTRALE

L'Afrique centrale se trouve à la croisée des chemins, engagée dans une transition cruciale vers une **économie du savoir et de l'innovation**. À l'échelle mondiale, les dernières **révolutions industrielles** – en particulier la quatrième et l'émergente cinquième – transforment en profondeur les modes de production, les emplois et la croissance. Ces bouleversements, portés par la digitalisation, l'intelligence artificielle (IA) et d'autres technologies de pointe, offrent aux pays africains une occasion historique de rattraper leur retard économique. Longtemps marginalisée lors des précédentes révolutions industrielles, l'Afrique aspire aujourd'hui à *tirer parti de ces transformations technologiques pour « leapfrogger »* (sauter des étapes) certaines phases de développement et inventer son propre modèle de croissance. Cette transition ne part pas de zéro : le **secteur informel** régional constitue déjà une forme diffuse d'économie du savoir, riche en innovations frugales. Cependant, pour qu'une croissance durable émerge, il est nécessaire de mieux structurer ce vivier informel et de l'articuler aux dynamiques formelles et globales. Ce chapitre analyse en profondeur ces enjeux, en s'appuyant sur les cadres théoriques des 4e et 5e révolutions industrielles, sur l'impact de l'IA et des nouvelles technologies, et sur les exemples concrets tirés d'Afrique centrale et d'ailleurs. Nous aborderons successivement le contexte des révolutions industrielles et de l'économie du savoir, le rôle paradoxal du secteur informel comme moteur d'innovation, la stratégie du leapfrogging technologique, puis les transformations sectorielles (éducation, fintech, industrie numérique, énergies renouvelables, industries créatives, etc.) nécessaires pour ancrer l'Afrique centrale dans l'ère de la connaissance. Tout au long du chapitre, des références aux tendances actuelles et des cas concrets illustreront le propos, avec une attention particulière aux **spécificités de l'Afrique centrale** et aux leçons à tirer des expériences étrangères, afin de dégager des pistes pour une transition réussie et inclusive vers une économie de la connaissance.

Révolutions industrielles : de la 4e à la 5e, un nouveau paradigme technologique

Les révolutions industrielles jalonnent l'histoire économique mondiale en marquant des sauts qualitatifs dans les technologies et l'organisation de la production. Après la mécanisation au 19e siècle, l'électrification puis l'informatisation du 20e siècle, nous vivons actuellement la **quatrième révolution industrielle (4RI)**, caractérisée par la convergence du numérique, du biologique et du physique. Cette 4e révolution se distingue par l'essor de technologies disruptives interconnectées : intelligence artificielle, informatique en nuage, robotique avancée, impression 3D, Internet des objets, réseaux sans fil de nouvel'le génération, etc. L'introduction de ces technologies a ouvert *une ère de disruption économique* globale, où l'information et la connaissance deviennent les principales ressources de création de valeur. À la suite de la 4RI, certains évoquent déjà une **cinquième révolution industrielle (5RI)** en gestation, centrée sur l'intégration harmonieuse des technologies et de l'humain. En effet, si la 4RI a amplifié l'hyper-connectivité mondiale grâce aux objets intelligents, la **5RI** émergente mettrait l'accent sur la collaboration homme-machine et une approche plus humaniste de l'innovation. Son idéal consiste à faire travailler de concert les robots, l'IA et les humains, dans un esprit de **complémentarité** visant le bien-être de l'humanité. On parle par exemple de *« cobots »* (robots collaboratifs) venant assister les opérateurs humains, ou de *« Société 5.0 »* pour désigner une société où les solutions technologiques sont centrées sur l'humain et les enjeux sociétaux (santé, environnement, inclusion). Le passage de la 4RI à la 5RI correspond à un changement de paradigme : d'une révolution guidée par les possibilités technologiques (hyper-automatisation, données massives), on évoluerait vers une révolution guidée par les usages et les finalités sociales de la technologie, avec une priorité à l'empowerment humain et au développement durable.

Ces mutations théoriques ont des implications concrètes pour les économies en développement. Historiquement, chaque révolution industrielle a creusé des écarts entre les pays ayant su l'adopter précocement et les autres. L'Afrique, et en particulier l'Afrique centrale, a été largement **absente des trois premières révolutions industrielles** – basées sur la machine à vapeur, l'électricité puis l'ordinateur – et en a souvent subi les effets indirectement, à travers la colonisation ou la mondialisation, sans pouvoir en maîtriser les bénéfices. « L'Afrique a été marginalisée lors des trois révolutions industrielles précédentes » rappelle ainsi le Pr. Paul T. Zeleza. Cette réalité historique a contribué à enfermer de nombreux pays africains dans un rôle de fournisseurs de matières premières, aux structures économiques peu transformées depuis l'ère coloniale. Cependant, avec la 4RI en cours et l'émergence de l'économie du savoir à l'échelle mondiale, une **fenêtre d'opportunité** sans précédent s'ouvre pour le continent. Ne pas rater le coche de la 4RI est devenu un impératif stratégique, tant cette révolution « transformera tous les secteurs, de l'éducation à la santé ». L'Afrique centrale, à l'instar du reste du continent, se voit donc mise au défi de **s'approprier ces technologies de rupture** pour accélérer sa transformation économique, sans attendre de suivre le même cheminement qu'ont connu les économies industrialisées.

Intelligence artificielle et nouvelles technologies : impacts et opportunités pour l'Afrique centrale

Au cœur de la quatrième révolution industrielle se trouve l'**intelligence artificielle (IA)**, souvent considérée comme la technologie pivot qui catalyse les autres (big data, automatisation, objets connectés). L'IA, combinée aux infrastructures numériques, a le potentiel de bouleverser les modèles économiques traditionnels en Afrique centrale comme ailleurs. D'un côté, ces technologies peuvent permettre de **combler des déficits structurels** dans des domaines essentiels : par exemple, des algorithmes d'IA associés à la télémédecine peuvent pallier le manque de médecins spécialistes en zone rurale en aidant au diagnostic à distance (on l'a vu avec le *CardioPad* au Cameroun, une tablette médicale qui transmet les examens cardiaques vers des cardiologues en ville), ou encore des drones peuvent transporter des fournitures médicales dans des régions enclavées (le Rwanda est devenu en 2016 le premier pays au monde à utiliser des drones pour livrer des poches de sang vers des hôpitaux éloignés). L'IA trouve aussi des applications en agriculture (détection des maladies des cultures via des applications mobiles, optimisation de l'irrigation grâce à des capteurs intelligents comme le propose la startup nigériane Zenvus) ou dans l'éducation (tutoriels en ligne personnalisés, analyse des besoins des apprenants).

D'un autre côté, l'adoption de l'IA et des technologies émergentes en Afrique centrale se heurte à plusieurs **obstacles**. Le plus évident est le **retard d'infrastructures numériques** et de connectivité. Le continent africain présente aujourd'hui l'une des fractures numériques les plus importantes au monde, avec une faible pénétration d'Internet haut débit dans de nombreux pays et une accessibilité limitée aux outils informatiques de base. Sans électricité stable, sans réseaux internet fiables et sans équipements abordables pour la population, l'IA reste une abstraction lointaine. De plus, l'efficacité de l'IA dépend de la disponibilité de données locales de qualité, or beaucoup de données africaines ne sont pas numérisées ou restent inaccessibles, ce qui risque de biaiser les algorithmes globaux qui ne « voient » pas la réalité africaine. Ce problème se double d'une **exclusion potentielle** : de larges segments des sociétés africaines ne sont pas représentés dans les données qui entraînent les modèles d'IA mondiaux, ce qui peut réduire la pertinence des solutions d'IA pour les besoins locaux. On peut craindre également que l'automatisation accrue menace certains emplois, en particulier les tâches répétitives y compris dans les services.

Toutefois, les experts soulignent que dans le contexte d'économies à faible revenu, l'IA est **plus susceptible d'augmenter les capacités humaines que de les remplacer**. En Afrique sub-saharienne, où une grande part de la population active est occupée dans des emplois informels ou peu mécanisés, l'IA peut être employée pour décupler la productivité des travailleurs plutôt que pour les substituer. Par exemple, des applications mobiles d'IA simplifiées peuvent aider des agriculteurs ou des commerçants informels à mieux prévoir les prix du marché, à gérer leurs stocks ou à accéder à des micro-crédits, sans éliminer leur rôle mais en enrichissant leurs outils. Dr. Pedro Conceição, co-auteur du Rapport sur le développement humain 2025, invite ainsi l'Afrique à considérer l'IA non pas comme une curiosité futuriste, mais comme un levier pour *« augmenter ce que les gens peuvent faire »* et favoriser le développement humain. Correctement utilisée, l'IA pourrait réduire certains coûts d'accès (par exemple des diagnostics médicaux basiques désormais possibles sans formation médicale poussée) et **abaisser les barrières à l'entrée** dans des activités requérant auparavant de hautes qualifications, ouvrant la voie à une plus grande démocratisation de l'innovation. L'impact de l'IA et des nouvelles technologies en Afrique centrale dépendra de la capacité des pays à **créer un environnement favorable** – infrastructures, politiques d'inclusion, formation des compétences – permettant à ces outils d'être des amplificateurs de productivité et d'innovation. Si ces conditions sont réunies, les technologies de la 4RI peuvent devenir un atout puissant pour accélérer la transition vers l'économie du savoir.

L'économie du savoir : opportunité de transformation pour l'Afrique centrale

L'expression « **économie du savoir** » désigne un modèle de développement dans lequel la production et l'usage des connaissances, de l'information et de l'innovation jouent le rôle moteur, bien plus que l'abondance de main-d'œuvre peu qualifiée ou de ressources naturelles. Dans une économie du savoir, les secteurs à forte valeur ajoutée (haute technologie, services intellectuels, industries créatives, recherche-développement, etc.) dominent la structure économique, entraînant généralement une croissance plus inclusive et durable. Pour l'Afrique centrale, traditionnellement dépendante des exportations de matières premières (pétrole, mines, bois) et confrontée à la volatilité de ces marchés, la transition vers une économie de la connaissance n'est pas seulement souhaitable – elle devient nécessaire pour briser le cycle de la dépendance et de la fragilité. Diversifier les économies d'Afrique centrale vers des activités basées sur l'innovation locale, la transformation des ressources sur place et la diffusion des technologies permettrait de **monter en gamme** dans les chaînes de valeur et de créer davantage d'emplois qualifiés.

Un regard sur les tendances économiques actuelles montre que les pays qui ont massivement investi dans l'éducation, la science et la technologie récoltent aujourd'hui les fruits d'une croissance soutenue.

À l'échelle internationale, des exemples comme la **Corée du Sud** illustrent la réussite d'une stratégie de transformation vers l'économie du savoir : en quelques décennies, ce pays est passé du statut d'économie émergente appuyée sur l'industrie manufacturière de base à celui de leader mondial de l'innovation, grâce à une politique volontariste en faveur de la R&D (plus de 4 % du PIB consacré à la recherche) et du capital humain. Plus près d'elle, l'Afrique centrale peut s'inspirer de pays africains ayant amorcé ce virage. **Maurice** par exemple, longtemps mono-dépendant de la canne à sucre, a su investir dans l'éducation, le tourisme de qualité et les services financiers pour devenir un hub régional de connaissances. De même, le **Rwanda** – bien que situé en Afrique de l'Est – est souvent cité pour sa vision de « nation start-up » et ses initiatives technologiques (réseaux 4G couvrant l'essentiel du territoire, zones d'innovation, gouvernement électronique performant) dans le but affiché de bâtir une économie de services et de connaissances sans passer par une phase poussée d'industrialisation lourde. Ces exemples montrent qu'avec une gouvernance déterminée, le cap vers l'économie du savoir est atteignable même pour des pays en développement tardif.

En Afrique centrale, la prise de conscience semble grandir quant à l'importance de ce changement de cap. Dès 2010, la Commission Économique pour l'Afrique notait l'urgence de propulser la science, la technologie et l'innovation au centre des stratégies nationales de transformation de la sous-région. Plus récemment, en **2019 à Malabo**, une conférence sous-régionale regroupant décideurs publics, secteur privé et universitaires a posé les bases d'un *« cadre de l'économie numérique 4.0 pour l'Afrique centrale »*. Les experts y ont tracé les grandes lignes d'une transition vers une économie du savoir adossée aux technologies numériques, en insistant sur plusieurs axes prioritaires : la promotion de **partenariats public-privé** pour investir dans le numérique, la modernisation du cadre légal (notamment la mise à jour des lois obsolètes sur le e-commerce avant l'entrée en vigueur de la ZLECAf), et l'encouragement des innovations technologiques locales. Parmi les recommandations formulées figurait la création d'un label *« Made in Central Africa »* pour valoriser les produits et services numériques locaux et stimuler leur diffusion régionale. Cet accent mis sur le numérique comme vecteur de diversification économique souligne la volonté de sortir du schéma traditionnel. Les participants de Malabo ont également identifié les **contraintes majeures** freinant l'essor de l'économie du savoir en Afrique centrale : des infrastructures insuffisantes, un déficit de compétences technologiques dans la population, la barrière de la langue (la prédominance de l'anglais dans les technologies pouvant marginaliser les francophones), la faible culture numérique d'une partie de la population, la résistance des acteurs établis aux changements, et les risques liés à la cybersécurité. Ces défis, propres à la sous-région, suggèrent que la transition vers l'économie de la connaissance nécessitera non seulement des investissements matériels, mais aussi des changements culturels et institutionnels profonds.

Malgré ces handicaps, l'Afrique centrale dispose de **ressources sous-estimées** pour bâtir son économie du savoir, notamment un vivier entrepreneurial informel dynamique et de premières réussites innovantes dont il faut s'inspirer. C'est ce que nous allons examiner à présent en nous penchant sur le rôle paradoxal du secteur informel, souvent perçu comme archaïque, mais qui constitue en réalité un atout potentiel pour l'innovation africaine.

Le secteur informel : un vivier d'innovation et de connaissances à structurer

En Afrique centrale, comme dans la plupart des pays du Sud, une grande partie de l'activité économique se déroule en dehors du secteur formel réglementé. Ce **secteur informel** – qui inclut à la fois les petites entreprises non enregistrées, les emplois sans contrats officiels et toute une gamme d'activités économiques non déclarées – occupe une place incontournable dans la vie économique et sociale. Selon le FMI, le secteur informel représente entre *25 % et 65 % du PIB* des économies d'Afrique subsaharienne, et fournit de *30 % à 90 % de l'emploi non-agricole*. L'Afrique centrale ne fait pas exception, avec des millions de travailleurs gagnant leur vie comme commerçants de marché, artisans, chauffeurs, mécaniciens, agriculteurs ou opérateurs de petits services, souvent sans aucune reconnaissance officielle. L'informalité est à la fois le symptôme d'un faible niveau de développement (elle tend à reculer quand le PIB par habitant augmente, selon l'expérience internationale) et un facteur stabilisateur en l'absence de filet social formel, en offrant une « réserve d'emplois bienvenue » aux populations actives excédentaires. Cependant, au-delà de sa fonction d'absorption de la main-d'œuvre, le secteur informel en Afrique centrale peut être vu sous un autre jour : celui d'une *économie du savoir diffuse, déjà existante*, dont il s'agirait de déverrouiller le potentiel.

En effet, *l'innovation ne naît pas seulement dans les laboratoires high-tech ou les services R&D des grandes entreprises*. Elle germe aussi sur les étals des marchés, dans les ateliers de fortune et les foyers des quartiers populaires. La contrainte et la débrouillardise ont historiquement été des moteurs d'ingéniosité pour les communautés africaines. Des études récentes confirment que sur le continent, *« innovation et entrepreneuriat se produisent majoritairement dans le secteur informel »*. Privés de moyens, les acteurs de l'informel développent des solutions frugales pour répondre aux besoins locaux. Dans les zones périurbaines de Johannesburg, par exemple, on recense de nombreuses **innovations domestiques**inventées par des habitants : un dispositif artisanal pour enlever les plumes de poulet plus rapidement, des **sacs isolants pour cuire les aliments** en économisant du combustible, ou encore le cas célèbre d'un jeune sud-africain qui a créé un gant intelligent traduisant la langue des signes en paroles afin de communiquer avec ses parents sourds. De telles inventions *« du bas de la pyramide »* témoignent d'une capacité créative insoupçonnée dans l'informel, où l'apprentissage se fait sur le tas et par l'échange de savoir-faire pratiques entre pairs. En Afrique de l'Ouest, les garages et ateliers informels ont donné naissance à des innovations techniques comme des kits de conversion de moteurs pour les faire fonctionner au gaz, ou des recyclages ingénieux de déchets électroniques en nouveaux produits utilitaires. Au Kenya, l'essor de la célèbre solution de paiement mobile **M-Pesa** a initialement été porté par l'usage informel qu'en faisaient de petits vendeurs et chauffeurs de taxi pour transférer de l'argent, avant que cette innovation ne soit pleinement intégrée au secteur bancaire formel.

Le secteur informel joue ainsi déjà, bien qu'inconsciemment, le rôle de *laboratoire d'une économie du savoir locale*, fondée sur l'adaptation et la transmission de connaissances empiriques. Toutefois, ce laboratoire opère en circuit restreint et souvent clandestin, ce qui limite l'impact de ses innovations. Les idées neuves qui émergent dans l'informel peinent à changer d'échelle : faute d'accès aux financements, aux protections de la propriété intellectuelle ou aux réseaux de distribution, nombre d'inventions ingénieuses restent confinées à leur niche. Par ailleurs, l'informalité extrême s'accompagne de **faible productivité** et de précarité : les micro-entreprises informelles ne peuvent tirer pleinement parti de leurs connaissances faute d'équipements modernes et du soutien de l'État. De plus, le cloisonnement entre secteur formel et informel entraîne une perte d'information pour l'économie globale : les statistiques nationales ignorent souvent la richesse créée informellement, et les autorités ne s'appuient pas assez sur ces initiatives de terrain pour orienter les politiques publiques.

Structurer le secteur informel sans étouffer son dynamisme est donc un enjeu clé. Il s'agit ***d'intégrer progressivement l'économie informelle dans l'économie de la connaissance formelle***, en créant des passerelles bénéfiques pour tous. Concrètement, plusieurs approches complémentaires peuvent être envisagées : (1) Faciliter la **formalisation** des petites entreprises innovantes via des incitations (procédures d'enregistrement simplifiées, accès au microcrédit, fiscalité allégée pour les jeunes pousses). Lorsque des unités informelles passent dans le secteur formel, on constate généralement des gains de productivité et un élargissement de l'assiette fiscale qui profite aux finances publiques. (2) **Documenter et diffuser** les innovations issues de l'informel, afin qu'elles ne restent pas isolées. Des plateformes de partage de connaissances adaptées aux artisans et micro-entrepreneurs (par exemple, des applications mobiles en langues locales où ces derniers pourraient décrire leurs trouvailles techniques) permettraient d'accélérer la reproduction des bonnes idées à travers la région. (3) **Soutenir techniquement** les innovateurs de l'informel. Des programmes d'incubation « hors-les-murs » peuvent aller à la rencontre des inventeurs de quartier pour leur apporter des formations de base (en design produit, en utilisation d'Internet, en gestion) et les mettre en lien avec des ingénieurs ou des designers capables d'améliorer leurs prototypes. (4) Enfin, capitaliser sur l'essor du numérique pour **relier l'informel aux marchés formels**. C'est déjà en partie ce qui se passe avec le mobile money et les fintechs : en Afrique subsaharienne, le développement des paiements par mobile a permis à de nombreux travailleurs informels d'accéder à des services financiers et de sécuriser leurs transactions, levant ainsi un frein important à leur croissance. En 2018, l'Afrique comptait près de *la moitié des comptes de monnaie mobile dans le monde*, un indicateur de cette transition rapide vers de nouveaux outils formels de paiement. De même, des technologies comme la **blockchain** commencent à être expérimentées pour donner une existence juridique à des actifs de l'informel (titres fonciers, équipements) et pour étendre du crédit à des individus auparavant « invisibles » des banques. Un exemple notable est l'initiative au Kenya utilisant la blockchain pour enregistrer des biens informels, ouvrant ainsi la porte à des prêts garantis par ces actifs auparavant exclus du système financier.

En valorisant le savoir-faire du secteur informel et en le connectant au reste de l'économie, l'Afrique centrale pourrait accélérer son développement *de l'intérieur*, en s'appuyant sur ses forces vives. Toutefois, cet effort d'intégration doit s'accompagner d'une stratégie plus large consistant à profiter des nouvelles technologies pour **éviter certaines étapes de développement** qu'ont dû traverser d'autres régions du monde. C'est la logique du *leapfrogging* que nous abordons dans la section suivante.

Leapfrogging : sauter les étapes intermédiaires du développement

Le concept de « **leapfrogging** » (littéralement « saut de grenouille ») en économie du développement désigne la possibilité, pour un pays en retard, de **sauter des phases historiques** par l'adoption directe des technologies les plus récentes, contournant ainsi le cheminement linéaire qu'ont suivi les pays avancés. L'idée, formulée par des économistes inspirés par Schumpeter, est que les périodes de changement technologique radical offrent une *fenêtre d'opportunité*aux nouveaux venus : *« les paradigmes technologiques émergents peuvent servir de tremplin aux économies tardives qui, n'étant pas verrouillées dans les systèmes existants, peuvent saisir l'opportunité de bondir vers des industries nouvelles »*. Autrement dit, lors d'une révolution industrielle, les pays n'ayant pas investi dans l'ancienne génération de technologies ne subissent pas le poids du capital obsolète et peuvent adopter d'emblée les solutions de pointe, à condition de disposer des compétences humaines et techniques nécessaires.

L'Afrique a déjà connu des illustrations frappantes de leapfrogging. La plus citée est la **téléphonie mobile** : alors que le continent avait très peu d'infrastructures de téléphonie fixe (lignes téléphoniques filaires) dans les années 1990, il est passé directement au mobile au tournant des années 2000. Ce saut technologique a permis d'équiper des centaines de millions de personnes en communication sans passer par la case « pose de câbles coûteux ». De fait, l'Afrique est aujourd'hui pleinement entrée dans l'ère du mobile, au point que les technologies et services mobiles y ont généré *8,6 % du PIB en 2018 et soutenu 3,5 millions d'emplois*, un impact économique considérable. Ce même phénomène se répète avec le **mobile banking** : l'absence de banques dans les zones rurales et pour les pauvres urbains a été palliée par l'arrivée du porte-monnaie électronique sur téléphone. En **Afrique centrale**, où le taux de bancarisation classique est faible, des pays comme le Gabon, le Cameroun ou la RDC connaissent à leur tour une montée en puissance des services de paiement via mobile ou via des fintechs, inspirée des pionniers d'Afrique de l'Est. Désormais, des petits commerçants de marchés de Yaoundé ou de Kinshasa peuvent accepter des paiements numériques et accéder à de la micro-assurance, là où il aurait fallu des décennies pour déployer un réseau d'agences bancaires physiques couvrant tout le territoire.

Le secteur de l'**énergie** offre également l'opportunité d'un leapfrogging. Plutôt que de reproduire le modèle centralisé fondé sur de gigantesques centrales et des réseaux électriques nationaux qui a prévalu en Occident, les pays d'Afrique centrale peuvent miser sur des solutions *décentralisées et renouvelables*. Par exemple, le développement de kits solaires individuels et de mini-réseaux solaires ou hybrides permet d'électrifier des villages reculés du Tchad ou de Centrafrique sans attendre le raccordement au réseau national. Des entreprises comme BBOXX ou MKopa (actives en Afrique de l'Est et commençant à s'implanter plus à l'ouest) proposent des systèmes photovoltaïques domestiques avec paiement échelonné via mobile, contournant ainsi le besoin d'investissements publics massifs et d'infrastructures lourdes. Cette **transition énergétique directe vers le renouvelable** a le double avantage de fournir plus rapidement de l'électricité aux populations et d'éviter de s'enfermer dans des solutions carbonées qui seront tôt ou tard abandonnées mondialement. De même, dans les transports, plutôt que de bâtir exclusivement des réseaux routiers onéreux, certaines villes pourraient tirer parti des innovations en matière de transport intelligent (applications de covoiturage, services de moto-taxis géolocalisés) pour améliorer la mobilité urbaine à moindre coût.

Cependant, le leapfrogging n'est ni automatique ni sans risques. Pour qu'un saut technologique se transforme en développement durable, il faut **maîtriser la technologie adoptée** et l'intégrer dans le tissu socio-économique local. *Sauter une étape* ne doit pas signifier *brûler les étapes nécessaires à la création de compétences et d'emplois qualifiés.* Une critique formulée à l'égard de l'évolution récente de certains pays africains est d'ailleurs qu'ils auraient « sauté » l'industrialisation manufacturière pour passer d'une économie agricole de faible productivité à une économie de services, certes moderne en apparence (télécoms, banques, commerce), mais tout aussi peu productive en termes d'emplois et de valeur ajoutée. Mavis Owusu-Gyamfi, de l'African Center for Economic Transformation, souligne que *« leapfrogger de l'agriculture à des services à faible productivité ne générera pas les emplois dont l'Afrique a désespérément besoin »*, insistant sur la nécessité d'approfondir la compréhension du 4RI et de s'y préparer sérieusement. En d'autres termes, si l'Afrique centrale importe des technologies sans développer les compétences locales pour les créer, les maintenir et les faire évoluer, elle risque de rester dépendante et de ne pas capturer la valeur ajoutée. Un exemple parlant est celui de l'industrie logicielle : de nombreux pays africains utilisent les logiciels étrangers les plus avancés (paiement en ligne, gestion, etc.), mais sans développeurs locaux formés, ils ne font qu'enrichir les géants technologiques d'ailleurs au lieu de faire émerger leurs propres champions du numérique.

Pour **maximiser les bénéfices du leapfrogging**, l'Afrique centrale doit donc accompagner l'adoption des nouvelles technologies par des politiques adéquates. Des experts réunis lors de la conférence économique africaine 2023 ont insisté que l'Afrique ne pourrait tirer parti de la 4RI qu'en *investissant dans les compétences humaines et en mettant en œuvre des politiques appropriées de soutien au numérique.* Cela signifie : renforcer l'éducation et la formation technique (nous y reviendrons), moderniser les réglementations pour encourager l'entrepreneuriat innovant, et créer un climat où expérimenter de nouvelles solutions est possible. Le leapfrogging doit s'inscrire dans un **plan stratégique cohérent**, ciblant des secteurs précis où le saut technologique apporte un avantage comparatif réel. Fort heureusement, plusieurs domaines sectoriels semblent prêts à jouer ce rôle de locomotive de l'économie du savoir en Afrique centrale, à condition d'y insuffler les bonnes réformes.

Dynamique sectorielle de la transition vers l'économie de la connaissance

La transformation vers une économie du savoir en Afrique centrale touchera l'ensemble des secteurs, mais certains domaines apparaissent comme particulièrement stratégiques pour amorcer et soutenir cette transition. Parmi eux, on peut identifier l'éducation et le développement du capital humain, les services financiers et la fintech, l'industrie numérique et les start-ups, les énergies renouvelables et infrastructures intelligentes, ainsi que les industries culturelles et créatives. Chacun de ces secteurs joue un rôle spécifique dans l'édification d'une économie fondée sur l'innovation et la connaissance, tout en étant interconnecté aux autres. Une approche cohérente nécessite donc d'agir sur tous ces fronts simultanément, de manière coordonnée. Nous examinons ci-dessous ces différents axes de transformation, en mettant en lumière les avancées possibles en Afrique centrale et les enseignements tirés d'autres régions.

Éducation et capital humain : le socle de l'économie du savoir

Aucun saut vers l'économie de l'innovation n'est possible sans un **investissement massif dans le capital humain**. L'éducation – dans toutes ses dimensions, de l'alphabétisation de base à la formation d'ingénieurs de haut niveau – constitue la pierre angulaire de la compétitivité future. En Afrique centrale, les défis éducatifs restent considérables : taux d'achèvement du secondaire encore faibles dans certaines zones rurales, inadéquation fréquente entre les formations universitaires et les besoins du marché, fuite des cerveaux formés vers l'étranger faute de débouchés locaux, sans oublier l'urgence d'intégrer les compétences numériques dans les cursus. Pour répondre à ces défis, les pays de la CEMAC et de la CEEAC devront mener une véritable **révolution éducative**. Cela implique d'abord d'élargir l'accès à une éducation de qualité, en particulier pour les filles et dans les zones défavorisées, car une économie du savoir ne peut se construire en ne mobilisant que la moitié de son réservoir de talents. Ensuite, il s'agit de **repenser les curricula** afin d'y inclure les compétences du 21e siècle : culture numérique, pensée critique, créativité, résolution de problèmes complexes, et adaptation au changement. Les systèmes d'enseignement supérieur et technique doivent être arrimés aux évolutions technologiques mondiales. Le Pr. Zeleza plaidait ainsi pour le développement de *programmes d'études holistiques en ligne* et la révision régulière des contenus enseignés pour les aligner sur la demande du marché et le rythme de l'innovation. Concrètement, l'Afrique centrale pourrait s'inspirer de modèles comme celui de l'Inde, qui a massivement investi dans des instituts de technologie de haut niveau tout en encourageant l'entrepreneuriat de ses diplômés, ou encore du Rwanda qui a attiré des universités internationales et mis en place des programmes de formation intensive en informatique (coding bootcamps).

Parallèlement à l'éducation formelle, le développement des **compétences techniques et entrepreneuriales** au sein de la population active actuelle est crucial. Des programmes de formation continue et de reconversion professionnelle doivent accompagner la main-d'œuvre pour qu'elle s'adapte aux nouveaux métiers. Par exemple, former des techniciens de maintenance pour les infrastructures telecom, des data analysts juniors, des installateurs de panneaux solaires, etc., permet de créer rapidement un vivier de compétences pratiques nécessaire à l'expansion des secteurs innovants. L'initiative **Digital Talent** lancée par certains pays africains vise justement à certifier des milliers de jeunes aux compétences numériques de base afin de les rendre employables dans l'économie numérique. En Afrique centrale, un effort concerté des États, avec l'appui d'organisations régionales et internationales, pourrait créer des centres d'excellence technologiques (des "fab labs" ou des écoles de code, par exemple à Douala, Libreville ou Kinshasa) pour accélérer la formation aux métiers du futur.

Enfin, retenir et valoriser les talents locaux est indispensable. Cela passe par la création d'un environnement où les chercheurs, ingénieurs et innovateurs peuvent mener des projets ambitieux sans devoir s'expatrier. Le financement de la **recherche-développement (R&D)** doit être considérablement accru. Actuellement, la plupart des pays d'Afrique centrale investissent moins de 0,5 % de leur PIB en R&D, très en deçà de la moyenne mondiale. Augmenter cette part et encourager le secteur privé à contribuer (via des incitations fiscales par exemple) est indispensable pour générer une production locale de connaissances. La mise en place de **fonds compétitifs d'innovation**, alimentés par l'État et les bailleurs, pourrait soutenir des projets portés par des universités, des start-ups ou même des innovateurs individuels, afin de résoudre des problèmes locaux (agriculture intelligente, santé, environnement). Ces fonds et prix d'innovation stimuleraient l'émulation et offriraient des passerelles entre le monde académique et celui des affaires, comme le préconisait le cadre adopté à Malabo. L'éducation et la formation sont le **fer de lance** de la transition : c'est en forgeant des esprits capables de créer, d'adopter et d'adapter les technologies que l'Afrique centrale posera les bases d'une économie du savoir pérenne.

Services financiers et fintech : inclusion et innovation

Le secteur des **services financiers**, traditionnellement peu développé en Afrique centrale, est en pleine mutation grâce aux technologies financières (*fintech*). Or, un système financier inclusif et innovant est un catalyseur majeur de l'économie du savoir, car il fluidifie les échanges, soutient les entrepreneurs et sécurise l'épargne populaire. Dans cette région où une grande partie de la population n'a pas accès aux banques classiques, les solutions fintech apportent des réponses originales. L'essor du **mobile money** depuis une décennie en est l'illustration la plus concrète : aujourd'hui, il est courant au Cameroun, au Gabon ou en RDC d'envoyer de l'argent ou de payer des factures via son téléphone, sans compte bancaire. Des opérateurs télécoms et startups fintech ont comblé un vide, offrant rapidité et simplicité. Cette innovation, initialement développée en Afrique de l'Est, a rapidement été adoptée en Afrique centrale, permettant de **leapfrogger** l'étape des réseaux d'agences bancaires coûteux. Les effets sur l'économie sont significatifs : la monnaie mobile facilite le commerce, réduit les risques liés à la manipulation de cash et commence même à créer un historique de transactions pour les usagers, leur ouvrant l'accès à de nouveaux services (microcrédit, assurance, paiement en ligne). En 2018, on l'a vu, l'Afrique totalisait près de 50 % des comptes de mobile money du monde, témoignant d'une tendance lourde.

Au-delà du mobile money, les **fintechs africaines** se multiplient, proposant des solutions adaptées aux réalités locales. On voit émerger des plateformes de **crowdfunding** pour financer des projets agricoles, des applications de **micro-investissement** permettant à des particuliers de placer de très petites sommes dans des activités productives, ou encore des services de **scoring alternatif** qui évaluent la solvabilité de quelqu'un en fonction de son historique de paiement mobile ou de sa réputation communautaire. Ces innovations tirent parti de la digitalisation pour **intégrer l'économie informelle** aux circuits financiers formels. Par exemple, à Brazzaville ou Bangui, un petit commerçant peut aujourd'hui, via des fintechs panafricaines, accepter des paiements par QR code ou obtenir un micro-prêt en quelques clics, là où il n'aurait jamais pu remplir les critères d'une banque classique. Cette inclusion financière numérique est déterminante pour libérer les énergies entrepreneuriales du secteur informel évoquées plus haut.

L'Afrique centrale, pour amplifier cette dynamique, devra néanmoins lever certains freins. D'abord **réglementaires** : l'innovation financière bouscule les cadres établis des banques centrales et des autorités monétaires (notamment dans la zone BEAC). Trouver le bon équilibre entre la régulation (pour éviter fraudes, blanchiment, etc.) et la facilitation de nouveaux services est un exercice délicat. Ensuite, **infrastructurels** : sans réseau mobile fiable dans les zones rurales ou sans accès abordable à Internet, les fintechs ne peuvent atteindre toute la population. Enfin, **de confiance** : il faut continuer à éduquer et convaincre les usagers d'adopter ces services dématérialisés, ce qui passe par la protection des consommateurs et la lutte contre la cybercriminalité. Si ces conditions sont réunies, le secteur financier digitalisé jouera un rôle de **colonne vertébrale** de l'économie du savoir en Afrique centrale, en fluidifiant l'allocation des ressources (capital vers les idées innovantes) et en créant de nouveaux métiers (analystes de données financières, codeurs, agents mobiles) pour la jeunesse.

Industrie numérique et start-ups : créer un écosystème d'innovation

Le développement d'une **industrie numérique locale** est sans doute le pilier le plus visible de la transition vers l'économie du savoir. Il s'agit pour l'Afrique centrale de ne pas être qu'un consommateur de technologies importées, mais de devenir un producteur actif d'outils numériques, d'applications et de services en ligne adaptés à ses besoins et exportables. Des signes encourageants émergent déjà : on voit apparaître des pôles technologiques dans des villes comme *Douala, Yaoundé ou Pointe-Noire*, où des jeunes entreprises développent des solutions dans le e-commerce, la logistique, la e-santé, etc. Au Cameroun, la communauté de développeurs connue sous le nom de **« Silicon Mountain »**(autour de Buéa) a fait parler d'elle en lançant des applications locales et même le premier jeu vidéo d'aventure africain à succès (*Aurion: Legacy of the Kori-Odan*, produit par la start-up Kiro'o Games de Yaoundé). Ces initiatives montrent qu'avec un soutien approprié, la créativité locale peut conduire à des produits innovants de niveau international.

Pour amplifier cette tendance, les pays d'Afrique centrale doivent **consolider leur écosystème start-up**. Cela implique de développer des infrastructures de soutien : des *incubateurs* et *accélérateurs* d'entreprises numériques capables d'offrir mentorat, mises en réseau et parfois financement de démarrage aux entrepreneurs. Des progrès ont été accomplis, souvent avec l'aide d'acteurs internationaux (par exemple, l'initiative **Active Spaces** au Cameroun ou les programmes de la Banque mondiale pour la RDC). Cependant, l'écosystème reste jeune et fragmenté. Un enjeu majeur est le **financement des start-ups** : aujourd'hui, la plupart des fonds de capital-risque se concentrent sur quelques pays africains (Kenya,

Nigeria, Afrique du Sud, Égypte). L'Afrique centrale attire relativement peu d'investissements dans la tech. Il faudra donc encourager la mise en place de fonds d'investissement locaux ou régionaux dédiés à l'innovation, comme l'ont fait les pays d'Afrique de l'Ouest via le soutien de la Banque africaine de développement. La création d'un **fonds spécial pour l'économie numérique** a d'ailleurs été préconisée lors de la conférence de Malabo, afin d'investir stratégiquement dans les entreprises numériques à fort potentiel.

Un autre aspect essentiel est la **commande publique intelligente**. Les États de la région peuvent stimuler l'industrie numérique en adoptant eux-mêmes les solutions locales (par exemple, passer commande à une entreprise régionale pour développer une application e-gouvernement plutôt que d'acheter un produit clé en main étranger). Cela rejoint l'idée d'utiliser les marchés publics pour favoriser le développement de l'entrepreneuriat national. En garantissant un premier client de référence aux jeunes pousses innovantes, l'État peut jouer un rôle d'entraînement. De plus, la construction d'**infrastructures numériques partagées** (centres de données, points d'échange internet, réseaux de fibre optique interurbains) fournira le socle technique sur lequel les entreprises du numérique peuvent s'appuyer pour innover. Ici, la coopération régionale au sein de l'Afrique centrale est précieuse : développer un marché numérique intégré de plus de 120 millions d'habitants (la population combinée de la CEEAC) offrirait une échelle bien plus attractive pour les investisseurs et pour la rentabilisation des innovations, qu'en restant sur les marchés nationaux morcelés. La récente entrée en vigueur de la Zone de libre-échange continentale (ZLECAf) peut faciliter cette expansion régionale des solutions numériques.

Enfin, la promotion d'une **culture numérique dans la population** conditionne le succès de l'industrie high-tech. Il faut que l'adoption des technologies par le grand public suive le rythme. Sur ce point, l'éducation (déjà évoquée) et la sensibilisation générale jouent un rôle. Les taux de pénétration d'Internet en Afrique centrale augmentent lentement mais sûrement, et avec eux l'appétit pour les services en ligne. Renforcer la confiance du public dans le numérique (par la lutte contre les arnaques en ligne, la protection des données personnelles, etc.) contribuera à élargir la base d'utilisateurs et donc le marché pour les start-ups locales. En résumé, la constitution d'un **secteur tech florissant** en Afrique centrale est un chantier de long terme, mais indispensable pour internaliser les gains de l'économie du savoir dans la région. Des cas concrets de réussite, comme la solution de télémédecine *CardioPad* du jeune ingénieur Arthur Zang qui a su trouver un écho international, ou la croissance de Kiro'o Games qui est devenu le premier studio de jeux vidéo en Afrique francophone, montrent que la région a des atouts. Il s'agit maintenant de passer à l'échelle supérieure en créant un véritable cercle vertueux d'innovation.

Énergies renouvelables et infrastructures durables : bâtir l'économie verte de demain

La transition vers l'économie du savoir ne peut être dissociée de la transition vers des **modèles durables**, notamment dans le domaine de l'énergie et des infrastructures. L'Afrique centrale est doublement concernée : d'une part, elle subit fortement les effets du changement climatique (défis pour l'agriculture, stress hydrique, etc.), ce qui oblige à innover pour la résilience ; d'autre part, elle possède un immense potentiel en ressources naturelles renouvelables (hydroélectricité dans le bassin du Congo, ensoleillement pour le solaire, biomasse, vent sur certaines côtes). L'adoption de **technologies propres et intelligentes** peut donc permettre à la région de *sauter l'étape* d'un développement hautement carboné et polluant, pour entrer directement dans l'ère d'une économie verte et numérique.

Dans le secteur électrique, nous avons évoqué la possibilité de leapfrogging via les solutions hors-réseau. Mais il faut aussi moderniser les réseaux existants en introduisant des composantes de **smart grid** (réseaux électriques intelligents) afin de mieux gérer l'offre intermittente des renouvelables et d'optimiser la distribution. Des capteurs IoT sur les lignes, couplés à des logiciels de gestion en temps réel, peuvent réduire les pertes techniques (actuellement très élevées) et mieux réguler la consommation. De même, le développement de *mines* de crypto-monnaies ou de data centers en Afrique centrale ne devrait être envisagé que si l'alimentation électrique sous-jacente est propre, sans quoi ces activités intensives en énergie aggraveraient l'empreinte carbone.

Les **infrastructures de transport** doivent également intégrer l'innovation. Au-delà des routes, l'introduction de technologies comme les feux tricolores intelligents, la gestion numérique des flottes de transport public, voire à terme l'électrification des transports (bus électriques, motos électriques adaptées aux routes africaines) pourrait améliorer la mobilité tout en réduisant la pollution. On voit déjà des start-ups proposer des motos-taxis électriques en Ouganda ou au Rwanda ; l'Afrique centrale pourrait emboîter le pas en adaptant ces modèles à ses grandes villes. Dans le même ordre d'idées, la construction ou la rénovation des bâtiments publics devrait intégrer les nouvelles normes de performance énergétique et s'appuyer sur des matériaux innovants (par exemple des briques de terre stabilisée produites localement, qui réduisent le besoin de climatisation). Chaque chantier d'infrastructure peut être l'occasion d'apprendre et de déployer de nouvelles techniques, contribuant à la montée en compétence locale dans des secteurs comme l'architecture bioclimatique, l'ingénierie environnementale ou la logistique optimisée.

Investir dans les **énergies renouvelables** et les infrastructures durables a également un effet économique stimulant : cela crée de nouveaux emplois qualifiés (techniciens de maintenance de panneaux solaires, ingénieurs réseau, data scientists pour la mobilité, etc.) et réduit certaines vulnérabilités coûteuses (dépendance aux importations de pétrole, coûts de santé liés à la pollution). Des pays comme **le Maroc** (leader africain de la production solaire et éolienne) montrent qu'une stratégie nationale volontariste peut, en l'espace d'une décennie, transformer le mix énergétique et faire émerger une industrie verte locale. L'Afrique centrale, avec ses particularités (forte proportion de forêts, densité de population relativement faible en dehors de quelques métropoles, littoral atlantique pour certains pays), a l'opportunité de définir un modèle de développement durable original, combinant l'économie du savoir et la **préservation de son capital naturel**. Cela pourrait passer par l'adoption de technologies de surveillance environnementale (imagerie satellite et IA pour monitorer la déforestation, capteurs dans les réserves pour la biodiversité) et par l'innovation dans l'**économie circulaire** – par exemple le recyclage des déchets en matériaux de construction, ou la valorisation énergétique des biomasses locales. De telles initiatives, en plus de leurs bienfaits écologiques, constituent un terrain fertile pour les scientifiques et entrepreneurs de la région, renforçant encore la base d'une économie fondée sur la connaissance.

Industries culturelles et créatives : valoriser le savoir-faire et l'identité locale

Enfin, il ne faut pas négliger le rôle des **industries culturelles et créatives** dans la transition vers une économie du savoir. Ce secteur, qui englobe la musique, le cinéma, la mode, l'artisanat, la littérature, le design, les médias, le jeu vidéo, etc., est par essence un secteur de la connaissance et de l'innovation, car il repose sur la créativité, l'intangible et la propriété intellectuelle. L'Afrique centrale possède un patrimoine culturel et un réservoir de talents artistiques immensément riches – pensons à la musique congolaise qui a conquis le continent, aux artistes et sculpteurs du Cameroun ou du Gabon, ou encore aux conteurs et écrivains dont la renommée dépasse les frontières. Dans une économie du savoir, ces atouts peuvent être transformés en **industries prospères** si on leur fournit les moyens de se développer professionnellement et de toucher les marchés globaux.

Un exemple frappant est l'essor de **Nollywood** (l'industrie du film nigérian) et plus largement du cinéma africain ces deux dernières décennies. En adoptant des technologies numériques peu coûteuses (caméras digitales, montage sur ordinateur) et en misant sur la distribution via les cassettes puis les DVD et maintenant les plateformes de streaming, le Nigeria et quelques autres pays ont su bâtir une industrie cinématographique florissante, créant des centaines de milliers d'emplois (techniciens, réalisateurs, acteurs, distributeurs) et diffusant la culture africaine mondialement. L'Afrique centrale peut s'inspirer de cette success story et exploiter ses propres niches : le cinéma congolais ou centrafricain, encore modeste, pourrait grandir grâce aux plateformes en ligne qui contournent le manque de salles de cinéma. De même, l'**industrie musicale** a été révolutionnée par le numérique : des artistes de Kinshasa ou de Douala peuvent aujourd'hui produire leur musique à moindre coût et la rendre accessible sur YouTube, Spotify ou d'autres canaux, monétisant ainsi un art autrefois cantonné à l'informel ou à l'exportation confidentielle. On observe déjà des phénomènes de succès viraux : par exemple des titres de rumba ou d'afrobeat d'artistes d'Afrique centrale atteignent des millions d'écoutes en streaming, générant des revenus et une visibilité internationale.

Le soutien aux industries créatives passe par la **formation spécialisée** (écoles d'art, de cinéma, de design), par la protection juridique des œuvres (cadres de propriété intellectuelle solides pour éviter la piraterie et rémunérer les créateurs), et par l'accès au financement pour les projets culturels. Investir dans une start-up tech ou dans un film peuvent sembler des choses très différentes, mais au fond il s'agit dans les deux cas d'investir dans une idée et du talent. Des mécanismes innovants comme les *avances sur recettes* ou les fonds d'investissement dédiés à la création pourraient être mis en place en Afrique centrale, y compris à l'échelle régionale, pour mutualiser les moyens. L'exemple du **Sénégal**, qui a récemment créé un Fonds pour l'Industrie Cinématographique, ou celui de la **Côte d'Ivoire**, qui mise sur les salons de mode et de créativité, peuvent servir de guide.

Il convient aussi de **lier tradition et innovation**. L'économie du savoir en Afrique centrale ne doit pas être une simple copie de modèles extérieurs, elle doit intégrer l'identité culturelle locale comme une force. Par exemple, l'artisanat traditionnel (sculpture, tissage, vannerie) peut bénéficier de plateformes d'e-commerce pour trouver des débouchés à l'export, tout en préservant des savoir-faire ancestraux. Des designers de mode intègrent déjà des motifs et tissus traditionnels (le pagne wax, le kuba du Congo, etc.) dans des créations contemporaines prisées internationalement. C'est là une forme de *connaissance locale* valorisée sur la scène mondiale. Ces démarches créatives participent non seulement à la diversification économique, mais renforcent aussi la **confiance en soi collective** et l'attractivité de la région. Le label *« Made in Central Africa »* évoqué plus haut n'est pas qu'une affaire de technologie : il concerne aussi les produits culturels et créatifs, qui peuvent devenir une marque de fabrique de la sous-région si leur qualité et leur originalité sont reconnues.

Les dimensions sectorielles de la transformation vers l'économie du savoir sont multiples et interdépendantes. L'éducation alimente en compétences la fintech et l'industrie numérique ; la fintech finance les start-ups et inclut le secteur informel ; l'industrie numérique fournit des solutions pour l'énergie et les transports ; les infrastructures durables offrent une base à l'économie créative en connectant les marchés ; la culture inspire l'innovation technologique par une approche locale des problèmes, etc. L'Afrique centrale possède des **dynamiques propres** – un secteur informel omniprésent, une jeunesse entreprenante, des richesses naturelles et culturelles uniques – qu'il s'agit d'articuler avec les **leçons tirées d'autres régions** qui ont su effectuer ce virage, qu'il s'agisse des pays asiatiques moteurs de la 4RI ou de ses voisins africains pionniers dans certains domaines.

Conclusion

La transition vers une économie du savoir et de l'innovation en Afrique centrale apparaît à la fois comme un défi historique et comme une voie incontournable pour atteindre une **croissance durable et inclusive**. À l'heure où la quatrième révolution industrielle redessine l'économie mondiale et où la cinquième se profile avec son lot de transformations humanistes, la sous-région ne peut plus se permettre de rester à la traîne. Les analyses théoriques rappellent combien ces phases de rupture technologique offrent des opportunités de rattrapage inédites, à condition de savoir les saisir en développant les compétences adéquates et en investissant stratégiquement. L'impact de l'intelligence artificielle et des nouvelles technologies en Afrique centrale dépendra principalement de l'action humaine : c'est par des politiques volontaristes, une formation adaptée et un souci constant d'inclusion que l'IA deviendra un allié pour augmenter la productivité, plutôt qu'un miroir aux alouettes ou une source d'exclusion.

Au fil de ce chapitre, nous avons mis en évidence un paradoxe fertile : l'Afrique centrale, en apparence en retard sur de nombreux indicateurs, possède pourtant en germe les éléments d'une économie du savoir, notamment à travers le dynamisme de son **secteur informel**. Ce dernier, bien que souvent perçu comme un frein au développement, foisonne d'innovations frugales et d'apprentissages collectifs. En le structurant et en le connectant aux circuits formels, la région peut s'appuyer sur ses propres forces pour construire son avenir, tout en améliorant la qualité de vie de millions de travailleurs qui en dépendent.

La stratégie de **leapfrogging**, ou saut d'étapes, offre un fil conducteur optimiste à cette transition. Oui, l'Afrique centrale peut éviter certaines erreurs ou lenteurs qu'ont connues les pays industrialisés : elle peut opter d'emblée pour le mobile, le renouvelable, le numérique, le distribué, là où d'autres ont dû suivre des chemins plus longs. Mais ce saut ne sera pas un bond aveugle : il doit être guidé par une vision claire, comme l'ont montré les expériences asiatiques ou africaines réussies. Investir massivement dans le capital humain, adapter l'écosystème réglementaire pour libérer l'initiative privée, et créer des synergies régionales sont autant de conditions sine qua non pour que le saut soit un atterrissage en douceur sur le palier supérieur du développement.

Les **secteurs clés** identifiés – éducation, fintech, industrie numérique, énergie verte, industries créatives – constituent les piliers sur lesquels bâtir cette nouvelle économie. Chacun nécessite des réformes et des investissements spécifiques, mais c'est leur mise en mouvement conjointe qui fera émerger un véritable **système d'innovation** en Afrique centrale. Ce système, s'il voit le jour, aura des retombées positives bien au-delà de l'économie : il renforcera la résilience sociale (par des emplois décents, par l'inclusion financière, par un meilleur accès au savoir), il consolidera la gouvernance (une population éduquée et connectée est plus à même d'exiger des comptes et de participer à la vie publique), et il permettra au continent de contribuer de manière originale au progrès mondial. N'oublions pas que l'innovation n'est pas l'apanage du Nord : des solutions issues du Sud commencent à inspirer le reste du monde, qu'il s'agisse de la finance mobile, des techniques agricoles climato-résilientes ou des modèles d'économie circulaire communautaires.

En définitive, la transition vers l'économie du savoir en Afrique centrale ne sera pas un événement brusque mais un processus graduel, requérant **persévérance et coordination**. Les gouvernements devront jouer un rôle d'orchestre, fixant le cap, construisant les infrastructures et les institutions appropriées, comme l'État l'a fait dans d'autres régions lors de leur décollage technologique. Le secteur privé, de l'entrepreneur individuel à l'entreprise établie, devra innover, prendre des risques et s'adapter à des marchés en mutation rapide. La société civile et les communautés locales auront leur mot à dire pour s'assurer que cette transformation profite au plus grand nombre et respecte les équilibres sociaux et environnementaux. L'appui des partenaires internationaux – qu'ils soient investisseurs, centres de recherche ou organisations de développement – pourra accélérer le mouvement, en soutenant les initiatives locales et en partageant les bonnes pratiques issues d'ailleurs.

L'Afrique centrale peut alors ambitionner de **« sauter » dans le 21e siècle** en se positionnant non plus comme spectatrice mais comme actrice de la révolution du savoir. Les innovations qui bouillonnent déjà sur le continent, du gant traducteur de langue des signes en Afrique du Sud aux drones médicaux du Rwanda en passant par les solutions fintech de Lagos et Nairobi, démontrent que l'Afrique est pleinement capable d'être à la pointe. En s'appuyant sur ses propres talents, en libérant l'ingéniosité de son secteur informel et en adoptant intelligemment les nouvelles technologies, l'Afrique centrale peut non seulement **rattraper son retard**, mais apporter au monde sa contribution unique, forgée de créativité, de résilience et d'une vision inclusive du progrès. C'est en cela que la transition vers l'économie du savoir n'est pas qu'un enjeu économique pour l'Afrique centrale : c'est le chemin d'une **renaissance socio-économique**, où savoir rime avec pouvoir – le pouvoir pour les populations de choisir leur destin et de créer une prospérité partagée pour les générations futures

CONCLUSION GENERALE

PERSPECTIVES POUR LA CEMAC A L'HORIZON 2050

Les analyses des chapitres précédents ont mis en évidence la permanence de fragilités structurelles freinant le développement des pays de la CEMAC. L'économie de la région reste dominée par l'exploitation des ressources naturelles (pétrole, mines, forêt), ce qui la rend vulnérable aux chocs externes. Cette dépendance excessive aux matières premières – en particulier aux hydrocarbures – s'est traduite par une faible résilience face aux fluctuations des cours mondiaux et un déficit de diversification productive. La gouvernance économique et institutionnelle demeure également un enjeu majeur : des niveaux élevés de corruption, une transparence budgétaire insuffisante et une gestion publique inefficace ont souvent empêché la mise en œuvre effective des réformes structurelles annoncées. Ces faiblesses institutionnelles se combinent à des facteurs d'instabilité politique et sécuritaire dans certains États, pesant sur le climat des affaires et la confiance des investisseurs.

Un autre défi récurrent concerne le déficit d'infrastructures et de capital humain. Malgré quelques progrès, la région souffre d'un important retard en matière d'infrastructures de transport, d'énergie et de connectivité numérique. Des routes et des voies ferrées insuffisantes, des réseaux électriques peu fiables et un accès limité à Internet freinent l'industrialisation et l'essor des services modernes. Le Cameroun, pourtant locomotive régionale, a vu son classement logistique reculer de la 95e à la 134e place mondiale entre 2018 et 2023, illustrant le manque d'amélioration en matière d'efficacité portuaire et douanière. De même, le capital humain reste faible : la qualité de l'éducation et de la formation ne répond pas encore aux besoins d'une économie du savoir, comme en témoigne un indice de capital humain souvent bas dans la sous-région.

La faible intégration régionale au sein de la CEMAC constitue un quatrième défi majeur. Bien qu'une monnaie commune (le franc CFA) et un tarif extérieur commun existent, les échanges commerciaux intra-régionaux restent dérisoires – moins de 4 % du commerce extérieur des pays de la CEMAC, l'un des taux les plus bas au monde. Les économies demeurent peu complémentaires entre elles et se tournent davantage vers l'exportation de matières premières hors d'Afrique que vers le commerce intracommunautaire. Ce manque d'intégration s'explique aussi par la fragmentation des marchés et l'insuffisance de coordination des politiques nationales, chaque État privilégiant souvent ses stratégies propres. Les initiatives communautaires, telles que le Programme Économique Régional adopté en 2011, ont eu du mal à se traduire en actions concrètes, souvent retardées ou partiellement mises en œuvre. À l'aube de 2050, la CEMAC aborde ainsi son futur avec un socle de défis structurels persistants : une économie encore rentière, des institutions perfectibles, un retard infrastructurel et une intégration inaboutie.

Opportunités d'innovation, dynamiques de rupture et leçons internationales

Malgré ces contraintes, les perspectives à long terme révèlent des opportunités significatives susceptibles de transformer en profondeur les économies de la CEMAC. La région dispose d'abondantes ressources naturelles et d'un potentiel inexploité dans l'agriculture et l'économie verte. À condition d'investir dans des filières de transformation locale (agro-industrie, bois, minerais), ces ressources peuvent devenir le moteur d'une industrialisation endogène, créatrice de valeur ajoutée et d'emplois. La valorisation locale du bois tropical ou des produits agricoles comme l'huile de palme, le cacao et le café pourrait stimuler l'essor de PME agro-industrielles, à l'image de ce qu'ont réussi des pays d'Asie du Sud-Est. La transition énergétique mondiale offre aussi une occasion de développer les énergies renouvelables, comme le solaire et l'hydroélectricité, en réduisant la dépendance aux énergies fossiles et en favorisant une croissance durable.

La révolution numérique en cours représente un autre levier de rattrapage sans précédent. L'économie numérique offre des opportunités transformatrices pour la croissance et la création d'emplois dans la région. Certes, aujourd'hui la CEMAC accuse un retard dans ce domaine : le taux d'accès à Internet y demeure inférieur à la moyenne africaine, avec des coûts de connectivité très élevés. Toutefois, des investissements ciblés dans les infrastructures numériques (extension du réseau fibre optique, développement de centres de données) et dans la formation aux compétences digitales pourraient permettre de sauter des étapes. L'adoption rapide du mobile money et des fintechs en Afrique de l'Ouest et de l'Est montre comment le numérique peut accélérer l'inclusion financière et l'entrepreneuriat. L'essor de startups technologiques (FinTech, EdTech, AgriTech) pourrait également trouver un terreau fertile en Afrique centrale, à condition d'assouplir les réglementations et de soutenir les incubateurs d'innovation.

La dynamique démographique de la région constitue une autre opportunité de transformation. La population de la CEMAC, jeune et en croissance rapide, pourrait dépasser le double de son niveau actuel d'ici 2050. Si elle est correctement éduquée et formée, cette jeunesse représente un vivier de talents et une force de travail considérable pour bâtir une économie du savoir. Le défi consiste alors à convertir ce dividende démographique en avantage économique en offrant à ces millions de jeunes des opportunités d'emplois décents, notamment dans les secteurs modernes. Des politiques volontaristes d'investissement dans l'éducation et la santé seront cruciales pour élever le niveau du capital humain. Les diasporas d'Afrique centrale, de mieux en mieux formées, peuvent aussi jouer un rôle moteur en transférant compétences, innovations et financements vers leurs pays d'origine.

Le contexte international peut par ailleurs devenir un catalyseur de changement. La montée en puissance de partenaires émergents (Chine, Inde, Turquie, Brésil...) amplifie les opportunités d'investissements directs étrangers en Afrique centrale, notamment dans les infrastructures et l'industrialisation. Les engagements mondiaux en matière de lutte contre le changement climatique et de protection des forêts tropicales pourraient se traduire par des financements additionnels pour la préservation du bassin du Congo et le développement d'une économie plus verte. D'ici 2050, l'Afrique centrale pourrait ainsi profiter d'innovations de rupture dans les technologies propres, l'intelligence artificielle ou la biotechnologie, à condition de s'y positionner dès à présent. Malgré des obstacles tenaces, la région dispose de marges d'action et d'atouts pour changer de trajectoire, à la faveur d'une transformation structurelle profonde.

Les leçons à tirer des transformations dans d'autres régions du monde peuvent également éclairer les ambitions de la CEMAC. Le parcours de l'Afrique de l'Est (Kenya, Rwanda) montre qu'il est possible de passer d'une situation de fragilité à une dynamique de croissance rapide en misant sur la stabilité politique, la facilitation des affaires et l'innovation technologique. L'Amérique latine (Chili, Colombie) rappelle l'importance de la diversification économique et de la solidité institutionnelle pour lisser les chocs liés aux ressources primaires. L'Asie du Sud-Est (Vietnam, Malaisie, Indonésie) illustre la manière dont un État stratège peut soutenir la libéralisation de l'économie tout en construisant une main-d'œuvre qualifiée et un appareil productif sophistiqué. En s'inspirant de ces expériences, la CEMAC peut s'engager dans une trajectoire de transformation ambitieuse, à condition d'adapter les réformes à ses réalités et de s'attaquer en priorité aux blocages structurels (infrastructures, gouvernance, climat des affaires).

Intégration régionale et transition vers l'économie du savoir

Une constante des études sur la CEMAC est le contraste entre le potentiel d'un marché commun de plus de 50 millions d'habitants et la faiblesse de l'intégration économique. Il apparaît que, pour accélérer la croissance, la région aurait tout intérêt à stimuler le commerce intra-régional, à mutualiser les infrastructures et à renforcer son poids dans les négociations internationales. À l'horizon 2050, l'intégration régionale est donc un levier incontournable de la transformation de l'Afrique centrale, à condition de surmonter les obstacles actuels : les barrières structurelles liées à la similarité des bases économiques et au déficit d'infrastructures transfrontalières, ainsi que les freins réglementaires et politiques liés à la lenteur de l'harmonisation des normes, aux contrôles frontaliers persistants et aux méfiances politiques entre certains États.

Pour renforcer la coopération intra-CEMAC, il importe d'investir dans des projets structurants régionaux, tels que les corridors de transport routiers et ferroviaires, les réseaux électriques interconnectés ou les infrastructures de télécommunications. Des financements innovants et une coordination efficace de l'exécution permettraient de réduire les coûts de transport et de faciliter la circulation des biens et des personnes. Sur le plan réglementaire, une approche plus volontariste d'élimination des obstacles non tarifaires et de facilitation des affaires à l'échelle régionale est nécessaire. La mise en place d'un guichet unique électronique aux frontières ou la reconnaissance mutuelle des normes, inspirées de l'ASEAN, pourraient stimuler les échanges croisés. L'adhésion pleine et entière à la Zone de libre-échange continentale africaine (ZLECAf) constituerait également un catalyseur pour améliorer la compétitivité et adopter des standards communs.

Le renforcement des institutions régionales et de la gouvernance collective s'avère tout aussi essentiel. Une réforme de la Commission de la CEMAC, dotée de moyens accrus pour surveiller le respect des engagements et coordonner les politiques, serait un progrès notable. L'instauration de mécanismes de solidarité (fonds de convergence, banque de développement régionale renforcée) permettrait par ailleurs aux pays les moins avancés de la zone de bénéficier de l'intégration. À l'image de la SADC ou de l'ASEAN, la CEMAC pourrait définir une feuille de route industrielle commune pour valoriser ses ressources et développer des chaînes de valeur régionales. Une union régionale plus aboutie aiderait à négocier dans la mondialisation et à attirer les investisseurs, tout en favorisant la gestion collective des biens publics (forêts du bassin du Congo, ressources hydrauliques).

Un fil conducteur de cette réflexion est la nécessité pour la CEMAC de s'extraire du modèle rentier fondé sur l'exportation brute de ressources, afin d'évoluer vers une économie diversifiée appuyée sur le savoir, la technologie et l'innovation. Plusieurs conditions doivent être remplies pour y parvenir. L'investissement massif dans le capital humain figure au premier rang de ces priorités : la qualité et l'adaptation de l'éducation, la formation technique et le soutien à la recherche sont autant de leviers fondamentaux. L'éclosion d'un écosystème propice à l'entrepreneuriat et à l'innovation, portée par des politiques publiques incitatives, donnera aux PME locales la capacité de se développer dans le numérique, l'agro-industrie ou les secteurs de services à forte valeur ajoutée. Monter dans les chaînes de valeur mondiales, en misant sur la transformation locale des matières premières et sur l'attraction d'investisseurs étrangers à haute intensité technologique, sera déterminant pour casser la dépendance aux rentes. Enfin, l'adoption d'une gouvernance moderne et de règles du jeu stables renforceront la confiance des acteurs économiques et la durabilité du processus de transformation.

Scénarios plausibles et conclusion prospective

Les trajectoires futures de la CEMAC à l'horizon 2050 peuvent être illustrées par plusieurs scénarios plausibles. Dans un scénario de transformation positive, les pays de la CEMAC réussissent à tirer parti des réformes et des opportunités évoquées. La stabilité politique s'améliore, les économies se diversifient, le PIB par habitant progresse et la pauvreté recule. Les villes de Douala, Libreville ou N'Djamena deviennent des centres industriels et de services dynamiques, avec un commerce intra-CEMAC intensifié grâce à des infrastructures modernes et une réelle union douanière. Sur le plan technologique, la plupart des jeunes sont connectés à un Internet haut débit, tandis que des entreprises locales innovent dans les énergies renouvelables et la fintech, renforçant ainsi l'influence politique et économique de la région.

Un scénario médian voit certains pays enclencher des réformes et capter des opportunités (Cameroun et Gabon, par exemple), tandis que d'autres stagnent ou se replient du fait de l'instabilité ou de la mauvaise gouvernance (cas potentiel de la Centrafrique ou du Tchad). La croissance reste alors modérée, sans crise majeure mais sans réel décollage. L'intégration régionale progresse lentement, avec la réalisation partielle de corridors de transport et quelques efforts d'harmonisation commerciale, mais le commerce intra-zone demeure limité. L'adoption des nouvelles technologies se fait à deux vitesses, principalement dans les grands centres urbains, et les effets du changement climatique absorbent une part croissante des ressources publiques, restreignant la capacité d'investissement dans les secteurs productifs.

Le scénario pessimiste décrit une stagnation générale, marquée par la non-application des réformes et l'aggravation des tensions sociopolitiques. La dépendance aux hydrocarbures perdure tandis que les réserves de certains pays s'épuisent, plongeant leurs économies dans une grave crise fiscale et sociale. Le chômage des jeunes alimente les tensions internes et l'émigration, et l'intégration régionale recule au profit de stratégies de repli national. Les retombées du changement climatique, combinées au manque d'infrastructures et à l'instabilité, aggravent la précarité, de sorte que la CEMAC se retrouve mise à l'écart des dynamiques africaines plus porteuses. Dans la réalité, l'Afrique centrale se situera sans doute entre ces extrêmes. Les choix politiques et économiques des prochaines années – en matière de gouvernance, d'investissement, de coopération régionale ou de gestion des ressources – influenceront de manière décisive cette trajectoire.

La CEMAC aborde les prochaines décennies à la croisée des chemins. Les analyses menées ont montré la persistance de défis structurels profonds qui, s'ils ne sont pas relevés, risquent de freiner durablement la région. Toutefois, l'immense potentiel de l'Afrique centrale permet d'envisager un scénario plus optimiste. Les exemples du Vietnam, du Rwanda ou du Chili prouvent qu'aucun destin n'est figé et qu'un sursaut économique peut se produire lorsque vision et volonté collective se conjuguent. Il faudra agir simultanément sur la gouvernance, le capital humain, les infrastructures et la coopération intra-régionale, tout en s'engageant résolument dans la voie de l'innovation.

Si l'intégration régionale est renforcée, si une nouvelle génération de leaders économiques et politiques émerge avec une perspective panafricaine, et si l'investissement dans l'humain et la technologie devient la priorité, alors l'Afrique centrale pourra s'affranchir de la dépendance aux rentes et entrer dans l'ère de l'économie du savoir. Les graines du changement existent déjà : la possibilité d'une renaissance économique et sociale de la CEMAC d'ici 2050 est réelle, pour peu que les États de la région, leurs populations et leurs partenaires s'unissent afin de bâtir un avenir commun plus prospère.

REFERENCES BIBLIOGRAPHIQUES

Rapports institutionnels

- Banque mondiale (2024). *Baromètre économique pour la Communauté économique et monétaire de l'Afrique centrale – Printemps 2024.* Washington, DC : Banque mondiale . *(Rapport semestriel présentant la conjoncture et les défis de développement de la CEMAC.)*
- Fonds monétaire international (2024). *Enhancing Sustainable and Inclusive Growth in the Central African Economic and Monetary Community: Suggested Policies and Structural Reforms.* Washington, DC : FMI. *(Note analytique du FMI proposant des réformes structurelles pour une croissance inclusive en CEMAC.)*
- Banque africaine de développement (2024). *Perspectives économiques en Afrique 2024 : impulser la transformation de l'Afrique par la réforme de l'architecture financière mondiale.* Abidjan : BAD. *(Rapport annuel de la BAD mettant l'accent sur la transformation structurelle et le financement du développement en Afrique.)*
- Commission de la CEMAC (2021). *Document cadre révisé du Programme des Réformes Économiques et Financières de la CEMAC (PREF-CEMAC) – Phase 2 : 2021-2025.* Libreville : CEMAC. *(Plan d'action régional de la CEMAC visant la stabilisation macroéconomique et la diversification économique sur 2021–2025.)*
- Union africaine (2015). *Agenda 2063 : l'Afrique que nous voulons.* Addis-Abeba : Commission de l'UA. *(Cadre stratégique à 50 ans de l'UA mis en œuvre à partir de 2015, visant la transformation économique et sociale du continent.)*

Ouvrages académiques

- Oqubay, A. (2015). *Made in Africa : Industrial Policy in Ethiopia.* Oxford : Oxford University Press. *(Analyse approfondie de la politique industrielle de l'Éthiopie, offrant*

des leçons comparatives sur la transformation structurelle en Afrique de l'Est.)
- Lopes, C., & Kararach, G. (2019). *Structural Change in Africa: Misperceptions, New Narratives and Development in the 21st Century.* New York : Routledge. *(Ouvrage par des économistes africains discutant des mutations structurelles en Afrique et proposant de nouveaux paradigmes de développement.)*
- African Center for Economic Transformation (2014). *African Transformation Report 2014: Growth with Depth.* Accra : ACET. *(Rapport d'un groupe de réflexion africain offrant un indice de transformation pour plus de 30 pays africains et des études de cas – notamment le Cameroun – sur l'industrialisation "avec valeur ajoutée" pour une croissance durable.)*

Articles de revues spécialisées

- Touna Mama, A., & Ongono, P. (2019). « La zone Franc entrave-t-elle la transformation structurelle des économies des pays membres ? », *Interventions économiques*, no 61. *(Étude comparative CEMAC vs. CEDEAO montrant que l'appartenance à la Zone franc n'a pas d'impact significatif sur la part de l'industrie manufacturière, mais que le recul de l'emploi agricole est plus lent dans les pays de la Zone franc.)*
- McMillan, M., Rodrik, D., & Verduzco-Gallo, Í. (2014). "Globalization, Structural Change, and Productivity Growth, with an Update on Africa." *World Development, 63*, 11–32. *(Article fondamental comparant les trajectoires de transformation structurelle : en Asie, les transferts de main-d'œuvre vers l'industrie ont soutenu la croissance, tandis qu'en Afrique et en Amérique latine, la désindustrialisation prématurée a freiné la productivité.)*
- Tiako, I. (2024). "Is Structural Transformation Generate Economic Growth in Sub-Saharan Africa?" *Theoretical Economics Letters, 14*(3), 761–784. *(Article par une chercheuse camerounaise qui estime, via un modèle en panel sur 46 pays SSA (1995–2020), que la transformation*

structurelle contribue positivement à la croissance en Afrique subsaharienne, tout en soulignant le rôle modérateur du capital humain et des infrastructures.)

- Ntavoua, S. H., Hayatou, Y., Bouba, M., & Tourere, Z. (2025). "Export Diversification and Economic Growth in the CEMAC Zone: An Analysis of Causality Tests." *International Research Journal of Economics and Management Studies, 4*(2), 18–24. *(Étude économétrique récente sur la CEMAC montrant une relation bidirectionnelle de long terme entre diversification des exportations et croissance du PIB, soulignant l'importance de diversifier les économies pétro-dépendantes de la région.)*
- Zamo Akono, C., Bedzeme, T., Ebaa Ebaa, J. B., & Niekou, R. (2021). *Transformation structurelle et inégalités de revenus au Cameroun : 2001–2014.* Document de recherche n° 212, AFD . *(Analyse par des économistes camerounais, basée sur les données d'enquêtes ménages, examinant comment les changements sectoriels de l'économie camerounaise ont influencé l'évolution des inégalités de revenu.)*

Sources statistiques

- Banque mondiale – Indicateurs du développement dans le monde (WDI). Base de données en libre accès contenant les principaux indicateurs macroéconomiques, démographiques et sectoriels mondiaux. *(Par exemple, les données sur la valeur ajoutée par secteur et l'emploi agricole utilisées pour évaluer la transformation structurelle proviennent des WDI de la Banque mondiale.)*
- FMI – Base de données des Perspectives de l'économie mondiale (PEM). Données macroéconomiques annuelles par pays issues du *World Economic Outlook* du FMI. *(Par exemple, les taux de croissance du PIB et de l'inflation des pays de la CEMAC, cités dans les analyses, sont tirés des Perspectives de l'économie mondiale.)*
- CNUCED – UNCTADstat. Portail statistique de la CNUCED sur le commerce et le développement. *(Fourni en accès public, il regroupe notamment les données sur la structure des exportations et la valeur ajoutée manufacturière utilisées pour*

comparer la diversification économique de la CEMAC avec d'autres régions.)

- OIT – ILOSTAT. Base de données de l'Organisation internationale du travail sur les statistiques du marché du travail . *(Source des indicateurs d'emploi par secteur d'activité et du taux de chômage, utilisée pour suivre l'évolution de la main-d'œuvre de l'agriculture vers l'industrie et les services dans les pays africains.)*

TABLE DES MATIERES

Structures éditoriales du groupe L'Harmattan

L'Harmattan Italie
Via degli Artisti, 15
10124 Torino
harmattan.italia@gmail.com

L'Harmattan Hongrie
Kossuth l. u. 14-16.
1053 Budapest
harmattan@harmattan.hu

L'Harmattan Sénégal
10 VDN SICAP AMITIE 3
BP 45034 Dakar-Fann
direction@senharmattan.com

L'Harmattan Cameroun
Tsinga/Derrière polyclinique FECAFOOT
BP 11486 Yaoundé
Jacques.koukam@harmattan.fr

L'Harmattan Burkina Faso
Villa 281, secteur 23 623, rue 14.32
Ouagadougou
zagbie@outlook.fr

L'Harmattan Guinée
Almamya, rue KA 028 OKB Agency
BP 3470 Conakry
harmattanguinee@yahoo.fr

L'Harmattan RDC
185, avenue Nyangwe
Commune de Lingwala - Kinshasa
matangilamusadila@yahoo.fr

L'Harmattan Congo
219, avenue Nelson Mandela
BP 2874 Brazzaville
deunovmikhael@gmail.com

L'Harmattan Mali
Immeuble Mgr Jean Marie Cissé
Aci Hamadallaye
BP 145 Bamako
syllaka@yahoo.fr

L'Harmattan Togo
Djidjole – Maison Amela
face EPP BATOME
02 BP 20680 Lomé
didieramela11@gmail.com

L'Harmattan Côte d'Ivoire
Résidence Karl – Cité des Arts
Abidjan-Cocody
03 BP 1588 Abidjan
harmattan.ivoire@gmail.com

L'Harmattan Bénin
Rue 604, (Immeuble à l'entrée
de la rue UCAO- Cite de Saint-Jean)
Cotonou
stepcorpus@gmail.com

Nos librairies en France

Librairie internationale
16, rue des Écoles
75005 Paris
librairie.internationale@harmattan.fr
01 40 46 79 11
www.librairieharmattan.com

Librairie des savoirs
21, rue des Écoles
75005 Paris
librairie.sh@harmattan.fr
01 46 34 13 71
www.librairieharmattansh.com

www.ingramcontent.com/pod-product-compliance
Lightning Source LLC
LaVergne TN
LVHW011146061026
849535LV00003B/614
* 9 7 8 2 3 3 6 5 4 2 7 9 9 *